Asylrecht und Gesetzesvorbeha
in Deutschland und Italien

Birgit Chorianopoulos

Asylrecht und Gesetzesvorbehalt in Deutschland und Italien

Ein Vergleich

PETER LANG
Frankfurt am Main · Berlin · Bern · New York · Paris · Wien

Die Deutsche Bibliothek - CIP-Einheitsaufnahme

Chorianopoulos, Birgit:

Asylrecht und Gesetzesvorbehalt in Deutschland und Italien : ein Vergleich / Birgit Chorianopoulos. - Frankfurt am Main ; Berlin ; Bern ; New York ; Paris ; Wien : Lang, 1998
Zugl.: Bremen, Univ., Diss., 1996
ISBN 3-631-31541-4

D 46
ISBN 3-631-31541-4

VORWORT

Vorliegende Arbeit wurde im März 1996 dem Fachbereich Rechtswissenschaft der Universität Bremen als Dissertation vorgelegt. Zu diesem Zeitpunkt konnten Literatur und Rechtsprechung im wesentlichen bis Anfang Juli 1995 berücksichtigt werden. Das Promotionsverfahren an der Universität Bremen wurde am 22.11.1996 abgeschlossen. Die Veröffentlichung der Arbeit zum heutigen Zeitpunkt macht einige Ergänzungen, insbesondere im Hinblick auf die neuere Rechtsprechung des BVerfG vom 14. Mai 1996 sowie die neueren gesetzestechnischen Entwicklungen in Italien notwendig. Im Anhang vorliegender Arbeit wird daher auf die aktuellen Geschehnisse im Bereich der Asylgesetzgebung Italiens und Asylrechtsprechung Deutschlands kurz eingegangen.

Mein besonderer Dank gilt meinem Doktorvater, Herrn Prof. Dr. Dian Schefold, insbesondere für die Betreuung der Arbeit, manches fachliche Gespräch und das Verständnis sowie die wertvolle Unterstützung, welche es ermöglicht haben, diese Arbeit erstellen zu können.

Darüber hinaus danke ich Herrn Prof. Dr. Bruno Nascimbene und Frau Prof. Dr. Roberta Clerici von der Staatlichen Universität Mailand/Italien, die mich während meiner Studien in Italien in vollem Umfang unterstützt haben. Insbesondere Frau Prof. Dr. Roberta Clerici hat durch ihre stete Gesprächsbereitschaft und ihre freundliche Hilfsbereitschaft den Erfolg der Arbeit mitgefördert.
Herr Prof. Dr. Bruno Nascimbene hat mich mit der notwendigen Literatur versorgt und mir in Gesprächen und Seminarbesuchen die Probleme italienischer Flüchtlingspolitik nahegebracht, wofür ich ihm noch einmal danken möchte. Mein besonderer Dank gilt schließlich auch Herrn Prof. Dr. Ernesto Bettinelli, Universität Pavia/Italien, der mich in italienischer Staats- und Verfassungslehre unterrichtet hat, sowie all den Mitarbeitern seines Lehrstuhls, die mich bei meinen Studien in Pavia unterstützt haben.

Meinen Eltern schulde ich Dank dafür, daß sie mich stets gefördert haben.

Mannheim, im November 1996

Birgit Chorianopoulos

INHALTSVERZEICHNIS

Einleitung

PROBLEMSTELLUNG UND GANG DER DARSTELLUNG

Mit der Änderung des Art. 16 II 2 GG a.F. am 1. Juli 1993[1] hat die Diskussion um die weite Gewährleistung des deutschen Rechts auf Asyl vorläufig ein Ende gefunden. Insbesondere in der Schlußphase der Diskussion um das Asylrecht wurden im Angesicht einer schrankenlosen Gewährleistung des Asylrechts, steigender Asylbewerberzahlen, welche die Aufnahmekapazität der Bundesrepublik Deutschland erheblich belasteten, und der Verlängerung des Aufenthalts abgelehnter Asylbewerber durch Einlegung von Rechtsmitteln zahlreiche Änderungsvorschläge eingebracht. Die Einschränkung durch Änderung des Asylrechts wurde vor allem auch deshalb favorisiert, um die Bundesrepulik nicht zum "Reserveasyland" für anderswo abgelehnte Asylbewerber werden zu lassen[2]. Die unterbreiteten Vorschläge umfaßten dabei im wesentlichen die Einführung eines Gesetzesvorbehalts[3], aber auch die Umwandlung in eine institutionelle Garantie[4].
Mit der Einführung der Drittstaatenregelung und des Konzepts sicherer Herkunftsstaaten in Art. 16 a GG wurde die Gewährung des Asylrechts in der Bundesrepublik Deutschland nicht nur rechtlich auf ein verändertes Fundament gestellt, sondern wurde auch augenscheinlich, daß sich der verfassungsändernde Gesetzgeber keines der oben dargelegten Vorschläge angenommen hat. Mit der geltenden Fassung des Art. 16 a I GG hat der Gesetzgeber aber an der Gewährleistung eines subjektiven Asylrechts festgehalten. Insoweit wurde der Wortlaut des Art. 16 II 2 GG in Art. 16 a I GG vollständig eingearbeitet.

Die Änderung des Asylrechts hat jedoch auch eine europäische Dimension. Spätestens 1985 hat das Weißbuch der EG-Kommission zur Vollendung des Binnenmarktes die europäische Dimension der Flüchtlingsfrage ins Bewußtsein der Öffentlichkeit gerückt. Die Übereinkommen von Schengen[5], das am 19. Juni

---

[1] Gesetz zur Änderung des GG (Art. 16 u. 18) vom 28.6.1993, BGBl 1993 I, 1002.

[2] Hailbronner, NVwZ 1989, 303 (303).

[3] so etwa Hailbronner, NVwZ 1989, 303 a.a.O.; Bell, ZAR 1990, 82 (85); ferner vgl. die Nachweise bei Köfner/Nikolaus, Grundlagen des Asylrechts, S. 333, FN 80.

[4] so z.B. der Vorschlag von seiten des saarländischen Ministerpräsidenten Lafontaine in FAZ vom 17.09.1992 (Titelseite).

[5] Übereinkommen betreffend den schrittweisen Abbau der Kontrollen an den gemeinsamen Grenzen, bek. d. Bundesminister des Inneren vom 29.01.1986, GMBl 1986, 790.

1990 unterzeichnete Zusatzprotokoll[6], sowie die Verträge von Maastricht[7] und Dublin[8] sind bei den Bemühungen der EG-Mitgliedsstaaten um eine Harmonisierung des Asylrechts besonders hervorzuheben. Ansatzpunkt ist die durch Abbau der Grenzkontrollen zwischen den Vertragsstaaten faktische Freizügigkeit der Personen aus Nicht-EG-Staaten, deren Einreise auch die Interessen der Vertragspartner tangiert. Angestrebt wird deshalb die Harmonisierung des Sichtvermerkspolitik und der Einreisebedingungen[9]. Hervorzuheben ist ebenfalls die Erstzuständigkeit für die Behandlung von Asylbegehren[10]. Verzichtet wird hingegen auf die Vereinheitlichung der materiellen Anerkennungskriterien in den Unterzeichnerstaaten. Daran anknüpfend erscheint eine europäische Asylrechtskoordinierung im Hinblick auf die unkontrollierte Weiterwanderung Asylsuchender unerläßlich. Mit den politischen und wirtschaftlichen Zielen eines einheitlichen Rechts- und Wirtschaftsraumes der Gemeinschaft ist es unvereinbar, daß Flüchtlinge nach unterschiedlichen Regeln und unterschiedlichen Verfahren innerhalb der Gemeinschaft aufgenommen oder abgelehnt werden[11].
Angesichts der europäischen Dimension der Asyl- und Flüchtlingsfrage erscheint auch die Änderungsdiskussion in einem anderen Licht. Denn propagiert wurde die Unvereinbarkeit des deutschen Asylrechts in der Fassung des Art. 16 II 2 GG a.F. mit dem der übrigen Vertragsstaaten, da kein anderer Staat eine ähnlich umfassende Asylgewährleistung kenne[12] und die Bundesrepublik so als Störfaktor innerhalb der Gemeinschaft angesehen werde, da sie die europäischen Nachbarn nach Öffnung der Grenzen "weiterhin teilweise die Folgen einer umfassenden Gewährleistung" tragen lasse[13]. Dabei wurde aber häufig übersehen, daß auch andere Länder, wie beispielsweise Italien, Flüchtlingen verfassungsrechtlich verankerte Individualrechte auf Asyl einräumen.

Nach Art. 10 III Cost. hat jeder Ausländer, dem die effektive Ausübung der de-

---

6 Übereinkommen zur Durchführung des Abkommens von Schengen vom 14. Juni 1985, betreffend den schrittweisen Abbau der Kontrollen an den gemeinsamen Grenzen.

7 Abkommen u.a. betreffend die Einwanderungsprobleme in den Vertragsstaaten: Vertrag über die Europäische Union vom 07.02.1992, BGBl 1992, 1251.

8 Dubliner Übereinkommen vom 15.06.1990 über die Bestimmung des zuständigen Staates für die Prüfung eines in einem Mitgliedsstaat der EG gestellten Asylantrags, abgedruckt in: ZAR 1990, 198

9 Art. 20 des Schengener Übereinkommens.

10 Art. 30 ff. des Schengener Zusatzprotokolls

11 Hailbronner, ZAR 1992, 51 (52).

12 Bell, ZAR 1990, 82.

mokratischen Freiheitsrechte i.S.d. italienischen Verfassung in seinem Heimatland verweigert wird, das Recht auf Asyl auf dem Gebiet der Republik. Anknüpfungspunkt für einen Vergleich gerade mit dem italienischen Recht auf Asyl bildet neben einer gemeinsamen Verfassungsgrundlage die offenkundige Ähnlichkeit der Form und des Wortlauts in Art. 16 a I GG ("Asylrecht") und Art. 10 III Cost. ("diritto d' asilo"). Die vom jeweiligen Verfassungsgeber gewählten Formulierungen lassen darauf schließen, daß wie im Grundgesetz auch in der italienischen Verfassung ein subjektives Individualrecht geschaffen werden sollte. Daneben ist Art. 10 III Cost. nach seiner Stellung den *"principi fondamentali"* zuzurechnen. Diese *„Grundprinzipien"* scheinen bereits auf den ersten Blick den den Grundrechten des Grundgesetzes vergleichbar.
Als gemeinsame Verfassungsgrundlage verdankt das jeweilige Asylrecht schließlich seine Entstehung und Aufnahme in die Verfassungen beider Länder der Reaktion der Verfassungsgeber auf die Erfahrungen des Nationalsozialismus und Faschismus und das Schicksal der vielen vergeblich im Machtradius faschistischer Ideologie Schutzsuchenden[14]. Dieser Gemeinsamkeit einer totalitären Vergangenheit ist die Aufnahme des Asylrechts als individuelles Schutzrecht in beide Verfassungsgefüge zu verdanken. Beide Verfassungen weisen zudem fast das gleiche Alter auf[15]. Der Ähnlichkeit der Regelungen liegt somit auch eine gleich geprägte Entwicklungsgeschichte zugrunde.

Anknüpfend an die dargestellte Problematik besteht für einen Vergleich beider Asylrechte aber besonders ein Interesse, da gem. Art. 16 a II GG Italien als Mitgliedstaat der Europäischen Union kraft Verfassungsrecht ein sicherer Drittstaat darstellt. Im Vergleich beider Regelungen wäre deshalb festzustellen, inwieweit Art. 10 III Cost. die Sicherheit des Erstasyllandes Italien gewährleistet.

Durch die Harmonisierung der Sichtvermerkspolitik sowie der Einreisebedingungen und die Erstzuständigkeit für die Behandlung von Asylbegehren liegen besonders dem Abkommen von Schengen und dem Schengener Zusatzprotokoll eine restriktive Einwanderungspolitik zugrunde. Die tendentielle Restriktion des Asylrechtsverständnisses ist mit der Änderung des Art. 16 II 2 GG in Deutschland nach außen bereits in Erscheinung getreten. Interessant ist deshalb zu unter-

---

13 Hailbronner, NVwZ 1989, 303 (310).

14 Für das GG: Maunz-Dürig-Randelzhofer, Art. 16 Rdnr. 5; für die italienische Verfassung: Cassese, Commento Art. 10, S. 526 f.

15 Das Grundgesetz trat am 23.05.1949, die italienische Verfassung der Italienischen Republik am 1.1.1948 in Kraft.

suchen, inwieweit auch Italien begonnen hat, die Politik einer restriktiven Asylrechtsgewährleistung umzusetzen.

Schließlich besteht für einen Vergleich beider Asylrechte aber auch besonders ein Interesse, da Art. 10 III Cost. einem Gesetzesvorbehalt unterstellt ist, wonach die näheren Umstände und Bedingungen der Inanspruchnahme des Asylrechts durch formelles Gesetz geregelt werden ("secondo le condizione stabilite dalla legge"). Mit der textlichen Ausarbeitung des Art. 16 a GG hat sich der verfassungsändernde Gesetzgeber gegen den Vorschlag der Einführung eines Gesetzesvorbehalts ausgesprochen. Im Vergleich beider Regelungen wäre deshalb abschließend festzustellen, inwieweit Art. 10 III Cost. aufgrund seines Vorbehaltes Einschränkungsbefugnisse mit sich bringt, und welche Erkenntnisse sich daraus im Hinblick auf die Änderungsproblematik des deutschen Asylgrundrechts gewinnen lassen. Aus den hieraus gewonnenen Schlußfolgerungen läßt sich eine Erkenntnis dahingehend gewinnen, ob die Verfassungsänderung wirklich die behauptete Annäherung im Hinblick auf andere europäische Mitgliedstaaten, hier Italien, gebracht hat. Dies auch besonders deshalb, da diese, insbesondere in Gestalt der Einführung eines Gesetzesvorbehalts, von ihren Befürwortern stets als erster Schritt in Richtung einer Rechtsangleichung des Asylrechts in der Europäischen Union angesehen wurde[16].

In einem *ersten Abschnitt* wird zunächst der Gewährleistungsumfang und rechtliche Charakter des Asylrechts in Deutschland dargestellt. Ausgehend von den tatbestandlichen Voraussetzungen des Art. 16 a I GG wird insbesondere die Einschränkbarkeit des Asylrechts vor der Änderung des Grundgesetzes zu erörtern sein. Daneben werden kurz die unterbreiteten Änderungsvorschläge angesprochen. Schließlich wird die verfassungsrechtspolitische Debatte, die zur Schaffung von Art. 16 a GG geführt hat, nachgezeichnet und die Entstehungsgeschichte der Norm im einzelnen dargestellt, bevor die Einschränkungen des Asylgrundrechts sowie die Verfahrensgrundzüge aufgezeigt werden.

In einem *zweiten Abschnitt* wird sodann der Gewährleistungsumfang des italienischen Asylgrundrechts dargestellt. Der erste Teil des zweiten Abschnitts widmet sich dem Problem der Auslegung des Art. 10 III Cost., wobei insbesondere die Frage nach der Grundrechtsqualität der Norm beleuchtet wird. Im zweiten Teil wird dann auf den Gesetzesvorbehalt und die Möglichkeiten einer Ein-

---

16 Hailbronner/Cordes, NVwZ 1989, 303 (309), die eine Neuordnung des Asylverfahrens im Einklang mit unseren europäischen Nachbarstaaten fordern.

schränkung des Asylgrundrechts eingegangen, die sich nach der Verfassung ergeben. Insbesondere beleuchtet wird die Frage, ob Italien einen *numerus clausus* für Asylberechtigte einführen kann.
Im dritten Teil ist schließlich auf die geltende einfache Gesetzgebung im Bereich des Flüchtlings- und Asylrechts einzugehen. Hier ist Anknüpfungspunkt die Gesetzgebung vor 1990, dem Entstehungsdatum des Martelli-Gesetzes, welches die erste einfachgesetzliche Norm mit namentlichem Bezug auf das Asylrecht darstellt[17]. Ziel des dritten Teils ist es festzustellen, in welchem Umfang die Vorschriften der *legge Martelli* mit dem verfassungsrechtlich gewährten Asylgrundrecht aus Art. 10 III Cost. vereinbar sind. Dabei wird insbesondere auf die Rechtsschutzmöglichkeiten eingegangen.

In einem *dritten Abschnitt* ist schließlich zunächst auf die Relevanz der Möglichkeit einer Angleichung des Asylrechts auf nationaler Ebene einzugehen. Anschließend wird der Gewährleistungsumfang der jeweiligen Asylrechtsregelungen gegenübergestellt. Dabei wird vor allem untersucht, inwieweit Art. 16 a GG den Standard des italienischen Asylrechts unterschreitet. In einem zweiten Teil werden dann die verfassungsrechtlichen Bindungen und Grenzen, die bei der Änderung des Asylrechts zu beachten waren, beleuchtet. Insoweit soll der Frage Beachtung geschenkt werden, ob die einzelnen in Art. 16 a GG aufgenommenen Regelungen die Vorgaben des Art. 79 III GG i.V.m. Art. 1 und 20 GG einhalten. Vor dem Hintergrund dieser Überlegungen sollen sodann die einzelnen, in Art. 16 a GG enthaltenen Regelungskomplexe auf ihre Kompatibilität mit Art. 1 GG i.V.m. Art. 79 III GG untersucht werden. Eine entsprechende Untersuchung wird dann für Art. 20 GG durchgeführt, wobei insbesondere die Frage nach der Notwendigkeit gerichtlichen Rechtsschutzes und der möglichen aufschiebenden Wirkung von Rechtsmitteln beleuchtet werden.
Ausgehend von dem Befund, daß die in Art. 16 a GG getroffenen Regelungen teilweise einen Verstoß gegen die in Art. 1 und 20 GG niedergelegten Grundsätze darstellen, soll sodann vor dem Hintergrund des Art. 10 III Cost. und der *legge Martelli* das Phänomen der rechtlichen Handhabung einer restriktiven Einwanderungspolitik untersucht werden.

Schließlich wird in einem *Schlußteil* der Frage nachgegangen, ob durch Einführung eines Gesetzesvorbehalts in Art. 16 II 2 GG eine größere Übereinstimmung des rechtlichen Asylstandards hätte bewirkt werden können, als es durch die

---

[17] Gesetz vom 28.02.1990, *legge Martelli.*

Fassung des Art. 16 a GG der Fall ist. Dabei geht es insbesondere um die Frage, ob ein mit einem Gesetzesvorbehalt versehenes Asylgrundrecht mit anderen europäischen Normierungen, wie dem italienischen Asylrecht, kompatibler gewesen wäre.

Die gewonnenen Ergebnisse werden dann in einem *Fazit* zusammengefaßt, wobei insbesondere auf die tatsächliche Sicherheit sicherer Drittstaaten nach Art. 16 a II GG eingegangen wird, wie sie am Beispiel Italiens zu sehen war.

Erster Abschnitt

DAS RECHT AUF ASYL IM GRUNDGESETZ

I. Der Schutzbereich des Art. 16 a I GG

1. Politische Verfolgung

Voraussetzung für die Inanspruchnahme des Asylrechts in Art. 16 a I GG ist die politische Verfolgung des Betroffenen. Insoweit wurde mit der geltenden Fassung des Art. 16 a I GG [18] der Wortlaut des früheren Art. 16 II 2 GG a. F. beibehalten. Mit den Tatbestandsmerkmalen "politisch" und "Verfolgung" hat das Grundgesetz die zwei maßgeblichen Einzelfallvoraussetzungen abstrakt generell beschrieben, selbst grenzt es den Begriff "politische Verfolgung" nicht ab. Auch der einfache Gesetzgeber hat bislang keine Begriffsbestimmung getroffen. Der besondere Grad der Offenheit und Weite des unbestimmten Rechtsbegriffs läßt es auf der Suche nach einer für Art. 16 a I GG maßgeblichen Definition sinnvoll erscheinen, sich zu vergegenwärtigen, in welchem Geist das Grundrecht konzipiert wurde. In den Beratungen des Parlamentarischen Rats wurde das Asylrecht als das Recht bezeichnet, das dem Ausländer gewährt wird, der in seinem eigenem Land nicht mehr leben kann, weil er durch das politische System seiner Freiheit, seines Lebens oder seiner Güter beraubt wird [19]. Hierin spiegelt sich das unmittelbare Erlebnis ungezählter Verfolgungs- und Vertreibungsschicksale, vor allem auch während der Zeit des Nationalsozialismus wieder. Vorab läßt sich daraus ermessen, was insgesamt als Sinn und Zweck der normativen Festlegung, die mit der Formulierung "politische Verfolgung" zum Ausdruck gebracht wird, gemeint war und ist, nämlich den Begriff nicht eng auszulegen.

---

[18] Art. 16 a GG trat am 1.7.1993 durch das *Gesetz zur Änderung des Grundgesetzes (Artikel 16 und 18) vom 28.6.93* in Kraft, BGBl 1993 I, 1002

[19] Abg. Wagner, Parlamentarischer Rat, Verhandlungen des Hauptausschusses, Sten. Ber., 44. Sitzung v. 19.1.1949, S. 582

a) Konstituierende Merkmale der Verfolgung i.S. des Art. 16 a I GG

Die Verfolgung als objektive Tatbestandsvoraussetzung wird gekennzeichnet durch drei Elemente, die Betroffenheit eines geschützten Rechtsgutes, den verletzenden Eingriffsakt selbst und den staatlichen Charakter der Verfolgungsmaßnahme [20].

aa) Betroffenheit eines geschützten Rechtsgutes

Die Bestimmung der verfolgungsrelevanten Rechtsgüter ist in Literatur und Rechtsprechung uneinheitlich beurteilt worden. Die vertretenen Auffassungen im Schrifttum lassen sich im wesentlichen in drei Gruppen zusammenfassen.

Die weiteste der vertretenen Auffassungen, der sich nur ein geringer Teil des Schrifttums angeschlossen hat [21], erachtet als verfolgungsrelevant alle Rechtsgüter, die in Kulturstaaten mit umfassenden Rechtsgarantien geschützt sind, wobei als entscheidendes Kriterium für die Relevanz eines Rechtsgutes allein das Schutzbedürfnis des Verfolgten anzusehen ist. Die Rechte, deren Beeinträchtigung den Verfolgungstatbestand erfüllt, sind jedoch nicht abschließend [22]. Der Grundrechtskatalog des Grundgesetzes kann insoweit zumindest nicht ausschließlich zur Ermittlung der asylrechtsbegründenden Verfolgung herangezogen werden, da etwa die Verweigerung der Berufsausbildung oder Arbeitsstelle einen typischen Fall des Verfolgungseingriffs darstellt [23], obwohl ein Recht auf Arbeit im Grundgesetz nicht enthalten ist [24]. Auch die wirtschaftliche Existenz wird unter die asylrechtsrelevanten Rechtsgüter fallen [25]. Diese sehr weite Auslegung wird zu Recht hauptsächlich in einem Punkt kritisiert [26]. Sie verkennt, daß bestimmte Rechte Ausländern nicht oder nur in wenigen Staaten gewährt werden, so daß sie konsequenterweise als "Nicht-Kulturstaaten" anzusehen wä-

---

[20] Stellvertr. f. alle v. Pollern, Diss., S. 274; Wollenschläger, Diss., S. 24 f.

[21] Diese Auffassung vertreten Pfeifer in Veiter, Handbuch, S. 220, 245; Franz, Asylrecht, S. 69 f.; ders. DNG 3, 77 (83); ders. DNG 4, 133 (137 ff.)

[22] Franz, Asylrecht, S. 69 f.

[23] Gusy, Diss., S. 58; Kimminich, Asylrecht, S. 89

[24] Vgl. Dazu auch Gusy a.a.O.

[25] v. Pollern, Diss., S. 275

[26] v. Pollern, Diss., S. 275 m.w.N.

ren, die automatisch als Verfolgerländer qualifiziert werden müßten [27]. Bei Anwendung dieser Grundsätze würde der Begriff der Verfolgung derart überdehnt, daß er eine Geltung des Grundgesetzes über die Grenzen Deutschlands hinaus beanspruchte. Er führte damit in seiner letzten Konsequenz auch zu einer Extraterritorialität der deutschen Grundrechte über das Asylrecht, ein Gedanke, der im Zusammenhang mit der Diskussion des italienischen Asylgrundrechts aus Art. 10 III cost. noch einmal auftauchen wird.

Die im Gegensatz dazu stehende engste Auslegung bezeichnet als asylrelevante Rechtsgüter Leib, Leben, und persönliche Freiheit [28]. Zur Begründung wird auf den in der Genfer Flüchtlingskonvention, Art. 31 I, 33 GK, [29] verankerten Flüchtlingsschutz verwiesen, der nur den Personen zusteht, denen im Herkunftsstaat Einschränkungen der Rechtsgüter Leben und Freiheit drohen. Diese enge Orientierung an der Flüchtlingskonvention ist Schwerpunkt der Kritik dieser Auffassung [30]. Die GK gewährleistet nur einen Mindestschutz für Flüchtlinge und läßt die Souveränität der einzelnen Staaten zur Asylgewährung [31] unangetastet, so daß sie für die Auslegung des Rechts auf Asyl nicht unbedingt maßgeblich ist.

Nach der mittleren Auslegung sind schließlich auch Eingriffe in andere als die geschützten Rechtsgüter Leben, körperliche Unversehrtheit und persönliche Freiheit asylrechtsbegründend, wie z.B. die Möglichkeit freier Entfaltung, wirtschaftliche Existenz und andere Rechtsgüter, die rechtsstaatlichem Schutz unterliegen [32], sofern sie "ähnlich bedeutend" sind [33]. Diese Interpretation wird

---

[27] v. Pollern a.a.O.

[28] BVerfGE 9, 174 (180 f.); 15, 249 (251); BGH NJW 1953, 392 f.; BayObLG DVBl 1964, 589; BayVGH BayVBl 1979, 724 (725); BayVGH DÖV 1980, 50; Gusy, Diss. S. 54; Lange, Grundfragen, S. 19

[29] Abkommen über die Rechtsstellung der Flüchtlinge vom 28.7.1951, BGBl, II, 1953, 559, im folgenden GK: Art. 33 I GK enthält das für das Flüchtlingsvölkerrecht zentrale Gebot des "non refoulement", das Verbot der Zurückschiebung einer Person in einen anderen Staat, in dem dieser Verfolgung i.S, der GK droht; umfassend dazu *Kälin*, das Prinzip des non refoulement, 1982; *Gornig*, Das refoulement-Verbot im Völkerrecht, 1987; und zuletzt *Sternberg*, Non Expulsion an Non- refoulement, 1989; zum Geltungsumfang s. auch *Zimmermann*, Diss., S. 49 ff.

[30] v. Pollern, Diss., S. 275; Gusy, Diss., S. 58 ff.; Kimminich JZ 1965, 741

[31] S. zu diesem Recht der Staaten grundlegend *Grahl-Madsen*, Status II, S. 22 ff.; *Garcia-Mora*, International Law and Asylum, S. 44 ff.; *Kimminich*, Asylrecht, S. 42 ff.;

[32] Feneberg, DNG 4, 65 (74 f.); v. Pollern, Diss., S. 275

[33] Grundlegend dazu Linn, DNG 3, 11, 25; ähnlich BGH, MDR 1965, 278 (Leitsatz)

mit Zumutbarkeitserwägungen begründet. Danach kann nicht jede Einschränkung irgendeines Rechtsguts als asylrechtsbegründende Verfolgung angesehen werden, sondern nur eine solche Beeinträchtigung, die es bei verständiger Würdigung als unzumutbar erscheinen läßt, den Betroffenen in den Verfolgungsstaat zurückzuweisen [34]. Nach welchen Kriterien diese Zumutbarkeit festgestellt werden soll, wird aber durch diese Auffassung nicht erklärt. Weder stellt der Wortlaut des Art. 16 a I GG auf derartige Zumutbarkeitserwägungen ab, noch kann seiner Entstehungsgeschichte ein entsprechender Hinweis entnommen werden [35]. Vielmehr sollten alle, die aus politischen Gründen ihrer Güter beraubt werden, Asylrecht genießen, die Maßnahme wurde in keinem Fall als zumutbar angesehen [36]. Darüber hinaus liegt ein weiteres Problem dieser Auffassung in der fehlenden Möglichkeit einer Konkretisierung der asylrechtsbegründenden Verfolgungstatbestände. Denn die Formel von "ähnlich bedeutenden" Rechtsgütern vermag den entscheidenden Instanzen keine hinreichend hermeneutisch vermittelte Begründung ihrer Entscheidung zu vermitteln [37].

Das BVerfG hat in seiner Entscheidung vom 2.7.1980 [38] ausdrücklich eine Begrenzung auf bestimmte asylwürdige Rechtsgüter abgelehnt und sich damit von der engsten Auslegung distanziert [39]. Asylrechtlichen Schutz genießt vielmehr jeder, der aus politischen Gründen Verfolgungsmaßnahmen mit Gefahr für Leib oder Leben oder Beschränkungen seiner persönlichen Freiheit ausgesetzt wäre "oder - allgemein gesagt - politische Repressalien zu erwarten hätte" [40]. Nach dem BVerfG sind Voraussetzungen und Umfang des politischen Asyls im wesentlichen bestimmt von der Unverletzlichkeit der Menschenwürde, die als oberstes Verfassungsprinzip nach der geschichtlichen Entwicklung des Asylrechts die Verankerung eines weitreichenden Asylanspruchs im Grundgesetz entscheidend beeinflußt hat [41]. Zu dem asylrechtlich geschützten Bereich der persönlichen Freiheit gehören grundsätzlich auch die Rechte der freien Religionsaus-

---

[34] Grundlegend dazu BVerwG, DVBl 1966, 145

[35] Gusy, Diss., S. 58

[36] Gusy a.a.O.

[37] Gusy a.a.O.

[38] BVerfGE 54, 341 (357) - u.a. bekannt als "Ahmadi I" - Entscheidung, da die Beschwerdeführer der pakistanischen Religionsgruppe der Ahmadiyya angehörten

[39] BVerfGE 54, 341 (357)

[40] BVerfGE a.a.O.; ferner BVerfGE 52, 391 (398)

[41] BVerfGE 54, 341 (357)

übung und ungehinderte berufliche und wirtschaftliche Betätigung, die über die Unversehrtheit von Leib und Leben hinaus gefährdet sind [42].

Das BVerwG hat in einer Entscheidung aus dem Jahre 1981 [43] ausgeführt, das Asylrecht könne auch beanspruchen, "wer persönlich nicht in einem Schutzgut der Genfer Flüchtlingskonvention betroffen ist" [44] und damit die Offenheit des Kreises der asylerheblichen Rechtsgüter betont. In der zitierten Entscheidung hatte das BVerwG darüber zu entscheiden, ob die zu befürchtende Inpflichtnahme des Klägers, eines staatenlosen Palästinensers aus dem Libanon, durch die zwangsweise Heranziehung zu den palästinensischen Kommandos der El-Fatah als asylerhebliche Verfolgung anzusehen ist. Das Gericht hat dabei ausgeführt, es bedürfe weiterer Feststellungen, ob der "Wehrpflicht" nicht neben ihrer allgemeinen - asylrechtlich nicht einschlägigen Intention - auch eine Verfolgungstendenz innewohnen kann [45]. In einer aktuellen Entscheidung [46] hat das BVerwG diese Rechtsprechung fortgeführt, in der Begründung jedoch auf die Genfer Konvention Bezug genommen. Danach seien Art. 16 a I GG und Art. 1 A Nr. 2 GK hinsichtlich der Frage, ob Eingriffe in andere Rechtsgüter als Leib, Leben oder die physische Freiheit als Verfolgung anzusehen sind, deckungsgleich und führten hinsichtlich der Frage, ob die Gefahr einer politischen Verfolgung droht, in der Praxis zu keinen unterschiedlichen Ergebnissen. Vielmehr komme es darauf an, daß der Betroffene durch die ihm auferlegten Einschränkungen in eine derartige Zwangslage gerate, daß das für ein menschenwürdiges Dasein erforderliche Existenzminimum des Rechtsguts - wie z.B. der Religionsfreiheit - nicht mehr gewährleistet sei [47].
Hierin liegt nur scheinbar ein Widerspruch zu der zuvor zitierten Entscheidung in E 62, 123. Denn der prinzipiell asylunerheblichen Wehrpflicht kommt nur dann eine Verfolgungstendenz zu, wenn mit ihrer Einforderung ein auch durch die GK geschütztes Rechtsgut gefährdet wird, so daß die mit der Einschränkung einhergehenden Eingriffe in Rechtsgüter des Asylsuchenden erst das betroffene

---

[42] BVerfGE a.a.O.

[43] BVerwGE 62, 123 (124)

[44] BVerwG a.a.O.

[45] Nach BVerwG (E 62, 123 (125)) können sich Anhaltspunkte für eine derartige Intention aus der besonderen Ausformung der die Wehrpflicht begründenden Regelungen, aus ihrer praktischen Handhabung, aber auch aus ihrer Funktion im allgemeinen politischen System der Organisation ergeben.

[46] BVerwG, 16.10.1993, 9C 50/92, NVwZ 94, 500

[47] BVerwG, 16.10.1993, NVwZ 1994, 500 (503)

Gut zu einem asylerheblichen machen. Die Erweiterung des Kreises der Rechtsgüter beruht nach BVerfG wie BVerwG auf als Begleiterscheinungen auftretenden Verletzungen von stets asylerheblichen Gütern. Dieser Ansatz geht mit der Rechtsprechung des BVerfG auch konform, wenn man sich die Ausführungen in E 54, 341 noch einmal vergegenwärtigt. Denn dort führt das BVerfG aus, soweit nicht eine unmittelbare Gefahr für Leib oder Leben oder persönliche Freiheit bestehe, können Beeinträchtigungen anderer Rechtsgüter nur asylerheblich sein, wenn sie nach Intensität und Schwere die Menschenwürde verletzen.

Als unstreitig zum asylrechtlich geschützten Bereich gehörend - und somit die Schnittmenge aller Auffassungen bezeichnend - lassen sich im Ergebnis die als absolut zu bezeichnenden Rechtsgüter Leben, Gesundheit und persönliche Freiheit besonders im Sinne von Freiheit vor Inhaftierung einordnen [48]. Nach m.E. ist die Einordnung der wirtschaftlichen Existenz, wie sie von der weiten und der mittleren Auslegung gefordert wird, unter die von Art. 16 a I GG geschützten Rechtsgüter besonders problematisch. Sie erscheint zwar unter dem Gesichtspunkt des vom BVerfG hervorgehobenen Menschenwürdeansatzes folgerichtig, jedoch ist diesbezüglich Kritik angebracht. Denn der Menschenwürdeansatz führt bei Einbeziehung sämtlicher denkbarer Rechtsgüter zu einem schrankenlosen Verfolgungsbegriff. Unklar bleibt, wo der Unterschied zwischen politischer und wirtschaftlicher Verfolgung sein soll. Da das Grundgesetz jedoch von *politischer* Verfolgung und nicht nur von Verfolgung spricht, muß es der Auslegung des Politischen vorbehalten bleiben, welche grundsätzlichen Wertungen der Charakter des Verfolgungstatbestandes annehmen kann. Und hier offenbart sich gleichsam der Hauptkritikpunkt an der Heranziehung des Menschenwürdeansatzes, der zwar die zu fordernde menschenwürdige Begründung des Asyls erlaubt, jedoch die Gefahr einer Aufweichung des Katalogs der asylerheblichen Rechtsgüter mit sich bringt. Dies gilt insbesondere für die Frage der Einbeziehung von sog. "Wirtschaftsasylanten" in den Kreis der Berechtigten nach Art. 16 a I GG. Als Zwischenergebnis ist somit festzuhalten, daß eine starre Definition des Kreises von Rechtsgütern i.S. des Art. 16 a I GG nicht vorzunehmen ist. In jedem Fall unter asylrechtlichen Schutz fallen die absoluten Rechtsgüter Leben, körperliche Unversehrtheit und persönliche Freiheit wie Schutz vor Inhaftierung, Religionsfreiheit und ungehinderte berufliche und wirtschaftliche Betätigung. Andere Rechtsgüter fallen unter den Schutz des Asyls, soweit ihre Einschränkung mit der Verletzung eines absoluten Rechtsguts bzw. der Menschenwürde

---

[48] Vgl. dazu auch Reichel, Das staatliche Asylrecht, S. 59

im genannten Sinne einhergeht. Eine so offene Begriffsbestimmung der asylrelevanten Rechtsgüter führt auch nicht zur unzulässigen Erweiterung des Verfolgungsbegriffs. Denn die Betroffenheit eines Rechtsguts ist nicht alleine ausschlaggebend für das Vorliegen einer Verfolgung, so daß auch bei einer Einbeziehung eines Rechtsguts als im Zweifel asylrelevant die Hürde des Vorliegens eines verletzenden Eingriffsaktes letztlich über die erforderliche Betroffenheit i.S. des Art. 16 a I GG entscheidet.

bb) Verletzender Eingriffsakt

Der verletzende Eingriffsakt erfordert die zielgerichtete und individuelle Bedrohung eines der asylrelevanten Rechtsgüter, die von einer gewissen Intensität ist [49]. Dies ist ein dem Verfolgungsbegriff innewohnendes Moment, denn die Verfolgung setzt stets ein Ziel des Verfolgers voraus.

(1) Zielgerichtetheit und Intensität der Maßnahme

Zielgerichtetheit bedeutet nach fast unstreitiger Auffassung ein finales Handeln mit systematischer Eingriffstendenz [50]. Hinsichtlich der Eingriffsintensität ist nach dem BVerfG erforderlich, daß die Beeinträchtigungen nach ihrer Intensität und Schwere die Menschenwürde verletzen [51] und über das hinausgehen, was die Bewohner des Heimatstaates aufgrund des dort herrschenden Systems allgemein hinzunehmen haben [52]. Diesen Maßstäben hat sich auch das BVerwG angeschlossen [53]. Wenn man berücksichtigt, daß Eingriffe in die sog. absoluten Asylrechtsgüter Leben, Leib oder persönliche Freiheit immer die Menschenwürde verletzen [54], gewinnt das Kriterium der Menschenwürde vor allem bei Eingriffen in andere Rechtsgüter entscheidende Bedeutung [55]. Letztlich ist alles

---

[49] BVerwG DVBl 1966, 645

[50] GK Rothkegel, Vorb. § 1 AsylVfG, Rdnr. 152 ff.

[51] BVerfGE 76, 143 (158)

[52] BVerfGE 54, 351 (357)

[53] BVerwG NVwZ 1994, 478 (479); BVerwG NVwZ 1987, 701; anders ursprünglich hingegen BVerwG DVBl 1966, 645, wo das BVerwG entscheidend auf die Zumutbarkeit eines Verbleibs im Heimatland als Kriterium abgestellt hatte

[54] In diesem Sinne auch Köfner/Nicolaus, Grundlagen, S. 470

[55] Ähnlich auch Selk, Diss., S. 7

hinnehmbar, was nicht eine Verletzung der Menschenwürde darstellt. Zur Kritik an diesem Ansatz ist auf die oben gemachten Ausführungen Bezug zu nehmen. Das Menschenwürdeargument bringt die Gefahr der Überdehnung des Verfolgungsbegriffs mit sich. Auffällig ist die Rechtsprechung des BVerfG jedenfalls insoweit, als sie sowohl bei der Frage der Asylerheblichkeit eines Rechtsguts als auch für die Frage der Eingriffsintensität das Argument der Menschenwürde heranzieht.

Die Zielgerichtetheit der Maßnahme darf jedenfalls nicht derart verstanden und überspannt werden, daß hohe Anforderungen an das Ziel des Verfolgers im Sinne der nach außen hin hervortretenden Erkennbarkeit von Gründen gestellt werden. Dies hat das BVerfG in konsequenter Anlehnung an die dargelegten Grundsätze in einer neueren Entscheidung hervorgehoben [56]. In vorgehender Instanz hatte das Verwaltungsgericht die asylerhebliche Zielgerichtetheit abgelehnt, da es an greifbaren Anhaltspunkten dafür fehle, daß die Aktionen des türkischen Militärs gezielt auf die physische Vernichtung der kurdischen Zivilbevölkerung ausgerichtet seien.
Das BVerfG hat dahingehend klargestellt, es sei widersprüchlich und verfassungswidrig, einerseits erhebliche menschenrechtswidrige Übergriffe wie Folter, Sippenhaft und Tötungen festzustellen und andererseits die Asylrelevanz abzulehnen, weil die Vernichtung nicht offensichtlich auf die gezielte Zerstörung der ethnischen und kulturellen Identität der Kurden ausgerichtet sei [57]. Dem ist beizupflichten, da die vom Verwaltungsgericht gewonnene Erkenntnis der ständigen Rechtsprechung des BVerfG widerstreitet und zu dem absurden Ergebnis führt, daß die Betroffenen zwar lebensbedrohende Eingriffe aufgrund ihrer Zugehörigkeit zu kurdischen Volk zu dulden haben, jedoch nicht asylberechtigt sind.

Noch nicht angesprochen wurde schließlich die Frage, ob von einer Asylberechtigung auszugehen ist, wenn die Verletzung eines asylerheblichen Rechtsgutes noch nicht aktuell stattfindet oder stattgefunden hat, sondern erst noch bevorsteht und damit ihre Intensität erst noch zu erwarten ist [58]. Einige Autoren sprechen in Anlehnung an die Terminologie der Genfer Konvention in Art. 1 A Nr. 2

---

[56] BVerfG, 9.12.1993, 2 BvR 1916/93, NVwZ 1994, 478 (479)

[57] BVerfG a.a.O.

[58] Unstreitig besteht eine Asylberechtigung bei Eingriffen, die aktuell stattfinden oder bereits stattgefunden haben, vgl. dazu Gusy, Diss., S. 61

GK von der "begründeten Furcht vor Verfolgung" [59]. Dies scheint wenig zutreffend, weil nicht die subjektive Furcht, sondern die objektive Maßnahme für die Asylberechtigung entscheidend ist [60] und insofern ein unterschiedlicher rechtlicher Ansatz besteht. Nach BVerwG ist erforderlich, daß die Verfolgung mit beachtlicher oder hinreichender Wahrscheinlichkeit droht [61] und der Asylbewerber für den Fall seiner Rückkehr mit gegen ihn gerichteten Maßnahmen in absehbarer Zeit ernsthaft rechnen muß [62]. Gefordert ist, daß die drohende politische Verfolgung für den Einzelnen Anlaß für die Flucht ist [63], so daß objektive Maßstäbe zugrundezulegen sind. In einer neueren Entscheidung hat das BVerwG diese Grundsätze noch einmal auf die folgende Formel gebracht: "Der Prognosemaßstab der beachtlichen Wahrscheinlichkeit enthält neben dem Element der Eintrittswahrscheinlichkeit auch das Element der zeitlichen Nähe des befürchteten Eingriffs. Die bei Anwendung des Prognosemaßstabs der beachtlichen Wahrscheinlichkeit gebotene qualifizierende Betrachtungsweise bezieht sich auf beide Elemente. Unmittelbar und mit beachtlicher Wahrscheinlichkeit drohende Verfolgung bedeuten hiernach dasselbe." [64]

(2) Individualität des Eingriffs und Gruppenverfolgung

Schließlich muß der Eingriffsakt als Individualeingriff zu qualifizieren sein, der gegen den Asylberechtigten gerichtet ist. Problematisch ist deshalb die Asylerheblichkeit von Maßnahmen, welche gegen eine Gruppe oder Minderheit gerichtet werden, so daß von gezielten Einzelverfolgungen nicht mehr die Rede sein kann. Die vom VG Ansbach ursprünglich vertretene "Sonderopfertheorie", nach der ein individueller Eingriff vorliege, wenn er durch individuelle Eigenschaften, Verhältnisse oder Handlungen der Einzelpersonen ausgelöst werde, personenbezogen auf sie abziele und diese auch in seinen Auswirkungen treffe [65], ist heute nicht mehr haltbar. Die Auffassung ist auch mit der Konzeption des Asylrechts, welches auch vor dem Hintergrund der Rassenverfolgung des Dritten Reiches geschaffen wurde, nicht vereinbar. Heute ist anerkannt, daß bei

---

59 BK Kimminich Art. 16 Rdnr. 206; Wollenschläger, Diss., S. 26; v. Pollern, Diss., S. 277

60 Selk, Diss., S. 8

61 BVerfGE 54, 341 (361 f.); BVerwGE 70, 169 (171); BVerwG NVwZ 1988, 635 (635)

62 BVerwG DÖV 1983, 35 (35)

63 BVerfGE 54, 341 (359)

64 BVerwG DVBl 1994, 524 (Leitsatz)

Gruppenverfolgungen eine Regelvermutung dahingehend existiert, daß jeder Angehörige einer Gruppe als von deren Verfolgungsschicksal in seiner Person unmittelbar mitbetroffen anzusehen ist [66]. Der Zusammenhang zwischen dem Bestehen einer Gruppenverfolgung einerseits und der beachtlich wahrscheinlichen Verfolgungsbetroffenheit eines jeden Gruppenangehörigen in eigener Person andererseits setzen für die Gruppenverfolgung eine Verfolgungsdichte voraus: Gruppenmitglieder müssen Rechtsgutsbeeinträchtigungen erfahren, aus deren Intensität und Häufigkeit jedes einzelne Gruppenmitglied die begründete Furcht herleiten kann, selbst jederzeit ein Opfer der Verfolgungsmaßnahmen zu werden [67]. Der Feststellung dicht und eng gestreuter Verfolgungsschläge bedarf es jedoch nicht, wenn hinreichend sichere Anhaltspunkte für ein staatliches Verfolgungsprogramm bestehen, dessen Umsetzung bereits eingeleitet ist oder alsbald bevorsteht [68]. Sind also Tatsachen nicht ersichtlich, die ergeben, daß der einzelne trotz Gruppenverfolgung nicht betroffen wird, so ist politische Verfolgung zu bejahen. In der aktuellen Rechtsprechung sind derzeit als Gruppenverfolgte anerkannt Tamilen auf der Jaffa-Halbinsel [69], Kurden in den Notstandsprovinzen der Türkei [70] und nach Auffassung des VG Hannover ethnische Albaner aus der serbischen Provinz Kosovo, denen bei ihrer Heimkehr wegen ihrer Volkszugehörigkeit mit beachtlicher Wahrscheinlichkeit eine unmittelbare gruppengerichtete Verfolgung durch den serbischen Staat droht [71]. Verneint

---

65 VG Ansbach DÖV 1977, 637

66 Maunz-Dürig-Randelzhofer Art. 16 Rdnr. 118

67 BVerfGE 83, 216 = NVwZ 1991, 768; BVerwG NVwZ 1994, 1120 (1121); BVerwGE 85, 139 = NVwZ 1990, 1175

68 BVerwG NVwZ 1995, 175 = DÖV 1995, 26 = DVBl 1994, 1409

69 VGH Kassel NVwZ-RR 1994, 232: Politische Verfolgung droht Tamilen als Gruppe derzeit mit beachtlicher Wahrscheinlichkeit auf der Jaffa-Halbinsel, wo sie an ihre Volkszugehörigkeit anknüpfenden Verfolgungsmaßnahmen der srilankanischen Streitkräfte ausgesetzt sind (Leitsatz); Dagegen hatten nach der Rechtsprechung des VGH (a.a.O.) Tamilen im Norden Sri Lankas jedenfalls bis zur Mitte der 80er Jahre nicht unter einer Gruppenverfolgung zu leiden

70 VGH Kassel NVwZ-RR 1994, 468: Ihnen droht allein wegen ihrer Volkszugehörigkeit durch Aktionen der türkischen Sicherheitskräfte politische Verfolgung.

71 VG Hannover 1.11.1994, 13 A 7071/94, NVwZ-Beil. 95, 10; für August 1993 war es noch umstritten, ob im Kosovo eine Gruppenverfolgung drohte (bejahend OVG Lüneburg, Urt. v. 30.9.1993, 8 L 4413/91, verneinend hingegen BVerwG NVwZ 1995, 175). Diese Rechtsprechung ist den veränderten Gegebenheiten anhand des Lageberichts des Auswärtigen Amts für Jugoslawien v. 3.5.1994 sowie des Berichts von amnesty international v. 5.5.1994 angeglichen

wurde hingegen eine Gruppenverfolgung der religiösen Minderheit der Aleviten in der Türkei [72].

In diesem Zusammenhang streitig ist heute auch, ob auch bei Familienangehörigen wie Ehegatten oder Geschwistern des Verfolgten eine eigene Verfolgung notwendig ist bzw. ob sich aus Art. 6 I GG etwas anderes ergibt [73]. Nach der ständigen Rechtsprechung, an die in einem Beschluß des BVerwG vom 18.5.1994 [74] konsequent angeknüpft wurde, können dem Verfolgten verwandte oder nahestehende Personen in die gegen den Verfolgten gerichtete Verfolgung einbezogen werden, wenn sie im Zuge der Nachforschungen eine Behandlung erleiden, die härter ist, als die im Verfolgerstaat übliche und somit auch von höherer Gefährlichkeit als diese zeugt [75].

cc) Staatliche Verfolgung

Weiter muß der verletzende Eingriffsakt von dem im Heimatstaat herrschenden politischen System als Urheber der Verfolgung ausgehen [76]. Zwar ist dies weder Art. 16 a I GG noch der GK eindeutig zu entnehmen, jedoch kann nach traditionellem Inhalt, historischem Anlaß und Schutzzweck des Asylrechts ermittelt werden, daß die Verfolgung immer eine staatliche Verfolgung darstellt und damit dem Herkunftstaat zurechenbar sein muß [77].

Bei der Frage nach der Zurechenbarkeit staatlicher Verfolgungsmaßnahmen ist zwischen unmittelbarer und mittelbarer staatlicher Verfolgung zu unterscheiden.

Die unmittelbare politische Verfolgung ist unproblematisch. Sie umfaßt verletzende Eingriffsakte durch alle drei Staatsgewalten oder aus staatlichen Instanzen

---

72 VGH Kassel NVwZ-RR 1994, 468

73 vgl. Zu dieser Problematik Ossenbühl, FS Eichenberger, S.183 (185); ferner BVerwG, Buchholz 402.25 § 1 AsylVfG Nr. 34 = NVwZ 1986, 487; BVerwG, Buchholz 402.25 § 1 AsylVfG Nr. 139

74 BVerwG NVwZ 1994, 1122

75 BVerwG NVwZ 1994, 1122 (1123)

76 Wollenschläger, Diss., S. 25, 33; v. Pollern, Diss., S. 275; Marx ZRP 1980, 192 (197); Schaeffer, Asylberechtigung, S. 77; für die Rechtsprechung zuletzt BVerwGE 95, 42 = NVwZ 1994, 497; vgl. aber auch BVerfGE 9, 174 (180); BGH NJW 1953, 393

77 BK Kimminich Art. 16 Rdnr. 92 ff.

ausgegliederte Gruppen oder Einzelpersonen, die aber de facto Teile des Staates bzw. Träger der staatlichen Willensbildung sind [78].

Mittelbare Verfolgung beruht hingegen auf fehlender Schutzbereitschaft bzw. -fähigkeit des Staates bei Verfolgung durch Privatpersonen oder Dritte. Ihre Einbeziehung in den asylrechtlichen Schutz ist umstritten, wenn der Staat nicht in der Lage ist, den Betroffenen Schutz vor Übergriffen privater Personengruppen bzw. Dritter zu gewähren [79]. Zu dieser Frage vermag die Rechtsprechung keine Klarheit zu vermitteln, sie trägt eher zur Verwirrung bei. So fordert das BVerwG in zwei, am selben Tag ergangenen Entscheidungen, einerseits, daß die Asylgewährung des Art. 16 II 2 GG a.F. auf den Schutz der vom Staat ausgehenden oder der von ihm zu verantwortenden politischen Verfolgung beschränkt sein soll [80], und andererseits die Bejahung eine asylrelevante Zurechnung auch dann, wenn der Staat zur Verhinderung von Verletzungsakten privater Kräfte prinzipiell und auf Dauer außerstande ist [81].

Auch die Rechtsprechung des BVerfG vermag die durch diese Entscheidungen verursachten Unsicherheiten nicht zu bereinigen. Das BVerfG führt aus, daß das Asylrecht nicht vor allgemeinen Unglücksfolgen von Kriegen oder Bürgerkriegen bewahren soll [82], jedoch sollen auch private Handlungen als politische Verfolgung anzusehen sein, "wenn der Staat einzelne oder Gruppen zu Verfolgungsmaßnahmen anregt oder derartige Handlungen unterstützt, billigt oder tatenlos hinnimmt und damit dem Betroffenen den erforderlichen Schutz versagt, weil er hierzu nicht willens oder in der Lage ist" [83]. Wegen der Probleme, die sich mit der Behandlung der mittelbaren staatlichen Verfolgung verbinden, ist es zweckmäßig, die wichtigsten Sachverhaltsgruppen und ihre begriffliche Einordnung als staatliche oder nichtstaatiche Verfolgung kurz darzustellen.

Übergriffe einer auswärtigen (Militär-)Macht [84] werden i.d.R. als staatliche Verfolgung zu qualifizieren sein. Die Asylrelevanz entscheidet sich bei dieser

---

78 Schaeffer, Asylberechtigung, S. 78 mit Beispielen

79 Bethäuser, Diss., S. 69 f.; Franke, politisches Delikt und Asylrecht, S. 74 f.

80 BVerwGE 67, 314 (315)

81 BVerwGE 67, 314 (320 f.)

82 BVerfGE 54, 341 (357)

83 BVerfGE 54, 341 (358)

84 Vgl. dazu BVerwG NVwZ 1983, 38 (39): Israelische Intervention im Libanon; weitere Beispiele nach *Randelzhofer* GK 36 Vor. § 1, Rdnr. 165: Kampf syrischer Truppen gegen christliche oder arabische Milizen im Libanon; "Partisanen"bekämpfung durch Zusammenwirken eigener und fremder Streitkräfte in Afghanistan, Afrika, Lateinamerika; Judenverfolgung in von deutschen Truppen besetzten Staaten Mittel- und Osteuropas während des Zweiten Weltkriegs

Fallgruppe zumeist an der Frage der Schutzfähigkeit des eigenen Staates. Das Kriterium der Verfolgung als einer *politischen* kann bei manchen Fallgestaltungen ebenfalls von Bedeutung sein. Darauf soll jedoch noch im Zusammenhang mit dem Begriff des Politischen eingegangen werden. Die **Verfolgung durch Drittstaaten** [85] ist staatlich, wenn die Verfolgung dem Heimatstaat des Asylsuchenden zugerechnet werden kann. Dies soll der Fall sein, wenn mehrere Staaten einen einzelnen oder eine bestimmte Menschengruppe, die in beiden Staaten ansässig ist, gemeinsam handelnd aus gleichen Gründen verfolgen [86]. **Verfolgung durch Befreiungsbewegungen**, d.h. **quasi-staatliche Gewalt** [87], ist grundsätzlich nichtstaatliche Verfolgung. Staatlichkeit kann nur angenommen werden, soweit von der eigentlichen Staatsgewalt abgeleitete Hoheitsbefugnisse ausgeübt werden oder Eigenstaatlichkeit erworben wurde. Die Asylrelevanz entscheidet sich folglich wiederum an der Frage der Schutzfähigkeit und -bereitschaft des Staates. Im Falle eines **Bürgerkriegs** ist von nichtstaatlicher Verfolgung auszugehen, wenn Maßnahmen von den um die Staatsgewalt rivalisierenden Bürgerkriegsparteien ausgehen [88]. Staatliche Verfolgung liegt hingegen vor, wenn die Verfolgungsmaßnahme von der eigentlichen Staatsgewalt ausgeht [89]. Denn Voraussetzung staatlicher Verfolgung ist grundsätzlich die effektive Gebietsgewalt des Staates. Daran fehlt es regelmäßig in Bürgerkriegsgebieten [90]. **Pogrome** sind wegen der meist gegebenen staatlichen Schutzbereitschaft und -fähigkeit ebenso nichtstaatlich [91]. Schließlich sind **Übergriffe untergeordneter staatlicher Stellen** staatliche Maßnahmen, weil sie in das System des Staates, für den sie Verfolgungen begehen, eingebunden sind und der Staat diese Übergriffe zumindest duldet [92].

dd) Vorflucht- oder Nachfluchtgründe als Grundlage des Verfolgungstatbestandes

Im Regelfall beruht die Verfolgung des Asylsuchenden auf Tatsachen oder Ereignissen, die noch während seines Aufenthaltes im Heimatland aufgetreten und

---

85 Vgl. z.B. BverwGE 68, 106

86 BVerwGE a.a.O.

87 BVerwGE 62, 123; BVerwG DVBl 1984, 760: Palästinenserorganisation im Libanon

88 BVerwG , U. v. 30.10.1984 - 9 C 24.84 -; BVerwGE 70, 232

89 BVerwG a.a.O.

90 BVerwGE 95, 42 = NVwZ 1994, 479

91 BVerfGE 54, 341: Ahmadis in Pakistan

Anlaß für die Verfolgung gewesen sind, so daß es sich um sog. Vorfluchtgründe handelt [93].

Bei den Nachfluchtgründen [94] handelt es sich hingegen um Ereignisse, die erst mit oder nach dem Verlassen des Heimatlandes aufgetreten sind [95]. Als typische Fallgruppen gelten der illegale Auslandsaufenthalt, Republikflucht, exilpolitische Aktivitäten oder die Asylantragstellung selbst [96].
Im Bereich der Nachfluchtgründe sind zwei Fallgruppen denkbar, die der objektiven und der subjektiven Nachfluchtgründe. Diese Unterscheidung geht auf einen viel diskutierten Beschluß des BVerfG [97] zurück, wonach ein objektiver Nachfluchtgrund dann vorliegt, wenn sich ohne Zutun des Asylbewerbers Veränderungen im Heimatland, das er bereits verlassen hat, ergeben haben; in solchen Fällen ist die Asylanerkennung unproblematisch [98].

Umstritten ist die Asylberechtigung aber dann, wenn der Ausländer durch sein eigenes willentliches Verhalten Anlaß zur Verfolgung gibt, die Verfolgung selbst in Gang setzt und somit einen sog. subjektiven Nachfluchtgrund schafft. Das BVerfG, welches grundsätzlich die kausale Ereigniskette Verfolgung - Flucht - Asyl zugrunde legt, hat wegen des fehlenden Kausalzusammenhangs zwischen der Verfolgung und dem Verlassen des Heimatlandes und wegen des Ausnahmecharakters der Anerkennung subjektiver Nachfluchttatbestände ausgeführt, daß hier ein besonders strenger Maßstab sowohl in materieller Hinsicht, wie für die Darlegungslast und die Beweisanforderungen anzulegen sei [99]. Zu denken ist nämlich an eine Verfolgungsprovokation durch einen Ausländer, die im Hinblick auf ein sonst nicht zustehendes Aufenthaltsrecht mißbräuchlich sein könnte. Das BVerfG hat für diese Fälle eine Rechtsprechung im Sinne einer Leitlinie anhand der Fallgruppe der exilpolitischen Aktivitäten entwickelt. Danach kann eine Asylberechtigung in aller Regel nur dann in Betracht gezogen werden, "wenn die selbstgeschaffenen Nachfluchttatbestände sich als Ausdruck

---

92 Vgl. z.B. VGH Mannheim, U. v. 18.10.1984 - A 12 S. 852/83: Folter in der Türkei

93 BVerwGE 55, 82 (83)

94 Kritisch gegenüber der Terminologie Köfner/Nicolaus, Grundlagen, S. 283: eine "Flucht" liegt ja in diesen Fällen gerade nicht vor

95 Vgl. zum gesamten Themenkomplex Kemper, ZAR 1986, 3 (7ff.)

96 GK Rothkegel, Vor. § 1 AsylVfG, Rdnr. 7 ff. m.w.N.

97 BVerfGE 74, 51 (66)

98 BVerfGE a.a.O.

99 BVerfGE a.a.O.

und Fortführung einer schon während des Aufenthalts im Heimatstaat vorhandenen und erkennbar bestätigten festen Überzeugung darstellen" [100]. Dieses Erfordernis einer Vorgeschichte des Asylbewerbers läßt jedoch Ausnahmen zu, denn diese Leitlinie kann nicht notwendig abschließend sein [101]. Es kann unmöglich verlangt werden, daß jeder Asylbewerber in seiner Heimat bereits ein Widerstandskämpfer war. Mit dieser Rechtsprechung hat das BVerfG berechtigten Raum für eine Anpassung der Judikatur an diejenigen Fälle gelassen, in denen eine solche Vorgeschichte aus bestimmten Gründen fehlt, etwa weil der Ausländer damals noch zu jung war oder nie im Heimatland gelebt hatte etc.. Das BVerfG hat schließlich die Fälle einer Verfolgungsgefahr wegen unerlaubten Verbleibens im Ausland nach erlaubter Ausreise der Fallgruppe exilpolitischer Aktivitäten in einer späteren Entscheidung gleichgesetzt [102] und insoweit an dem Kriterium der Vorgeschichte grundsätzlich festgehalten.

Kritik hat diese Judikatur vor allem deshalb erfahren, weil sie an der Mißbrauchsvermeidung ansetzt [103]. *Selk* weist zutreffend darauf hin, daß sich in dieser Rechtsprechung bestimmte "gesellschaftliche Vorverständnisse" wiederfinden, die im Lichte der Mißbrauchsdebatte Eingang in die Entscheidungsgründe des Nachfluchtbeschlusses gefunden haben [104]. Man muß dem BVerfG aber zugute halten, daß es in der Tat schwierig ist, zwischen Nachfluchtgründen und zu verurteilenden Verfolgungsprovokationen zur Erlangung eines Aufenthaltsrechts zu unterscheiden, da sich die wahren Motive des z.B. exilpolitisch aktiven Ausländers nur schwer ermitteln lassen.

Festzustellen bleibt abschließend, daß die Rechtsprechung bei einer grundsätzlich restriktiven Behandlung von Nachfluchtgründen bleibt. Sie hat aber die Probleme bei der Annahme oder Verneinung von Nachfluchtgründen gesehen und zur Korrektur einer möglicherweise falschen Entscheidung bei restriktiver Auslegung auf das Abschiebungsverbot des Ausländergesetzes verwiesen [105]. Praktische Bedeutung hat das Problem der Behandlung von Nachfluchtgründen neuerdings besonders im Zusammenhang mit der Rückkehr von abgelehnten

---

[100] Zuletzt BVerfG, 9.8.1994, 2 BvR 2831/93, NVwZ- Beil. 1994, 58 (59); BVerfGE 74, 51 (65 f.)

[101] BVerfGE a.a.O.

[102] BVerfGE 81, 347 (360)

[103] Ebert, Diss., S. 153

[104] Selk, Diss., S. 240

[105] BVerfGE 74, 51 (67)

Kurden in die Türkei gewonnen [106]. Dabei gilt, daß Kurden, die nach erfolglosem Asylverfahren in die Türkei zurückkehren, nicht allgemein allein wegen ihrer Volkszugehörigkeit asylerheblichen Mißhandlungen ausgesetzt sind [107]. Nur hinsichtlich exilpolitisch auftretender Kurden an exponierten Stellen muß mit Verfolgungsmaßnahmen gerechnet werden [108].

b) Der Begriff des Politischen

aa) Grundüberlegungen zur Interpretation des Begriffs des Politischen

Der Begriff des Politischen geht historisch auf das griechische Wort "polis" zurück, was soviel wie "Stadt, Burg, Gemeinde" bedeutet. Von ihm ist das Adjektiv "politikos" abgeleitet. Während das Wort "Politik" ursprünglich die inneren Verhältnisse der *polis* und ihrer Bürgerschaft kennzeichnet - heute würde man von Kommunalpolitik sprechen - , dehnt sich seine Bedeutung im Laufe einer Wandlung des Staatsbegriffs allmählich auf alle Gebiete öffentlich leitender Tätigkeit aus. Es bezeichnet unterschiedslos jede Form von Regierung und Herrschaft, jedes Handeln zur Erreichung öffentlicher Zwecke [109]. Unter Politik verstehen wir auch heute noch in Anknüpfung an die Antike die Lehre vom Eingeordnetsein des einzelnen in eine *polis*, eine *res publica*, schärfer formuliert, die Lehre von der Herrschaft über ein Gemeinwesen [110]. Das in der deutschen politischen Tradition liegende Vorverständnis sieht den Begriff der Politik vornehmlich dem Staatsbegriff zugeordnet. Der Staat, dieses "uns so vielfältig umgebende, beanspruchende und beschützende Gefüge menschlichen Zusammenlebens" [111] , hat in diesem Jahrhundert besonders seit der Weimarer Diskussion immer wieder zum Nachdenken herausgefordert [112]. Die Begrifflichkeit *Max*

---

106 Vgl. Dazu BVerfG, 9.8.1994, 2 BvR 2831/93, NVwZ-Beil. 1994, 58; BVerfG, 12.10.1994, 2 BvR 18/94, NVwZ- Beil. 1995, 18; OVG Münster, 11.3.1994, 25 A 2670/92, NVwZ-RR 1994, 546; VGH Kassel, 24.1.1994, 12 UE 200/91, NVwZ-RR 1994, 468

107 VGH Kassel NVwZ-RR 1994, 468; OVG Münster NVwZ-RR 1994, 546

108 BVerfG NVwZ- Beil. 1995, 18; BVerfG NVwZ- Beil. 1994, 58; OVG Münster a.a.O.

109 Stellvertr. für alle BK Kimminich, Art. 16, Rdnr. 180

110 Weber, Wirtschaft und Gesellschaft (Studienausgabe), S. 822

111 So Zippelius, Allgemeine Staatslehre, § 1, S. 1

112 Zur Tradition der politischen Wissenschaften vgl. insbesondere die Schriften von *G. Jellinek*, Allg. Staatslehre, 1900, Nachdr. 1959; *Heller*, Staatslehre, 1934; *H. Kelsen*, Allg. Staatslehre, 1925; Nachdr. 1966; *M. Weber*, Wirtschaft und Gesellschaft, 1922, 1976

Webers [113] hat das moderne Politikverständnis stark geprägt. *Weber* engte den Begriff des Politischen ein auf die Leitung eines politischen Verbandes, in erster Linie auf die Führung des Staates [114]. Dabei ging *Weber* davon aus, daß sich der Staat nicht definieren lasse am Inhalt dessen, was er tue, sondern bestimmt sei durch das für ihn spezifische Mittel der physischen Gewaltsamkeit [115]. Der neuzeitliche Staat sei, ebenso wie die ihm vorausgegangenen andersartigen politischen Verbände, ein auf das Mittel der als legitim angesehenen Gewaltsamkeit gestütztes Herrschaftsverhältnis von Menschen über Menschen. An *Max Weber* hat auch *Carl Schmitt* [116] angeknüpft, der einen einflußreichen Begriff des Politischen entwickelte. Bei ihm wird Politik verstanden als die äußerste Intensität des sozialen Verhältnisses, als die *Freund-Feind-Relation* [117]. Diese Beziehung kann sich in jedem sozialen Verhalten ergeben; insofern ist der Bereich des Politischen prinzipiell unbegrenzt. Für *Schmitt* gibt es keine eigene politische Sphäre neben anderen sozialen Sphären. Hier ist gedanklich der moderne Totalitarismus vorweggenommen, der in alle Bereiche des menschlichen Lebens eindrang und sie politisierte. Eine eindeutige Begriffsbestimmung von Politik ist jedoch heute weder von der wissenschaftlichen Theorie noch von der Praxis des Handelns her zu geben.

Auf der Suche nach dem für die Auslegung des Art. 16 a I GG maßgeblichen Politikbegriff ist somit ausgehend von der ursprünglichen Wortbedeutung festzustellen, daß die Definition des Politischen grundsätzlich im Verhältnis zwischen dem Einzelindividuum und seinem Heimatstaat angesiedelt ist. Aus dem Umstand des Fehlens eines einheitlichen wissenschaftlichen Politikbegriffs kann nicht der Schluß gezogen werden, daß deshalb auf die Definition des Politischen i.S. von Art. 16 a I GG verzichtet werden muß. Auf der Suche nach dem für die Interpretation von Art. 16 a I GG maßgeblichen Politikbegriff muß man sich vielmehr an die Grundwertentscheidungen des Grundgesetzes halten [118]. Das Grundgesetz versucht, einen Mittelweg zwischen den Extremen des Kollekti-

---

(Studienausgabe); *C. Schmitt*, Der Begriff des Politischen, 1927; *R. Smend*, Staatsrechtliche Abhandlungen, 1955

113 Insbesondere in dem Werk *Wirtschaft und Gesellschaft*, Erstauflage 1921, hat sich *Weber* ausführlich mit der Begrifflichkeit des Politikverständnisses auseinandergesetzt

114 Weber, Wirtschaft und Gesellschaft (Studienausgabe), S. 29

115 Weber a.a.O.

116 siehe FN 112

117 Vgl. Carl Schmitt, Der Begriff des Politischen, S. 21 ff.

118 BK Kimminich a.a.O.

vismus und des Individualismus zu finden, indem es vom Menschenbild des Personalismus ausgeht, d.h. stets den Einzelmenschen in seiner Verwobenheit mit der Gemeinschaft sieht und dementsprechend die Menschenwürde in den Mittelpunkt stellt [119]. Achtung und Schutz der Menschenwürde sind nach Art. 1 I 2 GG Aufgabe aller staatlichen Gewalt und dieser Aufgabe ist in allen Bereichen und Lebenslagen Rechnung zu tragen [120]. Als Grundwertentscheidung der Verfassung durchdringt der Begriff der Menschenwürde folglich auch das Asylrecht. Die verfassungsrechtlich gebotene Achtung der Menschenwürde kann letztlich nur dahingehend verstanden werden, daß es um den Schutz und die Achtung elementarster Belange des Menschen geht [121]. In diesem Sinne enthält die grundsätzlich verstandene Menschenwürde einen Inhalt [122], der Allgemeingeltung beansprucht und nicht der Bestimmung und staatspolitischen Auffassung einzelner Staaten unterliegt. Deshalb ist es kein Zufall, daß in der Rechtsprechung des BVerfG zur Klärung des Begriffs einer *politischen* Verfolgung die Menschenwürde eine erhebliche Rolle spielt.

bb) Unterschiedliche Auffassungen in der Rechtsprechung

Die Judikatur zur Begriffsbestimmung des Politischen nimmt wegen der Unbestimmtheit des Tatbestandsmerkmals einen großen Raum ein. Denn der Gesetzgeber hat es bislang unterlassen, durch eine umfassende Legaldefinition die Auslegungs- und Abgrenzungsprobleme abzubauen, die bei der Bestimmung der "*politischen* Verfolgung" bestehen [123]. Zwar ist durch die Änderung des Art. 16 II 2 GG a.F. eine Schutzbereichsbeschränkung vorgenommen worden, an einer Legaldefinition der Tatbestandsmerkmale *politisch* und *Verfolgung* fehlt es aber noch immer.

Das BVerwG knüpft dogmatisch an den Begriff der Verfolgung an: Nicht wegen

---

119 BK Kimminich a.a.O.

120 Katz, Staatsrecht, Rdnr. 669

121 V. Mangoldt/Klein, Art. 16, Rdnr. 33

122 GK Rothkegel, Vorb. § 1 AsylVfG, Rdnr. 43

123 Schaeffer, Aylberechtigung, S. 11 f.; dazu ist anzumerken, daß der Gesetzgeber auch schon vor der Grundgesetzänderung des Art. 16 II 2 GG a.F. trotz Fehlens einer wie auch immer gearteten Einschränkung nicht grundsätzlich gehindert war; Regelungen zu treffen. Bei dem Bestreben, ein Verfahren zur Verfügung zu stellen, wird immer auch zwangsläufig materielles Recht geregelt und dieses dabei modifiziert oder konkretisiert - vgl.dazu *Sendler, FS Zeidler,I, S. 873 f.*

einer in der Schwere der Maßnahme liegenden Verletzung der Menschenwürde, sondern wegen ihrer Motivierung durch personelle Merkmale, an die mit Verfolgungsmaßnahmen anzuknüpfen dem Toleranzgebot grundlegend widerstreite, werde eine Verfolgung zur politischen; aus der Art und Intensität des Eingriffs ergebe sich der Tatbestand der Verfolgung, ihr politischer Charakter leite sich aus dem Grund für den Eingriff oder der ihm zugrundeliegenden Tendenz her .[124] Art. 16 II 2 GG a. F. (Art. 16 a I GG) schützt nicht vor staatlichen Exzessen jeder Art und auch nicht schlechthin vor jeder Mißachtung der Menschenwürde; hinzutreten müssen vielmehr die als politisch zu qualifizierenden Motive des seine Macht mißbrauchenden Staatsapparats [125]. Nach dieser Rechtsprechung kommt dem Grundsatz der Menschenwürde die Funktion zu, das entscheidende Kriterium zur Abgrenzung einer Verfolgung von sonstigen Nachteilen darzustellen. Sie kann aber nicht ausschlaggebend für den politischen Charakter einer Verfolgung sein, weil sonst das in Art. 16 II 2 GG enthaltene Tatbestandsmerkmal "politisch" mit dem Verfolgungstatbestand vermengt würde und jede eigene Bedeutung verlöre [126]. Nur die besondere Art der Verfolgungsmotivation und -tendenz geben den eigentlichen Anlaß für den Schutz gegen Rechtsgutverletzungen. Hiermit setzt sich das BVerwG in Widerspruch zur Judikatur des BVerfG, welches für die Auslegung des Politischen selbst die Menschenwürde als Kriterium heranzieht, während sie nach der Rechtsprechung des BVerwG für die Frage des Vorliegens einer Verfolgung bei der Abgrenzung hilft

Bei der Ermittlung, welche Motive politische sind, stellt das BVerwG zunächst fest, daß der Begriff des *politisch* Verfolgten "aus sich heraus erschöpfend bestimmbar" ist, zur Bestimmung legt es ihn dann in Anlehnung an den Flüchtlingsbegriff des Art. 1 A Nr. 2 des Genfer Abkommens über die Rechtsstellung der Flüchtlinge - Flüchtlingskonvention (GK) [127] dahin aus, daß jeder asylrechtlichen Schutz genießt, der wegen seiner Rasse, Religion, Nationalität, Zugehörigkeit zu einer sozialen Gruppe oder wegen seiner politischen Überzeugung Verfolgungsmaßnahmen begründet befürchtet [128].
Ob eine Verfolgungsmaßnahme als politische angesehen werden muß, soll also maßgeblich von den Gründen abhängen, aus denen der Verfolgerstaat auf den

---

124 BVerwGE 67, 195

125 BVerwG DVBl 1983, 1007 (1010)

126 BVerwG DVBl 1983, 1007 a.a.O.

127 Abkommen vom 28. Juli 1951über die Rechtsstellung der Flüchtlinge, BGBl 1953, Teil II, 559

128 BVerwGE 49, 202; 67, 184 (186)

Betroffenen zugreift [129]. Damit begründet das BVerwG die sogenannte "Motivationslehre". Hingegen hat die GK die Funktion, "bei sachgerechtem Verständnis alle denkbaren Fälle "politischer Verfolgung" zu umfassen [130], und den in der GK genannten Verfolgungsgründen kommt ein exemplarischer Charakter für die Beurteilung einer Verfolgung als einer politischen zu. Diese Interpretation in Anlehnung an die GK wurde bereits in frühester Rechtsprechung begonnen [131] und später dogmatisch weiterentwickelt [132]. Spätestens seit 1977 stellt das BVerwG [133] entscheidend auf die politische Verfolgungsmotivation des Staates, unabhängig von den subjektiven Überzeugungen oder Motiven des Flüchtlings, ab [134]. Folgerichtig läßt das BVerwG z.B. eine drohende Bestrafung wegen der Begehung von Staatsschutzdelikten oder einer Sanktion wegen der Tätigkeit einer Widerstandsbewegung noch nicht ausreichen, wenn nicht zugleich festgestellt wird, daß die Verfolgungsmaßnahme durch die personellen Merkmale der GK motiviert ist [135]. Entsprechend wird das Asylbegehren eines Ausländers, der wegen Mitgliedschaft in einer politischen Organisation belangt werden soll, daher als nicht begründet angesehen, wenn die Sanktion dem durch Mitgliedschaft zum Ausdruck gekommenen Verhalten, nicht aber der dahinterstehenden Gesinnung gilt [136]. Festzuhalten bleibt also: Die dogmatische Konstruktion des BVerwG zur Auslegung des Politischen basiert, ausgehend von der inhaltlichen Untrennbarkeit der Begriffe "politisch" und "Verfolgung", auf dem finalen Moment, dem Motiv des Verfolgers zur Vornahme einer Maßnahme. Das Motiv ist politisch, wenn es mit einem in der GK aufgezählten Grund übereinstimmt. Es stellt sich hier jetzt die Frage, ob eine *politische* Verfolgung auch gegeben sein kann, wenn hinter dem Verfolgermotiv kein in der GK erwähnter Grund steht.

Die abschließende Anlehnung an die GK zur Bestimmung des Politischen ist in der Literatur vielfach unter dem Schlagwort "Theorie der Vollidentität" diskutiert worden. Die Bandbreite der wissenschaftlichen Diskussion umfaßt ableh-

---

129 BVerwGE 49, 202; 67, 184 (186)

130 BVerwGE 49, 202 (204 f.); 55, 82 (84); 67, 184 (186); BVerwG DVBl 1983, 1007

131 BVerwGE 49, 202 (204 f.); 55, 82 (84); 67, 184 (186); BVerwG DVBl 1983, 1007

132 BVerwGE 49, 202; 55. 82; 62, 123; 67, 184; 67, 195

133 BVerwGE 55, 82 (84) - U. vom 29.11.1977

134 Vgl. dazu Köfner/Nicolaus, ZAR 1986, 11 ff.

135 Z.B. zur Tätigkeit im afghanischen Widerstand BVerwG JZ 1987, 562 m. Anm. Hailbronner

136 BVerwGE 74, 226

nende Kritik [137], Zweifel [138], aber auch ausdrückliche Anerkennung [139]. Von seiten der Kritiker des Vollidentitätsansatzes wird die Unzulänglichkeit der Theorie als schlagkräftigstes Gegenargument angeführt, weil bei ihrer Anwendung Fälle übrig bleiben, welche nach der Vollidentität nicht, hingegen nach der Ratio des Asylrechts als *politische* Verfolgung qualifiziert werden müssen [140]. Insbesondere *Schaeffer* [141] ist anhand einer Vielzahl von Fallgestaltungen den Unterschieden bei Anwendung bzw. Nichtanwendung der Vollidentitätslehre nachgegangen und kommt zu dem Ergebnis, daß *politische* Verfolgung auch nach der Vollidentitätslehre zwar teilweise, nicht jedoch immer vorliegt. Damit hat er dargelegt, daß der Streit um die Identität mit der GK nicht nur theoretischer Natur ist [142]. Er ist jedoch spätestens mit dem Urteil des BVerwG vom 26 6.1984 [143] überflüssig geworden. Das BVerwG hat dabei über seinen Standpunkt im Hinblick auf die Vollidentität alle Zweifel ausgeräumt, denn "der Begriff des Konventionsflüchtlings", wie das Gericht ausführt, "ist nicht identisch mit dem Begriff des politisch Verfolgten" [144]. In einer folgenden Entscheidung vom 15.3.1988 [145] stellt das BVerwG unter Hinweis auf seine Formulierung, die GK enthalte "bei sachgerechtem Verständnis alle denkbaren Fälle politischer Verfolgung" außerdem klar, daß "andere als die in Art. 1 A 2 GK ausdrücklich genannten Merkmale und Eigenschaften zum Anknüpfungspunkt... für Verfolgungsmaßnahmen" genommen werden können. Den Verdacht, durch die Formulierung " bei sachgerechtem Verständnis" habe sich das BVerwG für besondere Fälle doch noch die "Hintertür" weiterer politischer Verfolgungsmerkmale offenhalten wollen, wurde bereits von *Schaeffer* geäußert [146], dieser Vermutung dann aber mit dem Hinweis auf eine Vielfalt von Entscheidungen entgegengetreten [147]. *Schaeffer* ist zugute zu halten, daß eine eindeutige Abkehr von der

---

137 Ebert S. 21; Wollenschläger, JA 1980, 148 (151); ders. JZ 1978, 581 (583 f.); Franz, DVBl 1966, 623; ders., in: Grenzfragen, S. 28 (34 f.); Marx, ZAR 1984, 102 (103 f.); Gusy, AWR Bulletin 1978, 83

138 Kimminich, JZ 1972, 257 (260); ders. DÖV 1976, 87 (88); ders. FS BayVGH S.155

139 Schütz, DÖV 1980, 35; Schmitt BayVBl 1964, 33 (34); Schwäble DÖV 1987, 183 (184)

140 Vgl. die Nachweise bei Schaeffer, Asylberechtigung, S 22

141 Vgl. FN 26

142 Kimminich BK Art. 16 Rdnr. 205

143 BVerwGE 69, 323

144 BVerwGE 69, 323 (330)

145 BVerwGE 79, 143

146 Schaeffer, Asylberechtigung, S. 18

147 Vgl. die Nachweise bei Schaeffer, a.a.O., S. 19

Vollidentitätstheorie erst nach Erscheinen seines Werkes vorgenommen wurde. Ob das BVerwG damit eine Richtungsänderung seiner bisherigen Rechtsprechung vorgenommen hat, oder sich in Wirklichkeit niemals endgültig auf den Weg der Vollidentität begeben hat - dafür spricht vielleicht der Umstand, daß das Beifügen des Erfordernisses "bei sachgerechtem Verständnis" als der weiten Auslegung des Asylgrundrechts entsprechend angesehen wurde [148] - , kann meines Erachtens nach offenbleiben. Entscheidend ist letztlich, daß der Streit durch die jüngere Rechtsprechung des BVerwG als nicht mehr erheblich angesehen werden kann.

Schwierig ist die Suche nach Kriterien, aufgrund deren auf eine subjektive Verfolgungsmotivation geschlossen werden kann, gerade in den Fällen, in denen sich diese dem Herkunftsland nur schwer nachweisen läßt. Objektive Kriterien beugen der Gefahr vor, die Asylrechtsverbürgung auszuhöhlen, da sonst die Hürde der Tatbestandlichkeit einer politischen Verfolgung wegen der schwierigen Beweisanforderungen in nur wenigen Fällen überschritten werden könnte. I.d.R. können unmittelbare Beweise über Vorgänge im Verfolgerland nicht erhoben werden. Diese möglichen Einwände gegenüber der Motivationslehre hat das BVerwG berücksichtigt und bereits in seiner Entscheidung vom 17.5.1983 [149] die Hinwendung zu einer Objektivierung der Verfolgermotivation vollzogen, indem es objektive Kriterien heranzieht, die als Indiz einen Rückschluß auf die subjektive Verfolgungsmotivation gestatten [150]. Als Vorbild dienen dabei die für die Feststellung von Tatsachen entwickelten Grundsätze, welche die Gründe für eine Furcht des Asylbewerbers vor Verfolgung belegen sollen, nämlich in besonderem Maße zu berücksichtigende Erfahrungen und typische Geschehensabläufe bei der Beurteilung der Intention eines anderen Staates [151]. Wegen der grundrechtlichen Verbürgung des Asylrechtsschutzes sollen Behörden und Gerichte auf der Grundlage einer insoweit "vornehmlich ihnen obliegenden Sachverhaltsvermittlung.... zugunsten des Asylbewerbers als wahr annehmen, was erfahrungsgemäß den Regeln des Lebens entspricht" [152]. Objektive Kriterien, die als Indiz einen Rückschluß auf die subjektive Verfolgungsmotivation gestatten [153], sind die tatsächlichen und rechtlichen Verhältnisse im Herkunftsland, die Eigenart des Staates, sein möglicherweise totalitärer Charakter, die Ra-

---

[148] So z.B. BVerwGE 68, 171 (173)

[149] BVerwGE 67, 195

[150] Zur Verfolgungsfurcht s. Buchholz 402.22 Art. 1 GK Nr. 11

[151] BVerwGE 67, 195 (198)

[152] BVerwGE 67, 195 (199)

dikalität seiner Ziele und die zu ihrer Verwirklichung eingesetzten Mittel, das Maß an geforderter und durchgesetzter Unterwerfung des einzelnen und die Behandlung von Minderheiten [154]. Die Verfolgungsmotivation ist abzulehnen, wenn der Staat lediglich danach trachtet, seine Herrschaftsstruktur aufrechtzuerhalten und dabei die Überzeugung seiner Staatsbürger unbehelligt läßt [155]. Zu der Reihe von Entscheidungen des BVerwG, die diese Grundsätze besonders prägnant darstellen, ist in erster Linie der "Ahmadi II-Beschluß" [156] zu zählen. Und in einem konsequent daran anknüpfenden Urteil führt das BVerwG noch einmal aus, daß für die Frage nach dem Zugriff des Staates auf die politische Überzeugung seiner Bürger der Umfang der rechtlich gewährten und tatsächlich respektierten Meinungsfreiheit einen "besonders geeigneten Maßstab darstelle" [157], so daß auch hier die vollzogene Objektivierung der "Motivationslehre" klar zu sehen ist.

Auch das BVerfG [158] knüpft am Verfolgungstatbestand an und legt einen weiten Politikbegriff [159] zugrunde [160]. Mit Bezug auf das Asylrecht wird er durch Heranziehung der in Art. 1 A Nr. 2 GK genannten Merkmale Rasse, Religion, Nationalität, Zugehörigkeit zu einer bestimmten sozialen Gruppe oder politische Überzeugungen ausgefüllt, um eine Verfolgungsmaßnahme, die an diese Kriterien anknüpft, als *politische* zu kennzeichnen [161]. Darüber hinaus sind aber unter Beachtung des grundgesetzlichen Menschenwürdegebots auch diejenigen für den Asylsuchenden verfügbaren Markmale asylerheblich, die sein Anderssein prägen [162]. Damit verschreibt sich das BVerfG der sogenannten "Teilidentitätslehre", nach der die asylerheblichen Merkmale in der GK nicht abschließend geregelt sind, sondern es die Orientierung am Maßstab des verfassungsrechtli-

---

153 BVerwGE a.a.O.

154 BVerwGE a.a.O., ferner BVerwGE 39, 27 (28 f.); 62, 123 (125)

155 BVerwGE 67, 195 (199 f.)

156 BVerwGE 74, 41 (44 f.)

157 BVerwGE 77, 258 (266)

158 Wegen seiner Bedeutung für die Fachgerichtsbarkeit vgl. § 31 BVerfGG

159 Es beschränkte sich zunächst auf die allgemeine Feststellung, daß es sich um "politische Gründe" oder "politische Repressalien" handeln müsse

160 Das BVerfG greift dabei auf die auf *Carl Schmitt* zurückgehende Formulierung zurück, wonach politisch eine Eigenschaft bezeichnet, "die jeder Sachbereich zu jeder Zeit unter gewissen Umständen annehmen kann", vgl. Schmitt, Der Begriff des Politischen, S. 21

161 BVerfGE 54, 241 (358); 76, 143 (157)

162 BVerfG DVBl 1990, 101 (102)

chen Menschenwürdegebots gebietet, auch nicht explizit aufgeführte Merkmale als asylerheblich einstufen zu können. Es kann hier die Zwischenfeststellung getroffen werden, daß die Bedeutung der Menschenwürde bei der Auslegung des Begriffs des Politischen erheblich ist, wenn das BVerfG dieser Grundwertentscheidung der Verfassung das Gebot einer Interpretation i.S. der Teilidentität entnimmt. In dem Punkt der Frage der Teilidentität deckt sich zudem die Rechtsprechung des BVerfG mit der des BVerwG, welches seit seiner neueren Rechtsprechung eine Abkehr von der Rechtsprechung der Vollidentität vorgenommen hat und den in Art. 1 A Nr. 2 GK erwähnten Merkmalen vergleichbare Eigenschaften in den Asylrechtsschutz miteinbezieht. Diese Übereinstimmung bei der Frage, ob sich die Auslegung des Begriffs des Politischen voll oder zum Teil an der GK orientiert, bedeutet jedoch noch keine Gemeinsamkeit des dogmatischen Ansatzes.
Neben dieser allgemeinen Bestimmung des Begriffs "politisch" vervollständigt das BVerfG seine Definition durch Elemente, die systematisch dem Vefolgungstatbestand zuzurechnen sind. Dogmatisch wird dabei am Verfolgungseingriff angesetzt: Eine Verfolgung ist dann eine politische, "wenn sie dem einzelnen in Anknüpfung an asylerhebliche Merkmale gezielt Rechtsverletzungen zufügt, die ihn ihrer Intensität nach aus der übergreifenden Friedensordnung ausgrenzen" [163]. Damit wird der mit der Verfolgungsmaßnahme verwirklichte Eingriff, dessen Schwere bzw. Intensität und die notwendige persönliche Betroffenheit des Asylsuchenden in die Definition des Politischen miteinbezogen. Maßstab der Erkennbarkeit einer asylerheblichen Verfolgungsmaßnahme ist die spezifische Zielrichtung einer solchen, um deren asylerheblichen Charakter zu erkennen. Es ist zu ermitteln, ob die Verfolgung "wegen eines asylerheblichen Markmals erfolgt und zwar anhand ihres inhaltlichen Charakters nach der erkennbaren Gerichtetheit der Maßnahme selbst" [164]. Damit enthält die Definition ein finales Moment und sie bedeutet eine Absage an die vom BVerwG entwickelte "Motivationslehre", sofern diese in der Weise verstanden wird, daß der Beweggrund des Verfolgers für das Vorgehen gegen den Betroffenen erheblich sei. Maßgeblich ist nämlich die objektive Gerichtetheit der Maßnahme selbst und nicht die subjektive Motivation des Verfolgers.

Die Miteinbeziehung eines finalen Moments nach objektiven Kriterien der erkennbaren Gerichtetheit der Maßnahme kann m.E. nach am besten durch ein dreistufiges Modell veranschaulicht werden:

---

163 BVerfG a.a.O.

Auf der ersten Stufe muß festgestellt werden, daß die Verfolgung wegen eines asylerheblichen Markmals erfolgen soll, ein asylerhebliches Merkmal also conditio sine qua non für das Ergreifen einer Verfolgungsmaßnahme für den Verfolgenden ist. Bei der Ermittlung der asylerheblichen Merkmale ist die Theorie der Teilidentität anzuwenden.
Zu dieser Kausalität tritt die Finalität als Prüfungskriterium der zweiten Stufe. Es muß dem Verfolger darauf ankommen, mit seiner Maßnahme den Asylsuchenden wegen ihm eigentümlicher asylerheblicher Markmale zu treffen. Daneben kann der Verfolger aber auch andere Ziele anstreben.
Auf der dritten Stufe steht dann das Motiv des Verfolgers, womit im Sinne des Strafrechts ein überschießendes subjektives Absichtselement gemeint ist, mit dem es dem Handelnden auf die Verwirklichung des Handlungsmotivs als Endziel ankommt.

Indem das BVerfG ausdrücklich die Motivationslehre des BVerwG verwirft [165], erklärt es diese letzte Stufe als unbeachtlich für die Bestimmung der Asylerheblichkeit einer Verfolgungsmaßnahme. Auf die subjektiven Gründe oder Motive, die den Verfolger bei der Maßnahme leiten, soll es gerade nicht ankommen. Damit wird deutlich, worin die Unterschiedlichkeit des Ansatzes von BVerwG und BVerfG liegt, nämlich in der Anwendung der subjektiven Motivationslehre zum einen und der Ermittlungsmethode der objektiven Zielgerichtetheit der Maßnahme zum anderen. Allerdings haben BVerwG und BVerfG ihre unterschiedlichen Ansätze dadurch zu korrigieren versucht, daß sie die jeweils zu einer Annäherung führenden Kriterien des anderen Ansatzes nicht unberücksichtigt gelassen haben. Ob die vom BVerfG erklärte Abgrenzung zum Ansatz des BVerwG in der Praxis zu anderen Ergebnisse führt, ist deshalb fraglich:
Wie dargestellt hat das BVerwG in neueren Urteilen auf die objektive Gerichtetheit der Maßnahme selbst abgestellt, wenngleich nur als Indiz für das zu ermittelnde Verfolgermotiv, und somit einen Schritt in Richtung einer Gesamtbetrachtung vollzogen [166]. Wenn auf der anderen Seite das BVerfG im "Ahmadi II - Beschluß" [167] die Motivationslehre ablehnt, um die Frage nach den "Gründen hinter den Gründen" [168] abzuschneiden, denn die religiöse Verfolgung der Ahmadis als Angehörige einer Sekte soll ihren asylerheblichen Charakter nicht

---

164 BVerfGE 80, 315 (335)
165 BVerfGE a.a.O.
166 Insbes. BVerwGE 77, 258 (263 ff.)
167 BVerfGE 80, 315 (335)

dadurch verlieren können, daß der pakistanische Staat "eigentlich" die Ahmadis vor noch schärferen Nachstellungen der orthodoxen Mullahs bewahren wollte, führt es ebenfalls mit Blick auf die gegen die Ahmadis gerichteten pakistanischen Strafbestimmungen im Beschluß vom 9.11.1988 [169] folgendes aus: "Allerdings bietet die Motivation des verfolgenden Staates Anhaltspunkte für Ermittlungen, ob ein staatliches Interesse, die Strafvorschriften in der Praxis auch in vollem Umfang anzuwenden, nicht nur oder nur begrenzt gegeben ist." Und im Beschluß vom 19.6.1990 [170] bezieht das BVerfG über die einzelne Verfolgungsmaßnahme wegen Ausscheidens als Dorfschützer im kurdischen Gebiet der Türkei hinaus das gesamte Dorfschützersystem des türkischen Staates und dessen objektive erkennbare Zweckrichtung, die erzwungene Distanz der Dorfschützer zu den politischen Zielen des kurdischen Separatismus, in seine Würdigung mit ein. Hier erinnern die Ausführungen an die indizienbewertende Gesamtbetrachtung des BVerwG. Letztlich wird bei keiner Prüfung irgendein Aspekt außer Acht gelassen, und sei es nur in Form eines Indizes für die Feststellung einer *politischen* Verfolgung.

Als Zwischenergebnis kann somit festgehalten werden, daß nach der Rechtsprechung von BVerwG und BVerfG ein unterschiedlicher Ansatzpunkt zur Ermittlung der *politischen* Verfolgung vertreten wird, wenn auch durch die Hinzuziehung von Indizien nach beiden Auffassungen jeweils dieselben Punkte geprüft werden. Die Ausformung des jeweiligen Ansatzes ist folglich nicht so unterschiedlich, wie es zunächst erscheint. In der Praxis wird man i.d.R. zum gleichen Ergebnis nach beiden Ansätzen gelangen.

Der Leitfunktion des BVerwG [171], welches unter der Kontrolle des BVerfG [172] maßgeblich das Verständnis des Asylrechts bestimmt [173], ist es zu verdanken, daß in der Rechtsprechung der Instanzengerichte die vollzogene Entwicklung von der Anwendung der reinen Motivationslehre hin zur Verobjektivierung der Motivationslehre durch die indizienbewertende Gesamtbetrachtung deutlich nachzuvollziehen ist [174].

---

168 BVerfG a.a.O.

169 Beschl. v. 9.11.1988 - 2 BvR 288, 388/88

170 Beschl. v. 19.6.1990 - 2 BvR 369/90

171 Dazu ausführlich Bertrams, DVBl 1991, 1226

172 Vgl. § 31 II 1 BVerfGG

173 Vgl. FN 158

174 Zur reinen Motivationslehre vgl. besonders anschaulich VG Ansbach - U. v. 15.4.1974 -

cc) Ansätze zur Auslegung des Politischen in der Literatur

Die Bestimmung des Begriffs der *politischen* Verfolgung erfährt auch im Schrifttum verschiedene Auslegungen. Die folgenden Ausführungen sollen einen kurzen Überblick über den Meinungsstand vermitteln.

Eine früher vertretene Mindermeinung im Schrifttum [175] befürwortet eine Interpretation anhand des § 3 I, II DAG [176]. Danach ist der Begriff des politisch Verfolgten mit dem des politischen Straftäters, der nach § 3 DAG Auslieferungsschutz genoß [177], identisch. Zur Begründung wird angeführt, der Verfassungsgeber habe den in der Bestimmung "zum Ausdruck gekommenen Rechtsgedanken" in Art. 16 II 2 GG a. F. (Art. 16 a I GG) verfassungskräftig sichern wollen [178]. Die Bedeutung des Asylrechts erschöpfe sich daher in einer "schlagwortartigen Wiederholung" des Grundsatzes der Nichtauslieferung politischer Verbrecher [179]. Die Auffassung legt eine restriktive Interpretation der *politischen* Verfolgung zugrunde und wird deshalb vom Schrifttum [180] und der Rechtsprechung [181] nahezu einhellig abgelehnt, da sie zu Recht als mit Wortlaut, Sinn und Zweck des Art. 16 II 2 GG unvereinbar angesehen wird. Zu den Gründen sei nur

---

AN 3663 - II/74; VG Ansbach - B. v. 7.8.1975 - AN 4115 - II / 75; ebenso läßt sich die spätere Abkehr von der Motivationslehre vielfach deutlich nachvollziehen: So setzte das VG Berlin in einer Entscheidung zur Frage nach den Motiven des türkischen Staates hinsichtlich Repressalien gegenüber einem Kurden bei der konkreten Situation der Türkei an und bekräftigte damit die vom BVerwG propagierte Indizwirkung der tatsächlichen Verhältnisse im Herkunftsland, VG Berlin U. v. 16.11.1982 - VG 19 A 611/ 81 . In diesem Sinne hat beispielsweise ebenso das VG München die Tatsache, das Land nur unter Aufgabe der Staatsbürgerschaft verlassen zu können, als Indiz für das Vorliegen einer *politischen* Verfolgung gesehen vgl. BayVGH Urt. v. 1.6.1978 - Nr. 293 XII/ 77. I.ü. vgl. auch dazu die Rechtsprechungsübersicht bei Marx S. 541 ff.

175 Meyer, Einlieferung, S. 90 ff.; ders. JZ 1954, 499; ders. JZ 1956, 12; Herlan, MDR 1951, 182

176 Das *Deutsche Auslieferungsgesetz* aus dem Jahre 1929 (RGBl 1929 I, 239) galt bis zum 1.7.1983 fort und wurde durch das Gesetz über die internationale Rechtshilfe (IRG), BGBl 1982 I, 2071, abgelöst

177 Zu dem sich hieraus ergebenden Auslieferungsverbot vgl. *T. Stein*, Die Auslieferungsausnahme bei politischen Delikten, 1983, S. 283 ff.

178 Meyer, Einlieferung, S. 92

179 Meyer a.a.O.

180 BK Kimminich Art. 16 Rdnr. 135; Wollenschläger, Diss., S. 33 f.; Franz, Diss., S. 68 ff.; ders., DVBl 1966, 625 ff.; v.Münch-Schnapp Art. 16 Rdnr. 23; Gusy, Diss., S. 88 ff.; ders., MDR 1980, 96; Maunz-Dürig-Randelzhofer Art. 16 Rdnr. 45 ff.

181 BVerfGE 9, 174 (180f.); 15, 249 (251); BVerwGE 4, 238 (241); BVerwG MDR 1960,

kurz anzuführen, daß § 3 DAG vom politischen Gehalt der Tat ausgeht, der vom Gesetz nach objektiven Kriterien abschließend bestimmt ist, so daß das aktive Verhalten des Täters entscheidet. Dagegen stellt Art. 16 II 2 GG a. F. (Art. 16 a I GG) aber auf Art und Grund der drohenden staatlichen Verfolgung ab, das heißt auf die Verhältnisse und Zielrichtung des Verfolgerstaates [182].

Eine ebenso ältere Auffassung von *Lerche* [183] hält allein "die Art der im Ausland zu erwartenden Ahndung" für ausschlaggebend. Eine *politische* Verfolgung liege vor, wenn die zu erwartende ernsthafte Gefahr dem Grundsatz der Menschlichkeit widerspreche und die Verfolgungsmaßnahme dem ausländischen Gemeinwesen zuzurechnen sei [184]. Diese Ansicht ist zwar im Sinne einer weiten Interpretation, doch bietet sie keine konkreten Auswahlkriterien an, die bei der Feststellung der *politischen* Verfolgung helfen und ein geeignetes Instrumentarium zur Abgrenzung zwischen asylrechtlich relevanter und nicht relevanter Verfolgung darstellen.

Eine breite Mehrheit in der Literatur [185] postuliert das Vorliegen einer unmittelbaren Bedrohung für bestimmte Rechtsgüter. Eine politische Verfolgung ist anzunehmen, wenn behördliche Maßnahmen unter Verletzung der Menschenrechte oder rechtsstaatlichen Grundsätze eingeleitet werden, die zu einer unmittelbaren Bedrohung von Leib, Leben oder persönlicher Freiheit führen [186]. *Kanein* und *Schmitt* führen zusätzlich noch die "Gefahr wirtschaftlicher Existenzvernichtung" an [187]. *Wollenschläger* will gar die Eigentumsverletzung hinzunehmen [188]. Diese Auffassung knüpft dogmatisch an der Rechtsstaats- und Menschenrechtswidrigkeit an, die nach der wohl herrschenden Meinung im Schrifttum als Maßstab *politischer* Verfolgung heranzuziehen ist und sich somit mit der Rechtsprechung des BVerfG auf eine Stufe stellen läßt. Ein Eingriff enthält danach Asylqualität, wenn er durch eine gewisse Schwere gekennzeichnet ist und die

---

524; BGH NJW 1953, 392 f.

182 Vgl. v. Weber, FS Grünhut, S. 165 f.; ders., JZ 1963, 516; Franz, NJW 1968, 1559; eingehend dazu auch Gusy, Diss., S. 207 f.

183 Lerche, FS Arndt, S. 201 f.

184 Lerche a.a.O.

185 Grützner, Auslieferungsverbot, S. 602; Kanein BayVBl 1967, 292 f.; Schmitt BayVBl 1964, 34; v. Weber, FS Grünhut, S. 166; Wollenschläger, Diss., S. 106

186 Vgl. FN 185

187 Kanein, BayVBl 1967, 293 (296); Schmitt, BayVBl 1964, 34

188 Wollenschläger, Diss., S. 33, 106

Verfolgung, gemessen am Maßstab der Menschenrechte und Rechtsstaatlichkeit oder des Grundgesetzes als rechtswidrig qualifiziert werden muß [189]. Welcher Beurteilungsmaßstab zugrundezulegen ist, ist jedoch umstritten. Unklar bleibt insbesondere, ob man sich bei der Frage der Menschenrechtswidrigkeit an der Wertordnung des Grundgesetzes [190] oder an der allgemeinen Menschenrechts- und Rechtsstaatswidrigkeit [191] orientieren soll. Letzterer Auffassung ist meines Erachtens nach der Vorzug einzuräumen. Nicht jede Verletzung von Grundrechten und Rechtsgrundsätzen, die im Grundgesetz niedergelegt sind, kann als politische Verfolgung angesehen werden. Dies würde zu einer Diskriminierung fremder Rechtsordnungen führen, da auch andere Verfassungen im Hinblick auf die Europäischen Menschenrechtskonvention vom 21.11.1950 [192], den Menschenrechtspakten der Vereinten Nationen vom 14.12.1966 [193] und der Amerikanischen Menschenrechtskonvention vom 21.11.1969 [194] unseren Vorstellungen von einer freiheitlich-rechtsstaatlichen Garantie entsprechen [195]. Das gilt insbesondere für die im Rahmen dieser Arbeit zu beleuchtende italienische Verfassung, die wohl niemand ernsthaft als nicht freiheitlich bzw. nicht rechtsstaatlich ansehen würde. Die Asylqualität einer Verfolgungsmaßnahme kann daher nur nach ihrer Rechtsstaats- oder Menschenrechtswidrigkeit zu beurteilen sein.

Die Gegenmeinung wird vor allem von *Randelzhofer* [196] vertreten. Nach *Randelzhofer* ist in Anlehnung an die Rechtsprechung des BVerwG die Motivation des Verfolgenden entscheidend für das Vorliegen einer *politischen* Verfolgung. Begründet wird diese Auffassung damit, daß die Motivation des Verfolgers zum einen ein genügend weites Verständnis des Begriffs des "politisch Verfolgten" umfasse und zum anderen in Einklang mit der Rechtsprechung des BVerfG ste-

---

189 Speziell an eine menschenrechtliche Begründung anknüpfend Marx, ZRP 1990, 192 (199); ders., ZAR 1981, 42; ders., eine menschenrechtliche Begründung des Asylrechts, S. 46 ff., 57 ff., 185 ff; v. Pollern, in: Beitz/Wollenschläger, Handbuch, I, S. 199; ders., Diss., S. 283; Franz, Grenzfragen, S. 49; Huber, Ausländer- und Asylrecht, Rdnr. 482; BK Kimminich, Art. 16, Rdnr. 139; ders., Asylrecht, S. 79

190 Marx, ZRP 1980, 192 (199

191 Wollenschläger, Diss., S. 33; v. Pollern, Diss., S. 283; ders., in. Beitz/Wollenschläger, Handbuch, I, S. 199

192 BGBl 1952 II S. 685

193 BGBl 1973 II S. 1533

194 Text in JIR 15, 1971 S. 822 ff.

195 Vgl. BVerfG NJW 1964, 1784; Wollenschläger Diss. S. 31; Lerche FS Arndt S. 204; v. Pollern Diss., S. 283

196 Maunz-Dürig-Randelzhofer Art. 16 Rdnr. 21 ff.

he, da bei der Frage der *politischen* Verfolgung übereinstimmende Ergebnisse erzielt werden [197].

Im Ergebnis ist somit festzustellen, daß die Definition des politischen Charakters der Verfolgung noch keineswegs geklärt ist. Die Rechtsprechung von BVerfG und BVerwG führen jedenfalls bei unterschiedlichem Ansatz zum gleichen Ergebnis bei der Frage des Vorliegens einer *politischen* Verfolgung.

c) Weitere Einzelfragen zu Art. 16 a I GG

Als geklärt dürfte mittlerweile gelten, daß der Schutz des Art. 16 a I GG nur Ausländern, nicht aber Deutschen zukommt [198]. Auch angesichts der Regelung des Art. 1 III GG hieraus eine Verfassungswidrigkeit des Asylrechts folgern zu wollen [199], ist abwegig und in der Literatur zu Recht auf nahezu einhellige Kritik gestoßen [200].

Streitig ist, ob sich Art. 16 a I GG das Gebot entnehmen läßt, den Zugang zum Territorium der Bundesrepublik zu ermöglichen, zu fördern oder zu erleichtern, d.h. zumindest nicht zu erschweren oder ganz zu verhindern [201]. Ansonsten bestünde die Gefahr, daß der politisch Verfolgte, wenn man ihn hindert, das Bundesgebiet zu erreichen, genau das Schicksal erleidet, vor dem ihn Art. 16 a GG schützen soll. In diesem Zusammenhang wird auch die praktisch sehr wichtige Frage der Verfassungsmäßigkeit einer Visumspflicht für Staatsangehörige möglicher Verfolgerländer zu diskutieren sein [202].

---

197 Maunz-Dürig-Randelzhofer a.a.O.

198 Anders aber z.B. Jarass/Pieroth, GG, Art. 16 Rdnr. 24; stellvertretend für die h.M. Schnapp-v. Münch, Art. 16 Rdnr. 22

199 Philipp, NJW 1981, 1857

200 Ausführlich zur Frage der Verfassungswidrigkeit des Asylrechts vgl. Kimminich, Grundprobleme, S. 106 ff.; Sachs, NJW 1981, 2608 ff.

201 Zu diesem Problem vgl. Bierwirth, ZAR 1987, 64 (67); Denninger/Rachor, ZAR 1988, 51 (53 ff.); Kanein, NVwZ 1983, 377 (381 f.); Maunz-Dürig-Randelzhofer, Art. 16, Rdnr. 84 ff.; Sachs JuS 1989, 537 (542)

202 Insbesondere die Frage eines Anspruchs auf Sichtvermerkserteilung ist sehr umstritten, dafür etwa OVG Hamburg, EZAR 100 Nr. 14, S. 5; *Huber*, Ausländer- und Asylrecht 1983, Rdnr. 500; *GK Rühmann*, 1986, § 7 Rdnr. 14; *Müller*, in: Beitz-Wollenschläger, S. 339; *Schnapp*, NJW 1980, 2608 (2610); dagegen *Paul*, ZAR 1982, 184 (190); *Marx*, Asylrecht, Stichwort "Visum", S. 917 stellt lediglich fest: "Politisch Verfolgte im Herkunftsland oder in Drittstaaten können sich zwar nicht auf Art. 16 II 2 GG berufen, da

Eine solche Interpretation ist jedoch abzulehnen. Denn das Asylrecht entsteht erst, wenn der politisch Verfolgte die Grenzen des Geltungsbereichs des Grundgesetzes erreicht hat [203]. So heißt es in einer neueren Entscheidung des *VG Bremen* [204]: "Es ist eindeutig, daß sich der asylverfahrensrechtliche Einreisebegriff auf das deutsche Staatsgebiet im territorialen Sinne bezieht, d.h. auf ein bestimmtes geographisches Gebiet, und nicht Bereiche einschließt, in denen außerhalb des Staatsgebietes nach bestimmten Maßgaben deutsche Staatsgewalt ausgeübt werden kann (wie bei Botschaften, Konsulaten, Luftfahrzeugen oder Schiffen)." Ein vom Ausland aus betriebenes Asylanerkennungsverfahren ist daher bedeutungslos, es sei denn es wurde bereits im Inland begonnen [205]. Es ist zwar folgerichtig, daß faktische oder rechtliche Hindernisse bei der Ausreise dazu führen können, daß der Fremde an der Inanspruchnahme des Asylrechts von vornherein gehindert wird. Jedoch ist zu bedenken, daß die konsequente Annahme eines vorterritorialen Anspruchs zu einer völligen Überdehnung des Asylgrundrechts führen würde. Denn gleichzustellen mit einem Visumantragsteller wäre auch derjenige, der die Flugkosten nicht erbringen oder aus körperlicher Schwäche den Hafen oder Flughafen nicht erreichen kann [206]. Auch er erreicht nicht das schützende Asyl. Einen Anspruch auf Transporthilfe oder sonstige Unterstützungshandlungen würde aber in diesen Fällen niemand ernstlich fordern, zumal Grenzen der Hilfe dort lägen, wo Souveränitätsrechte eines anderen Staates verletzt werden [207]. Allerdings kann es im Einzelfall moralisch geboten sein, das Visum angesichts politischer Verfolgung zu erteilen.

Schließlich wird diese Argumentation durch die Entstehungsgeschichte des Asylgrundrechts gestützt. Bei der Behandlung des Art. 16 II 2 GG a.F. im Parlamentarischen Rat kam diese Frage nicht zur Sprache. Gegen den subjektiven

---

dieser von territorialem Asyl ausgeht. Gleichwohl stößt die Visumpflicht auf erhebliche Bedenken..."; ähnlich auch *GK Fritz*, 1986, § 9 Rdnr. 10

203 BVerwGE 69, 323 (325); zuletzt auch VG Bremen, Beschl. v. 17.6.1994, NVwZ-Beil. 1994, 72; Bierwirth, ZAR 1987, 64 (67)

204 S. FN 203

205 BVerwGE 69, 323 (326)

206 So auch Bierwirth, ZAR 1987, 64 (67)

207 Bierwirth a.a.O.

Willen der Verfassungsväter, einen Zugangsanspruch im o.g. Sinne zu normieren, spricht die Tatsache, daß man zu jener Zeit noch primär das Bild des über die Grenze gehenden Flüchtlings vor Augen hatte [208]. Die textliche Schaffung des Asylgrundrechts hatte somit andere Motive, als die Schaffung eines Rechts auf Förderung des Zugangs zum Geltungsbereich des Grundgesetzes. Es handelt sich demnach bei Art. 16 a I GG nicht um ein Grundrecht auf Förderung des Zugangs zum Asylverfahren. Art. 16 a I GG gewährt nur territoriales Asyl. Dieses kann nur Wirkung entfalten, wenn der Flüchtling das Territorium der Bundesrepublik erreicht hat [209].

d) Subsidiarität des Asylgrundrechts und innerstaatliche Fluchtalternative

Problematisch ist schließlich, ob bei Vorliegen anderweitigen Verfolgungschutzes ein Ausschluß des Asylrechts in Betracht kommt, das Asylrecht also nur subsidiär zum Tragen kommt. Dabei handelt es sich nicht etwa um eine Frage der Einschränkung des Asylrechts, wie man glauben könnte, sondern um eine verfassungsrechtlich prinzipiell unbedenkliche Konkretisierung des Asylgrundrechts, welches die Schutzbedürftigkeit des Ausländers voraussetzt [210]. Diese könnte in den Fällen anderweitiger Sicherheit vor Verfolgung aber entfallen. Die Rechtsprechung hat eine Subsidiarität des Asylgrundrechts bei bestimmten Fallgruppen angenommen, mit der Konsequenz, daß bei Vorliegen dieser Fälle ein Recht auf Asyl auszuschließen ist. Danach steht das Asylrecht einem in einem Drittstaat Verfolgten nicht zu, sofern er in seinem Heimatstaat, in dem keine politische Verfolgung betrieben wird, Zuflucht finden kann [211].
In diesem Zusammenhang sind auch die Fälle der sog. innerstaatlichen Fluchtalternative zu behandeln. Diese liegt vor, wenn der Verfolgte in anderen Teilen seines Heimatlandes Zuflucht finden kann [212]. Dann ist jedoch das Asylrecht nicht nur subsidiär, sondern wird i.d.R. gar keine Verfolgung vorliegen. Diese Fallgruppe wird hauptsächlich in den Fällen der staatlichen Schutzunfähigkeit bei örtlich begrenzter Verfolgung durch dem Staat zuzurechnende Kräfte

---

[208] Vgl. Rottmann, Der Staat 1984, 337 (339)
[209] Bierwirth ZAR 1987, 64 (67)
[210] Gusy, Diss., S. 134 ff.
[211] BVerwGE 68, 106 (106 ff.)
[212] BVerwGE 67, 314 (315 f.)

relevant [213]. Die zeitweise Zurückdrängung effektiver staatlicher Macht durch eine oder mehrere Bürgerkriegsparteien etwa indiziert noch nicht automatisch die Auflösung der Staatsgewalt, solange ein Wiedererstarken der Gebietsgewalt, die durchaus territorial erheblich eingeschränkt sein kann, nicht von vornherein ausgeschlossen ist [214]. Ein gut funktionierender Staat wird aber unter normalen Umständen in aller Regel den zu Verfolgenden überall erreichen [215]. Bei unmittelbarer staatlicher Verfolgung ist das Bestehen einer inländischen Fluchtalternative die Ausnahme [216]. Ausnahmsweise kann etwas anderes gelten, wenn sich dafür konkrete Anhaltspunkte ergeben [217]. I.ü. ist für die Annahme einer inländischen Fluchtalternative hinsichtlich der herrschenden Umstände eine generalisierende Betrachtungsweise zugrundezulegen, die die Berücksichtigung individueller Umstände aber nicht ausschließt [218]. Nach der derzeitigen Rechtsprechung sind Kurden in der Westtürkei vor politischer Verfolgung hinreichend sicher [219], solange sie nicht aus individuellen Gründen, d.h. nur wegen ihrer Volkszugehörigkeit, verfolgt werden [220]. Anderes gilt für Mitglieder der Demokratischen Volkspartei Afghanistans, die nicht auf die im Norden des Landes unter der Kontrolle des Generals Dostum stehende Region als innerstaatliche Fluchtalternative verwiesen werden können [221].

Neben den Fällen der innerstaatlichen Fluchtalternative gewinnt die Subsidiarität des Asylrechts beim anderweitigen Verfolgungsschutz Bedeutung, der unter dem Schlagwort der ausländischen Fluchtalternative abgehandelt wird [222]. Diese Fallgruppe umfaßt die Fälle der Zuflucht in einem Drittstaat. Sie ist jetzt in § 29 AsylVfG kodifiziert und bewirkt die Unbeachtlichkeit des Asylantrags, wenn die anderweitige Verfolgungssicherheit offensichtlich ist. Allerdings hat das BVerwG an die Feststellung der Offensichtlichkeit einer ausländischen Fluchtalternative hohe Anforderungen gestellt, weil die Annahme der Subsidia-

---

213 Vgl. dazu die Problematik des Vorliegens staatlicher Verfolgung S. 4 ff.

214 VG Frankfurt, NVwZ-Beil. 1993, 18

215 GK Rothkegel, Vor. § 1 AsylVfG, Rdnr. 1, 96

216 BVerwG DVBl 1994, 921 = NVwZ-Beil. 1994, 51

217 Das BVerwG, a.a.O., spricht von einem "mehrgesichtigen Staat"

218 BVerwG DVBl 1994, 524

219 OVG Münster NVwZ-RR 1994, 546

220 VGH Kassel NVwZ-RR 1995, 166

221 VG Frankfurt NVwZ-Beil. 1993, 21

rität des Asylrechts für den betroffenen Ausländer stets weitreichende Konsequenzen haben kann [223].

2. Inhalt des grundgesetzlichen Asylrechts und dogmatische Einordnung des Asylrechts, insbesondere als Recht des status positivus oder negativus

Während die subjektiv rechtliche Qualität des Asylrechts allgemein als anerkannt betrachtet werden kann, ist sein inhaltlicher Charakter umstritten. Insbesondere über seinen rechtsdogmatischen Charakter als Abwehrrecht des status negativus, Recht des status positivus oder gar originäres Leistungs- bzw. Teilhaberecht besteht Uneinigkeit.

a) Grundsätzliche Erwägungen zum Grundrechtsverständnis des status positivus und status negativus bezüglich des Rechts auf Asyl

Nach dem ursprünglich von *Georg Jellinek* [224] geprägten Grundrechtsverständnis bezeichnet der status negativus den Zustand, in dem der einzelne seine Freiheit vom Staat hat, seine individuellen Probleme ohne den Staat lösen und sein soziales Zusammenleben ohne den Staat abwickeln kann. Dieser Zustand erfährt seine Sicherung durch Grundrechte, die als Abwehrrechte bestimmte Freiheiten oder der freien Verfügung des einzelnen überlassene Rechtsgüter gegen staatliche Eingriffe schützen [225].

Dagegen ist der status positivus der Zustand, in dem der einzelne für Schaffung und Erhaltung seiner freien Existenz auf staatliche Vorkehrungen angewiesen ist [226]. Grundrechte sichern diesen Zustand, soweit sie Forderungs-, Leistungs-, Teilhabe-, und Verfahrensrechte sind [227], wobei sich das Recht auf schon vorhandene staatliche Vorkehrungen beziehen (derivative Teilhaberechte) oder auf

---

222 Stellvertr. für alle Köfner/Nicolaus, Grundlagen, S. 366 ff.

223 BVerwGE 69, 289 (293)

224 Jellinek, System der subjektiv öffentlichen Rechte, S. 87, 94 ff.

225 Pieroth/Schlink Rdnr. 72

226 Jellinek, System der subjektiv öffentlichen Rechte, S. 121

227 Pieroth/Schlink Rdnr. 44

deren Schaffung gerichtet sein können (originäre oder Leistungsrechte) [228]. Die Gründe für die Uneinigkeit um den inhaltlichen Charakter des Asylrechts werden verständlich, wenn man sich losgelöst von der abstrakten Definition die jeweilige Konzeption des Asylrechts vor Augen hält. Denn die allen historischen Wandlungen zum Trotz fortdauernde maßgebliche Zielrichtung des Asylrechts besteht darin, dem Flüchtling am Ort des Asyls Schutz vor seinen Verfolgern zu sichern. Da diese Sicherheit vom Verbleib am Asylort abhängig ist, ist das Asylrecht identisch mit dem Aufenthaltsrecht [229]. Dieses Aufenthaltsrecht kann unterschiedlich ausgeformt und verstanden werden.

Im Sinne eines abwehrrechtlichen Grundrechtsverständnisses steht der Schutz vor Ausweisung, Auslieferung und Abschiebung im Mittelpunkt, so daß durch Art. 16 a I GG lediglich Verfolgerschutz gewährt wird. Die Aufenthaltsbefugnis leitet sich damit unmittelbar aus dem Grundrecht ab. Die Rechte im Asyl ergeben sich nicht aus dem Asylgrundrecht selbst, sondern der in Deutschland lebende Verfolgte kann alle nicht ausschließlich Deutschen vorbehaltene Rechte in Anspruch nehmen, welche sich aus den einfachen, Leistung gewährenden Gesetzen ergeben [230], aus dem Völkerrecht [231] und - hinsichtlich eines Minimalstandards - aus dem Sozialstaatsprinzip sowie den grundrechtlich gewährleisteten Schutz der Menschenwürde [232]. Damit besteht eine klare Trennung zwischen Recht auf Asyl und Rechten im Asyl. Als Folge des Verständnisses als Recht des status negativus ist das Asylgrundrecht verfassungsrechtlicher Prüfungsmaßstab für die verfahrensrechtlichen Vorschriften, die sich ausschließlich auf den Verfolgungsschutz beziehen. Die inhaltliche Ausgestaltung der Rechte im Asyl orientiert sich hingegen an den o.g. Garantien des Grundgesetzes oder allgemein geltendem staatlichem Innenrecht.
Dagegen vermittelt bei einem Verständnis des Asylrechts als Recht des status positivus Art. 16 a I GG, nach dessen Wortlaut politisch Verfolgte "Asyl genießen", einen Rechtsanspruch darauf, daß von der zuständigen Behörde Asyl gewährt wird. Das Asylrecht im Grundgesetz gewährleistet nur die Voraussetzun-

---

228 vgl. dazu Hesse, EuGRZ 1978, 433; Pieroth-Schlink Rdnr. 74; Die Rechtsprechung hat sich mit der Natur der derivativen Teilhaberechte ausführlich beschäftigt etwa in BVerfGE 45, 376 (386 ff.); zu den originären Leistungsrechten vgl. die "numerus clausus-Entscheidung" in BVerfGE 33, 303 (333 f.)

229 BK Kimminich Art. 16 Rdnr. 169

230 Columbus, ZAR 1982, 148 ff.; Huber, NVwZ 1982, 359 f.

231 vgl. dazu v. Pollern, in: Beitz/Wollenschläger, S. 109 ff.

232 Sachs, JuS 1989, 537 (542)

gen für die Wahrnehmung des Rechts, welches dem Fremden zugestanden wird. Das Grundrecht gewährt mit der Erfüllung seiner Tatbestandsvoraussetzung die von ihm garantierte Freiheit, die allerdings erst ausgeübt werden darf, wenn das Vorliegen der Voraussetzungen verfahrensmäßig festgestellt ist [233].

Angesichts der aufgezeigten Möglichkeiten einer Interpretation des Asylgrundrechts stellt sich zunächst die Frage, ob die Funktion der Asylanerkennung wie die gesamte Unterscheidung als Recht des status positivus oder negativus überhaupt erheblich ist.

b) Erheblichkeit einer Einordnung des Asylrechts

Die Erheblichkeit einer Einordnung richtet sich nach den rechtlichen und praktischen Auswirkungen der aufgezeigten Verständnismöglichkeiten.
Insbesondere *Rothkegel* und *Baumüller* haben diesbezüglich versucht darzulegen, hinsichtlich welcher Kriterien eine Entscheidungserheblichkeit abzulehnen bzw. zu bejahen ist [234]. Je nachdem, ob man das Asylgrundrecht als Recht des status positivus bzw. status negativus begreift, ist z.B. die Klageart unterschiedlicher Natur. Geht man von einem negativrechtichen Verständnis aus, ist der Asylbewerber bereits Inhaber des Asylrechts und die Anerkennung hat lediglich deklaratorische Funktion. Ein ablehnender Bescheid ist demnach mit der (ergänzten) Anfechtungsklage anzufechten. Diese läßt dem Gericht einen größeren Spielraum bei der Entscheidung, ob es die fehlerhafte Feststellung der Verwaltung durch eine eigene ersetzt [235]. Hingegen ist im Fall der positivstatusrechtlichen Konzeption die Asylberechtigung erst ab ihrer Anerkennung rechtlich existent. Im Falle eines ablehnenden Bescheids muß der Ausländer die Verpflichtungsklage erheben, für die sich die h.M. ausspricht [236]. Von diesem Unterschied abgesehen, gibt es weitere prozeßrechtliche Folgen der Einordnung einer Klage als Anfechtungs- oder Verpflichtungsklage. Zu denken ist etwa an die Frage des maßgeblichen Zeitpunkts für die Sach- und Rechtslage [237] oder

---

233 Gusy, Diss., S. 262 f.

234 GK Rothkegel, Vorb. § 1 AsylVfG, Rdnr. 64 ff.; Baumüller, NVwZ 1982, 222

235 Vgl. Dazu Baumüller NVwZ 1982, 222 (224)

236 Stellvertr. f. alle VGH Kassel, InfAuslR 1981, 279 mit ausführlicher Begründung

237 BVerfGE 54, 341

das Problem der Beweislast [238]. Dementsprechend ist auch die Art des vorläufigen Rechtsschutzes vom grundrechtlichen Verständnis des Asylgrundrechts abhängig [239].

Die von *Rothkegel* und *Baumüller* aufgeführten Beispiele bemühen sich zwar darum, die Einordnung nicht als bloßes theoretisches Denkmodell erscheinen zu lassen, sie übersehen jedoch, daß grundsätzlich auch die Ausübung reiner Abwehrrechte einem präventiven Prüfungsverfahren unterstellt werden darf [240]. In diesen Fällen zeigt sich die praktische Relevanz hinsichtlich der zu wählenden Klageart gerade nicht, da die Erlangung einer Erlaubnis einem Verpflichtungsantrag zuzuordnen ist [241]. Die Ausführungen von *Rothkegel* und *Baumüller* lassen aber bereits darauf schließen, daß Lehre und Rechtsprechung der Auslegung des Asylgrundrechts zum Teil ausführliche Darstellungen gewidmet haben.

c) Die Auffassungen in Lehre und Rechtsprechung

Die Rechtsprechung des BVerfG zum Asylgrundrecht bietet kein einheitliches Bild. Die im Schrifttum vertretenen, hier nur modellartig dargestellten Konzeptionen haben sich in unterschiedlicher Weise in den neueren Entscheidungen des Ersten und Zweiten Senats [242] niedergeschlagen. Insgesamt läßt sich feststellen, daß der Erste Senat sich stärker an der abwehrrechtlichen, der Zweite Senat sich dagegen recht eindeutig an der Konzeption des status positivus orientiert. Von großer Wichtigkeit ist das Urteil des BVerwG vom 7.10.1975 [243], wonach zum unverzichtbaren Kerngehalt des Asylrechts die Gewähr zählt, dem Betreffenden Schutz vor Zurückweisung und Abschiebung weder in sein Herkunftsland, noch in einen Drittstaat, in dem Verfolgungsgefahr besteht, zu vermitteln [244]. Darüberhinaus sollen jedoch grundsätzlich die Voraussetzungen eines menschenwürdigen Daseins geschaffen werden, wozu in erster Linie ein gesicherter Auf-

---

[238] Vgl. dazu Schaeffer, Asylberechtigung, S. 138

[239] Auf eine umfangreiche Darstellung soll im Rahmen dieser Untersuchung verzichtet werden, hingewiesen sei auf die ausführliche Erörterung bei *Rothkegel*, GK Rothkegel, Vorb. §1 AsylVfG, Rdnr. 70

[240] vgl. dazu BVerfGE 8, 71 (76) und BVerfGE 20, 150 (155)

[241] Zum Problem der Vereibarkeit von Abwehrrechten und formellen Erlaubnissen vgl. Ausführlich S. 58 ff.

[242] BVerfGE 54, 341 (356 ff.); 56, 216 (235 ff.) (Erster Senat); BVerfG Beschl. v. 20.4.1982, EuGrZ 1982, 394 (396) = NJW 1982, 2425 ff.

[243] BVerwGE 49, 202

enthalt sowie die Möglichkeit zu beruflicher und persönlicher Entfaltung gehören [245]. Diese Ausführungen haben das Schrifttum zu unterschiedlichen Deutungen veranlaßt.

Einige sehen darin eine deutliche Absage an die Wertung als Grundrecht des status positivus und empfinden die Entscheidung des BVerwG als Unterstreichung der abwehrrechtlichen Komponente, so daß es sich um ein Grundrecht des status negativus handelt [246]. Nach dieser Auffassung gewährt das Grundrecht Schutz vor Auslieferung, Ausweisung, Abschiebung und Zurückweisung an der Grenze, für den Asylbewerber oder -suchenden bedeutet dies ein Recht auf freien Grenzübertritt, Aufnahme und zunächst vorübergehenden Aufenthalt [247].
V. Pollern sieht in der Formulierung der Entscheidung ein Votum des BVerwG für die Einordnung als Recht des status positivus [248]. Es soll an dieser Stelle genügen, festzustellen, daß der überwiegende Teil der Auffassungen beim Streit um die Klassifizierung des Rechts auf Asyl von der status-positivrechtlichen Konzeption ausgeht [249]. Als Begründung wird angeführt, im Vordergrund stehe nicht "das Interesse an der Freiheit vom Staat, sondern das Interesse an Leistungen des Staates" [250]. Danach verpflichte Art. 16 a I GG zu allen Maßnahmen wie Aufnahme, Hilfeleistung, Unterbringung, Unterstützung und Versorgung. Erst in zweiter Hinsicht gebiete das Asylrecht die Unterlassung aller Auslieferungs-, Ausweisungs-, Abschiebungs- und Ausweisungsmaßnahmen.

Die bereits dargestellte Auffassung des BVerwG seit E 49, 202 ff. verleitet, wie *v.Pollern* ausführt [251], tatsächlich zu der Annahme, das Gericht zähle das Asylrecht zu den positiven Statusrechten. Bei näherer Analyse stellt sich jedoch heraus, daß das Gericht nicht der Ansicht ist, es seien im wesentlichen die Rechte

---

244 BVerwGE 49, 202 (205 f.)

245 BVerwGE 49, 202 (206 f.)

246 Baumüller NVwZ 82, 222 ff. ; Franz Diss. S. 55 ff., 61

247 So wohl auch VG Wiesbaden, InfAuslR 1981, 161; Baumüller a.a.O.

248 V. Pollern, Diss., S. 296; ders. in: Beitz/Wollenschläger, S. 193; zustimmend auch Huber, Ausländer- und Asylrecht, Rdnr. 439; Schnapp NJW 1976, 493

249 So wohl VGH Kassel, InfAuslR 1981, 279 (nur Leitsätze); Kimminich, Asylrecht, S. 143; Schweitzer ZRP 74, 209; Wollenschläger, Diss., S. 76; Randelzhofer, in: Maunz-Dürig, Art. 16 II 2, Rdnr. 117

250 Vgl. zur näheren Darstellung Huber, Ausländer- und Asylrecht, Rdnr. 440; GK Rothkegel, Vor § 1 Rdnr. 57 ff.; Kimminich, Asylrecht S. 143; ders. JZ 1965, 745

"im Asyl" geschützt. Denn die abwehrrechtliche Komponente wird weder bestritten, noch als zweitrangig neben der teilhaberechtlichen dargestellt. Vielmehr besteht die abwehrrechtliche Seite gleichermaßen neben der leistungs- bzw. teilhaberechtlichen. Dafür spricht die vom BVerwG gewählte Formulierung. Das Asylgrundrecht enthält folglich beide Elemente gleichermaßen, so daß man von einem gemischten Ansatz sprechen könnte [252]. Eine Entscheidung, welche verfassungsrechtliche Konzeption dem Art. 16 a I GG zugrundezulegen ist, kann ohnehin nicht getroffen werden, ohne vorher eine dogmatische Bestandsaufnahme zum Asylgrundrecht vorzunehmen.

d) Dogmatische Bestandsaufnahme des Asylrechts

Die historische Entstehungsgeschichte des Asylgrundrechts führt zur Annahme eines abwehrrechtlichen Wesens des Art. 16 a I GG. Die weite Fassung des Normtextes "Politisch Verfolgte genießen Asylrecht" ist sowohl auf die im Parlamentarischen Rat präsente historische Erfahrung als auch humanitäre Intention zurückzuführen. Im Vordergrund stand dabei vor allem die Wirksamkeit des Asylgrundrechts in der Verwaltungspraxis [253]. Dazu erteilte man dem Antrag, in das Asylrecht auch das Recht auf Arbeit einzuschließen, eine deutliche Absage [254]. Man entschied sich vielmehr für die Trennung zwischen dem auf Verfolgungsschutz ausgerichteten Asylgrundrecht und den Rechten im Asyl, was auf eine abwehrrechtliche Konzeption schließen läßt. Daneben diskutierte man, wie völkerrechtliche Asylformen sich zum Grundrecht auf Asyl verhalten. Die traditionellen völkerrechtlichen Asylformen wollen jedoch lediglich Schutz in Form von Zuflucht gewähren, so daß in diesem Zusammenhang nie davon die Rede war, diesen Schutz um wirtschaftliche und politische Fürsorge zu erweitern [255]. Der Verfassungsgeber wollte in Art. 16 II 2 GG a.F. das Recht auf Asyl konstituieren, nicht aber Versorgungsrechte im Asyl [256]. Die Asylgewährung ist demzufolge nicht als Akt staatlicher Leistungsverwaltungs- oder Daseinsfürsorge anzusehen [257].

---

251 V. Pollern, Diss., S. 296; ders. in: Beitz/Wollenschläger, S. 193

252 Rottmann, Der Staat 23 (1984), 337 (348)

253 Vgl. dazu v. Doemming/Füßlein/Matz JöR n.F. Bd.1 (1951), S. 159 ff, 165 f.

254 V. Doemming/Füßlein/Matz a.a.O.

255 V. Pollern, Diss., S. 298 ff.

256 Franz, Diss., S. 59; ders. DVBl 1978, 866

257 Franz, DVBl 1967, 492

In teleologischer Hinsicht ist für das Verständnis des Asylrechts das erhebliche Gewicht der Entscheidung über das Vorliegen einer politischen Verfolgung von großer Bedeutung. Wird der Asylbewerber an der Grenze zurückgewiesen, abgeschoben oder ausgeliefert, weil das Vorliegen einer politischen Verfolgung negiert wird, wird er schutzlos gestellt. Letztlich liegt in dieser Entscheidung, die eine Fehlentscheidung sein kann, der Urteilsspruch über die Aufnahme des Flüchtlings bzw. seine Grundrechtsträgerschaft. Mithin sind lediglich zwei Alternativen möglich, Schutz oder Verfolgung. Graduelle Abstufungen der Grundrechtsausübung sind zwar denkbar[258], so daß Grundrechtseinschränkungen prinzipiell möglich sind. Jedoch wird es beim Grundrecht auf Asyl primär auf die eigentlich lebens- oder freiheitsrettende Funktion und damit auf den Schutz ankommen. Dessen Vorliegen bzw. Inanspruchnahme ist für sich gesehen keinen Abstufungen zugänglich, da sie nur schwer denkbar sind. Lediglich etwas Schutz kann es nicht geben. Abstufungen können nur in Bezug auf das "Wie" des Schutzes erfolgen.

Diese Besonderheit hat zwei wichtige Konsequenzen für die dogmatische Ausgestaltung des Grundrechts: Sein Schutzbereich wird häufig mit seinem Wesensgehalt zusammenfallen. Bei Versagung des Schutzes vor politischer Verfolgung seitens der Behörden bedeutet der Grundrechtseingriff i.d.R. den Verlust des subjektiven Wesensgehalts des Grundrechts. Zum zweiten hat die Alternative zwischen Schutzlosigkeit und Schutz Folgen hinsichtlich der Abwägung. Politische Verfolgung bedeutet i.d.R. physische Vernichtung durch Folter oder Hinrichtung bzw. langjährigen Verlust der Freiheit durch Inhaftierung. Grundrechten Dritter oder anderen Verfassungsrechtsgütern kann daher nur in besonders schwerwiegenden Fällen Vorrang vor dem Asylgrundrecht des Flüchtlings eingeräumt werden. Denn in der Abwägung müssen immer die mittelbar durch Art. 16 a I GG geschützten Rechtsgüter Leben und Gesundheit berücksichtigt werden. Dagegen abzuwägende Belange der Allgemeinheit oder Rechte Dritter müssen erhebliches Gewicht aufweisen, um die Abwägung zu Lasten des einzelnen Asylanten ausfallen zu lassen. Es wird daher deutlich, daß der Schutz, den Art. 16 a I GG dem Verfolgten zukommen lassen möchte, im Vordergrund des Inhalts des Grundrechts stehen soll [259]. Die Rechte im Asyl können wegen der ihm eigenen Alternativlosigkeit nicht im Rang über oder neben der Schutzfunktion stehen. Sie haben daher eine untergeordnete Bedeutung.

---

258 Zu denken wäre etwa an die verschiedenen Formen der Unterbringung, die freiheitliche Abstufungen mit sich bringen, wie z.B. Sammelunterkünfte, gehobenere Gemeinschaftsunterkünfte, freies Unterbringungsrecht etc.

259 So wohl auch BVerfG NJW 1981, 1436; Baumüller, NVwZ 1982, 222

Angesichts dieser Eigenheiten des Art. 16 a I GG erweisen sich die Vorteile eines abwehrrechtlichen Charakters außerdem im dogmatischen Verständnis des Asylverfahrens. Hiernach ist es als Widerlegungsverfahren zu charakterisieren [260]. Für das Asylverfahren kommt es darauf an, herauszufinden, welche Asylbewerber sich zu Recht oder Unrecht auf das Grundrecht berufen. Ziel ist damit nicht nur die deklaratorische Anerkennung als Asylberechtigter, sondern die Entscheidung über die Pflicht zur Ausreise bei unbegründeter Inanspruchnahme des Asylrechts. Für diese Entscheidung trägt die Behörde die abgemilderte Beweislast [261]. *Rottmann* sieht hierin eine Parallele zum Kriegsdienstverweigerungsverfahren. Versteht man dieses als Widerlegungsverfahren, besteht der Verfahrenszweck nicht einzig in der - deklaratorischen - Anerkennung des Status eines Kriegsdienstverweigerers, sondern in der Widerlegung der Behauptung, man nehme dieses Grundrecht aus Gewissensgründen in Anspruch [262]. Entsprechend hat der Asylantrag im Rahmen des Widerlegungsverfahrens aus abwehrrechtlicher Sicht lediglich informationelle Funktion [263].

Die Konzeption vom Widerlegungsverfahren und Grundrecht des status negativus umgeht vor allem die Schwächen einer status-positivrechtlichen Auffassung angesichts der Kompromißlosigkeit des Asylgrundrechts im Schutz vor Verfolgung bis zur Entscheidung der Behörde. Ähnlich der Konstellation des Verbots mit Befreiungsvorbehalt [264] stünde das Grundrecht auf Asyl zwar jedem Verfolgten zu, seine volle Wirkung würde es jedoch erst nach Abschluß des Verfahrens entfalten. Eine grundrechtlich geschützte und garantierte Tätigkeit ist somit - überspitzt gesagt - zum Zweck echter Gestattung einem Verbot unterworfen. Würde man das Verfahren in diesem Sinne begreifen, liefe der Schutz des Art. 16 a I GG leer. Denn Verfahren dieser Art schränken die Grundrechte um so gravierender ein, je mehr Teilbereiche der grundrechtlich garantierten Freiheit von ihnen umfaßt werden [265]. Die Ausübung des Asylrechts ist an staatliche

---

260 Rottmann, Der Staat 1984, 337 (357)

261 Rottmann a.a.O.

262 Rottmann, a.a.O., 358

263 Rottmann, a.a.O

264 S. dazu ausführlich Schwabe, JuS 1973, 133; Ossenbühl, DÖV 1968, 618

265 So umfaßt die Baugenehmigung nur einen Teil der Eigentumsfreiheit, das Prüfungsverfahren für Kriegsdienstverweigerer schließt dagegen das Grundrecht aus Art. 4 III S. 1 GG umfassend ein

Mitwirkungshandlungen geknüpft, denn das Grundrecht ist in Bezug auf seine Ausübbarkeit von einer positiven Entscheidung abhängig. Außerdem verschiebt sich die Beweislast. Ist der Staat bei Erlaß eines repressiven Verbotes "beweispflichtig", da dieses andernfalls rechtswidrig ist, so ist der Fremde bei einem status-positivrechtlichen Verständnis gezwungen, den Nachweis zu erbringen, daß er Inhaber des geltend gemachten Rechts ist [266].

Der zweite Senat des BVerfG [267] spricht sich zwar für ein solches Verständnis des Verfahrens aus, versucht jedoch, die Konsequenzen dieser dogmatischen Auffassung durch Verweis auf das im AuslG verankerte Abschiebungsverbot für den Fall drohender politischer Verfolgung zu vermeiden. Übereinstimmend mit *Rottmann* ist an einem solchen Verständnis Kritik zu üben. Denn das Abschiebungsverbot des Ausländergesetzes kann vom Gesetzgeber eingeschränkt werden, ohne daß er nach der Konzeption des status positivus wegen der nicht gebotenen "Vorwirkung" [268] des Art. 16 a I GG verfassungsrechtlich daran gehindert wäre. Und weiterhin ist diesem Ansatz entgegenzuhalten, daß der Schutz des Ausländergesetzes bereits versagt, wenn dem Asylbewerber die Einreise nicht gestattet wird [269].

Zu kritisieren ist auch der Versuch *Gusys* [270], dem Verständnis vom Verfahren im Sinne des status positivus mehr Flexibilität des Staates zur Erfüllung seiner Gestaltungsaufgaben und Wahrung seiner Interessen abzugewinnen. Denn seine Verwaltungspraxis ist als Grundrechtseinschränkung keineswegs nur im Rahmen der Grundrechtsschranken zulässig [271]. Vielmehr kann das Grundrecht erst ausgeübt werden, wenn es behördlich festgestellt wird. Vorher ist die lebens- oder freiheitsrettende Funktion nur eingeschränkt gewährleistet, denn erst ab

---

266 Baumüller, NVwZ 1982, 222 (224)

267 BVerfG EuGrZ 1982, 394 (396) = NJW 1982, 2425

268 Der Begriff der *Vorwirkung* ist im asylrechtlichen Schrifttum häufig zu finden - vgl. z.B. bei Kritik ist insoweit geboten, als ein Grundrecht keine Vorwirkung, sondern vielmehr lediglich Wirkung entfalten kann. Im folgenden wird daher in Übereinstimmung mit der Praxis der Rechtsprechung der Begriff wegen der dargelegten Einwände in Anführungszeichen gebraucht; so z.B. in VG Regensburg, Beschl. v. 2.9.1993 - RN 7 E 93.31704, NVwZ-Beil. 1993, 13

269 Rottmann, Der Staat 1984, 337 (359)

270 Gusy, Diss., S. 262 ff., spricht sich gegen die ungehinderte Einreise von Ausländern unter Berufung auf ihre angebliche politische Verfolgung aus und damit konsequent gegen ein reines abwehrrechtliches Verständnis

271 So Gusy, Diss., S. 264

seiner Anerkennung ist der Fremde mit Sicherheit zum Aufenthalt berechtigt [272]. Schließlich ist dies eine prinzipielle Frage der Geltung von Grundrechten. Das Interesse des Staates an möglichst wenig finanziellen Belastungen ist im Zusammenhang mit dem Asylproblem als Motivationsprägung durchaus nachzuvollziehen [273]. Jedoch muß man sich vergegenwärtigen, welche Folgen ein derartiges Verständnis haben kann. "Den Häschern entronnen zu sein, ist zunächst alles", wie *Baumüller* [274] treffend ausführt. Die Frage, wie die soziale Existenz rekonstruiert werden kann, ist aus humanitären Erwägungen heraus zweitrangig. *Gusy* [275] hat deshalb in seinem früher vertretenen Ansatz diesem Hauptkritikpunkt dadurch zu begegnen versucht, dem Verfahren eine nur deklaratorische Bedeutung beizumessen, um Grundrechtsschutz dadurch zu bewirken, den gewährleisteten Freiheitsbereich im Hinblick auf die endgültige Entscheidung offenzuhalten. Diese Ansätze haben jedoch gemeinsam, daß sie die problematischen Seiten einer leistungsrechtlichen Konzeption durch Korrekturen zu verdecken suchen. Insbesondere die Auffassung von *Gusy* zeigt ihre Schwäche, wenn sie wesentliche Elemente beider Konzeptionen vermischt, um ihr dann dennoch den Namen des status positivus zu verleihen. Dahinter steht wohl das Bedürfnis, dem Asylberechtigten zu einer Grundrechtswirkung vor Abschluß des Verfahrens zu verhelfen.

Daneben vermag die Konstruktion eines status positivus nicht bereits von sich aus Begleitberechtigungen zu vermitteln, wie bei der Diskussion um den Charakter des Asylgrundrechts teilweise scheinbar vertreten wird [276]. Denn die Abgrenzung zwischen status positivus oder negativus hat mit der Problematik der Leistungsrechte zunächst nichts zu tun. Zieht man etwa eine Parallele mit der vergleichbaren Situation der Baugenehmigung, so vermittelt diese lediglich die Erlaubnis für den Bauherrn, von seiner Baufreiheit nach Art. 14 GG Gebrauch zu machen und diese auf seinem Grundstück umzusetzen. Keineswegs werden dem Bauherrn über die formale Erlaubniswirkung hinaus Begleitberechtigungen zugestanden. Die Auslegung als Recht des status positivus allein führt jedenfalls nicht zu derartigen Begleitrechten. Vielmehr müßte man noch einen Schritt

---

[272] Ähnlich auch Baumüller, NVwZ 1982, 222 (224)

[273] So behauptet *Gusy*, Diss., S. 266, bei Annahme eines vorläufigen Bleiberechts sei das System der sozialen Sicherheit und Fürsorge in der Bundesrepublik gefährdet

[274] Baumüller a.a.O.

[275] Gusy a.a.O.

[276] Kunig Jura 1992, 219 (222) spricht etwa von der harten Alternative zwischen "Abwehrrecht" und "Leistungsrecht"

weitergehen und dem Asylrecht eine originäre leistungsrechtliche Bedeutung zuerkennen. Auf die Bedenken gegen einen solchen Ansatz wird noch später einzugehen sein.

Aus der dem Asylrecht eigenen Kompromißlosigkeit zwischen Schutz und Verfolgung spricht daher nach einer genauen Bestandsaufnahme des Art. 16 a I GG alles für eine Sicht als Recht des status negativus. Allerdings bleibt in der Diskussion um die Auslegung die Frage, ob die Existenz eines Anerkennungsaktes nicht bereits für das Asylrecht als Recht des status positivus spricht, unbeantwortet. Denn die formelle Anerkennung des Asylberechtigten ist wegen ihrer praktischen Relevanz als unerläßlich anzusehen. Und der Anspruch auf eine solche Erlaubnis gehört dem status positivus an. Anders formuliert ist offen geblieben, ob ein Anerkennungsakt überhaupt staatlich vorgeschrieben werden darf, wenn man davon ausgeht, daß es sich beim Asylrecht um ein Recht des status negativus handelt.

e) Vereinbarkeit des Anerkennungsaktes mit dem Recht des status negativus

Nach der liberal-rechtsstaatlichen Grundrechtstheorie sind die Grundrechte Freiheitsrechte gegenüber dem Staat. Die Freiheitssphäre des einzelnen ist im eigentlichen Sinn als vorstaatlich zu sehen, da die Freiheit nicht durch den Staat konstituiert wird, sondern ihm rechtlich gesehen voraus liegt. Die Freiheitsrechte werden daher als Verbürgungen "negativer Freiheit" verstanden [277]. Eine so verstandene Freiheit bedarf keiner Ausführungsgesetze [278] und zur Ausgestaltung des Schutzbereichs keiner Verfahren [279]. Das Asylgrundrecht läßt sich unter dieses Freiheitsverständnis aber nicht einordnen, denn das grundrechtlich gewährleistete Asyl bedarf verfahrensrechtlicher Ausformungen [280]. So muß der Asylbewerber erst einen Asylantrag stellen, um das vorläufige Bleiberecht in Anspruch zu nehmen. Es stellt eine normativ und institutionell gestaltete und geordnete Freiheit dar [281]. Darin ist auch der Unterschied gegenüber anderen grundrechtlich verbürgten Freiheiten zu sehen, wie er etwa bei der Meinungs-

---

277 Gusy, Diss., S. 238 ff.

278 Maunz-Dürig-Dürig, Art. 2 GG, Rdnr. 5

279 Goerlich, Grundrechte als Verfahrensgarantien, 1981, S. 62 ff.

280 Goerlich a.a.O.

freiheit zu Tage tritt. Man darf dem Asylrecht folglich allein aus organisatorischen oder praktischen Erwägungen die Eigenheit einer Verfahrensnotwendigkeit zugestehen.

Dogmatisch hat *Müller* [282] die Freiheitsrechte folgendermaßen differenziert: Er unterscheidet zwischen dem Grundrecht mit rechtserzeugtem Normbereich, d.h. Vorschriften über Fristen, Termine, Formvorschriften, Institutions- Und Verfahrensregeln etc., und nicht rechtserzeugtem Normbereich, wozu er Grundrechte wie Art. 1 I, 3 II, III, 4 I, 5 III 1 GG zählt. In den meisten Fällen weist der Normbereich eines Grundrechts beide Elemente auf. Das Asylgrundrecht kann jedoch i.S. dieser Differenzierung als rechtserzeugtes Grundrecht gelten. Ähnlichkeit drängt sich auf mit anderen Instituten, die ebenfalls der rechtlichen Ausformung bedürfen, wie z.B. der Eigentumsgarantie des Art. 14 GG. Zwar ist das Grundrecht auf Asyl keine Institutsgarantie, sondern als subjektiv öffentliches Recht zu qualifizieren, jedoch besteht die Ähnlichkeit darin, daß auch die Eigentumsgarantie einen nach *Müller* rechtserzeugten Normbereich aufweist. Diese Charakteristik steht der Annahme einer abwehrrechtlichen Konzeption des Asylrechts aber nicht entgegen. Asyl ist immer auf rechtliche Absicherung angewiesen. Einem rechtsstaatlich ausgestalteten Erlaubnisvorbehalt kommt in diesem Bereich legitimerweise die Aufgabe zu, die Behörden rechtzeitig zur vorbeugenden Prüfung bei solchen Umständen und Vorgängen einzuschalten, die erfahrungsgemäß häufig Ordnungswidrigkeiten mit sich bringen [283]. Die gesetzliche Verpflichtung, eine Erlaubnis einzuholen, besagt daher nicht, daß die erlaubnispflichtige Tätigkeit als solche verboten sei, sondern nur, daß mit der Rechtsausübung erst begonnen werden darf, wenn die Gesetzmäßigkeit des Vorhabens in einem geordneten Verfahren geprüft und festgestellt ist [284]. Die rechtliche Bedeutung der Erlaubnis besteht also darin, daß eine vorläufige Sperre, die der Rechtsausübung zunächst gesetzt ist, aufgehoben wird [285]. Dem Wesen eines Grundrechts entspricht nach der Rechtsprechung des BVerfG ein Erlaubnisvorbehalt hiernach dann, wenn er das materielle, aus dem Grundrecht fließende Recht als solches unberührt läßt, und dem Grundrechtsträger in dem einfachen Gesetz, das den Erlaubnisvorbehalt enthält, das Recht eingeräumt ist,

---

281 Rottmann, Der Staat 1984, 337 (352 f.)

282 F. Müller, juristische Methodik, 5. Aufl. 1993, S. 272 ff.

283 BVerfGE 20, 150 (155)

284 BVerfG a.a.O.

285 BVerfG a.a.O

die Aufhebung der formellen Ausübungsschranke zu verlangen [286]. Dem entgegen steht das Verbot mit Befreiungsvorbehalt [287]. Wenn die grundrechtliche Freiheit grundsätzlich mit der Chance verboten wird, von diesem Verbot eine Befreiung zu verlangen, hat die Genehmigung die Funktion, die Tätigkeit erst zu gestatten [288]. Die Genehmigung ist nicht lediglich eine zur präventiven Kontrolle vorgesehene formelle Voraussetzung, für die rechtmäßige Ausübung einer an sich nicht verbotenen Tätigkeit, sondern eine materielle Voraussetzung für das Recht überhaupt [289]. Durch die Genehmigung wird das Recht erst konstitutiv begründet [290], wie es dem status positivus der Anerkennung entspricht. Als Beispiel für ein präventives Verbot mit Erlaubnisvorbehalt wäre etwa die das Betreiben einer Gaststätte oder die Baugenehmigung zu nennen. Aus dem berührten Grundrecht folgt ein Anspruch auf die Aufhebung des pauschalen Verbots, wenn die gesetzlichen Voraussetzungen erfüllt sind [291]. *Rottmann* [292] geht deshalb davon aus, daß ein abwehrrechtliches Verständnis des Asylgrundrechts bei Annahme einer Verfahrensabhängigkeit bzw. rechtserzeugten Norm nicht ausgeschlossen ist, wenn man das Eingriffs- und Schrankendenken als rechtstechnisch konstruktives Denken begreift und deren Aufgabe darin sieht, daß dem Staat die Rechtfertigungslast für Grundrechtseingriffe aufgebürdet wird. Diesem Ergebnis ist zuzustimmen. Solange in Einklang mit der Rechtsprechung des BVerfG der Anerkennungsvorbehalt das materielle Asylrecht als solches unberührt läßt - einige Stimmen in der Literatur würden von der "Vorwirkung" sprechen - ist gesichert, daß mit der Rechtsausübung begonnen werden darf, wenn der Flüchtling das Territorium der Bundesrepublik erreicht. Insoweit stehen die abwehrrechtliche Konzeption und der Anerkennungsakt nicht in innerem Widerspruch zueinander.

---

286 BVerfGE 20, 150 (155)

287 BVerfGE 20, 150 (157)

288 BVerfG a.a.O.

289 BVerfG a.a.O.

290 BVerfG a.a.O.

291 Der Verwaltung kommt insoweit kein Ermessensspielraum zu, vgl. auch BVerfGE 18, 353 (364); 21, 73 (79); Ermessensgenehmigungen sind allerdings ausnahmsweise zulässig, wenn ein für die Allgemeinheit lebenswichtiges Gut gefährdet wird, BVerfGE 58, 300 (364)

292 Rottmann, Der Staat 1984, 337 (352 f.)

f) Art. 16 a GG als Leistungs- oder Teilhaberecht

Insbesondere im Hinblick auf die "längst erschöpfte Integrationskapazität" [293] war die Diskussion um den materiellen Gehalt des Grundrechts bis zur Änderung des Grundgesetzes von erheblicher Bedeutung. In seiner numerus-clausus-Entscheidung [294] hat das BVerfG erstmals ausgeführt, daß Teilhaberechte unter dem Vorbehalt des Möglichen stehen, was der einzelne vernünftigerweise von der Gesellschaft beanspruchen kann. Damit stehen sie zwangsläufig auch unter dem Vorbehalt des Finanzierbaren. Begreift man das Recht auf Asyl als Teilhaberecht, ließe sich das Problem der Kapazitätserschöpfung über diese dogmatische Konstruktion möglicherweise lösen. Diese Fragestellung gewinnt auch im Hinblick auf die italienische Problematik Bedeutung, auf die später noch einzugehen sein wird.
Denkbar wäre ein Aufnahmestopp bei Erreichung dessen, was "möglich" ist, der verfassungsrechtlich über die leistungsrechtliche Konzeption gerechtfertigt werden könnte. Dieses Ergebnis hätte dann Konsequenzen im Hinblick auf die Schranken- und Änderungsproblematik des Asylrechts. Im folgenden sollen daher die aufzuwerfenden Fragen der unterschiedlichen Verständnismöglichkeiten beleuchtet werden.

Das Modell der originären Leistungs- oder Teilhaberechte ist nicht nur im Bereich des Asylrechts eingehend erörtert worden [295]. Eine sozialstaatliche Grundrechtstheorie geht von der Voraussetzung aus, daß angesichts des modernen planenden, lenkenden und gestaltenden Staates eine freie und autonome Lebensgestaltung nicht mehr allein durch Grundrechte gewährleistet werden kann, die als Abwehrrechte gegen staatliche Eingriffe verstanden werden, sondern nur durch die Grundrechte, welche die Voraussetzungen für die Wahrnehmung von Freiheitsrechten gewährleisten [296]. Das Modell der originären Rechte geht aber über diese derivativen Teilhaberechte hinaus, wenn es die Frage aufwirft, ob die Grundrechte ganz generell, und zwar unmittelbar sie selbst, Ansprüche auf staatliche Leistungen zur Verwirklichung grundrechtlicher Freiheiten gewährleisten. Demnach besteht die leistungsrechtliche Sicht in der Annahme, der Staat

---

293 Quaritsch, Recht auf Asyl, S. 55

294 BVerfGE 33, 303

295 Für das Asylrecht ausführlich Selk, Diss., S. 28 m.w.N.; i.ü. zur Problematik der Grundrechte Hesse, EuGRZ 1978, 427 (433); Sendler, DÖV 1978, 581; Starck, Die Auslegung der Grundrechte, in: Heyde/Starck, Vierzig Jahre Grundrechte, S. 20 ff.

296 Starck a.a.O:

sei dem Asylberechtigten während seines Aufenthalts zu weiteren Leistungen verpflichtet, so daß das Asylrecht ein ausgestaltungsbedürftiges Recht darstellt [297]. Da die Rechte im Asyl einer näheren rechtlichen Ausformung durch Vorschriften über Unterstützungsleistungen bedürfen, sind diese notwendige Folgen für die Gewährung des Asylstatuts. Neben dem reinen Recht zum Aufenthalt wird dem Recht auf Asyl sozusagen eine "Begleitberechtigung" zugeordnet [298]. Da die Asylberechtigung Voraussetzung für die Inanspruchnahme der Rechte im Asyl darstellt, muß zunächst ein Anerkennungsakt ergehen. Deshalb ist eine Deutung des Asylrechts als soziales Grundrecht als eine besondere Kategorie des Rechts des status positivus anzusehen [299].

Dabei muß auf die Argumente gegen eine solche Interpretation gar nicht ausführlich eingegangen werden. Dies zum einen schon deshalb nicht, weil sich bereits andere gegen eine solche Deutung mit umfassender Argumentation zur Wehr gesetzt haben [300] und zum anderen nicht, weil das BVerfG bereits die Weichen für oder gegen ein derartiges Verständnis von Grundrechten unmißverständlich gestellt hat. Bereits in seinem ersten "numerus-clausus-Urteil" [301] aus dem Jahre 1972 hat das BVerfG die Frage aufgeworfen, "ob aus den grundrechtlichen Wertentscheidungen und der Inanspruchnahme des Ausbildungsmonopols ein objektiver sozialstaatlicher Verfassungsauftrag zur Bereitstellung ausreichender Ausbildungskapazitäten... folgt". Ob ein solcher Verfassungsauftrag vorliegt, hat das Gericht damals jedoch offen gelassen. In späteren Entscheidungen, wie z.B. dem "Privatschulfinanzierungsurteil" vom 8.4.1987 [302], hat es sich jedoch gegen eine grundsätzliche Deutung der Grundrechte als Leistungsrechte ausgesprochen. Die entscheidenden Argumente sollen hier kurz dargestellt werden:

---

297 Selk, Diss., S. 33

298 Sachs, JuS 1989, 537

299 Starck, Die Auslegung der Grundrechte, in: Heyde/Starck, Vierzig Jahre Grundrechte, S. 21

300 Breuer, FS BVerwG, S. 89 ff; Hesse, Grundzüge, Rdnr. 289;. Starck, FS BVerfG II, 480 (518 ff.); ders, JuS 1981, 237 (241 f.); ders. Die Auslegung der Grundrechte a.a.O.; Rüfner, FS Wannegat, 379 (384); v. Mangoldt/Klein/Starck Art. 1 III Rdnr. 116; Sendler, DÖV 1978, 581

301 BVerfGE 33, 303

302 BVerfGE 75, 40

Leistungsrechte stehen unter dem Vorbehalt des Finanzierbaren, durch diesen werden sie jedoch zu bloßen Programmsätzen entwertet [303]. Darüberhinaus führen finanzielle Knappheit und Unbestimmtheit des Anspruchsobjekts dazu, daß die Verfassung soziale Teilhaberechte nicht mit derselben Verbindlichkeit garantieren kann wie Abwehrrechte; damit wäre die Bindungsklausel des Art. 1 III GG umgangen [304]. Leistungs- und Teilhaberechte lassen sich tatbestandlich nicht hinreichend präzise genug fassen, so daß der Leistungsumfang unklar bleibt [305]. Wegen des Gewaltenteilungsprinzips soll der Gesetzgeber die auf finanziellen Mitteln beruhende Leistungsverteilung vornehmen, bei einem leistungsrechtlichen Verständnis kommt diese Aufgabe jedoch der Rechtsprechung zu, ein wegen Art. 20 II GG fragwürdiges Ergebnis [306]. Vielmehr ist sozialer Ausgleich eine dem Parlament allein zustehende politische Aufgabe, die in den Grenzen des Verfassungsrechts zu erfüllen ist [307].

Da nach der leistungsrechtlichen Auffassung der wesentliche Inhalt des Asylgrundrechts neben dem Schutz die Summe der Rechte und Pflichten im Asyl darstellt, ist problematisch, nach welchen Kriterien diese festgesetzt werden sollten. Die deutsche Verfassungsgeschichte besitzt kein historisches Vorbild, an dem man sich orientieren könnte. Geht man davon aus, daß der Gesetzgeber die Vorschriften über Unterstützungs- und Sozialleistungen im Rahmen des Art. 16 a I GG treffen muß, weil er dazu verfassungsrechtlich verpflichtet ist [308], sind die so entstehenden Vorschriften notwendige Folgen der Gewährung des Asylstatuts. Beim Asylrecht handelt es sich aber um ein Bekenntnisgrundrecht, bei dem sich der Parlamentarische Rat in der Auseinandersetzung mit der von einem Teil seiner Mitglieder erlittenen Geschichte zum humanitären Wert des Asylrechts bekannt hat [309]. Damit ist dieses Grundrecht aber grundsätzlich mehr als andere auf die fortdauernde Präsenz historischer Erfahrungen angewiesen. Mit Änderung des Erfahrungshorizonts und dem gesellschaftlichen Wertewandel wird jedoch die Gefahr einer Minderung der normativen Kraft des Grundrechts erzeugt.

---

303 Peschau, Beweislast, S. 91

304 Starck, FS BVerfG II, 480 (519 f.); ders. Die Auslegung der Grundrechte, in: Heyde/Starck, Vierzig Jahre Grundrechte, S. 22

305 V. Mangoldt/Klein/Starck Art. 1 III Rdnr. 117

306 Breuer, FS BVerwG, 89 (93); Starck vgl. FN 282

307 V. Mangoldt/Klein/Starck Art. 1 III Rdnr. 114 - 119

308 Vgl. zur verfassungsrechtlichen Verpflichtung des Gesetzgebers zum Erlaß von Verfahrensvorschriften aus Art. 16 a I GG und Art. 20 II GG auch *Erster Abschnitt*, III

309 Rottmann, Der Staat 1984, 337 (350, 337); ähnlich auch Jarass/Pieroth Art. 16 Rdnr. 9

Auch stehen, wie bereits angesprochen, Leistungsrechte stets unter dem Vorbehalt des Finanzierbaren, wobei das Asylrecht einen sensiblen Bereich der Politik in seinen Grundzügen verrechtlicht und deshalb der Gefahr der auch politisch inspirierten Auslegung ausgesetzt ist. Der wesentliche Inhalt könnte so leicht ausgehöhlt werden, wenn die Rechte im Asyl so ihrer Bestandskraft entbehren. Denn wenn auch die Entstehungsgeschichte des Asylgrundrechts nicht ausschlaggebend für seine Auslegung sein soll, ist jedoch sicher, daß das Asylrecht nur innerhalb gewisser Grenzen einem politischen Wertewandel unterliegen, keinesfalls jedoch dadurch die Hintertür zur völligen Aushöhlung des Grundrechts geöffnet werden darf. Aber abgesehen davon wäre ein numerus clausus der Flüchtlingszahlen verfassungsrechtlich auch gar nicht denkbar.

g) Art. 16 a I GG und ein numerus clausus der Flüchtlingszahlen über die leistungsrechtliche Konzeption

Die Lehre ist unter Rückgriff auf das bereits zitierte Urteil des BVerwG [310] teilweise der Auffassung, die "Opfergrenze" des Asylrechts könne durch den einfachen Gesetzgeber festgelegt werden [311]. Voraussetzung wäre jedoch zunächst ein entsprechender Gesetzesvorbehalt i.S. des Art. 19 I 1 GG. Scon daran fehlte es angesichts der Regelung des Art. 16 II 2 GG a.F.. Ein solcher Gesetzesvorbehalt ist jedoch auch nicht 1993 in Art. 16 a GG verankert worden [312].
Es bestehen aber außerdem auch Bedenken, ob ein numerus-clausus von Asylbewerbern nicht eine Antastung des Wesensgehalts des Asylgrundrechts mit sich bringt, ein Aufnahmestopp wegen Kapazitätserschöpfung an Art. 19 II GG scheitert.

---

310 BVerwGE 49, 202

311 Sendler, FS Zeidler, S. 896 (871); Hailbronner, Ausländerrecht, 2. Aufl. 1989, S. 863 f., wo es heißt: "...Der Gesetzgeber ist befugt, das Asylgrundrecht zu konkretisieren und seine grundrechts- und verfassungsimmanenten Schranken zu fixieren - vorbehaltlich des Risikos, vom BVerfG korrigiert zu werden. Daraus wird teilweise der Schluß gezogen, auch eine Fixierung verfassungsimmanenter Schranken sei in weiterem Umfang möglich, als es bisher geschehen sei. So hält Sendler eine gesetzliche Fixierung der Belastungsgrenze mit Asylbewerbern... für denkbar. Der Auffassung , dem Gesetzgeber sei das nicht verwehrt, wozu der Richter berechtigt und verpflichtet sei, ist zuzustimmen..."

312 Vgl. dazu ausführlich II, S. 74 ff.

aa) Anwendbarkeit des Art. 19 II GG

Vor der Änderung des alten Art. 16 II 2 GG a.F. war die Anwendbarkeit des Art. 19 II GG auf das Asylgrundrecht unklar. Vor dem 1.7.1993 hat sich besonders *Selk* [313] der Problematik gewidmet und darauf hingewiesen, daß im asylrechtlichen Schrifttum asylbeschränkende Vorschriften stets an Art. 19 II GG gemessen werden, ohne vorher der Frage nachzugehen, ob Art. 19 II GG auf vorbehaltlose Grundrechte überhaupt anwendbar ist. Eine Nichtanwendbarkeit wird seit einer Entscheidung des BVerfG zu Art. 6 I GG [314] von der Literatur [315] teilweise behauptet. Die Problematik ist für Art. 16 II 2 GG a.F. jedoch erstaunlicherweise wenig diskutiert worden [316], obwohl er ein schrankenloses Grundrecht darstellte [317]. Seit 1993 stellt sich jedenfalls die Frage einer Anwendbarkeit des Art. 19 II GG auf das Asylgrundrecht, das nunmehr in seinem Gewährleistungsgehalt eingeschränkt wurde, nicht mehr.

bb) Wesensgehaltsgarantie und Menschenwürdekern des Asylgrundrechts

(1) Der Wesensgehalt des Asylgrundrechts

Der Inhalt des Wesensgehalts eines Grundrechts wird überwiegend [318] - so auch vom BVerfG [319] - als ein geschützter substantieller Bestandteil definiert, der situationsunabhängig feststeht. Wesentlich ist, ob im Einzelfall in ein Grundrecht so tief eingegriffen wird, daß überhaupt nichts mehr von ihm übrig bleibt [320]. Maßgeblich soll sein, ob der Zweck, um dessentwillen die grundrechtliche

---

313 Selk, Diss. S. 62 f.

314 BVerfGE 31, 58 (69)

315 v. Münch, Art. 19 Rdnr. 21; Maunz-Dürig-Maunz, Art. 6 Rdnr. 3; Hesse, Verfassungsrecht, Rdnr. 329; Hamann-Lenz, GG-Komm. S. 324; Zeidler, in: Grenzfragen S. 64

316 So wird die Problematik etwa vernachlässigt bei Wollenschläger, Diss. S. 44 ff.; v. Pollern, Diss. S. 301 ff.; dagegen ausführlich zur Problematik der Anwendbarkeit Bethge, Grundrechtskollisionen, S. 321; Schneider, Wesensgehalt, S. 73 ff.; Selk, Diss. S. 62 ff.

317 Zur Vertiefung s. die bei Bethge a.a.O. und Schneider a.a.O. vertretene Argumentation für eine Anwendbarkeit des Art. 19 II GG auf schrankenlose Grundrechte

318 V. Münch Art. 19 Rdnr. 25; Stein, Staatsrecht, S. 183

319 BVerfGE 34, 238 (245); zuletzt BVerfGE 73, 339 (386)

320 OVG Münster DÖV 1954, 629 (633)

Freiheit geschaffen wurde, überhaupt noch erreicht werden kann [321]. Die Substanz des Wesensgehalts wird dabei häufig als eine Art Kern [322], der im Gegensatz zur Schale [323] steht, charakterisiert.
Daneben lassen sich unzählige weitere Versuche der Bestimmung des grundrechtlichen Wesensgehalts registrieren. Die umfassende Darstellung sämtlicher Interpretationsansätze würde jedoch den Rahmen vorliegender Arbeit bei weitem sprengen. Es sollen deshalb einige der wichtigsten Theorien an dieser Stelle beispielhaft aufgezählt werden.

Nach *Günter Dürig* [324] schützt Art. 19 II GG den menschlichen Kern der Grundrechte. Menschenrechtlichen Charakter hätten die Grundrechte nur, soweit sie auf die Menschenwürde zurückgeführt werden könnten. Die Menschenwürde und damit der menschenrechtliche Kern der Grundrechte sei angetastet, wenn der Grundrechtsträger im Rahmen der Grundrechtseinschränkung dem staatlichen Handeln als Objekt ausgeliefert sei.
Nach *Peter Häberle* [325] liegt ein Eingriff in den Wesensgehalt der Grundrechte immer, aber auch nur dann vor, wenn der Staat und insbesondere der Gesetzgeber die Grundrechte in einem stärkeren Ausmaß begrenzt, als dies durch die Verfassung selbst geschieht. In dieser Sicht wird dem Art. 19 II GG jede selbständige Bedeutung genommen. Es handelt sich vielmehr nur um eine deklaratorische Norm, die ein auf einem anderen Weg gewonnenes Ergebnis der verfassungsrechtlichen Beschränkung der öffentlichen Gewalt bestätigt.
Ludwig Schneider [326] hat im Anschluß an die Rechtsprechung des BVerfG zum Schutz der sogenannten Intimsphäre eine weitere Theorie des Wesensgehalts entwickelt. In der Tat unterscheidet das BVerfG [327] je nach dem Grade, in wel-

---

321 Krüger, DÖV 1955, 597 (601)

322 Maunz-Dürig-Maunz Art. 19 II Rdnr. 2

323 Maunz-Dürig-Maunz a.a.O.

324 AöR 81 (1956), 117 ff.

325 Häberle, Der Wesnsgehalt des Art. 19 II Grundgesetz, S. 234 ff.

326 Der Schutz der Wesensgehaltsgarantie von Grundrechten nach Art. 19 II GG

327 So hat das BVerfG in E 54, 143 (146 f.) ausgeführt: "Die in Art. 2 Abs. 1 GG gewährleistete Handlungsfreiheit schließt auch das Füttern der Tauben auf Straßen... als Äußerungsform von Tierliebe mit ein. Allerdings ist diese Ausformung der Handlungsfreiheit nicht zum absolut geschützten Kern privater Lebensgestaltung zu rechnen, welche der Einwirkung der öffentlichen Gewalt entzogen ist (vgl. BVerfGE 6, 32 (41); 32, 373 (378 f.); 35, 35 (39); 38, 312 (320)). Ist aber der uantastbare Bereich privater Lebensgestaltung nicht beeinträchtigt, muß jedermann als gemeinschaftsbezogener und gemeinschaftsgebundener Bürger staatliche Maßnahmen hinnehmen, die im überwiegenden Interesse der

chem das Individuum aus seiner Isolierung heraus in die soziale Beziehung zu anderen tritt, zwischen der Intim-, der Privat-, der gesellschaftlichen und schließlich der öffentlichen Sphäre. Typisch dabei ist, daß die Regelungsbefugnis des Gesetzgebers um so weiter reicht, je stärker das Handeln des Individuums in den sozialen und schließlich öffentlichen Bereich hineinwirkt. Nach *Schneider* schützt nun die Wesensgehaltsgarantie insbesondere die Intimsphäre, in welche der Staat deshalb überhaupt nicht eingreifen dürfe.
Nach einer objektivierenden Betrachtungsweise wird der Wesensgehalt als institutionelle Garantie gesehen. Die Wesensgehaltsgarantie hat nicht die Bedeutung einer subjektiven Position des einzelnen, sondern schützt generell die objektive Rechtseinrichtung, ein Grundrecht ist nicht in seinem Wesensgehalt angetastet, wenn nach der Beschränkung von ihm überhaupt grundsätzlich noch etwas übrig bleibt [328]. Das bedeutet explizit für das Asylrecht, daß, solange ein Asylbewerber zurückgewiesen wird, es aber noch andere gibt, welche das Asylrecht überhaupt und grundsätzlich in Anspruch nehmen, der Wesensgehalt des Asylgrundrechts nicht angetastet wird. Für das Asylrecht wird dies auch explizit von *v. Pollern* vertreten [329]. Wie allerdings dies konkret ausgestaltet sein soll, bleibt leider offen.

Die für einen Individualschutz eintretenden Auffassungen - und hier präsentiert sich das Hauptargument für den objektivrechtlichen Ansatz - gerät in Schwierigkeiten, wenn sie erklären soll, weshalb beispielsweise eine lebenslange Freiheitsstrafe, objektive Berufszulassungsbeschränkungen, oder Enteignungen ohne Beeinträchtigungen des Wesensgehalts rechtlich zulässig sein sollen [330]. Denn hier ist zweifelhaft, zu begründen, wie von dem jeweiligen Grundrecht für den Betroffenen noch etwas übrig bleiben kann [331]. Für den Fall der lebenslangen Freiheitsstrafe hat das BVerfG [332] ausgeführt, daß die grundlegenden Voraussetzungen individueller und sozialer Existenz des Menschen i.S. des Art. 1 I GG erhalten bleiben müßten, dies aber der Fall sei, wenn ungeachtet der Entwicklung der Persönlichkeit des Betroffenen überhaupt irgendeine Hoffnung bestünde, die Freiheit wiederzuerlangen. Diese Begründung ist aber sehr zweifelhaft, weil die Annahme einer Berührung der Menschenwürde nicht davon abhängen

---

Allgemeinheit unter strikter Wahrung des Verhältnismäßigkeitsgrundsatzes erfolgen..."

328 Gusy, Diss., S. 187

329 V. Pollern, Diss., S. 330 ff.

330 V. Münch Art. 19 Rdnr. 24

331 Vgl. Dazu auch Bleckmann, Verfassungsrechtliche Probleme, S. 47 f.

332 BVerfGE 45, 187

kann, ob sich dieser verfassungswidrige Zustand in der Zukunft irgendwann einmal ändert. *Selk* [333] hat dahingehend deshalb treffend ausgeführt, daß es sich in der Tat bei den Versuchen verfassungsrechtlicher Rechtfertigung dieser Beschränkungen um zum Teil "unzumutbare Klimmzüge" handelt, jedoch dieses nicht am Maßstab der Verfassung selbst orientierte Argument der *reductio ad absurdum* das einzige bleibt, welches für die subjektive Variante spricht. Vielmehr erhebt sich die Verfassungswirklichkeit gegenüber der Verfassung selbst zum Maßstab und bewirkt eine Vernachlässigung des objektiven Sinnes des Grundgesetzes bei der Auslegung des Art. 19 II GG [334].

Entscheidend gegen das institutionelle Verständnis spricht nämlich das Argument der Praktikabilität. Wenn über ein solches Verständnis ein Aufnahmestopp für Asylbewerber mit Art. 19 II GG vereinbar wäre, bei welchem Prozentsatz von Asylbewerbern, die vom Asylrecht in Deutschland Gebrauch machen, kann dann noch von einer Wahrung gesprochen werden? Oder kann von einem Eingriff in den Wesensgehalt so lange nicht gesprochen werden, wie der letzte Ausländer in der Bundesrepublik Asyl genießt? Es ist problematisch, bei welcher mathematischen Größe noch von einer Wahrung des Asylrechts ausgegangen werden kann. Theoretisch wäre der Wesensgehalt des Asylgrundrechts nicht angetastet, solange ein einziger Asylbewerber Asyl genießt, andere Tausende jedoch abgewiesen werden. Ein solch absurdes Ergebnis würde wohl niemand ernstlich befürworten. Die Bestimmung des Wesensgehalts des Asylgrundrechts ist daher im Sinne der individualschutzrechtlichen Ansätze vorzunehmen.

Die Bestimmung des Wesensgehalts war insbesondere für Art. 16 II 2 GG a.F. umstritten [335]. Wo die Grenzen der grundrechtlichen Gewährleistung lagen, war vielfach problematisiert worden [336]. Eine Festlegung auf einen der dargelegten vertretenen Ansätze erübrigt sich jedoch, wenn man sich den eigentümlichen Charakter des Asylrechts vor Augen hält. Oben [337] wurde bereits dargelegt, daß das Asylgrundrecht wegen der harten Alternative zwischen Schutz und Schutzlosigkeit keinen Einschränkungen zugänglich ist. Lediglich etwas Schutz kann es nicht geben. Einschränkungen sind nicht im Hinblick auf das „OB" der

---

333 Selk, Diss., S. 74

334 V. Münch Art. 19 Rdnr. 24

335 Bleckmann,VerfassungsrechtlicheProbleme..., S. 47 f. schlägt beispielsweise eine Verbindung der dargelegten Theorien vor; vgl. dazu i.ü. ausführlich Selk, Diss. S. 62 ff.

336 Bleckmann a.a.O.; Selk a.a.O.

337 vgl. II 2 d)

Schutzgewährung, sondern lediglich auf das „WIE“ des Schutzes denkbar. Aus diesem Alles oder Nichts-Prinzip des Asylrechts folgt daher zwangsläufig, daß die Verneinung desselben stets den Wesensgehalt des Grundrechts trifft. Es bedeutet folglich ungeachtet sämtlicher Theorien eine Verletzung des Art. 19 II GG, den einzelnen Flüchtling abzuweisen, weil er das Kontingent zahlenmäßig überschreitet. Ein *numerus clausus* ist somit verfassungsrechtlich undenkbar.

(2) Menschenwürdekern des Asylrechts

Ungeachtet dieser Erkenntnis scheint es in diesem Zusammenhang aber dennoch unverzichtbar, auf den Menschenwürdekern des Asylgrundrechts genauer einzugehen. Denn dieser Menschenwürdekern ist für die Auslegung des Art. 16 a I GG von überragender Bedeutung.
Es würde den Rahmen vorliegender Arbeit sprengen, eine umfassende Analyse des verfassungsrechtlichen Begriffs der Menschenwürde leisten zu wollen [338]. Es sollen daher nur kursorisch die wichtigsten der zahlreichen Versuche einer solchen Definition dargestellt werden, bevor auf die konkrete Frage der Relevanz der Menschenwürde im Bereich des Schutzes vor politischer Verfolgung eingegangen wird.

Das BVerfG hat ausgeführt, die Menschenwürde umfasse den unverzichtbaren Eigenwert einer Person, die jedem Menschen schon aufgrund seines Menschseins zukommt [339]. Der Mensch wird dabei in seiner Personalität, Individualität und seinem Subjektsein geschützt, so daß es nach Ansicht des BVerfG in Anlehnung an die oben dargestellte Formel von *Günter Dürig* der menschlichen Würde widerspricht, den Einzelnen zum bloßen Objekt des Staates zu machen [340]. Der einzelne Mensch darf daher keiner Behandlung ausgesetzt werden, die seine Subjektqualität grundsätzlich in Frage stellt.
Nach einem eher empirisch-soziologischen Würdekonzept [341] ist die Würde des Menschen notwendige Bedingung einer demokratischen Gesellschaftsform und damit der Verfügungsbefugnis des Gesetzgebers entzogen. Der Erhalt individu-

---

338 Umfassend dazu zuletzt Geddert-Steinacher, Menschenwürde als Verfassungsbegriff, S. 240

339 BVerfGE 5, 85 (204); 12, 45 (51); 21, 362 (369)

340 So in BVerfGE 5, 85 (204); 7, 198 (205); 30, 1 (26); 74, 102 (122)

341 So Geddert-Steinacher für die von *Podlech (Aletrnativkommentar, Art. 1 Rdnr. 16)* entwickelte Konzeption der Menschenwürde

eller menschlicher Würde ist bedingt durch die Sicherung individuellen und sozialen Lebens, die Beachtung normativer Gleichheit der Menschen, der Wahrung menschlicher Identität und Integrität, der Begrenzung staatlicher Gewaltanwendung, sowie schließlich auch der Achtung der körperlichen Kontingenz des Menschen [342].
Daneben existieren weitere Konzeptionen, wie beispielsweise die des herrschaftsfunktionalen Ansatzes *Denningers*, des kulturwissenschaftlichen Ansatzes *Häberles* sowie die von *Niklas Luhmann*, um einige wichtige zu nennen [343]. Letztlich stößt jedoch jeder Definitionsversuch an die Grenzen, die sich aus der jeweiligen konkreten, geschichtlichen, gesellschaftlichen oder weltanschaulichen Situation ergeben [344]. In diesem Sinne führt auch das BVerfG in seiner als Abhörurteil bekannt gewordenen Entscheidung aus, es könne nicht generell festgestellt werden, unter welchen Voraussetzungen eine Menschenwürdeverletzung zu bejahen ist [345]. Vielmehr komme es bei der Bestimmung entscheidend auf die Umstände des konkreten Falls an.
Vor diesem Hintergrund ist darauf hinzuweisen, daß das BVerfG das Kriterium der Menschenwürde nicht nur - wie oben gezeigt - bei der Bestimmung der politischen Verfolgung, sondern auch im Zusammenhang mit der Gewährleistung des Asylgrundrechts zur Bestimmung heranzieht. So hat das BVerfG ausgeführt:

> „Voraussetzungen und Umfang des politischen Asyls werden im wesentlichen bestimmt von der Unverletzlichkeit der Menschenwürde, die als oberstes Verfassungsprinzip nach der geschichtlichen Entwicklung des Asylrechts die Verankerung eines weitreichenden Asylanspruchs im Grundgesetz entscheidend beeinflußt hat.“ [346]

Später hat das BVerfG noch deutlicher dargelegt, daß der Schutz der Menschenwürde die Gewährung eines subjektiven Asylrechts nicht nur beeinflußt, sondern maßgeblich mit hervorgebracht [347] und bestimmt hat [348]. Zugleich präge die rechtliche Überzeugung, daß die Würde des Menschen unverletzlich sei

---

342 Podlech, Alternativkommentar, Art. 1, Rdnr. 17 ff.

343 Zur Darstellung dieser Konzeptionen vgl. statt aller die Darstellungen bei Geddert-Steinacher, a.a.O., S. 46, 120 ff.

344 so auch das BVerfG in E 45, 187 (229)

345 BVerfGE 30, 1 (25)

346 Ständige Rechtsprechung etwa in BVerfGE 54, 341 (357); 76, 143 (157); 80, 315 (333)

347 BVerfGE 76, 143 (158)

348 BVerfGE 80, 315 (333)

und daß kein Staat das Recht besitze, Leib oder Leben eines Menschen aus politischen Gründen zu gefährden oder zu verletzen, auch den Inhalt des Asylrechts[349].

Ebenso hat das BVerwG bereits früh davon gesprochen, daß dem Grundrecht auf Gewährung politischen Asyls für politisch Verfolgte ein „unverzichtbarer Kern" innewohne, der verbürge, daß der Verfolgte und Schutzbedürftige weder direkt noch indirekt in einen Verfolgerstaat zurückgeschoben werde, wenn auch Art. 1 I GG nicht explizit genannt wurde [350].

Allerdings ist die These vom Menschenwürdekern des Asylgrundrechts nicht unumstritten geblieben, sie kann jedoch heute als herrschende Meinung angesehen werden [351]. Die Argumente der Gegner der Auffassung, Art. 16 a I GG enthalte einen Menschenwürdekerns lassen sich dabei im wesentlichen kurz zusammenfassen:

Das Asylgrundrecht wolle den politisch Verfolgten lediglich privilegieren, ihn jedoch nicht vor jeder Menschenwürdeverletzung schützen [352]. Auch bei Abschaffung des Asylgrundrechts bleibe der davon unabhängige Schutz aus Art. 1 I GG erhalten [353]. Die Achtung der Menschenwürde sei auch gesichert, wenn es lediglich ein einfachgesetzliches Recht auf Asyl gäbe [354]. Die Bezugnahme auf das Menschenwürdeargument als Hinweis auf die Entstehungsgeschichte sei nur in dem Sinn bloßer Motive des Verfassungsgesetzgebers zu verstehen [355]. Schließlich führe die These vom Menschenwürdekern zu einer Unaufhebbarkeit des Asylrechts [356].

---

349 BVerfGE 76, 143 (158); diese Auffassung wird im übrigen auch durch eine frühere Entscheidung des BVerfG bestätigt, in der das Gericht im Zusammenhang mit einer Auslieferung in die Türkei auch Art. 1 I GG geprüft hat (BVerfGE 15, 249 (255))

350 BVerwGE 49, 202 (205)

351 Bejahend insoweit z.B. *Bleckmann*, Verfassungsrechtliche Probleme..., S. 59; *Bierwirth/Göbel-Zimmermann*, ZRP 1992, 470 (472); *Denninger/Rachor*, ZAR 1988, 51 (54); *Hehl*, ZRP 1993, 301 (302); *Huber*, Verfassungsrechtliche Aspekte, S. 123 f.; *Marx*, eine menschenrechtliche Begründung des Asylrechts; *Rothkegel*, ZRP 1992, 222 (227); *Schmidt-Jortzig*, Stellungnahme, S. 389 ff.; *Schlink*, Stellungnahme, S. 433; *Selk*, Diss., S. 62 ff.; *Zimmermann*, Diss., S. 260;

verneinend aber *Even*, S. 260 ff.; *Hesse*, Grundzüge des Verfassungsrechts, Rdnr. 704; *Hailbronner*, Stellungnahme, S. 287 ff.; *Papier*, Stellungnahme, S. 257 (262); *ders.*, Der Staat 1988, 31 (34);

352 Even S. 260 ff.

353 Even a.a.O.

354 Papier, Stellungnahme, S. 262

355 Hailbronner, Stellungnahme, S. 287

356 Diskutiert bei Papier, Der Staat 1988. 31 (34)

Keines der hier vorgebrachten Argumente vermag jedoch zu überzeugen. Bereits die Tatsache, daß bei den Beratungen des Parlamentarischen Rats die Verbindung zwischen Menschenwürde und Asylrecht nicht diskutiert wurde, spricht gegen die These vom Hinweis auf die Motive des Gesetzgebers bei der Entstehungsgeschichte des Asylrechts [357].
Auch der Umstand, daß es sich bei der Verbürgung eines Grundrechts auf Asyl um eine historisch relativ neue Entwicklung handelt, spricht nicht von vornherein gegen die herrschende Meinung. Denn dies trifft auch auf andere Grundrechte zu, die im Jahre 1949 erstmals ihre Verankerung als individuelles Grundrecht erfahren haben [358].
Auch spricht die These der Unaufhebbarkeit des Asylrechts nicht wirklich gegen den von der Rechtsprechung vertretenen Menschenwürdeansatz.
In der Literatur wird ohnehin teilweise die Auffassung vertreten, eine Streichung sämtlicher Grundrechte des Grundrechtskatalogs sei unmöglich, da jedes Grundrecht mehr oder weniger Ausfluß der Menschenwürde des Art. 1 I, II GG sei [359]. Etwas anderes lasse sich nur annehmen, wenn ein Grundrecht überhaupt keinen Menschenwürdegehalt aufweist.
Die Argumente der Gegner dieses Ansatzes liegen auf der Hand. Würde man dieser Ansicht folgen, führte Art. 79 III GG zu einer völligen Starre des Grundgesetzkatalogs in dem Sinne, daß er fast nicht bzw. überhaupt nicht veränderbar wäre. Deshalb wurde teilweise eine Unaufhebbarkeit von Grundrechten lediglich dann angenommen, wenn der Menschenwürdegehalt mit dem Gehalt der grundrechtlichen Gewährleistungen in seiner gesamten Substanz identisch ist [360].
Zu einer Aufhebbarkeit aller Grundrechte gelangen die Gegner dieses Konzepts, welche den dem Katalog der Grundrechte vorangestellten Art. 1 I GG als "lex generalis" begreifen, dem die Funktion zukommt, den jeweiligen Menschenwürdegehalt der einzelnen Grundrechte für sich zu enthalten [361]. Der Auffassung ist zugute zu halten, daß auf diese Weise eine gewisse Flexibilität des Verfassungsgesetzgebers gewahrt bleibt.

---

[357] Quaritsch S. 68

[358] So etwa Art. 19 IV GG, dessen Vorläuferbestimmung in der Weimarer Reichsverfassung, Art. 107 WV, nicht als Individualrecht, sondern als bloßer Gesetzgebungsauftrag verstanden wurde, vgl. Anschütz, Die Verfassung des Deutschen Reiches vom 11.Agust 1919 - Kommentar, 14. Aufl. 1933, S. 497

[359] Stern, JuS 1988, 329 (338)

[360] Kirchhof, Handbuch des Staatsrechts, § 19 Rdnr. 74

[361] AK Ridder, Art. 79 Rdnr. 38

Schwerer wiegt jedoch die Argumentation, daß die in Art. 79 III GG verankerte Ewigkeitsklausel leerlaufen würde, wäre jedes Grundrecht beliebig veränderbar oder abschaffbar. Vielmehr soll in der Verfassung das Bestand haben, wodurch die Menschenwürde bzw. die in Art. 20 GG enthaltenen Prinzipien konkretisiert werden. Dies hängt von der Schutzrichtung oder Auslegung des jeweiligen Einzelgrundrechts ab. Da das Grundrecht auf Asyl die Menschenwürde verinnerlicht, konkretisiert es diese. Das bedeutet aber nicht, daß das Asylrecht änderungsresistent ist, denn das BVerfG hat ausgeführt, daß dem verfassungsändernden Gesetzgeber nur das verwehrt ist, was die Menschenwürde auch tangiert [362]. Für das Asylrecht bedeutet das, daß nicht schlechthin alle Änderungen desselben mit Art. 79 III GG unvereinbar sind, sondern nur diejenigen, welche die in Art. 1 GG enthaltenen Grundsätze verletzen. Somit ist das Argument der Unaufhebbarkeit nicht wirklich geeignet, die Annahme eines Menschenwürdekerns zu widerlegen, haben doch bereits andere zutreffend dargelegt, es gebe innerhalb des Kreises der elementaren Prinzipien des Art. 79 III GG keine zulässigen Modifizierungen [363].
Daneben ist außerdem der Hinweis auf die bloße Privilegierung des politisch Verfolgten mit der Rechtsprechung des BVerfG nicht in Einklang zu bringen. Denn oben wurde bereits ausführlich dargelegt, daß das BVerfG eine menschenunwürdige Behandlung verlangt [364]. Schließlich würde auch eine lediglich einfachgesetzliche Verbürgung des Asylrechts Art. 1 I GG nicht gerecht. *Zimmermann* ist Recht zu geben, wenn er darauf hinweist, daß dieses Argument als Zirkelschluß betrachtet werden muß [365]. Weil das Grundrecht auf Asyl behauptetermaßen keinen Menschenwürdekern besitzt, genügt der Wahrung der Menschenwürde auch eine einfachgesetzliche Garantie und weil dies ausreichend ist, besitzt das Grundrecht auf Asyl eben keinen Menschenwürdekern [366]. Damit wären die Argumente der Gegner eines Menschenwürdeansatzes hinreichend entkräftet.

Es darf abschließend nicht vergessen werden, daß die Problematik neuerdings letztlich durch einen ganz neuen Aspekt geprägt wird. Die Diskussion um den Wesensgehalt des Asylgrundrechts hat sich insoweit jedenfalls verändert, als

---

362 In diesem Sinne BVerfGE 30, 1 (26 f.)

363 v. Münch - Pappermann, Art. 10, Rdnr. 37

364 Vgl. oben S. 29 ff. m.w.N.

365 Zimmermann, Diss., S. 259

sein Gewährleistungsgehalt nunmehr stark beschränkt ist. Die Steuerung der Asylbewerberzahlen hat insoweit eine Richtungsänderung erfahren, die von der hier angesprochenen Problematik eines reinen numerus-clausus abweicht. Vor der Änderung des Art. 16 II 2 GG a.F. wäre jede Abweisung an der Grenze entsprechend den Ausführungen zu Art. 19 II GG ein Einschnitt in den Wesensgehalt bzw. den Menschenwürdekern des Grundrechts gewesen. Nach dem 1.7.1993 sind viele Flüchtlinge bereits von vornherein vom Schutzbereich des Asylgrundrechts ausgenommen, so daß die Verringerung der Asylbewerberzahlen einer qualitativen Beschränkung unterstellt wird. Die Diskussion um den Menschenwürdekern des Asylgrundrechts hat sich damit von der numerus-clausus-Konzeption auf die Bewertung des geltenden Art. 16 a GG verlagert. Der Entwicklung des Gewährleistungsgehalts des Asylgrundrechts soll daher zunächst der nächste Abschnitt gewidmet werden.

h) Ergebnis

Es ist somit festzuhalten, daß das Asylgrundrecht insbesondere wegen der vorrangigen Schutzfunktion des Bleiberechts als Recht des status negativus zu qualifizieren ist. Eine leistungsrechtliche Interpretation, die vor der Änderung vor allem im Zusammenhang mit einem Aufnahmestopp von Asylbewerbern Bedeutung hatte, scheitert an den gewichtigen Argumenten gegen eine Deutung des Asylrechts als soziales Grundrecht. Wegen der Alternativlosigkeit des Asyls zwischen Schutz oder Verfolgung wäre jeder numerus clausus - ungeachtet des Menschenwürdekerns des Asylgrundrechts - ein Verstoß gegen Art. 19 II GG und daher verfassungsrechtlich nicht denkbar. Allerdings ist die praktische Relevanz des numerus-clausus-Modells seit dem 1.7.1993 zurückgegangen. Wegen des nunmehr eingeschränkten Gewährleistungsgehalts des Art. 16 a I GG erfolgt eine Steuerung, wie noch zu zeigen sein wird, über den Anwendungsbereich des neuen Asylgrundrechts.

---

366 Zimmermann a.a.O.

II. Schranken- und Änderungsproblematik des Asylrechts

Mit der Änderung des Art. 16 II 2 GG a.F. wurde von der bisher vorbehaltlosen und einschränkungslosen Grundrechtsgewährleistung abgerückt. Die Einschränkungen des Asylgrundrechts sind nunmehr seit 1. Juli 1993 in Art. 16 a GG normiert. Den Weg, den der Gewährleistungsumfang bislang genommen hat, soll hier zunächst skizziert werden.

1. Schrankenlosigkeit des Asylrechts bis 1993

Art. 16 II 2 GG a.F. zählte zu den schrankenlosen Grundrechten [367]. In Anbetracht der kontinuierlich steigenden Anzahl von Asylbewerbern wurden bereits früher zahlreiche Versuche unternommen, Grenzen des Asylrechts zu bestimmen. Unbestritten ist jedenfalls, daß auch ein schrankenloses Grundrecht nicht unbegrenzt gewährleistet wird. Für das Asylrecht wurde dies teilweise aus der Regelung des Art. 18 GG begründet, wonach eine Verwirkung des Grundrechts möglich ist [368].

Dennoch hat man in der Rechtsprechung vor 1993 in einem vierphasigen Entwicklungsprozeß versucht, Grenzen des Art. 16 II 2 GG a.F. zu bestimmen.

Zunächst wurde angenommen, das allgemeine Völkerrecht begrenze automatisch das Recht auf Asyl [369]. Später wurde eine Begründung von Schranken aus der Genfer Konvention, genauer den Art. 32, 33 GK, abgeleitet [370].
In der dritten Phase der Verteidigungslinie gegen das schrankenlose AsylGrundrecht stützte man sich auf die Annahme, jedes Grundrecht stehe unter einem Gemeinschaftsvorbehalt und unterliege damit grundrechtsimmanenten Schranken. Es könne nicht in Anspruch genommen werden, wenn dadurch die für den Bestand der Gemeinschaft notwendigen Rechtsgüter gefährdet würden [371].

---

367 Vgl. weiterhin z.B. Art. 4 I, 5 III 1; 7 II; 8 I; 9 I GG

368 Even VR 1987, 256 ff.; a.A. hingegen Lerche, FS Arndt, S. 198 (212), der das Asylrecht trotz des eindeutigen Wortlauts des Art. 18 GG für unverwirkbar hält

369 BGHSt 3, 392 (394) = JZ 1953, 246 f.; BayObLG DVBl 1964, 588

370 BVerwGE 4, 235 (237); vgl. dazu ausführlich Kimminich, JZ 1976, 61 f.

371 Diese Formel wurde zum ersten Mal in BVerwGE 1, 48 (52) verwendet und in zahlreichen späteren Urteilen wiederholt: Vgl. z.B. BVerwGE 1, 269 (270); 1, 303 (307); 2, 85 (87); 2, 89 (94); 2, 295 (300); 2. 345 (346); 3, 21 (24); 4, 95 (96); 4, 167 (171); 5, 153 (159); 6, 247 (266) etc.

Das BVerfG hat diese sog. Rechtsprechung der Gemeinschaftsklausel zu Recht abgelehnt [372]. Sie birgt insbesondere die Gefahr einer Relativierung der Grundrechte und ihres Wesensgehalts in sich [373]. Das BVerfG hat daher die Einschränkbarkeit von vorbehaltlos gewährten Grundrechten grundsätzlich auf folgende Formel gebracht:

> "Nur kollidierende Grundrechte Dritter und andere mit Verfassungsrang ausgestattete Rechtswerte sind mit Rücksicht auf die Einheit der Verfassung und die von ihr geschützte Wertordnung ausnahmsweise imstande, auch uneinschränkbare Grundrechte in einzelnen Beziehungen zu begrenzen"[374].

Nachdem die Versuche gescheitert waren, Grenzen des Asylrechts dem Völkerrecht oder grundrechtsimmanenten Schranken zu entnehmen, läutete das BVerwG in ausdrücklicher Abkehr von seiner bisherigen Rechtsprechung eine vierte Phase ein [375]. Namentlich wurde versucht, die Erkenntnisse fruchtbar zu machen, die das BVerfG für andere vorbehaltlos gewährten Grundrechte auf die o.g. Formel gebracht hat. Die Schranken des Art. 16 II 2 GG a. F. wurden danach in verfassungsimmanenten Schranken aus der "Rücksicht auf die Einheit der Verfassung und die von ihr geschützte gesamte Wertordnung" gesucht [376]. In der überaus wichtigen Leitentscheidung vom 7.10.1975 [377] hat das BVerwG zunächst klargestellt, daß es sich bei dem Grundrecht auf Asyl um "ein für sich gesehen uneinschränkbares Grundrecht handelt" [378]. Jedoch ist nach den Umständen des Einzelfalls als ultima ratio die Abschiebung von Asylberechtigten aufgrund der Ausnahmeregelung des § 14 I 2 AuslG a.F. zulässig, "wenn der Asylberechtigte eine schwerwiegende Gefahr für die Sicherheit der Bundesrepublik oder der Allgemeinheit bedeutet" [379]. Das BVerwG hat auf diese Weise die Rechtsprechung des BVerfG auf das Asylrecht übertragen, wonach schlechthin schrankenlose Grundrechte von einer wertgebundenen Ordnung nicht aner-

---

372 BVerfGE 7, 377 (411); dazu Bachof JZ 1958, 468

373 Ausführlich dazu Kimminich, JZ 1965, 739 ff.

374 *So zu Art. 4 III GG:* BVerfGE 28, 243 (260f.) in Anknüpfung an E 12, 45 (53) und E 32, 40 (46); *zur Freiheit der Kunst:* BVerfGE 30, 173 (193); 67, 213 (228); 75, 369 (379f.); *zur Glaubensfreiheit* vgl. BVerfGE 32, 98 (107f.) in Anknüpfung an BVerfGE 12, 1 (4), ferner E 33, 23 (29); 41, 29 (50); 44, 37 (49f.); 49, 59 (67); 52, 223 (247)

375 BVerwGE 49, 202 = JZ 1976, 58 ff.

376 BVerwG a.a.O.

377 BVerwGE 49, 202 = JZ 1976, 58 ff.

378 BVerwG JZ 1976, 58 (59)

379 BVerwG JZ 1976, 58 (60)

kannt werden können [380]. Die Sicherheit des Staates als verfaßter Friedens- und Ordnungsmacht und die von ihm zu gewährleistende Sicherheit seiner Bevölkerung sind Verfassungswerte, die mit anderen im gleichen Rang stehen und unverzichtbar sind, weil die Institution Staat von ihnen die eigentliche und letzte Rechtfertigung herleitet [381]. Für die Gewährung des Asylrechts besteht deshalb eine Opfergrenze [382].

Auch dieser Neuansatz des BVerwG ist nicht als unproblematisch anzusehen, fällt er doch mit seinen Aussagen zur Asylrechtsbegrenzung in die Art globaler Relativierung zurück, gegen die die Rechtsprechung des BVerfG ausdrücklich gerichtet war. Die vom BVerwG als Schranke hergeleitete Opfergrenze verleitet ebenso wie die Gemeinschaftsklausel zu erweiternden Verallgemeinerungen. Denn der Theorie kann nicht entnommen werden, wann diese Opfergrenze erreicht sein soll und welche Rechtsgüter so schwer wiegen, daß das Asylrecht hinter ihnen zurücktreten muß. Welches nun also die in der Güterabwägung zu berücksichtigenden "Rechtswerte mit Verfassungsrang" sind, ist aber auch vom BVerfG nie hinreichend geklärt worden.
Wegen dieser Unsicherheiten überrascht es nicht, daß die vom BVerfG zu den Schranken vorbehaltloser Grundrechte aufgestellten Kriterien nicht unumstritten waren. So haben die Richter *Mahrenholz* und *Böckenförde* in ihrem Sondervotum zum letzten Kriegsdienstverweigerungsurteil gewichtige Einwände gegen die Formel des BVerfG formuliert [383]. Sie halten es namentlich für "verfassungsrechtlich unzulässig... Begrenzungen und Schranken der Grundrechte... aus bundesstaatlichen Kompetenzvorschriften..., bloßen Ermächtigungsnormen... oder Organisationsregelungen... herzuleiten", weil so das "klare normative Gefüge der Verfassung aufgelöst" werde [384]. Die Frage der Beschränkbarkeit von Grundrechten durch Kompetenzregelungen gehört somit zur Problematik der Schranken auch des Art. 16 II 2 GG a.F., denn diese könnten als mit Verfassungsrang ausgestattete Rechtswerte und nach der Formel des BVerfG in Ausnahmefällen das Asylgrundrecht beschränken, sollten sie im konkreten Fall schwerer wiegen als das Recht auf Asyl.

Das BVerfG mißt vielen der im Grundgesetz erwähnten Materien, wie insbe-

---

380 BVerfGE 28, 143 (261)

381 BVerwG JZ 1976, 58 (60)

382 BVerwG a.a.O.

383 BVerfGE 69, 1 (57, 58 ff.)

sondere den Kompetenzkatalogen, Rechtsgutscharakter bei [385]. Im Mühlheim-Kärlich-Urteil wurde etwa Art. 74 Nr. 11 a GG die Aussage entnommen, daß die Norm nicht nur eine Bundeskompetenz für die Regelung der Erzeugung und Nutzung der Kernenergie zu friedlichen Zwecken regelt, sondern damit zugleich die Entscheidung der Verfassung getroffen wird, daß die Erzeugung und Nutzung der Kernenergie zu friedlichen Zwecken nicht gegen das Grundgesetz verstößt [386]. Darin zeigt sich eine vorsichtige Bereitschaft des BVerfG, manchen der in Art. 73 ff. GG aufgeführten Titeln gewisse materiellrechtliche Inhalte zu verleihen.

Dieses positive Kompetenzverständnis ist freilich in der Literatur umstritten [387]. Unzweifelhaft haben Kompetenznormen den Sinn, Handlungs- und Zuständigkeitsbereiche zwischen Staatsorganen voneinander abzugrenzen [388]. Die hauptsächlich von den Gegnern des positiven Kompetenzverständnisses vorgebrachten Argumente beruhen auf dem zugrundegelegten Verständnis der Kompetenznormen. Die Kompetenzvorschriften der Art. 70 ff. GG konstituieren ein System horizontaler Gewaltenteilung, indem sie über die Zuständigkeiten möglichen staatlichen Tätigwerdens im Verhältnis des Bundes zu den Ländern entscheiden, so daß die Normadressaten der Art . 70 ff. GG in dieser Relation zu suchen sind. Wenn das materielle oder positive Kompetenzverständnis den Zuständigkeitsnormen noch eine weitere Aufgabe zuteilt, dann enthalten die Art. 70 ff. GG eine gänzlich neuartige Richtung: Der Kreis der angesprochenen Normadressaten wäre um das Verhältnis Staat - Bürger erweitert [389]. Für eine derartige Erweiterung der ursprünglichen Bestimmung und ein solches Kompetenzverständnis gibt die Entstehungsgeschichte jedoch nach Auffassung der Kritiker nichts her [390]. Auch muß davor gewarnt werden, die Grundrechte unter einen einfachen, kompetentiellen Gesetzesvorbehalt stellen zu wollen, der die jeweiligen geschriebenen Schranken der Freiheitsrechte untergräbt [391]. Dies würde zu einer Aushebelung der Freiheitsrechte durch Anerkennung einer Ermächtigung zu

---

384 Vgl. FN 380

385 Neuerdings spricht das BVerfG auch den in der Bundesflagge und in der Nationalhymne versinnbildlichten Grundwerten der Bunderepublik Deutschland einen materiellen Gehalt von Verfassungsrang zu, vgl. NJW 1990, 1982

386 BVerfGE 53, 30 (56)

387 Dreier, DVBl 1980, 471 (473); Selk, JuS 1990, 895 (898); Schnapp, JuS 1978, 729 (734)

388 Stern, StaatsR I, S.118

389 Selk, JuS 1990, 895 (898)

390 Selk, JuS 1990, 895 (897)

391 Selk a.a.O.

Freiheitsbegrenzungen durch die Zuständigkeitsnormen der Art. 70 ff. GG führen.
Angesichts der Weite der Diskussion um die Beschränkungsfunktion von Kompetenzvorschriften in der Verfassungslehre ist es im Rahmen dieser Arbeit nicht möglich, eine umfassende Darstellung der Problematik zu leisten. Die Argumente der Gegner des vom BVerfG zugrundegelegten Kompetenzverständnisses lassen sich schließlich auch nicht völlig von der Hand weisen. Ohne hier darauf weiter einzugehen, ist mit *Mahrenholz* und *Böckenförde* jedenfalls festzuhalten, daß Vorsicht geboten ist, jeder im Grundgesetz geregelten Materie grundrechtslimitierende Kraft zuzusprechen.
Im asylrechtlichen Schrifttum hat sich einzig *Michael Selk* darum bemüht, auf dogmatischem Wege denkbare beschränkende Kollisionsgüter zu konstruieren [392]. Sein Ansatz soll hier kurz skizziert werden.

Anknüpfungspunkt ist die unterschiedliche Gewichtung von Rechtsgütern, die zu einer Wertrangordnung führen [393]. Der Rückgriff auf Art. 79 III GG stellt dabei die geeignetste Methode der Entwicklung dar [394]. Gesteht man beispielsweise Art. 1 I GG einen gegenüber anderen Freiheitsrechten abstrakt höheren Rang zu, so bedeutet dies nichts anderes als die prinzipielle Bejahung einer Abwägungsresistenz der Menschenwürde [395]. Zwar hat es nicht an Versuchen gefehlt, die Menschenwürde bestimmten Einschränkungen zugänglich zu machen [396], jedoch spricht Art. 79 III GG gegen einen Leerlauf der Menschenwürde. Die Menschenwürde wird also zu Recht an die Spitze der Grundrechte [397] und damit an die Spitze einer Wertrangordnung gestellt. Auf der Ebene der Grundsätze des Art. 79 III GG erscheint folglich eine Abwägung bei Kollisionen von unabänderlichen Gütern untereinander die einzig vorstellbare Lösung [398].
Da das Asylrecht, wie gezeigt, mit der Menschenwürde i.S. des Art. 1 I GG unauflösbar verknüpft ist, ist es im Hinblick auf seinen Menschenwürdegehalt auf derselben Stufe wie die Grundsätze des Art. 79 III GG anzusiedeln[399]. Diese Eigenheit teilt dem Recht auf Asyl einen bestimmten Wertrang zu, als Folge

392 Selk, Diss., S. 124 ff.
393 Vgl. dazu Selk, Diss., S. 122 ff. m.w.N.
394 Selk, Diss., S. 130
395 Selk, Diss., S. 131 m.w.N.
396 Alexy S. 95 ff.; Selk a.a.O.
397 Häberle, FS Haug, 81 (96); Selk, Diss., S. 132
398 Selk, a.a.O., S. 132 f.

dessen alleine Rechtsgüter derselben Rangstufe eine Beschränkung des Asylgrundrechts bewirken können. Hier wird nun jeder Asylgegner antworten, durch Überfremdung werde die Menschenwürde Deutscher beeinträchtigt, wie es ähnlich etwa von *Uhlitz* [400] vertreten wird. Abgesehen von der Frage, ob sich deutschnationale Identitätsinteressen nun tatsächlich in Art. 20 GG verorten lassen, wie von *Uhlitz* behauptet, oder in Art. 1 II GG verortet sind [401], kann von Überfremdung kaum gesprochen werden. Bei zuletzt 322599 Asylbewerbern für das Jahr 1993 bzw. 127210 für das Jahr 1994[402] wird man kaum von einer Identitätskrise der deutschen Nationalität reden können, zumal die Zahlen stark zurückgegangen sind. Solche Zustände sind in weiter Ferne [403].

Zwar wurde oben die "Abwägungsresistenz" des Asylgrundrechts festgestellt, jedoch sollen unter Berücksichtigung der Kollisionsgüter auf der Ebene des Art. 79 III GG die Möglichkeiten einer Einschränkung durchleuchtet werden.
Die Grundsätze i.S. des Art. 79 III GG stellen die in Art. 1 und 20 GG verankerten Prinzipien dar, so daß sich die zu ermittelnden Kollisionsgüter daher nur aus den Art. 1 und 20 GG ergeben können. Bedenkt man, daß die grundrechtlichen Spannungslagen nur durch den Gebrauch des Asylrechts entstehen können, reduzieren sich die Möglichkeiten denkbarer Kollisionsfälle mit Grundsätzen aus Art. 1, 20 GG.
Hinsichtlich der Erschöpfung wirtschaftlicher Aufnahmekapazitäten und wirtschaftlichen Leistungsvermögens ist eine Verortung dieser Werte im Sozialstaatsprinzip, Art. 20 I, 28 I GG denkbar [404]. Dies ist nicht unproblematisch, aber letztlich möglich. Das Sozialstaatsprinzip i.V.m. Art. 109 II, III, IV, 88 GG und die Einheitsformel in Art. 72 II GG könnten einen Verfassungsauftrag der staatlichen Wachstumsvorsorge beinhalten sowie eine erweiterte Verantwortlichkeit des Staates für das wirtschaftliche Gedeihen [405]. Dies wäre theoretisch denkbar, allerdings hat das BVerfG dem Sozialstaatsprinzip unmittelbar keine

---

399 So auch Selk, Diss., S. 160

400 Uhlitz, RuP 1986, 143 (148); ders. ZRP 191 ff., nach dem in Art. 79 III GG i.V.m. Art. 20 GG die Nationalstaatlichkeit als oberster Verfassungsgrundsatz festgelegt ist.

401 So Selk, Diss., S. 168

402 Für das Jahr 1993, vgl. von Pollern, ZAR 1994, 29; für das Jahr 1994 ergibt sich die Zahl aus der offiziellen Auskunft des Bundesamtes für die Anerkennung ausländischer Flüchtlinge

403 So auch Zuck, MDR 1987, 895 (896 FN 18)

404 Selk, Diss., S. 164

405 Selk, a.a.O., S. 164 f.

grundrechtsbegrenzende Funktion entnommen und es ist fraglich, aber nicht gänzlich ausgeschlossen, ob eine solche aufgrund der Offenheit vom Gesetzgeber im Wege der erforderlichen Konkretisierung geleistet werden kann [406]. Da Grundrechte als subjektive Rechte dem Schutz des einzelnen dienen, wäre nur das grundrechtlich geschützte Individualinteresse des Asylberechtigten mit den durch ihn verursachten finanziellen Belastungen abzuwägen. Der Fall, daß das wirtschaftliche Gedeihen durch einen einzelnen Asylbewerber gefährdet wäre, ist schwer vorstellbar, so daß eine solche Einschränkung unabhängig von der eben aufgeworfenen Frage sowieso nur ausnahmsweise möglich sein kann. Rein theoretisch ist jedoch die wirtschaftliche Leistungsfähigkeit als eine mögliche Kollisionslage denkbar.
Denkbar wäre darüberhinaus die Kollisionslage der Staatsnotwehr, wenn ein Verfolgerland glaubwürdig mit Verwüstung oder Krieg drohen würde, falls ein geflüchtetes Staatsoberhaupt Asyl erhielte [407]. Die kollidierenden Rechtsgüter fließen dabei aus Art. 1 und 20 GG, so sind bei Verwüstungen des Landes oder Krieg die Art. 1 II GG und das dort normierte Friedensgebot wie zugleich die Grundsätze des Art. 20 GG, das Funktionieren des Rechtsstaates etc., tangiert [408].

Angesichts der für Art. 16 II 2 GG a. F. geltenden verfassungsimmanente Schranken war eine Beschränkung des Asylgrundrechts in Extremfällen lediglich im Falle wirtschaftlicher Kapazitätserschöpfung oder Staatsnotwehr denkbar.

2. Zu den Vorschlägen einer Verfassungsänderung vor 1993

Die verschiedenen Alternativen einer Neufassung des Art. 16 II 2 GG a.F. waren Gegenstand der nun jahrelang andauernden Diskussion um eine Grundgesetzänderung [409]. Ursache und gleichzeitig Hauptproblem dieser Änderungsdiskussion war das aus Art. 16 II 2 GG a.F. fließende Bleiberecht für die ständig steigende Zahl von Asylbewerbern, welches vorläufig allen zustand, die behaupteten poli-

---

406 Verneinend BVerfGE 52, 283 (299); anders aber E 59, 231 (263); Selk, a.a.O., S. 169 f.

407 Selk, a.a.O.

408 Selk, a.a.O.

409 Als das Jahr, in dem eine Änderung des Art. 16 II 2 GG erstmals öffentlich in Erwägung gezogen wurde, gilt 1980; dazu vgl. auch v.Pollern, Diss. Vorwort S. XIV

tisch verfolgt zu werden, ohne zwischen Wirtschaftsflüchtlingen und möglicherweise wirklich politisch Verfolgten zu differenzieren. Die Vorschläge im Hinblick auf eine Verfassungsänderung des Art. 16 II 2 GG a.F. waren zahlreich. Mit Blick auf die Zahl der Asylbewerber [410] und gestützt auf Begriffe wie "Asylmißbrauch" [411] und "Wirtschaftsasylanten" [412] sowie die behauptete falsche Einschätzung des Asylrechts durch die Väter des Grundgesetzes [413] wurde in erster Linie eine Diskussion um die Beschränkung des Asylrechts entfacht. Gleichwohl wurde in den Anfängen der Änderungsdiskussion noch erörtert, ob die Flüchtlingsproblematik nicht durch andere Maßnahmen als die Änderung der Verfassung bewältigt werden könnte [414] Am 28. Juni 1993 hat die verfassungsrechtliche Auseinandersetzung um die Reform des deutschen Asylrechts jedenfalls einen vorläufigen Abschluß gefunden. Die äußere Gestalt des Art. 16 a GG zeigt auf den ersten Blick, daß keiner der zuvor eingebrachten Änderungsvorschläge berücksichtigt wurden. Diese bestanden zunächst vor allem in der Ergänzung des Art. 16 II 2 GG a.F. um einen Gesetzesvorbehalt [415].

a) Zur Ergänzung um einen Gesetzesvorbehalt

So sah auch der erste konkrete Gesetzesentwurf vor der Grundgesetzänderung, der von der CDU/CSU-Fraktion am 18. Februar 1992 im Bundestag eingebracht wurde [416], die Einführung eines Gesetzesvorbehalts vor [417]. Es muß aber andererseits daran erinnert werden, daß der 53. Deutsche Juristentag noch mit großer Mehrheit gegen eine Antastung der Art. 16 II 2 GG und Art. 19 IV GG stimmte [418]. Nicht zuletzt auch unter dem Aspekt einer europäischen Angleichung des

---

410 Vgl. die Zahlen bei v. Pollern in ZAR 1992, 24; ZAR 1993, 26

411 So z.B. bei Bell, ZAR 1990, 83

412 Bell a.a.O.

413 Bell a.a.O.

414 Vgl. dazu Schnapp, Lösung der Asylproblematik durch Verfahrensbeschleunigung ?, NJW 1980, 2608

415 Vgl. insbes. Kanein, Gedanken zur Asylrechtsreform, ZRP 1981, 37; ferner Hailbronner, Zur Reform des Ausländerrechts, ZRP 1980, 230; Papier, Der Staat 1988, 21

416 BT-Drs. 12/2112 v. 18.2.1992

417 Der Entwurf lautete im Text folgendermaßen: „Politisch Verfolgte genießen Asylrecht. Asylrecht genießt nicht, wer aus einem Staat einreist, in dem er nicht der Gefahr ausgesetzt ist, politisch verfolgt oder in einen anderen Staat abgeschoben zu werden, in dem ihm politische Verfolgung droht; das Nähere regelt ein Bundesgesetz..."

418 Abgestimmt wurde insbesondere über die Formulierung „Politisch Verfolgte und andere Flüchtlinge genießen im Rahmen der Gesetze Asylrecht". Diese wurde mit großer Mehr-

materiellen Asylrechts gewinnt die Möglichkeit der Einführung eines Gesetzesvorbehalts jedoch an Bedeutung, wenn man bedenkt, daß das hier später zu untersuchende italienische Modell das Asylrechts mit einem Gesetzesvorbehalt ausgestattet ist.

Das Schrankenmodell der Gesetzesvorbehalte des Grundgesetzes weist feinnervige Differenzierungen auf [419]. Die Gesetzesvorbehalte des Grundgesetzes lassen sich dabei durchaus in Gruppen einteilen, allerdings bestehen für manche Regelungsbereiche und die daraus resultierenden besonderen Bedürfnisse der verschiedenen Grundrechte Ausnahmen [420]. So entspricht z.B. die in Art. 13 I, III GG gewählte Schrankenformulierung der speziellen Situation des Grundrechts und ist deshalb nicht auf andere Grundrechte übertragbar [421]. Bei näherer Betrachtung des Grundrechtskatalogs lassen sich aber schließlich drei Gruppen von Gesetzesvorbehalten ausfindig machen, die für Art. 16 II 2 GG a.F. brauchbar gewesen wären und im folgenden dargestellt sollen.

aa) Ergänzung um einen Ausgestaltungs- oder Regelungsvorbehalt

Unterbreitet wurde der Vorschlag, Art. 16 II 2 GG a.F. durch folgenden Satz zu ergänzen, der einen Ausgestaltungsvorbehalt kennzeichnet:

"Das Nähere regelt/ bestimmt ein Bundesgesetz" [422]

Ein solcher Vorbehalt findet sich im Grundgesetz beispielsweise in Art. 4 III 2 GG. Ähnlichkeit mit diesem Ausgestaltungsvorbehalt hat daneben der Regelungsvorbehalt, mit dem z.B. Art. 12 I GG ausgestattet ist. Hier heißt es:

"...kann durch Gesetz oder aufgrund eines Gesetzes geregelt werden"

bb) Einführung eines Eingriffsvorbehalts bzw. Gesetzesvorbehalts i.e.S.

---

heit abgelehnt, vgl. Verhandlungen des 53. Deutschen Juristentags 1980, Bd. II, S. L 279

419 Vgl. z.B. Art. 4 III GG: "Das Nähere regelt ein Bundesgesetz"; demgegenüber z.B. Art. 5 II GG bzw. Art. 2 I GG:"...nach Maßgabe der Gesetze" etc.

420 Selk, Diss., S. 199

421 Selk a.a.O.

422 So z.B. der Vorschlag von Wollenschläger/Becker, ZRP 1987, 326 (328)

Der Text eines dahingehend veränderten Asylgrundrechts würde dann etwa folgendermaßen lauten:

"Politisch Verfolgte genießen Asylrecht. In dieses Recht kann durch oder aufgrund eines Gesetzes eingegriffen werden" [423].

cc) Einführung eines Maßgabevorbehalts

Denkbar wäre schließlich noch folgende Fassung gewesen:

"Politisch Verfolgte genießen Asylrecht nach Maßgabe der Gesetze" [424]

b) Umwandlung in eine institutionelle Garantie

Im Verlauf der Änderungsdiskussion wurde schließlich auch die Initiative unternommen, Art. 16 II 2 GG a.F. dergestalt zu ändern, daß das Individualgrundrecht durch eine lediglich institutionelle Garantie ersetzt werden sollte [425]. Eine institutionelle Gewährleistung des Asyls könnte im einzelnen mit folgender Formulierung zum Ausdruck gebracht werden:

"Politisch Verfolgten wird nach Maßgabe der Gesetze Asyl gewährt."

Der erheblich Unterschied zum Modell des Maßgabevorbehalts, an den man sich auf den ersten Blick erinnert fühlt, besteht darin, daß das Wort "genießt" durch die Formulierung "wird gewährt" ersetzt ist. Daraus leitet sich sein institutioneller Charakter ab [426].

Da, wie bereits ausgeführt, der verfassungsändernde Gesetzgeber keine der hier vorgestellten Änderungsinitiativen gewählt hat, ist auf die Entstehung des Art. 16 a GG genauer einzugehen.

---

423 Wollenschläger/Becker, ZRP 1987, 326 (329); vgl auch den Vorschlag von Papier, Der Staat 1988, 32 (37)

424 Ähnlich die Vorschläge von Hailbronner, ZRP 1980, 237

425 So die Initiative des Freistaats Bayern zu Beginn des Jahres 1990, BRat-Drs. 175/90 v. 1.3.1990

426 Es sei daraufhinzuweisen, daß die Verwendung des Wortes "genießen" als dem subjektiven Charakter des Asyls als Grundrecht gemäß angesehen wurde. Der subjektivrechtliche Charakter soll sich in der gewählten Terminologie widerspiegeln; vgl. dazu ausführlich BK Kimminich, Art. 16, Rdnr. 148 ff.

3. Die Entstehung des Art.16 a GG

Der Entwurf eines Gesetzes zur Änderung des Grundgesetzes (Art. 16 a GG) wurde am 19. Januar 1993 in den Bundestag eingebracht [427] und nach der Ersten Lesung am 21. Januar in die Ausschüsse überwiesen [428]. Am 4. Februar 1993 beriet die nach Art. 5 des Einigungsvertrags eingesetze Gemeinsame Verfassungskommission von Bundestag und Bundesrat erstmals über die geplante Verfassungsänderung [429]. Am 11. März 1993 fand dann eine gemeinsame Sachverständigenanhörung von Innen- und Rechtsausschuß sowie der Gemeinsamen Verfassungskommission statt [430]. Dabei ist zu beachten, daß es im Verlaufe des Gesetzgebungsverfahrens lediglich zu einer einzigen Änderung des ursprünglich vorgeschlagenen Textes des neuen Asylrechts kam [431]. Schließlich wurde die Vorlage in der uns bekannten Fassung am 26. Mai 1993 erneut im Bundestag beraten [432] und dort mit der nach Art. 79 II GG erforderlichen besonderen Mehrheit angenommen. Der Bundesrat stimmte der Vorlage am 28. Mai 1993 ebenfalls zu, so daß die Verfassungsänderung am 1. Juli 1993 in Kraft treten konnte[433].

Die textliche Gestalt, die der Art. 16 a GG heute innehat, wurde nicht so sehr als auf parlamentarischen Beratungen beruhend, sondern in erster Linie als das Ergebnis eines politischen Kompromisses zwischen CDU/CSU, SPD und F.D.P charakterisiert, der am 6. Dezember 1992 zustandekam [434]. Politische Rahmenbedingung dieser Übereinkunft war insbesondere der Beschluß des außerordent-

---

[427] BT-Drs. 12/4125

[428] Plenarprotokoll 12/134, S. 11595 ff.

[429] 16. Sitzung der Gem. Verfassungskommission, Sten. Berichte

[430] Sten. Prot. der 55. Sitzung des Innenausschusses, der 71. Sitzung des Rechtsausschusses und der 8. Anhörung der Gemeinsamen Verfassungskommission

[431] Die Änderung betraf den Art. 16 a III S. 2 GG, vgl. dazu die Bemerkung des Abg. Vogel, Sten. Berichte der Gemeinsamen Verfassungskommission, 16. Sitzung v. 4.2.1993, S. 28

[432] BT-Drs. 12/4984

[433] BGBl. 1993 I, 1002; zur Änderung des Asylverfahrensgesetzes, auf die an dieser Stelle nicht eingegangen werden soll vgl. Zimmermann, Diss., S. 36 ff.

[434] Vgl. Dazu 55. Sitzung des Innenausschusses des Deutschen Bundestages, 71. Sitzung des Rechtsausschusses und 8. Anhörung der Gemeinsamen Verfassungskommission, Sachverständiger Badura, S. 49: „Der Kompromiß ist damit endgültig zu einem Rechtsbegriff des Verfassungsrechts geworden."; ausführlich dazu auch *Haberland*, „Der Asylkompromiß vom 6. Dezember 1992 - ein Jahr danach", ZAR 1994, 3; ferner *Zimmermann*, Diss., S. 30 ff.

lichen SPD-Parteitags vom 18. November 1992, der die Bahn für eine Zustimmung der SPD-Fraktion im Deutschen Bundestag zu einer Änderung des Art. 16 II 2 GG a.F. freigemacht hatte [435]. Der Kompromißcharakter der Regelung zeigt sich insbesondere in der Tatsache, daß der von den Fraktionen der CDU/CSU, SPD und F.D.P. im Januar 1993 eingebrachte Gesetzesentwurf zahlreiche Abweichungen von einer ursprünglichen Fassung des Art. 16 a GG aufweist. Diese ursprüngliche Fassung des Kompromisses vom 6. Dezember besaß noch folgenden Wortlaut:

(1) Politisch Verfolgte genießen Asylrecht.

(2) Asylrecht genießt nicht, wer aus einem Mitgliedsstaat der Europä-ischen Gemeinschaften oder aus einem anderen Drittstaat einreist, indem die Anwendung der Genfer Flüchtlingskonvention und der EMRK sichergestellt ist. Die Staaten außerhalb der Europäischen Gemeinschaften, auf die die Voraussetzungen von Satz 1 zutreffen, werden durch Gesetz, das der Zustimmung des Bundesrates bedarf, bestimmt. In diesen Fällen können aufenthaltsbeendende Maßnahmen unabhängig von einem hiergegen eingelegten Rechtsbehelf vollzogen werden.

(3) Durch Gesetz, das der Zustimmung des Bundesrates bedarf, kön-nen Staaten bestimmt werden, bei denen auf Grund der Rechtslage, der Rechtsanwendung und der allgemeinen politischen Verhältnisse gewährleistet erscheint, daß in diesen Staaten politische Verfolgung oder unmenschliche oder erniedrigende Bestrafung nicht stattfindet. Ein Ausländer aus einem solchen Staat gilt nicht als politisch verfolgt, es sei denn, er trägt Gründe vor, aus denen sich ergibt, daß er ent-gegen der Vermutung in Satz 1 politisch verfolgt wird.

(4) Die Vollziehung aufenthaltsbeendender Maßnahmen wird in den Fällen des Absatzes 3 durch das Gericht nur ausgesetzt, wenn ernst-liche Zweifel an der Rechtmäßigkeit der Maßnahme bestehen. Glei-ches gilt für aufenthaltsbeendende Maßnahmen in anderen Fällen offensichtlicher Unbegründetheit. Insoweit kann der Prüfungsumfang eingeschränkt werden und verspätetes Vorbringen unberücksichtigt bleiben. Das Nähere bestimmt ein Gesetz." [436]

Im Gegensatz zu dem später eingebrachten und heute geltenden Gesetzesentwurf sind einige Abweichungen festzustellen, wobei zunächst ins Auge fällt, daß

[435] Der auszugsweise Text dieses Beschlusses findet sich in der FAZ v. 19.11.1992, S. 2

- anders als in der jetzt gültigen Fassung des Art. 16 a GG - der gesamte Abs. V fehlt [437]. Dies hätte Folgen im Hinblick auf die Anerkennung ausländischer Asylentscheidungen gehabt, wie sie im Zusammenhang mit dem Schengener Abkommen [438] diskutiert werden [439]. Eine weitere Abweichung des eingebrachten Gesetzesentwurfs von dem zunächst zwischen den Parteien vereinbarten Text betrifft die Eingangsformulierung des Art. 16 a II GG. Diese Formulierung lautete zunächst, daß eine Person, die aus einem sicheren Drittstaat in die Bundesrepublik einreist, „kein Asylrecht genießt". Dies wurde später dahingehend geändert, daß sich diese Person „nicht auf Abs. 1 berufen könne". Dies bedeutet möglicherweise nur, daß Personen, auf die diese Feststellung zutrifft, keinen grundrechtlichen Anspruch besitzen, daß ihnen in der Bundesrepublik Asyl gewährt wird, beziehungsweise, daß ihr Asylbegehren trotz der Einreise aus einem sicheren Drittstaat von der Bundesrepublik eigenständig geprüft wird [440]. Dies dürfte insbesondere in den Fällen relevant sein, in denen sich die Bundesrepublik Deutschland gegenüber einzelnen sicheren Drittstaaten, die nicht Mitgliedsstaaten der europäischen Gemeinschaft sind, bereit erklärt, Asylanträge von Personen trotz Einreise aus diesem sicheren Drittstaat zu prüfen [441]. Die hier beispielhaft dargestellten Abweichungen bürgen bereits in anschaulicher Weise - ungeachtet der rechtlichen Bedeutung des Textes - für den Charakter des Art. 16 a GG als politischen Parteienkompromiß [442].

4. Die rechtliche Bedeutung des Art. 16 a II GG

Die sog. "Drittstaatenregelung" des Art. 16 a II GG bemüht sich um eine Dros-

---

436 Der Wortlaut findet sich bei Giesler/ Wasser S. 225 ff.

437 Dazu ausführlich Zimmermann, Diss., S. 31 f.

438 Gesetz zu dem Schengener Übereinkommen vom 19. Juni 1990 betreffend den schrittwiesen Abbau an den gemeinsamen Grenzen, BGBl 1993 II, 1010

439 Sie hätten dann allenfalls entweder über über Art. 23 GG n.F. oder über Art. 24 GG erfolgen können , wobei jedoch hinsichtlich Art. 24 GG streitig ist, ob es sich bei der wechselseitigen Anerkennung im Rahmen des Schengener Vertragsabkommens um eine Übertragung von Hoheitsrechten handelt, ausführlich dazu Zimmermann, Diss., S. 31 f.; hinsichtlich Art. 23 GG n.F. ist davon auszugehen, daß dieser wohl nur zu Hoheitsübertragungen auf die Europäische Gemeinschaft ermächtigt, vgl. Zimmermann a.a.O.

440 Zimmermann, Diss., S. 33

441 Zimmermann, Diss., S. 33, FN 121 mit Beispiel

442 Zur Vertiefung findet sich eine ausführliche Darstellung sämtlicher Abweichungen bei Zimmermann, Diss., S. 30 ff.

selung und Steuerung des Asylbewerberzugangs in die Bundesrepublik: Zugang zum Asylverfahren soll in Deutschland nicht erhalten können, wer - ob politisch verfolgt oder nicht - über einen "sicheren Drittstaat" einreist. In diesen Fällen können außerdem aufenthaltsbeendende Maßnahmen unabhängig von einem hiergegen eingelegten Rechtsbehelf vollzogen werden. § 26 a AsylVfG 1993 i.V.m. § 34 a AsylVfG 1993 konkretisieren diese Vorschrift dahingehend, daß auch ein angerufenes Verwaltungsgericht keine Entscheidungen nach § 80 oder § 123 VwGO erlassen darf [443]. Dem liegt die Vorstellung eines Deutschland umgebenden *cordon sanitaire* zugrunde [444]. Da die sicheren Drittstaaten ihrerseits keine politische Verfolgung betrieben und als Unterzeichnerstaaten der GK Flüchtlinge aufnähmen, brauche die Bundesrepublik nur noch solchen politisch Verfolgten Asyl zu gewähren, die den Luft- oder Seeweg, d.h. einen kontrollier- und reglementierbaren Einreiseweg, benutzten [445]. Die Problematik der Feststellung der Asylvoraussetzungen wird damit schwerpunktmäßig von der Ermittlung der Fluchtgründe auf die Ermittlung des Fluchtwegs vorverlagert [446]. Durch Art. 16 a II 1 GG wird sogleich eine verfassungsunmittelbare Qualifizierung der Mitgliedsstaaten der Europäischen Gemeinschaften als sichere Drittstaaten vorgenommen. Hingegen werden die Staaten außerhalb der Europäischen Gemeinschaften, in denen die Anwendung der GK und EMRK sichergestellt ist, gem. Art. 16 a II 2 GG durch einfaches Bundesgesetz bestimmt, das der Zustimmung des Bundesrates bedarf.

a) Mögliche Anwendbarkeit von Art. 16 a II GG auf Staatsangehörige der Drittstaaten

Wenn alle Personen, die unter den Anwendungsbereich des Art. 16 a II GG fallen, ohne weiteres aus der Bundesrepublik Deutschland abgeschoben werden können, ergeben sich Bedenken im Hinblick auf den Anwendungsbereich des Abs. II. Denn wenn Staatsangehörige von Drittstaaten ihrerseits von Art. 16 a II

---

443 Gegenüber der Entwurfsfassung vom Januar 1993 waren von den Ländern Niedersachsen und Nordrhein-Westfalen Bedenken geäußert worden, ob dieser Ausschluß mit Art. 16 a II S. 3 GG vereinbar sei, vgl. B. Waldmann-Stocker, „Sichere Drittstaaten"und Abschiebung im AsylVfG-E aus anwaltlicher Sicht, in: ZDWF (Hrsg.), Art. 16 a und seine Folgen, 1993, S. 29 ff.

444 Rothkegel GK AsylVfG 36, vor II, Rdnr. 43

445 Rothkegel a.a.O.

446 Henkel NJW 1993, 2705

GG erfaßt würden, könnte es sich bei Art. 16 a II GG um eine unzulässige unwiderlegbare Vermutung handeln. Eine Einzelfallprüfung hinsichtlich menschenrechtswidriger Behandlung oder Verfolgung i.S. von Art. 16 a I GG entfiele.

Auf den ersten Blick und nach seinem historischen Kontext scheint Art. 16 a II GG nur die Frage des Erstasyls zu regeln, also die Frage, ob Personen aus Verfolgerstaaten vor ihrer Einreise in einem sicheren Drittstaat Zuflucht gefunden haben [447]. Die amtliche Begründung zu Art. 16 a GG geht dementsprechend davon aus, daß die Betroffenen *aus ihrem jeweiligen Herkunftsstaat* eingereist sind [448]. Gleichzeitig spricht die Begründung aber auch davon, daß jeder Ausländer, der aus einem sicheren Drittstaat einreist, keinen Anspruch auf ein vorläufiges Bleiberecht hat [449]. Der Umstand, daß Art. 16 a II GG nur von *Drittstaaten* spricht legt jedoch nahe, daß nur Personen gemeint sind, die gerade nicht die Staatsangehörigkeit dieser Staaten besitzen [450]. Außerdem greift nach Art. 16 a III GG zu Lasten von Antragstellern aus sicheren Herkunftsstaaten lediglich eine widerlegliche Vermutung der Verfolgungsfreiheit ein [451]. Die Vorschrift bezieht sich auf „Ausländer *aus* einem" verfolgungssicheren Herkunftsstaat, meint also wohl Staatsangehörige dieser Staaten sowie staatenlose Personen, die dort ihren gewöhnlichen Aufenthalt haben [452]. Will man den Anwendungsbereich des Art. 16 a III GG nicht leerlaufen lassen, muß in einem Umkehrschluß Art. 16 a II GG dahingehend verstanden werden, daß er nur Personen erfaßt, die nicht die Staatsangehörigkeit dieser Drittstaaten besitzen [453]. Diese Auffassung wird im übrigen auch durch die bisherige einfachgesetzliche Umsetzung von Art. 16 a GG bestätigt: So werden mehrere Staaten sowohl in der Liste der sicheren Drittstaaten als auch in der Liste der sicheren Herkunftsstaaten aufgeführt [454]. Dies würde keinen Sinn machen, wären die Angehörigen sicherer Drittstaaten vom Regelungsbereich des Art. 16 a II GG erfaßt [455]. Somit erfaßt

---

[447] Zimmermann, Diss., S. 102

[448] BT-Drs. 12/4152, S. 4

[449] Vgl. dazu Zimmermann a.a.O.

[450] Zimmermann, Diss., S. 103

[451] Zimmermann a.a.O.

[452] Zimmermann a.a.O. m.w.N.

[453] Zimmermann a.a.O.

[454] Dies gilt für Polen und die Tschechische Republik, vgl. Anhang I zu § 26 a AsylVfG 1993 und Anhang II zu § 29 a AsylVfG 1993

[455] So auch Zimmermann, Diss., S. 103

Art. 16 a II GG nur Ausländer, die aus einem für sie sicheren Drittstaat einreisen.

b) Art. 16 a GG und die Behauptung von Verfolgung durch den Drittstaat

Ein weiteres Problem stellt sich im Hinblick auf die Frage, ob ein Antragsteller, der über einen sicheren Drittstaat einreist, nicht mit dem Einwand gehört werden muß, er werde von diesem Drittstaat politisch verfolgt. Die Gefahr einer solchen Verfolgung ist nicht lediglich theoretisches Gedankenspiel, wenn man bedenkt, daß etwa diskutiert wurde, die Türkei in die Liste der sicheren Drittstaaten aufzunehmen, und sich die Situation der irakischen Kurden vor Augen hält [456]. Mit anderen Worten kann dies dann relevant werden, wenn in einem Drittstaat eine identische ethnische Minderheit lebt, die im Heimatstaat verfolgt wird, so daß eine Verfolgung dieser im Drittstaat ebenfalls denkbar ist. Unabhängig von der Existenz einer solchen Drittstaatenverfolgung könnte die Zurückschiebung auch zu Verletzungen der Genfer Flüchtlingskonvention bzw. der Europäischen Menschenrechtskonvention führen [457]. Insbesondere ergibt sich aus § 34 a I 2 AsylVfG 1993, wonach §§ 80, 123 VwGO unanwendbar sind, seine Anwendbarkeit auch hinsichtlich der Abschiebungshindernisse des AuslG, genauer § 51 AuslG [458]. Dies bedeutet, daß ein möglicher Verstoß gegen die Europäische Menschenrechtskonvention nicht mehr in einem individuellen Gerichtsverfahren vor der Abschiebung geltend gemacht werden kann [459]. Auch die in § 18 IV Nr. 2 AsylVfG 1993 vorgesehene Möglichkeit, daß der Bundesminister des Inneren aus völkerrechtlichen oder humanitären Gründen von einer Zurückschiebung absieht, dürfte nicht geeignet sein, in einzelnen Fällen einen Verstoß auszuschließen. Denn überprüft wird nicht die inhaltliche Entscheidung, sondern es wird lediglich deren Vollzug ausgesetzt [460]. Dementsprechend hat das VG Stuttgart in einer Entscheidung vom 4.3.1994 [461] festgestellt, daß sich verfassungsrechtliche Bedenken im Hinblick auf die Regelung des § 34 a AsylVfG

---

[456] Für eine Beschränkung der Drittstaaten auf europäische Länder sprechen sich Giesler/ Wasser, S. 17, aus; ferner Zimmermann, Diss., S. 104

[457] Vgl. dazu ausführlich Zimmermann, Diss., S. 105 f.

[458] Vgl. stellvertr. für alle die Ausführungen im Beschluß des VGH München vom 28.10.1993, NVwZ-Beil. 1994, 4

[459] Zimmermannn a.a.O.; vgl. auch Huber, NVwZ 1992, 856

[460] Zimmermann, Diss., S. 105

[461] VG Stuttgart, 4.3.1994, 4 A K 12028/94, VBlBW 1994, 422 (Leitsatz)

1993 - die einfachgesetzliche Umsetzung des Art. 16 a II GG - dann ergeben, wenn die Annahme, daß im Drittstaat politische Verfolgung nicht stattfindet, nicht gegeben ist. Konsequent führt das VG Chemnitz in einer jüngst veröffentlichten Entscheidung [462] dann auch aus, die Drittstaatenregelung sei verfassungskonform dahingehend auszulegen, daß das Bundesamt für die Anerkennung ausländischer Flüchtlinge das Asylbegehren eines aus dem sogenannten sicheren Drittstaat eingereisten Ausländers in dem Fall zu prüfen hat, in dem der Ausländer nicht in diesen Staat abgeschoben werden kann.

c) Art. 16 a II 1 GG

aa) Konzept der Schutzbedürftigkeit und Drittstaatenklausel

Nach dem früheren Recht des Art. 16 II 2 GG a.F. war die Schutzbedürftigkeit des Asylbewerbers Voraussetzung für das Asylrecht [463]. Das Asylrecht kam nicht zum Entstehen, wenn der Fall einer anderweitigen Verfolgungssicherheit vorlag. Nach diesem Konzept der Schutzbedürftigkeit spielte es keine Rolle, ob der politisch Verfolgte auf seinem Weg in die Bundesrepublik unterwegs mit dem Territorium eines anderen Staates als dem des Verfolgerlands in Berührung gekommen war.

Nach der Begründung des Art. 16 a GG könnte man den Eindruck erlangen, die Drittstaatenklausel basiere auf jenem Modell der anderweitigen Verfolgungssicherheit. Wer als möglicherweise politisch Verfolgter über einen sicheren Drittstaat einreise, "bedarf keines Schutzes in der Bundesrepublik Deutschland mehr" [464]. Juristisch trifft diese These nicht zu [465]. Denn Art. 16 a II 1 GG knüpft nicht an den Fluchtgrund, sondern an den Einreiseweg an. Schutzbedürftigkeit und Fluchtweg sind jedoch verschiedenartige Prämissen für die Beurteilung der Asylberechtigung [466].

Wegen der Vorgaben des Art. 79 III GG muß die Drittstaatenregelung zunächst so ausgelegt werden, daß nicht über sie bewirkt werden kann, was wegen Art. 79

[462] VG Chemnitz, 21.2.1994, 3 K 30167/94, NVwZ-RR 1995, 57

[463] Vgl. oben I 1 c

[464] BT-Drucks. 12/4152, S. 4

[465] So auch Schoch, DVBl 1993, 1161 (1163)

[466] Zum Drittstaatenmodell treffend Hailbronner, Sten. Prot. II, S. 196: "völlig anderes Konzept"

III GG verfassungswidrig ist: Die Überstellung eines politisch Verfolgten über den Umweg eines Drittstaates an den Verfolgerstaat. Denn soll der Menschenwürdegehalt des Asylrechts erhalten bleiben, dann dürfen aufenthaltsbeendende Maßnahmen nicht ergriffen werden, bevor nicht hinreichend sicher ist, daß der Ausländer nicht schutzlos gestellt wird. Dies hat das BVerfG unlängst erst wieder hervorgehoben [467]. Dasselbe gilt für die „Vorwirkung" des Grundrechts aus Art. 16 a I GG. Der sichere Schluß vom Kontakt mit dem Drittstaat auf die eingetretene Verfolgungssicherheit kann demnach nicht einfach so angenommen werden. Es muß daher eine Abgrenzung des Schutzumfangs des Art. 16 a I GG in Anknüpfung an die mangelnde Schutzbedürftigkeit des Asylbegehrenden vorgenommen werden, da die Ewigkeitsklausel keine Änderung zuläßt, die eine Schutzlücke schaffen könnte [468]. Deshalb richtet sich eine verfassungsrechtliche Beurteilung des Art. 16 a GG danach, ob diese Bestimmung sich so auslegen läßt, daß sie den unter "Ewigkeitsgarantie" stehenden Menschenwürdekern des Asylrechts und den Rechtsstaatsgehalt seiner Gewährleistung unberührt läßt. Bestehen Zweifel, sind mögliche Schutzlücken entsprechend den Grundsätzen einer verfassungskonformen Auslegung des einfachen Rechts im Rahmen einer restriktiven Auslegung des Art. 16 a II GG zu schließen [469].

bb) Einreise "aus" dem Drittstaat"

Die Drittstaatenklausel des Art. 16 a II 1 GG setzt lediglich die Einreise "aus" einem sicheren Drittstaat voraus. Damit ist aber noch nicht klar, wer genau von der Berufung auf das Asylgrundrecht ausgeschlossen sein soll. Reist z.B. ein Ausländer auf dem Luftwege mit Transitaufenthalt in einem sicheren Drittstaat ein, so kommt er streng genommen nicht "aus" dem Drittstaat und müßte sich daher noch auf das Grundrecht berufen können. Es geht dabei um das Problem, ob bereits der bloße Transit, etwa bei einer Zwischenlandung in einem Drittstaat, die Rechtsfolgen des Art. 16 a I GG auslöst, denn er hätte dort ebenfalls Asyl beantragen können, oder ob die Einreise "aus" dem Drittstaat im Sinne

---

467 BVerfG, Beschl. vom 26.10.1993 - 2 BvR 2315/93, NVwZ-Beil. 1994, 3 (4): „Dies bedeutet im wesentlichen, daß der Betroffenen nicht befürchten muß, von diesem Drittstaat aus - und sei es über weitere Drittstaaten - letztlich in ein Land abgeschoben zu werden, in dem sein Leben oder seine Freiheit wegen seiner Rasse, Religion... bedroht ist oder in dem ihm aus sonstigen Gründen eine meschenrechtswidrige Behandlung droht."

468 Rothkegel GK AsylVfG 36, vor II, Rdnr. 45

469 So VG Chemnitz, NVwZ-RR 1995, 57; ferner Rothkegel a.a.O.

vorherigen Aufenthalts zu verstehen ist. Bei einer engen, am Wortlaut orientierten Auslegung könnte man vordergründig zu ersterer Auffassung gelangen. Die Lösung des Problems kann jedoch nur anhand des Gesichtspunktes der Äquivalenz gefunden werden [470]. Demnach genügt nicht jeder beliebige territoriale Kontakt mit dem Drittstaat [471]. Eine Einreise lediglich "über" den Drittstaat vermag nicht die Voraussetzungen der Drittstaatenklausel zu erfüllen [472]. Bei der Einreise mit dem Flugzeug greift Art. 16 a II 1 GG nach Sinn und Zweck nicht ein, wenn in einem Drittstaat eine Zwischenlandung erfolgt ist und der Asylbewerber den Transitbereich nicht verlassen hat. Dieselben Grundsätze müssen bei der Einreise mit dem Schiff gelten. Der Asylsuchende muß vielmehr tatsächlich die Chance gehabt haben, an der Grenze oder im Hoheitsgebiet des Drittstaates ein Asylbegehren zu stellen. So ist auch zu § 26 a AsylVfG, der einfachgesetzlichen Vollzugsnorm des Art. 16 a II 1 GG , in der Entwurfsbegründung ausgeführt, "daß ein vor politischer Verfolgung Flüchtender in dem ersten Staat um Schutz nachsuchen muß, in dem ihm dies möglich ist" [473].

cc) Grundrechtsdogmatische Einordnung der Drittstaatenklausel

Es stellt sich schließlich die Frage nach der grundrechtsdogmatischen Einordnung des Art. 16 a II GG. Die Drittstaatenregelung als Kern des sog. Asylkompromisses sollte anfänglich in der Formulierung eingefügt werden: "Asylrecht genießt nicht, wer..." [474]. Damit sollte zum Ausdruck gebracht werden, daß das Grundrecht in diesen Fällen erst gar nicht zum Entstehen käme, so daß eine tatbestandliche Einschränkung und keine Grundrechtsschranke vorliegen sollte [475]. Mit der jetzt geltenden Umformulierung "...kann sich nicht berufen..." wollte man sicherstellen, gemäß völkerrechtlichen Vereinbarungen die Asylgewährung in solchen Fällen dennoch durch den einfachen Gesetzgeber vorsehen zu können und den Drittstaatenpersonenkreis nicht von Verfassungs wegen auszuschließen [476]. Es ist somit fraglich, ob mit der jetzt geltenden Fassung des Art. 16 a II 1 GG ein grundrechtsdogmatischer Unterschied bewirkt wurde. Während die Um-

---

470 GK Rothkegel 36, vor II, Rdnr. 45 ff.

471 Schoch, DVBl 1993, 1161 (1163)

472 Schoch a.a.O.

473 BT-Drs. 12/4450, S. 20

474 Art. 16 a II GG i.d.F. des Asylkompromisses vom 6.12.1993, abgedruckt oben unter II 4

475 Classen DVBl 1993, 700 (701); Rothkegel a.a.O.

schreibung "...genießt nicht..." unzweifelhaft die Reichweite des Schutzbereichs in systematischer Interpretation des Grundrechts erkennen läßt, könnte es sich bei der jetzt geltenden Fassung um einen Gesetzesvorbehalt handeln.

Mit der herrschenden Auffassung ist aber davon auszugehen, daß es sich bei Art. 16 a II GG nicht um eine Grundrechtsschranke handelt, sondern bei Vorliegen seiner Voraussetzungen das Grundrecht generell nicht zum Entstehen gelangt [477]. Nach der Rechtsfolge von Art. 16 a II 1 GG kann sich der Flüchtling nicht auf das Asylrecht berufen, so daß die „Vorwirkung“ des Grundrechts von vornherein nicht greift. Damit wird verfassungsunmittelbar der Kreise derjenigen festgelegt, welche in den Anwendungsbereich des Asylgrundrechts fallen. Systematisch liegt eine Zuordnung an den Schutzbereich vor. Es handelt sich damit um eine Begrenzung des Schutzbereichs mit der Folge, daß, wer unter den personellen Geltungsbereich der Drittstaatenregelung fällt, sich gleichsam außerhalb des grundrechtlichen Gewährleistungs- und Geltungsbereichs befindet und demnach erst gar nicht vom Tatbestand des Art. 16 a I GG erfaßt wird.

d) Die Bestimmung sicherer Drittstaaten i.S. des Art. 16 a II 2 GG

Die Drittstaaten außerhalb der Europäischen Gemeinschaften, in denen die Anwendung der Genfer Konvention und der Menschenrechtskonvention sichergestellt ist, werden durch einfaches Bundesgesetz bestimmt, das der Zustimmung des Bundesrates bedarf. Hat die in Satz 1 vorgenommene Qualifizierung der EG - Mitgliedsstaaten die Wirkung einer Fiktion, so trifft das auf die gem. Art. 16 a II 2 GG zu bestimmenden sonstigen Drittstaaten nicht zu. Die Aufnahme in die Liste sicherer Drittstaaten [478] ist für die Eigenschaft des Drittstaates als sicher i.S. des Satz 1 nur deklaratorisch [479]. Dies bedeutet für die Verfassungsmäßigkeit des zu erlassenden Gesetzes, daß eine Vereinbarkeit mit Art. 16 a I GG gegeben sein muß. Ist das nicht der Fall, ist ein Gesetz verfassungswidrig, wenn es sich nicht an den vorgegebenen Rahmen hält. Es kann auch keine verfassungsrechtliche Vermutung dahingehend bestehen, daß das Handeln des einfachen

---

476 Classen, DVBl 1993, 700 (701)

477 Classen DVBl 1993, 700 (701); Henkel NJW 1993, 2705 (2706); Huber NVwZ 1993, 727 (737); Rothkegel GK AsylVfG 36, vor II, Rdnr. 44

478 Vgl. Analge I zum AsylVfG

479 GK Rothkegel 36, vor II, Rdnr. 62; zur Bedeutung des deklaratorischen Charakters vgl. unten III. 1

Gesetzgebers rechtmäßig und irrtumsfrei ist, da ansonsten ein breiter Raum für die Aushöhlung des Grundrechts geschaffen wäre [480].

e) Art. 16 a II 3 GG

Bei Einreise aus einem Mitgliedsstaat der EG oder einem sonstigen Drittstaat i.S. des Abs. II können aufenthaltsbeendende Maßnahmen unabhängig von einem gegen sie eingelegten Rechtsbehelf vollzogen werden. Die Aufenthaltsbeendigung kommt nur als Verbringung in den sicheren Transitstaat in Betracht. Es handelt sich hierbei keineswegs um eine Ermächtigungsgrundlage zur Abschiebung in den Herkunftsstaat. Ebenso betrifft die Regelung nicht die Zurückweisung des Asylbegehrenden an der Grenze, da dies keine aufenthaltsbeendende Maßnahme darstellt. Da diese Vorschrift sich auf fehlende Zuständigkeit der Bundesrepublik für das Asylverfahren unter der Voraussetzung der Äquivalenz stützt, ist auch nichts dagegen einzuwenden, wenn beim Rechtsschutz ebenfalls auf den Erstaufnahmestaat verwiesen wird [481].

5. Art. 16 a III GG

a) Widerlegliche Vermutung der Verfolgungsfreiheit

Art. 16 a III 1 GG überträgt dem Gesetzgeber die Befugnis, Staaten zu bestimmen, "bei denen auf Grund der Rechtslage, der Rechtsanwendung und der allgemeinen politischen Verhältnisse gewährleistet erscheint, daß dort weder politische Verfolgung noch unmenschliche oder erniedrigende Bestrafung oder Behandlung stattfindet" [482]. Reist ein Ausländer aus einem solchen Staat ein, so gilt er kraft Verfassungsrechts nicht als politisch verfolgt. Eine Ausnahme ist lediglich für den Fall vorgesehen, daß er Tatsachen vorträgt, aus denen sich entgegen jeder Vermutung eine bestehende oder drohende Gefahr politischer Verfolgung ergibt, Art. 16 a III 2 GG. Der Wortlaut des Art. 16 a III 2 GG legt es deshalb auf den ersten Blick nahe, daß das Vorbringen unmenschlicher Behandlung zur Darlegung politischer Verfolgung abgeschnitten sein könnte. Nun

---

480 Henkel, NJW 1993, 2705 (2708)

481 Rothkegel a.a.O.

482 Zur Effektivität einer solchen Regelung vgl. Schenk, ZRP 1992, 102

ist in Anlehnung an das oben Gesagte aber noch einmal daran zu erinnern, daß unmenschliche Bedrohung oder Folter ein Indiz für das Vorliegen politischer Verfolgung durch einen Staat darstellen [483]. Der Wortlaut des Art. 16 a III 2 GG läßt den Vortrag zu, Tatsachen vorzubringen, aus denen sich politische Verfolgung ergeben kann. Damit stützt die Verfassung jetzt die geltende Rechtsprechung und Aussage, daß menschenrechtswidrige Behandlung ein Indiz für das Vorliegen politischer Verfolgung darstellt. Da die Prüfung des Asylantrags grundsätzlich in einem verkürzten Asylverfahren durchgeführt wird, enthält Art. 16 a III 2 GG nur eine verfahrensrechtliche Beschränkung. Der Schutzbereich wird damit tatsächlich nicht tangiert [484]. Im übrigen hat *Günter Renner* in seiner Stellungnahme zum Entwurf des Art. 16 a GG [485] hervorgehoben, daß über Art. 16 a GG hinausgehende Verpflichtungen zur Gewährung von Abschiebeschutz, wie sie sich etwa aus der UN-Folterkonvention oder direkt aus Art. 3 EMRK ergeben, unberührt bleiben und von dem angerufenen Verwaltungsgericht - anders als bei Art. 16 a II GG - auch berücksichtigt werden, wenn es die Rechtmäßigkeit der aufenthaltsbeendenden Maßnahme prüft. Dementsprechend sieht § 36 AsylVfG 1993 eine Beschränkung auf asylrechtsrelevante Abschiebehindernisse gerade nicht vor, so daß daneben der Anwendungsbereich von § 53 AuslG eröffnet ist.

b) Verfolgungsfreie Herkunftsländer

Da Art. 16 a III GG Asylbewerber aus sogenannten sicheren Herkunftsstaaten nicht von vornherein vom Individualanspruch auf Asyl i.S. des Art. 16 a I GG ausschließt, sind die Anforderungen an die Qualifizierung des Herkunftslandes als sicher an den Vorgaben des Art. 1 GG zu messen. Der Menschenwürdegrundsatz gebietet es, daß ein Staat dann nicht als sicherer Herkunftsstaat bestimmt werden kann, wenn in seinem Staatsgebiet zwar keine politische Verfolgung, aber doch unmenschliche oder erniedrigende Bestrafung oder Behandlung stattfindet. Geboten ist daher eine vollständige und objektive Aufklärung der

---

483 Grundlegend BVerwGE 67, 184; ferner s. oben I 2

484 So auch Zimmermann, Diss., S. 99

485 Renner, Schriftliche Stellungnahme zum Entwurf eines Gesetzes zur Änderungdes Grundgesetzes (Art. 16 und Art. 18) der Fraktionen der CDU/CSU,SPD und F.D.P. (BT-Drs. 12/4152), in: Protokoll der 55. Sitzung des Innenausschusses, der 71. Sitzung des Rechtsausschusses und der 8. Anhörung der Gemeinsamen Verfassungskommission v. 11.3.1993, S. 343 ff. (352)

politischen Situation in dem jeweiligen Staat; eine selektive Betrachtung ist abzulehnen [486]. Der Gesetzgeber muß tatsächlich davon überzeugt sein, daß politische Verfolgung in dem Herkunftsstaat nicht stattfindet, um ihn in die Liste der sicheren Länder aufnehmen zu können. Es sind insoweit die Anforderungen an die Bildung der Überzeugungsgewißheit im Asylgerichtsverfahren auf das legislative Handeln auf der Grundlage des Art. 16 a III GG zu übertragen [487]. Deshalb hat der Gesetzgeber bei der Sicherheitsprüfung der Herkunftsländer umfangreiche Kriterien zugrunde gelegt, die weithin den Empfehlungen der für Einwanderungsfragen zuständigen Minister der Mitgliedsstaaten der Europäischen Gemeinschaften in London vom 30.11.1992 entsprechen [488]. Diese Empfehlungen betonen, daß zur Bewertung des Verfolgungsrisikos in einem bestimmten Staat möglichst alle verfügbaren Informationsquellen herangezogen werden sollten, darunter auch die Berichte von Nichtregierungsorganisationen [489]. Wichtig ist vor allem, daß die Einstufung von Staaten als sicher regelmäßig zu überprüfen ist [490].

6. Art. 16 a IV GG

Art. 16 a IV GG sieht einstweiligen Rechtsschutz in Fällen offensichtlicher Unbegründetheit nur bei ernstlichen Zweifeln an der Rechtmäßigkeit aufenthaltsbeendender Maßnahmen vor und läßt insoweit eine Beschränkung des Prüfungsumfangs zu. Als offensichtlich unbegründet gelten nicht nur Anträge, bei denen eine politische Verfolgung offensichtlich nicht gegeben ist, sondern auch die Fälle des Art. 16 a III GG, also bei Abstammung aus einem verfolgungsfreien Herkunftsstaat. Die Vorschrift sichert damit das Konzept der verfolgungsfreien Herkunftsländer verfahrensrechtlich ab, bezieht sich aber auch auf sonstige Fälle offensichtlicher Unbegründetheit (§ 30 AsylVfG). Der Gesetzgeber darf dabei den verfahrensrechtlichen Schutzbereich der Asylgewährleistung näher konkretisieren [491]. Hintergrund dieser Änderung ist, daß das BVerfG unter Geltung des Art. 16 II 2 GG a.F. davon ausgegangen war, daß die verwaltungsgerichtli-

---

486 Huber NVwZ 1993, 736 (738)

487 Huber a.a.O.

488 Vgl. GK Rothkegel, vor II, Rdnr. 44 m.w.N.

489 BT Drucks. 12/4450, S. 20

490 Henkel, NJW 1993, 2705 (2709)

491 Vgl. BT-Drs. 12/4152

che Überprüfung aufenthaltsbeendender Maßnahmen im Rahmen des einstweiligen Rechtsschutzverfahrens mehr als eine nur summarische Prüfung verlangt, wie sie ansonsten im Verwaltungsprozeß bei der Abwägung der für und gegen einen Sofortvollzug sprechenden Interessen üblich und genügend ist [492]. Insbesondere konnte es geboten sein, auch im Eilverfahren Beweise zu erheben oder dem Antragsteller Gelegenheit zur Anhörung zu geben [493]. In Art. 16 a IV 1 GG wird daher teilweise eine Korrektur dieser als überzogen empfundenen Rechtsprechung gesehen [494]. Praxis und herrschende Meinung haben diese Auffassung jedoch widerlegt. Aufgrund der bleiberechtlichen Bedeutung des subjektiven Asylgrundrechts und der notwendigen verfahrensrechtlichen Absicherung gegen die Gefahr irreparabler Fehlentscheidungen liegt es nahe, „ernstliche Zweifel" schon zu bejahen, wenn die Möglichkeit einer Fehlentscheidung besteht [495]. Wie ist also der Entscheidungsmaßstab der ernstlichen Zweifel zu interpretieren ?

Art. 16 a GG tritt nach herrschender Auffassung als Spezialvorschrift neben Art. 19 IV GG, ohne diesen zu verändern oder zu verdrängen [496]. Damit enthält Art. 16 a IV GG eine formelle, verfahrensrechtliche und prozessuale Regelung [497]. Über die materiellrechtliche Frage, was ernstliche Zweifel an der offensichtlichen Unbegründet bedeuten, trifft Art. 16 a IV GG hingegen keine Aussage. Er definiert diesen Rechtsbegriff nicht, sondern setzt ihn voraus. Damit stellt sich vorrangig die Frage nach der Auslegung.

---

492 BVerfGE 67, 43

493 BVerfGE 67, 43 (62)

494 So Lotz, Stenografisches Protokoll über die 55. Sitzung des Innenausschusses, 71. Sitzung des Rechtsausschusses, 8. Anhörung der Gemeinsamen Verfassungskommission vom 11.3.1993, S. 36, 158, 252 f.; Theuersbacher, Stenografisches Protokoll über die 56. Sitzung des Innenausschusses vom 24.3.1993, S. 19

495 Hailbronner, Stenografisches Protokoll über die 55. Sitzung des Innenausschusses, 71. Sitzung des Rechtsausschusses, 8. Anhörung der Gemeinsamen Verfassungskommission vom 11.3.1993, S. 304; *GK Rothkegel* AsylVfG 1993, vor II, Rdnr. 87 f.; *Schoch*, DVBl 1993, 1160 (1166); *Voßkuhle*, DÖV 1994, 53 (56); BVerfGE 89, 98;BVerfGE 89, 101; BVerfGE 89, 106; BVerfGE 89, 109; VG Frankfurt/M, NVwZ-Beil. 1993, 7 (8); ferner VG Frankfurt/M, NVwZ-Beil. 1993, 4 (5)

496 *Hailbronner*, Stellungnahme I, S. 293; *Heckel*, „Offensichtlich unbegründete Asylanträge", in: Fortbildungsveranstaltung für die Verwaltungsrichter des Landes Baden-Württemberg, VBlBW 1994, 136; *Schoch*, DVBl 1993, 1160 (1168); *Voßkuhle*, DÖV 1993, 53 (56); *Zimmermann*, Diss., S. 329

497 Heckel a.a.O.

a) Grammatische Auslegung

Eine grammatische Auslegung vermag die Zweifel am Wortlaut nicht zu beheben. Der Duden nennt als sinn- und sachverwandte Wörter seriös, ernst, humorlos oder gar schwermütig [498]. der Wortlaut scheint demnach nicht eindeutig verständlich.

b) Historische Auslegung

die Gesetzesmaterialien zu Art. 16 a GG führen ebenfalls nicht zu einer Lösung der Auslegungsfrage. Vielmehr ist darauf hinzuweisen, daß erstmals in der deutschen Verfassungsgeschichte spezialgesetzliche Regelungen für das gerichtliche Eilverfahren in die Verfassung aufgenommen wurden [499].

c) Teleologische Auslegung

Die Genese der Vorschrift läßt auf einen besonderen Regelungszweck schließen. Insoweit steht der Beschleunigungsgrundsatz des Verfahrens im Vordergrund. Dieser stellt jedoch eine Verfahrensmaxime und kein geeignetes Kriterium für eine Sachentscheidung dar [500].

d) Systematische Auslegung

Bislang war der Begriff der ernstlichen Zweifel aus § 80 IV 3 VwGO bekannt. Dieser Umstand stellt allerdings keine Auslegungshilfe dar. Denn nicht übertragbar ist die Rechtsprechung zu § 80 IV 3 VwGO, wonach für ernstliche Zweifel der Erfolg eines Rechtsmittels im Hauptsacheverfahren wahrscheinlicher oder mindestens ebenso wahrscheinlich sein muß wie der Mißerfolg [501]. Die Vollstreckung von Abgaben und Kosten ist - anders als die Abschiebung - viel-

---

498 Duden, Band 8, Sinn- und sachverwandte Wörter, 2. Aufl. 1986

499 Heckel, vgl. FN 476

500 Heckel a.a.O.

501 Vgl. OVG Lüneburg, KStZ 1990, 137; OVG Lüneburg NVwZ-RR 1990, 217; OVG SH, NVwZ-RR 1992, 106 (107)

mehr reversibel [502]. Für die sonstigen Fälle - etwa der wirtschaftlichen Existenzgefährdung - kann der effektive Rechtsschutz eine Aussetzung aber auch bei einem geringeren Wahrscheinlichkeitsgrad gebieten. § 80 IV 3 VwGO kennt anders als Art. 16 a IV GG hierfür die zweite Fallgruppe der unbilligen Härte. Da die Abschiebung eine solche unbillige Härte bedeuten würde, müßte in diesen Fällen bereits bei einer geringeren Erfolgsaussicht die Vollziehung ausgesetzt.werden. Dieses Ergebnis würde auch von der Rechtsprechung des BVerfG bestätigt, wonach es ausreicht, daß sich nicht ausschließen läßt, daß die Abweisung des Asylantrags nicht offensichtlich unbegründet ist [503]. Eine abschließende Beurteilung des Inhalts des Art. 16 a IV GG soll jedenfalls dem *dritten Abschnitt* vorbehalten bleiben, so daß es insoweit vorerst bei dem Hinweis auf die bislang geltende Rechtsprechung des BVerfG bleiben soll.

7 Art. 16 a V GG

Schließlich sei der Vollständigkeit halber noch auf Art. 16 a V GG hingewiesen, der von den übrigen Absätzen des Art. 16 a GG insofern abweicht, als er völkerrechtliche Verträge betrifft. Art. 16 a V GG stellt klar, daß die Bestimmung völkerrechtlichen Verträgen, die Zuständigkeitsregelungen für ein Asylverfahren treffen, nicht entgegensteht, vorausgesetzt, daß die Genfer Konvention und die Menschenrechtskonvention beachtet werden.

8. Ergebnis

Die Neuregelung des Asylrechts in Art. 16 a GG enthält gewichtige Änderungen, die den ursprünglichen Schutzbereich des Art. 16 II 2 GG a. F. erheblich einengen. Ein Gesetzesvorbehalt ist aber in Art. 16 a GG nicht normiert, sondern der Verfassungsgesetzgeber hat sich auf Regelungen beschränkt, die die Ausklammerung vom Schutzbereich des Art. 16 a I GG oder die Einschränkungen des Rechtsschutzes betreffen. Das neue Asylgrundrecht ist damit nicht systemgerecht, da es für eine Grundrechtsnorm viel zu detailliert gefaßt ist und damit entgegen der sonstigen Systematik nicht nur Regelungen des Schutzbereichs und der Schranken enthält

---

502 Heckel vgl. FN 476

503 Vgl. z.B. BVerfGE 89, 98; BVerfGE 89, 101; BVerfGE 89, 106; BVerfGE 89, 109

III. Funktionalität und Verwirklichung des Asylgrundrechts in der Verwaltungspraxis

Für den Asylbewerber letztlich relevant ist die Umsetzung des Asylgrundrechts auf einfachgesetzlicher Ebene in ein rechtsstaatliches Verfahren, da von seiner Ausgestaltung abhängt, wie effektiv bzw. wirksam die verfassungsrechtliche Asylverbürgung wirklich ist. Dieser Prozeß der Effektuierung ist gleichermaßen mit der Frage verbunden, wie das Grundrechtsverständnis und die gesamte Verfassungssystematik der Absicherung von Grundrechten eine Implementation dieser in die Verwaltungstätigkeit bewirken. Da eine detaillierte Untersuchung sämtlicher Verfahrensvorschriften und ihrer Verfassungsmäßigkeit im Hinblick auf das, was durch Art. 16 a I GG gefordert wird, den Rahmen dieses Beitrags überschreiten würde [504], soll die Problematik nur schwerpunktmäßig, insbesondere im Hinblick auf die Frage des vorläufigen Rechtsschutzes wegen seiner bleiberechtlichen Konsequenz, beleuchtet werden.

1. Grundsätze des Asylverfahrens

a) Die Entwicklung des Asylverfahrens

Die Änderung des Art. 16 II 2 GG a.F. in Art. 16 a GG hat das Verfahren entsprechend beeinflußt. Zuvor galt das Asylverfahrensgesetz in Gestalt der am 26.6.1992 in Kraft getretene Änderung einiger wesentlicher Verfahrensgrundsätze durch das Gesetz zur Neuregelung des Asylverfahrens [505]. Die Umgestaltung des Verfahrens erfolgte auf der Grundlage der Erkenntnis, daß der große Anteil der letztlich nicht asylberechtigten Flüchtlinge die Dauer des asylrechtlichen Verwaltungs- und Gerichtsverfahrens unvertretbar verlängere, die Bereitstellung ausreichender Unterkünfte erschwere, die öffentlichen Haushalte zusehends mehr belaste und die Akzeptanz des Asylrechts in der Bevölkerung gefährde [506]. Der Gesetzgeber wollte ohne eine Grundgesetzänderung erreichen, daß über offensichtlich unbegründete Asylanträge in einem Zeitraum von ca. sechs Wochen rechtskräftig entschieden und der Aufenthalt beendet werden

---

[504] Zur Erörterung des Verfahrens in verfassungsrechtlicher Hinsicht vgl. z.B. Henkel, NJW 1993, 2705 (2710); Hehl ZRP 1993, 301 (302 ff.); Huber, NVwZ 1993, 736 (739 ff.)

[505] Gesetz zur Neuregelung des Asylverfahrens, Art. 1 Asylverfahrensgesetz (AsylVfG) vom 26.6.1992 (BGBl. I 1126) (zit.: AsylVfG 1992)

[506] BT Drs. 12/2062 S. 25; vgl. ZAR 1992, 2

könne [507]. Neu gestaltet wurden deshalb die Verteilung und Unterbringung der Asylbewerber, die Anhörung und die Asylentscheidung sowie die Aufenthaltsbeendigung. Außerdem fanden gewichtige Eingriffe in das gerichtliche Verfahren statt. Mit dieser Änderung erfolgte die Unterbringung auch erstmalig in Aufnahmestellen bzw. -einrichtungen, welche von den Ländern geschaffen und unterhalten werden (§ 44 AsylVfG 1992). Dennoch vermochte es diese Neugestaltung der Verfahrensgrundsätze nicht, die Entwicklung aufzuhalten. Mit der Änderung des Art. 16 II 2 GG a.F. trat schließlich am 1. Juli 1993 ein neues Asylverfahrensgesetz in Kraft [508]. Neu ist zudem der Erlaß eines Asylbewerberleistungsgesetzes [509].

b) Die Aufnahmeeinrichtungen nach der Regelung des AsylVfG 1993

Der Begriff "Aufnahmeeinrichtung", seit dem AsylVfG 1992 eine Neuschöpfung, wird im Gesetzestext wieder konstant verwendet wird (§ 44 AsylVfG). Mit der Unterbringung in der Aufnahmeeinrichtung soll jener Teil des Verfahrens abgeschlossen werden, der erforderlich ist, um ein offensichtlich unbegründetes Asylbegehren zum rechtskräftigen - bezogen auf das gerichtliche Eilverfahren - Abschluß zu bringen, denn nach drei Monaten endete die Verpflichtung, sich in einer derartigen Einrichtung aufzuhalten (§ 47 I AsylVfG) . Die Verteilung richtet sich in erster Linie nach den Aufnahmequoten der Länder, sodann nach den freien Plätzen, ferner nach den Bearbeitungsmöglichkeiten in der jeweiligen Außenstelle des Bundesamtes und schließlich nach der örtlichen Nähe zu der Stelle, bei der sich der Ausländer gemeldet hat (§ 46 II 2 AsylVfG).
Zuständig für die Aufnahme des Ausländers ist zunächst die Aufnahmeeinrichtung, in der er sich gemeldet hat (§ 46 I AsylVfG). Andernfalls erfolgt die Benennung der zuständigen Aufnahmeeinrichtung auf Veranlassung der Aufnahmeeinrichtung, bei der er sich gemeldet hat, durch die zentrale Verteilungsstelle, nicht auf Antrag des Asylbewerbers oder des betroffenen Bundeslandes (§ 46 II 1 AsylVfG). Maßgebend für deren Bestimmung sind die vorhandenen freien Kapazitäten sowie die Bearbeitungsmöglichkeiten der dortigen Zweigstelle des

---

507 BT Drs. 12/2062 S. 25; vgl. ZAR 1992, 2

508 Gesetz zur Änderung asylverfahrens-, ausländer- und staatsangehörigkeitsrechtlicher Vorschriften vom 30. Juni 1993, Art. 1 Änderung des Asylverfahrensgesetzes (AsylVfG), BGBl 1993, I, 1062,

509 Gesetz zur Neuregelung der Leistungen an Asylbewerber vom 30. Juni 1993,BGBl 1993, I, 1074

Bundesamtes hinsichtlich des Herkunftslandes des Asylsuchenden (§ 46 II 2 AsylVfG). Die Berücksichtigung der persönlichen Belange des Ausländers ist nicht ausdrücklich vorgeschrieben, nur mittelbar finden die familiären Bindungen von Ehegatten und ihren minderjährigen Kindern Beachtung, denn sie sind als Gruppe zu melden und nicht lediglich nach Anzahl oder Herkunftsland (§ 46 III AsylVfG).
Die Pflicht zum Wohnen in der Aufnahmeeinrichtung endet vor Ablauf von drei Monaten von selbst bei unanfechtbarer Asylanerkennung, anderweitiger Wohnverpflichtung oder wenn der Ausländer nach Antragstellung durch Eheschließung im Bundesgebiet die Voraussetzungen für einen Rechtsanspruch auf Erteilung einer Aufenthaltsgenehmigung nach dem Ausländergesetz erfüllt (§ 48 AsylVfG). Nach Ende der Verpflichtung, in einer Aufnahmeeinrichtung zu wohnen, soll der Asylbewerber wie bislang in einer Gemeinschaftsunterkunft untergebracht werden (§ 51, 53 AsylVfG).

c) Förmlicher Asylantrag und Einreise

Der förmliche Asylantrag ist grundsätzlich bei der für die jeweilige Aufnahmeeinrichtung zuständigen Außenstelle des Bundesamtes (§ 14 I AsylVfG), wo sich der Asylbewerber auch persönlich zu melden hat (§ 22 AsylVfG), zu stellen. Ausnahmen gelten nur für Ausländer mit einer insgesamt länger als sechs Monate geltenden Aufenthaltsgenehmigung, bei Unterbringung in Haftanstalt, Krankenhaus, Heil- und Pflegeanstalt oder Jugendhilfeeinrichtung und für Asylsuchende unter 16 Jahren, deren gesetzliche Vertreter nicht zum Wohnen in einer Aufnahmeeinrichtung verpflichtet sind (§ 14 II 1 AsylVfG). In diesen Ausnahmefällen ist der Asylantrag unmittelbar beim Bundesamt zu stellen.
Die Ausländerbehörde hat einen bei ihr gestellten schriftlichen Antrag unverzüglich an das Bundesamt weiterzuleiten (§ 14 II 2 AsylVfG). Ein Antrag zu Protokoll bei der Ausländerbehörde ist nicht vorgesehen. Wer an der Grenze um Asyl nachsucht, wird unverzüglich, falls ihm nicht die Einreise verweigert oder er nicht zurückgeschoben wird, in die zuständige, oder sofern diese nicht bekannt ist, nächstgelegene Aufnahmeeinrichtung weitergeleitet (§ 18 AsylVfG). Ähnlich wird verfahren, wenn der Ausländer bei einer Ausländer- oder Polizeibehörde um Asyl nachsucht (§ 19 I AsylVfG). In jedem Fall wird der Ausländer erkennungsdienstlich behandelt (§ 18 V, 19 II AsylVfG). Die Behörde, die den Ausländer an eine Aufnahmeeinrichtung weiterleitet, muß dieser die Weiterleitung unverzüglich mitteilen (§ 20 I AsylVfG). Der Ausländer hat unverzüglich

die zuständige Einrichtung aufzusuchen (§ 20 II AsylVfG), bei Nichtbefolgung kann er nach Wochenfrist zur Aufenthaltsermittlung ausgeschrieben werden (§ 66 I Nr. 1 AsylVfG).

Die Einreise des Ausländers ist in § 18 AsylVfG geregelt. Wird der Antrag an der Grenze gestellt, ist der Asylsuchende unverzüglich an die nächstgelegene Aufnahmeeinrichtung weiterzuleiten. Diese Verpflichtung der Grenzbehörde spiegelt den sich aus Art. 16 a I GG ergebenden Einreiseanspruch des Asylsuchenden wieder. Es besteht jedoch Zurückweisungspflicht, wenn der Asylsuchende aus einem sicheren Drittstaat (§ 26 a AsylVfG) einreist, anderweitige Sicherheit vor Verfolgung i.S. des § 27 I, II AsylVfG offensichtlich vorliegt, oder er eine Gefahr für die Allgemeinheit bedeutet, weil er in der Bundesrepublik wegen einer besonders schweren Straftat zu einer Freiheitsstrafe von mindestens drei Jahren rechtskräftig verurteilt worden ist, und seine Ausreise nicht länger als drei Jahre zurückliegt (§ 18 II Nr. 1 - 3 AsylVfG). Ferner besteht eine Zurückschiebungspflicht, wenn ein Ausländer von der Grenzbehörde im grenznahem Raum im unmittelbaren zeitlichen Zusammenhang mit einer unerlaubten Einreise angetroffen wird und die erwähnten Zurückweisungspflichten vorliegen (§ 18 III AsylVfG). Von der Einreiseverweigerung oder Zurückschiebung ist im Falle der Einreise aus einem sicheren Drittstaat i.S des § 26 a AsylVfG abzusehen, wenn aufgrund eines völkerrechtlichen Vertrages mit dem sicheren Drittstaat eine Zuständigkeit der Bundesrepublik für die Durchführung des Asylverfahrens besteht oder das Innenministerium das aus völkerrechtlichen, politischen oder humanitären Gründen angeordnet hat.

Gewissermaßen in letzter Minute [510] wurde noch die sog. Flughafenregelung des § 18 a AsylVfG eingefügt. Danach ist bei auf dem Luftwege ankommenden Asylbewerbern, die aus einem sicheren Herkunftsstaat im Sinne des § 29 a stammen oder die sich nicht mit einem gültigen Paß ausweisen können, das Asylverfahren einschließlich eines vorläufigen Rechtsschutzverfahrens beim Verwaltungsgericht vor der Entscheidung über die Einreise durchzuführen. Hierfür können die Asylbewerber bis zu 19 Tagen auf dem Flughafengelände festgehalten werden, wenn ihre Unterbringung dort möglich ist. Lehnt das Bundesamt den Asylantrag als offensichtlich unbegründet ab, muß die Grenzbehörde die Einreise verweigern. Die Asylbewerber können dann beim zuständigen Verwaltungsgericht Antrag auf vorläufigen Rechtsschutz mit dem Ziel der Ge-

---

510 BR-Drs. 353/93

währung der Einreise stellen. Ist der Antrag erfolglos, wird die Zurückweisung vollzogen.

d) Sachverhaltsklärung und Verfahren

Die Sachverhaltsklärung einschließlich der Anhörung des Asylbewerbers und die Entscheidung über Asyl- und Flüchtlingsanerkennung sowie Familienasyl (§§ 24 I, 25, 26, 31 AsylVfG) obliegt wie bisher dem Bundesamt, dessen Kompetenzen bereits durch die Neuregelung des AsylVfG 1992 erheblich erweitert wurden und welches eine Monopolzuständigkeit innehat. Gem. § 17 AsylVfG ist bei der Anhörung ein Dolmetscher hinzuzuziehen, wenn der Ausländer der deutschen Sprache nicht mächtig ist. Von einer Anhörung kann abgesehen werden, wenn das Bundesamt den Ausländer als asylberechtigt anerkennen will oder wenn der Ausländer nach seinen Angaben aus einem sicheren Drittstaat (§ 26 a AsylVfG) eingereist ist. Für Asylanträge von im Bundesgebiet geborenen Kindern unter sechs Jahren, bei denen der Sachverhalt aufgrund der Verfahrensakten mindestens eines Elternteil geklärt ist, ist von einer Anhörung ganz abzusehen (§ 24 I 4 AsylVfG).
Grenz-, Ausländer- und andere Behörden trifft lediglich eine Weiterleitungspflicht gegenüber dem Bundesamt (§§ 14 II 2, 20 I, 21 I AsylVfG). Zuständig für den Vollzug aufenthaltsbeendender Maßnahmen bleibt jedoch die Ausländerbehörde, wie sich aus Unterrichtungspflicht des Bundesamtes in § 40 AsylVfG ergibt.
Das Bundesamt darf auch ohne Mitwirkung des Asylsuchenden Daten bei ausländischen Behörden und nichtöffentlichen Stellen erheben, wenn dies in seinem Interesse liegt und sein Einverständnis unterstellt werden kann (§ 7 II Nr. 2 AsylVfG). Dies darf jedoch nur geschehen, wenn keine Anhaltspunkte vorliegen, daß überwiegende schutzwürdige Interessen des Betroffenen entgegenstehen (§ 7 II 2 AsylVfG). Weiterhin hat das Bundesamt nach Antragsablehnung oder bei sonstiger Erfolglosigkeit des Antrags die Abschiebungsandrohung zu erlassen und über die Abschiebungshindernisse nach § 53 AuslG zu entscheiden.
Das Bundesamt befindet auch über die Beachtlichkeit von Folgeanträgen und von Asylgesuchen nach offensichtlicher anderweitiger Verfolgungssicherheit und die aufenthaltsrechtlichen Konsequenzen (§§ 29, 31 III, 35, 36 I, 69 AsylVfG). Zur besseren Sachverhaltsklärung ist der Ausländer verpflichtet, während des Aufenthalts in einer Aufnahmeeinrichtung für die zuständigen Behörden und Gerichte erreichbar zu sein (§ 47 III AsylVfG).

e) Die Drittstaatenregelung

Ein Kernstück stellt der wegen erfolgter Verweisungen mehrfach erwähnte § 26 a AsylVfG dar. Er wiederholt in Abs. I die Regelung des Art. 16 a II 1 GG, wonach ein Ausländer, der aus einem sicheren Drittstaat eingereist ist, sich nicht auf Art. 16 a I GG berufen kann. Er wird, sofern nicht Ausnahmetatbestände, wie der Besitz einer Aufenthaltsgenehmigung für die Bundesrepublik vorliegen, nicht als Asylbewerber anerkannt. Sichere Drittstaaten, gewissermaßen "geborene" sichere Staaten, sind die Mitgliedsstaaten der Europäischen Gemeinschaft und ferner die in Anlage I zum Gesetz bezeichneten Länder. Ausländer i.S. dieser Regelungen werden erst gar nicht zum Asylverfahren zugelassen. Bei der Anwendung der Drittstaatenregelung im verwaltungsgerichtlichen Verfahren ergeben sich Probleme, wenn der Flüchtling die Unsicherheit des Drittstaates behauptet, welcher ein Staat der Europäischen Union oder ein Nicht-EG-Staat sein kann.

aa) Entkräftung der Drittstaateneigenschaft bei EG-Staaten

In zahlreichen Verfassungsbeschwerden [511] wurde von Beschwerdeführern, die aus einem EG-Staat eingereist waren behauptet, in diesem sei die Anwendung der von Art. 16 a II 1 GG erwähnten Konventionen nicht sichergestellt. Es sei daher der Nachweis erlaubt, daß die Anwendung der Konvention in dem EG-Drittstaat nicht sichergestellt sei [512].
Dieser Argumentation könnten jedoch systematische Einwände entgegengehalten werden. Zunächst einmal könnte man dagegenhalten, daß sich der Wortlaut des Relativsatzes des Art. 16 a II 1 GG nur auf andere Drittstaaten bezieht [513]. Dann ist das Modell der widerlegbaren Vermutung in Art. 16 a III kodifiziert, so daß es als Instrument nur dort eine eindeutige Regelung gefunden hat [514]. Fer-

---

511 So etwa BVerfG, Beschl. v. 13.9.1993 - 2 BvR 1938/93, NVwZ-Beil. 1993, 11; Beschl. v. 20.9.1993 - 2 BvR 1953/93

512 Vgl. etwa hinsichtlich *Griechenland*, BVerfG, DVBl 1994, 44; *Frankreich*, BVerfG, NVwZ-Beil. 1993, 17

513 Vgl. dazu auch Schütze, in: Offensichtlich unbegründete Asylanträge - Fortbildungsveranstaltung für die Verwaltungsrichter des Landes Baden-Württemberg, VBlBW 1994, 140

514 Schütze a.a.O.

ner geht aus der Entstehungsgeschichte hervor, daß eine ursprünglich für die Drittstaatenregelung geforderte Vermutung gerade keine Mehrheit finden konnte [515]. Und schließlich wäre die Drittstaatenregelung aus der Sicht ihrer Befürworter im Fall einer Regelvermutung ineffizient. Denn in jedem verwaltungsgerichtlichen Verfahren würde versucht werden, die Unsicherheit des EG-Staates nachzuweisen. Dies ist aber allein deshalb problematisch, weil in diesem Fall die Fiktion des Grundgesetzes der Beurteilung durch den einzelnen Verwaltungsrichter ausgesetzt werden würde - ein im Hinblick auf die Vermutung in Art. 16 a III GG merkwürdig anmutendes Ergebnis, da in ähnlichen Fällen gegen das den sicheren Herkunftsstaat nach Art. 16 a III GG bestimmende Gesetz vor dem BVerfG vorgegangen werden muß [516]. Es wäre vielmehr systemwidrig, gerade in den Fällen mehr Rechtsschutz zu gewähren, in denen der Verfassungsgeber selbst sichere Drittstaaten benannt hat.

Allerdings hat sich die Rechtsprechung - mit guten Gründen - dafür ausgesprochen, die Drittstaatenregelung für den Fall verfassungskonform dahingehend auszulegen, daß sie dann keine Anwendung findet, wenn ein Ausländer nicht in den sicheren Drittstaat abgeschoben werden kann [517]. Dies ergibt sich aus dem Abschiebungsverbot der Art. 1 I i.V.m. Art. 2 I GG [518]. Denn nur durch eine restriktive Auslegung kann sichergestellt werden, daß der Asylbewerber zumindest in einem Staat ein Asylverfahren durchführen kann. Denn Voraussetzung für die Drittstaatenregelung war die Annahme, daß der betreffende Ausländer in dem sogenannten sicheren Drittstaat sein Asylverfahren betreiben kann [519]. So heißt es in der Gesetzesbegründung zu § 26 a AsylVfG unter anderem, daß es dem Ausländer möglich sein müsse, „nach Rückkehr in den sicheren Drittstaat, über den er eingereist ist, ein dort eingeleitetes Verfahren auf Schutzgewährung zu Ende zu führen oder ein noch nicht gestelltes Schutzersuchen nachzuholen“ [520].

---

[515] Schütze, in: Offensichtlich unbegründete Asylanträge - Fortbildungsveranstaltung für die Verwaltungsrichter des Landes Baden-Württemberg, VBlBW 1994, 140

[516] Schütze a.a.O.; zur Beurteilung eines anderen Drittstaates durch den Verwaltungsrichter als unsicher und zur Vorlagepflicht nach Art. 100 GG außerdem VGH München, NVwZ-Beil. 1994, 3 (5)

[517] OVG Frankfurt/Oder NVwZ-Beil. 1994, 42; VG Chemnitz, NVwZ-RR 1995, 57

[518] BVerfG, NVwZ-Beil. 1993, 11; BVerfG Beschl. v. 20.9.1993 - 2 BvR 1953/1993; BVerfG Beschl. v. 20.9.1993 - 2 BvR 1954/1993; VGH München, NVwZ-Beil. 1994, 4; OVG Frankfurt/Oder, NVwZ-Beil. 1994, 42

[519] VG Chemnitz NVwZ-RR 1995, 7

[520] Vgl. Begr. B Art. 1, zu Nr. 15, zu Abs. I

bb) Entkräftung der Drittstaateneigenschaft bei Nicht-EG-Staaten

Handelt es sich um Nicht-EG-Staaten, ist die Situation anders zu beurteilen, da Art. 16 a II 2 GG den einfachen Gesetzgeber ermächtigt, die Staaten außerhalb der Europäischen Gemeinschaften zu bestimmen, auf die die Voraussetzungen nach Art. 16 a II 1 GG zutreffen. Im Rahmen des gerichtlichen Verfahrens wird der Asylbewerber in der Regel aus zwei Gründen eine Verfassungswidrigkeit des Bestimmungsgesetzes behaupten: Der Gesetzgeber kann den maßgeblichen Sachverhalt in dem Drittstaat falsch ermittelt haben, er kann aber auch den festgestellten Sachverhalt falsch bewertet haben, indem er den für die Anwendung der Konventionen zu fordernden Mindeststandard durch falsche Wertung unterschritten hat. Dieser Standard beinhaltet im wesentlichen, daß der Flüchtling nicht befürchten muß, von dem Drittstaat aus in ein Land abgeschoben zu werden, in dem ihm Verfolgung droht [521]. Gerichte, die im Hinblick darauf das Bestimmungsgesetz auf ihre Verfassungswidrigkeit hin überprüfen, können zu dem Ergebnis kommen, daß von den Drittstaatenregelungen abzuweichen ist [522]. Allerdings müssen sie zuvor die Entscheidung des BVerfG nach Art. 100 GG einholen, denn es geht um die Verfassungsmäßigkeit eines nachkonstitutionellen, entscheidungserheblichen Gesetzes, das mit dem Grundgesetz möglicherweise nicht vereinbar ist.

f) Sichere Herkunftsstaaten

Knüpft § 26 a AsylVfG an Art. 16 a II 1 GG an, so bezieht sich § 29 a AsylVfG auf Art. 16 a III 1 GG mit der Bezeichnung "sicherer Herkunftsstaat" und regelt, daß der Asylantrag eines Ausländers "aus" einem solchen Staat als offensichtlich unbegründet abzulehnen ist, sofern der Ausländer nicht darlegen kann, daß ihm abweichend von der allgemeinen Lage im Herkunftsland politische Verfolgung droht. Durch ein solches Vorbringen wird die Vermutung der Nichtverfolgung widerlegt, mit der Konsequenz, daß ein Asylverfahren durchzuführen ist [523]. § 29 a II AsylVfG legt fest, daß die in Anlage II zum Gesetz bezeichneten

---

521 Zu diesem Mindeststandard s. auch BVerfG, NVwZ-Beil. 1993, 11

522 Verneint beispielsweise für die *Tschechische Republik*, VGH München, NVwZ-Beil. 1994, 4; für *Österreich*, BVerfG, NVwZ 1993, 3

523 Vgl. z.B. BVerfG - Beschluß vom 19.7.1993 - 2 BvR 1476/93; das BVerfG hat dabei ausgeführt, der ghanaische Asylbewerber habe die Vermutung der Nichtverfolgung nicht entkräften können, Ghana ist ein sicherer Herkunftsstaat gem. Anlage II des AsylVfG.

Staaten sichere Herkunftsstaaten sind. Ansonsten wurde die Differenzierung in unbeachtliche, offensichtlich unbegründete und normale Asylverfahren im AsylVfG beibehalten.

Ein Asylantrag ist unbeachtlich, wenn offensichtlich ist, daß der Ausländer bereits in einem sonstigen Drittstaat vor politischer Verfolgung sicher war und die Rückführung in diesen Staat, in dem er vor politischer Verfolgung sicher ist, möglich ist (§ 29 I AsylVfG). Ferner liegt Unbeachtlichkeit vor, wenn aufgrund eines völkerrechtlichen Vertrags ein anderer sicherer Drittstaat für die Durchführung eines Asylverfahrens zuständig ist oder die Zuständigkeit übernimmt (§ 29 III AsylVfG).
Dagegen ist die offensichtliche Unbegründetheit nach § 30 AsylVfG gegeben, wenn die Voraussetzungen für eine Anerkennung als Asylberechtigter und die Voraussetzungen des § 51 I AuslG offensichtlich nicht vorliegen (Abs. I) oder § 30 II AsylVfG gegeben ist. In § 30 III AsylVfG ist geregelt, unter welchen Voraussetzungen ein unbegründeter Asylantrag als "offensichtlich unbegründet" abzulehnen ist. Dies ist der Fall, wenn das Vorbringen des Bewerbers unsubstantiiert oder widersprüchlich ist, offenkundig nicht den Tatsachen entspricht etc.. Nach Abs. IV ist ein Asylantrag ferner als offensichtlich unbegründet abzulehnen, wenn die Voraussetzungen des § 51 III AuslG vorliegen. Unter diesen Voraussetzungen darf auch ein anerkannter Asylbewerber in den Verfolgerstaat abgeschoben werden. Die gesamte Regelung des § 30 AsylVfG beruht auf der durch Art. 16 a IV GG eröffneten Möglichkeit, weitere Fallgruppen gesetzlich festzulegen, in denen unbegründete Asylanträge als offensichtlich abgelehnt werden können.

Konsequenzen hat diese Differenzierung im Hinblick auf die Aufenthaltsbeendigung. In den Fällen der Unbeachtlichkeit und der offensichtlichen Unbegründetheit beträgt die dem Ausländer zu setzende Ausreisefrist normalerweise eine Woche (§ 36 I AsylVfG), bei normalen Asylanträgen einen Monat (§ 38 AsylVfG). Allerdings gilt hier nach der neuen Regelung eine weitere Ausnahme. Gem. § 34 a AsylVfG, wonach im Falle der Abschiebung eines Ausländers in einen sicheren Drittstaat nach § 26 a AsylVfG das Bundesamt die Abschiebung in diesen Staat anordnet, sobald diese durchführbar ist, bedarf es keiner vorherigen Androhung oder Fristsetzung. Auch darf nach § 34 a II AsylVfG die Abschiebung durch das Verwaltungsgericht nicht ausgesetzt werden. Diese unmittelbare Abschiebungsandrohung ist nach der Neufassung des § 31 AsylVfG zusammen mit der ablehnenden Entscheidung dem Ausländer selbst zuzustellen.

Ein etwaiger Bevollmächtigter soll lediglich einen Abdruck der Entscheidung erhalten. Soweit § 34 a AsylVfG Eilanträge ausschließt, korrespondiert diese Regelung mit Art. 16 a II 3 GG. Konsequenzen aus der vorgenommenen Unterscheidung ergeben sich auch hinsichtlich der Problematik des vorläufigen Rechtsschutzes, auf die im nächsten Prüfungspunkt noch eingegangen wird.

g) Kein Widerspruch gegen Entscheidungen nach dem AsylVfG

Im Verwaltungsverfahren selbst ist der vollständige Ausschluß des Widerspruchs gegen alle Maßnahmen und Entscheidungen nach dem AsylVfG (§ 11 AsylVfG) und die Erweiterung von Mitwirkungspflichten des Asylbewerbers von vorrangiger Bedeutung, die eine Kooperation des Asylbewerbers insbesondere im Zusammenhang mit der Vorlage von notwendigen Urkunden und Unterlagen beinhaltet (§§ 7, 14 AsylVfG).

h) Soziale Existenz der Asylbewerber

Leistungen an Asylbewerber regelt schließlich das Gesetz zur Neuregelung der Leistungen an Asylbewerber [524], wonach die Grundleistungen in Form von Sachleistungen ergehen und ein geringer monatlicher Geldbetrag zur Deckung der persönlichen Bedürfnisse des Lebens ausgezahlt wird (§ 3 LeistungsG).

2. Rechtsschutz im Asylverfahren

Oben wurde bereits erwähnt, daß ablehnende Bescheide des Bundesamtes mit der Anfechtungsklage suspendiert werden können [525]. Die Klagefrist ist auf zwei Wochen verkürzt (§ 74 I AsylVfG), in den Fällen der offensichtlichen Unbegründetheit bzw. Unbeachtlichkeit eines Antrags beträgt sie sogar nur eine Woche (§§ 74 I, 36 III 1 AsylVfG). Ebenso verkürzt ist die Klagebegründungsfrist auf einen Monat (§ 74 II AsylVfG). Die Verwaltungsgerichte sind verpflichtet, ungeachtet einer vorangegangenen Verwaltungsentscheidung immer auf die Sach- und Rechtslage im Zeitpunkt ihrer Entscheidung abzustellen (§ 77 AsylVfG).

---

524 BGBl 1993, I, 1074 (LeistungsG)

Die Rechtsmittel sind stark eingeschränkt. Urteile, durch die eine Klage als offensichtlich unzulässig oder offensichtlich unbegründet abgewiesen wird, sind unanfechtbar (§ 78 I AsylVfG). In den übrigen Fällen besteht die Möglichkeit einer Zulassungsberufung (§ 78 AsylVfG); d.h. die Berufung muß vom Oberverwaltungsgericht durch Beschluß zugelassen werden. Vorbehaltlich des § 133 VwGO kann dieser Beschluß nicht mit der Beschwerde angefochten werden (§ 80 AsylVfG). Die Berufungsfrist beträgt zwei Wochen (§ 78 IV AsylVfG). Die Revision gegen das Urteil des Verwaltungsgerichts findet nicht statt (§ 78 I 2 AsylVfG).

Wegen der weitreichenden Konsequenzen ist die Frage des Vollzugs der Abschiebung besonders relevant. Die Klage gegen Entscheidungen nach dem AsylVfG hat keine aufschiebende Wirkung außer in den Fällen der §§ 38 I, 73 AsylVfG (§ 75 AsylVfG), d.h. daß einmal zwischen offensichtlich unbegründeten bzw. unbeachtlichen und sonstigen Asylanträgen unterschieden wird (nur bei sonstigen Anträgen hat die Klage aufschiebende Wirkung) und zum anderen hat die Klage aufschiebende Wirkung auch für den Fall, daß die Anerkennung als Asylberechtigter widerrufen oder zurückgenommen wird (§ 73 AsylVfG). In den Fällen der offensichtlichen Unbegründetheit oder Unbeachtlichkeit des Antrags bleibt dem Asylbewerber aber noch die Möglichkeit eines Antrags gem. § 80 V VwGO auf Anordnung der aufschiebenden Wirkung. Die Antrags- und die Begründungsfrist betragen jeweils eine Woche (§ 36 III AsylVfG). Bei rechtzeitiger Antragstellung darf die Abschiebung bis zur unanfechtbaren Entscheidung über den vorläufigen Rechtsschutz nur ausgesetzt werden, wenn ernstliche Zweifel an der Rechtmäßigkeit des angegriffenen Verwaltungsaktes bestehen (§ 36 IV AsylVfG), als nicht erforderlich ist, daß eine Überprüfung zu dem Ergebnis führt, die Verfügung sei offensichtlich rechtmäßig.

3. Ergebnis

Vorab läßt sich somit feststellen, daß das Asylgrundrecht in der Fassung des Art. 16 a GG erhebliche Einschränkungen gegenüber der alten Regelung des Art. 16 II 2 GG a.F. erfahren hat. Insbesondere die Drittstaatenregelung und die in Art. 16 a II 3 GG sowie Art. 16 a IV GG normierten Beschränkungsmöglichkeiten vorläufigen Rechtsschutzes erweisen sich als Instrument des Abbaus von

---

525 BVerfGE 65, 76 (95)

Rechtsschutzmöglichkeiten. Dies abschließend im Hinblick auf die dargestellte Systematik des Grundrechts sowie der Grundsätze des Art. 1 und 20 GG zu beurteilen, soll jedoch dem *dritten Abschnitt* vorbehalten bleiben.

Zweiter Abschnitt
DAS RECHT AUF ASYL IN DER ITALIENISCHEN VERFASSUNG

I. Bedeutung und Auslegung des Rechts auf Asyl in Art. 10 III cost.

Gemäß Art. 10 III der seit 1948 gültigen Verfassung hat jeder Ausländer, dem in seinem Land die tatsächliche Ausübung der demokratischen Freiheiten (*"libertà democratiche"*), wie sie die italienische Verfassung garantiert, unmöglich ist, das Recht auf Asyl (*" diritto d'asilo"*) auf dem Gebiet der Republik.

1. Subjektives Recht oder programmatische Verfassungsnorm

Trotz des Wortlauts des Art. 10 III cost., der auf den ersten Blick eindeutig zu sein scheint, ist der rechtliche Charakter der Norm umstritten.

a) Darstellung der vertretenen Interpretationsalternativen

Nach einer als Mindermeinung zu qualifizierenden Auffassung verkörpert der Art. 10 III cost entgegen seinem Wortlaut kein subjektives Recht, sondern stellt eine Norm mit "programmatischem Charakter" (*"norma programmatica"*) dar [526]. Danach kann Rechtsgrundlage für einen Anspruch auf Asyl nur das einfache Gesetz sein, zu dessen Erlaß der Gesetzgeber in der Verfassungsnorm ermächtigt wird [527]. Als Konsequenz dieser Auffassung hängt die Gewährung des Asylrechts davon ab, ob überhaupt Asylverfahrensgesetze existieren, welche ein Recht auf Asyl beinhalten. Entsprechend ist der Gesetzgeber völlig frei, die Umstände der Inanspruchnahme zu regeln und das Asylrecht einzuschränken, wenn er es als Institut auch nicht abschaffen kann.
Dieser Ansatz erinnert an die institutionelle Garantie des deutschen Rechts mit dem Unterschied, daß die Garantie rein institutionell zu verstehen ist, eine subjektivrechtliche Seite jedoch fehlt, was dem Grundgesetz in dieser Form unbe-

---

526 Cassese, Riv. dir. int. 1959; 659, Tamburro, Riv. poliz. 1950, 263 (269);
527 Comm. breve Art. 10, S.67, XII 1

kannt ist [528]. Begründet wird dieser Ansatz in erster Linie mit der Unbestimmtheit und Weite des Art. 10 III cost., welche eine direkte Anwendung der Norm als subjektiv öffentliches Recht ausschließe. Vielmehr bedürfe es einfacher Gesetze, welche die in der Verfassung vorgegebenen Voraussetzungen, die Nichtgewährung der demokratischen Freiheitsrechte, zu konkretisieren und als Institut weiterzuführen hätten [529]. Art. 10 III cost. enthält demnach nur einen Verweis auf das einfache Asylgesetz, welches die Bedingungen für die Inanspruchnahme des Asyls festlegen soll [530], wobei der Gesetzgeber die Vorgaben der Verfassung zu beachten hat [531].
Der Gesetzesvorbehalt enthält nach dieser Auffassung aber nur einen Verweis auf die einfachen Gesetze, wo der Befehl an den Gesetzgeber verankert ist, ein solches überhaupt zu schaffen, bleibt völlig offen. Man muß der Auffassung aber zugute halten, daß die Stellung des Art. 10 III cost. innerhalb der *principi fondamentali*, der Grundprinzipien, zumindest nicht gegen eine solche Auslegung spricht, da es sich eben nicht um Grundrechte, sondern nur "Prinzipien" handelt. Auch ist der Vorwurf der Weite der Tatbestandsvoraussetzung sicher nicht unberechtigt. Es darf jedoch nicht verschwiegen werden, daß diese Mindermeinung vor allem in einem begrenzten Zeitraum von ungefähr zehn Jahren nach Inkrafttreten der Verfassung im Jahre 1948 vertreten wurde. Anhänger der Theorie der *norma programmatica* im Schrifttum haben sich später zum Teil von dieser ursprünglich vertretenen Auffassung wieder abgewendet. So vertreten Autoren wie etwa *Cassese* heute mit der als herrschend zu qualifizierenden Meinung die Gegenposition und haben folglich explizit einen Bruch mit der anfänglich vertretenen Theorie der *norma programmatica* vollzogen [532].

Nach der Gegenmeinung ist Art. 10 III cost. die Rechtsgrundlage für die Gewährung eines Rechts auf Asyl und ist somit *per se* als subjektiv öffentliches Recht anzuwenden [533]. Art. 10 III cost. enthält einen echten Rechtsanspruch gegen-

---

528 Vgl. dazu eingehend die Ausführungen oben 1. Teil II S. 86 ff.

529 Esposito, Enc. dir, S. 224

530 Esposito a.a.O.

531 Ziotti S. 111

532 Cassese S. 532

533 *Barile*, le libertà nella Costituzione, S. 116; *ders.*, diritti dell'uomo e libertà fondamentali, S. 34; *Beghè Loreti*, Rifugiati e Richiedenti asilo..., S. 102; *Cassese* S. 534; *D'Orazio*, S. 48; *Hein*, ASYL 1993, 27; *Mortati*, Istituzioni..., S. 1157; *Udina*, l'asilo politico, S. 269; *Esposito*, Enc. dir., S. 224; *Comm. breve* Art. 10, S. 67, XII 1; *Ziotti* S. 110; *Valenti*, Natura, validità e applicabilità del diritto di asilo, S. 85 ff.; anders aber *D'Orazio*, Condizione dello straniero, S. 75 ff., der sich einer abschließenden Feststellung enthält und es da-

über dem Staat auf Einreise und Aufenthalt innerhalb italienischen Territoriums [534]. Diese heute fast einhellig vertretene Auffassung begegnet der Mindermeinung zunächst mit dem Argument, die Vorschrift stelle eine vollständige Regelung dar, die eine präzise Umschreibung der Voraussetzungen und der gesetzgeberischen Kompetenzen enthalte [535]. So können als Vorausblick auf den später noch zu untersuchenden Gesetzesvorbehalt die zu erlassenden Gesetze das Asylrecht nicht begrenzen und keine Auswahl dahingehend treffen, wer das Grundrecht in Anspruch nehmen kann [536]. So entscheidend der Streit um den Rechtscharakter des Art. 10 III cost. sein mag, so wenig wird erstaunlicherweise die Frage nach der Grundrechtsqualität durch eine wissenschaftliche Argumentation im Schrifttum und in der Rechtsprechung belegt. Fast alle Quellen belassen es bei der einfachen Feststellung, es handle sich bei Art. 10 III cost. um ein subjektives Recht [537].

b) Argumentation nach der Verwaltungspraxis bis 1990

Gegen die subjektivrechtliche Qualität des Art. 10 III cost. und somit die herrschende Meinung spricht allerdings der Umstand, daß in der italienischen Verwaltungspraxis vor dem Jahre 1990, dem Entstehungsjahr des nach seiner Überschrift namentlich ersten Asylgesetzes [538], eine Welle illegaler Einwanderung Italien überschwemmte [539]. Ein namentlich benanntes Asylgesetz existierte zu jener Zeit nicht. Lediglich die Genfer Flüchtlingskonvention ist in Italien seit 1955 in Kraft, jedoch entsprechen ihre Voraussetzungen des Flüchtlingsbegriffs offensichtlich nicht der Verfassungsnorm [540]. Anstatt sich auf das in Art. 10 III cost. verfassungsrechtlich gewährte Recht auf Asyl zu berufen, bevorzugten es die Flüchtlinge, sich illegal im Lande aufzuhalten [541].

---

bei beläßt, die Probleme des Verständnisses als subjektives Grundrecht zu beleuchten

534 Esposito, Enc. dir., S. 222

535 Ziotti a.a.O.; Esposito a.a.O.

536 Esposito a.a.O.

537 Anders allerdings D'Orazio, Condizione dello straniero, S. 75 ff. mit Interpretationsansätzen

538 Vgl. zur Situation der Gesetzgebung die Ausführungen unter III 1

539 Strozzi, in: La normativa sugli extracomunitari - Test e commento sulla legge 28.2.1990 N. 39, S. 11 (im folgenden zitiert: Strozzi, in: La normativa...)

540 Zu diesem Problem vgl. ausführlich die Ausführungen unter III

541 Strozzi, in: La normativa, S. 11; Hein, ZAR 1989, 75 ff.

c) Genese der Vorschrift

Für den Rechtscharakter des subjektiven Rechts spricht andererseits aber die Entstehungsgeschichte des Art. 10 III cost., welche die herrschende Auffassung überzeugend zu stützen vermag. Nach dem subjektiven Willen des Gesetzgebers, der durch die historische Erfahrung des Faschismus geprägt war, sollte sich das Asylrecht der Rechtssphäre der Betroffenen so weit wie möglich öffnen und ihm in Ansehung des Flüchtlingselends nach Ende des Zweiten Weltkriegs den bestmöglichen Schutz gewährleisten [542]. Natürlich ist der Schutz der Freiheiten um so größer, je geringer die Beschränkungen sind, die der Verfassungsgeber dem einzelnen Grundrecht hinzugefügt hat. Je mehr das individuelle Interesse als schutzwürdig anerkannt ist, desto mehr sind diese Begrenzungen reduziert. Ein absolutes subjektives Recht ist gegen jede Beeinträchtigung durch irgendeine der Staatsfunktionen geschützt [543]. Ein Recht, das in einer Bestimmung enthalten ist, die das einfache Gesetz ermächtigt, den Inhalt dieses Rechts zu umschreiben, ist gegen die Exekutive gesichert, aber nicht gegen die Legislative [544]. Ein Recht, das in einer Vorschrift enthalten ist, die auf die nähere Bestimmung durch die Exekutive verweist und zuläßt, daß diese es nach ihrem Ermessen beschränkt, sinkt zu einem rechtlichen Interesse herab, sobald jene Befugnis ausgeübt wird. In diesem Sinne entspricht nur eine Konzeption als subjektives Recht dem absoluten Gewährleistungsumfang, mit dem der Verfassungsgeber das Asylrecht ausstatten wollte. Dementsprechend wurde in den Sitzungen der verfassungsgebenden Versammlung die Geschichtlichkeit des Asyls besonders in den Vordergrund gestellt und das Kirchenasyl als Ausdruck eines bedingungslosen Schutzes zum Vorbild für die italienische Regelung in der Verfassung erklärt [545]. Der Intention des Verfassungsgebers kann demnach ein klares Votum für ein Asylrecht als subjektives Recht entnommen werden.

d) Die Entwicklung der Rechtsprechung

Für die Grundrechtsqualität des Art. 10 III cost. spricht außerdem überzeugend die Entwicklung der Rechtsprechung. Der italienische Verfassungsgerichtshof *Corte Costituzionale* hat in einer wichtigen Entscheidung aus dem Jahre 1968

---

542 Calamandrei/Barile, in: Bettermann-Neumann-Nipperdey, S. 681

543 Calamandrei/Barile a.a.O.

544 Calamandrei/Barile a.a.O.

[546] bekräftigt, daß die Situation des Flüchtlings, der unter den in Art. 10 III cost. normierten Voraussetzungen Asyl beantragt, grundlegend von derjenigen des Ausländers unterschieden werden muß, der aus sonstigen Gründen Aufenthalt in Italien begehrt. In diesem Urteil [547], in dem das Gericht die Verfassungsmäßigkeit des Gesetzes über die Aufnahme von Ausländern in das italienische Journalistenregister überprüfte (Art. 45 des Gesetzes Nr. 69, 1963), wies die *Corte Costituzionale* entschieden darauf hin, daß den Asylberechtigten nach der Ratio des Art. 10 III cost aus der Vorschrift heraus eine privilegierte Position gegenüber sonstigen Ausländern zuzumessen sei. Es solle ausgeschlossen sein, das Bestehen des Asylrechts der Befolgung formaler Kriterien, wie z.B. Antragstellung, Besitz von Dokumenten zum Nachweis der Herkunft etc., die auf einfachgesetzlicher Ebene geregelt sind, zu unterwerfen, da ansonsten eine Gleichstellung mit den sonstigen einreisewilligen Ausländern vorgenommen würde. Es ist danach rechtswidrig, die Maßstäbe gegenüber Asylbewerbern ansetzen, die nach der geltenden sonstigen Ausländergesetzgebung anzuwenden wären. Hieraus resultiert zwangsläufig der Schluß, daß sich aus Art. 10 III cost. selbst eine Rechtsposition ergibt, als deren Ausfluß sich die von der *Corte Costituzionale* geforderte Besserstellung präsentiert. Der geforderte privilegierten Status von Asylberechtigten ist aber nur über ein sich aus Art. 10 III cost. ergebendes subjektives öffentliches Recht denkbar.

aa) Verwaltungsgerichtliche Entscheidungen vor 1990

Die verwaltungsgerichtliche Rechtsprechung hat der Frage nach dem Rechtscharakter des Asylrechts vor dem Jahre 1990 wenig Aufmerksamkeit geschenkt. In zwei früheren Entscheidungen des Staatsrats (*"Consiglio di Stato"*) [548], der einzigen Rechtsmittelinstanz von Urteilen der Verwaltungsgerichte (T.A.R. - *Tribunale amministrativo regionale)*, führt das Gericht aus, dem Asylbewerber stehe lediglich eine durch einfaches Gesetz zu manifestierende Einreisemöglichkeit zu, ein subjektives Recht sei jedoch in Art. 10 III cost. nicht enthalten. Damit hat

---

545 Vismara, Enc. dir., S. 198 ff.

546 Sent. n. 11, 1968

547 Das Urteil ist eines der wenigen, in dem sich die *Corte Costituzionale* mit dem Asylrecht des Art. 10 III cost überhaupt beschäftigt hat. Ansonsten läßt sich die Judikatur zum Asylrecht eher als spärlich bezeichnen

548 Cons. Stato n. 208, 27.2.1952, Foro. it. 1952, III, 107; Cons. Stato n. 374, 2.5.1958, Riv. dir. int. 1959, 652

sich der Staatsrat der Mindermeinung angeschlossen, wobei hier jedoch ebenso wie für das Schrifttum zu beachten ist, daß die zitierten Urteile aus der unmittelbaren Zeit nach Inkrafttreten der Verfassung stammen.
Demgegenüber führt die *Corte d'appello di Milano* [549] in einer Entscheidung vom 27.11.1964 [550] aus, es handle sich bei Art. 10 III cost. um ein subjektives Recht auf Einreise und Aufenthalt in Italien.

Urteile der jüngeren Zeit sprachen bereits dafür, daß auch die Rechtsprechung zu der Auffassung tendiert, Art. 10 cost. enthalte ein subjektives Recht auf Asyl und damit Einreise und Aufenthalt . So haben die Verwaltungsgerichte [551] in einer Reihe von Entscheidungen [552] Ausweisungsverfügungen gegen europäische Flüchtlinge unter Berufung auf Art. 10 III cost. aufgehoben und der Verwaltung auferlegt, ausländerrechtliche Regelungen im Fall von Asylbewerbern im Licht dieser Verfassungsnorm anzuwenden. Auch dies spricht gegen die Auffassung der Mindermeinung, nach der der Asylbewerber ja lediglich Rechte aus einfachgesetzlichen Vorschriften ableiten kann, welche zumindest zum Zeitpunkt des Erlasses der zitierten Urteile nicht existierten [553]. Konsequenterweise hätten in diesem Fall die Ausweisungsverfügungen aufrecht erhalten werden müssen, weil zu jener Zeit kein Asylverfahrensgesetz in Kraft war, aus dem heraus Rechtsansprüche gegen den Staat hätten abgeleitet werden können. So zeigen die zitierten Entscheidungen, daß die Verwaltungsgerichte übereinstimmend den Betroffenen aus der Verfassungsnorm selbst eine Rechtsposition zusprechen und damit zu der im Schrifttum vorherrschenden Meinung tendieren.

---

549 Die *Corte d'appello* gehört der ordentlichen Gerichtsbarkeit an und ist ein Gericht der Rechtsmittelinstanz; zur Aufteilung der Gerichtsbarkeit im italienischen Recht vgl. unten III.

550 Corte d'appello di Milano, sent. n. 126, 27.11.1964, Foro it. 1965, II, 122

551 Es soll darauf hingewiesen werden, daß auch die Inhaberschaft eines subjektiv öffentlichen Rechts je nach Rechtsgrundlage des Verwaltungshandelns auch den Weg zu den Verwaltungsgerichten eröffnet, vgl. zur Vertiefung S. 187 ff.,

552 Vgl. u.a. Tribunale Amministrativo Regionale (T.A.R.) für Umbrien, Urteil Nr. 27 v. 11.3.1985 u Urteil Nr. 407 v. 5.9.1985; T.A.R. für Venetien I Urteil Nr. 441 v. 5.7.1985; T.A.R. für Latium I, Urteil Nr. 659 v. 15.5.1986, Urteil Nr. 1048 v. 20.8.1986, Urteil Nr. 1582 v. 15.10.1986 u. Urteil Nr. 1607 v. 10.10.1987

553 Erst 1990 wurde mit der *legge Martelli* zum ersten Mal ein Gesetz mit dem Titel „Asylgesetz" erlassen, vgl. näher unten S. 162 ff.

bb) Verwaltungsgerichtliche Entscheidungen nach 1990

Das Jahr 1990 stellt für die Entwicklung des Asylrechts in Italien ein entscheidendes Datum dar, da zu diesem Zeitpunkt zum ersten Mal seit Inkrafttreten der Verfassung ein Gesetz mit dem Titel „Asylgesetz" erlassen wurde [554]. Seit diesem Zeitpunkt hat sich die Rechtsprechung verschiedenartig mit der Auslegung des Art. 10 III cost. befaßt. Teilweise wird der Interpretation des Art. 10 III cost. große Aufmerksamkeit gewidmet. Danach handelt es sich bei Art. 10 III cost. um ein subjektives Recht. So bekräftigt etwa das Verwaltungsgericht der Region Friaul-Venezia Giulia *(Tribunale amministrativo regionale (T.A.R.) Friuli Venezia-Giulia)* in ständiger Rechtsprechung [555]:

> „*Posto che non puo dubitarsi del contenuto immediatamente precettivo del terzo comma dell' art. 10 Cost. ...*" [556].

Und weiter heißt es:

> "*... il diritto d'asilo...presenta...il diritto a permanere nel paese e cioè di non esserne espulso*" [557].

Andere Verwaltungsgerichte führen aus, die Diskussion um die Rechtsnatur des Art. 10 III cost. sei mit Erlaß des Gesetzes Nr. 39, 1990 hinfällig geworden, da ein Recht auf Asyl spätestens in Gestalt des Gesetzes Nr. 39 in Italien geregelt worden sei [558]. Schließlich aber gehe es bei der zu überprüfenden Asylfrage [559] um die korrekte Interpretation der Verfahrensvorschriften und deren Vereinbarkeit mit der Verfassung. Danach ergibt sich im Lichte des Art. 10 III cost., daß die Zurückweisung in einen Signatarstaat der Genfer Konvention rechtswidrig ist, wenn zuvor nicht die Sicherheit des Flüchtlings vor Verfolgung in seinem

---

[554] *Norme urgenti in materia di asilo politico, di ingresso e soggiorno dei cittadini extracomunitari e di regolarizzazione dei cittadini extracomunitari ed apolidi gia presenti nel trritorio dello stato (d.l. 30 dicembre 1989, n. 416 conv. in l. 28 febbraio 1990, n. 39* (Gesetz Nr. 39, 1990 - „legge Martelli") - Gazzetta Ufficiale n. 49 del 28 febbraio 1990

[555] so z.B. Urt. Nr. 531 v. 18.12.1991, S. 674; Nr. 15 v. 23.1.1992, S. 1116

[556] „Hinsichtlich des unmittelbar verbindlichen Charakters des Art. 10 III cost. bestehen keinerlei Zweifel..."

[557] Urt. Nr. 15 v. 23.1.1992, S. 1116:„ Das Asylrecht...gewährt...ein Bleiberecht im Land und damit auch ein Recht darauf, nicht abgeschoben zu werden"

[558] T.A.R. Lazio Urt. Nr. 152 v. 12.2.1992, S. 903 f.

[559] Im zitierten Fall war der Kläger mit Bescheid der *Questura* von Rom auf der Grundlage des Art. 1 IV des Gesetzes Nr. 39/1990 zurückgewiesen worden

Heimatland positiv festgestellt wurde [560]. Daraus ergibt sich, daß auch in diesem Fall die subjektiv-rechtliche Qualität des Art. 10 III cost. angenommen wird. Denn im Wege einer rein institutionellen Interpretation bzw. über die Theorie der *norma programmatica* gelangt man nicht zu verbindlichen Vorgaben der Verfassung, die für den einzelnen gegenüber dem Staat wie ein Abwehrrecht fungieren. Denn gerade in den Ausführungen des *T.A.R. Lazio* offenbart sich der abwehrrechtliche Charakter des Art. 10 III cost., wenn seinem Träger das Recht zugesprochen wird, sich auf eine verfassungskonforme Auslegung zu berufen.
Damit scheint die vornehmlich in den Anfängen der Republik vertretene Mindermeinung auch in der Rechtsprechung überholt und Art. 10 III cost. als subjektives Recht anerkannt zu sein.

e) Systematische Argumentation

Die Grundrechtsqualität des Art. 10 III cost. ergibt sich schließlich auch aus dem systematischen Zusammenhang der Verfassungsnormen. Das Asylrecht ist im ersten Abschnitt der "Grundprinzipien" *("principi fondamentali")* in der Verfassung, die sich als *Costituzione rigida*, d.h. im Rang über den einfachen Gesetzen stehende Grundordnung versteht, geregelt. Die Grundprinzipien enthalten im allgemeinen alle diejenigen Bestimmungen, die man gewöhnlich als Programmsätze oder institutionelle Sätze, verfassungsrechtliche Erklärungen oder prinzipielle Deklarationen bezeichnet. Sie haben mit den Rechten gemein die Verfassungsgewähr [561], abgesehen von der natürlich auch gegebenen Eigenschaft, daß sie erlaubte und rechtlich relevante Tätigkeiten betreffen. Im Hinblick auf ihren rechtlichen Gehalt wird von einigen Autoren in Italien die Meinung vertreten, daß sie nicht unmittelbare und aktuelle Geltung besäßen, weil diese Prinzipien erst durch einfache Gesetze aktualisiert und in konkrete Anordnungen übertragen werden müßten, sofern nicht ausnahmsweise die Verfassung selbst in formaler Weise die Positivierung dieser Grundsätze vorgenommen habe [562]. Hier geht es letztlich um das Phänomen der Aktualisierung der Grundrechte. Bei einem solchen Verständnis könnte man für die Mindermeinung und gegen den subjektivrechtlichen Charakter des Asylrechts votieren.
Andere haben dagegen hervorgehoben, daß der rechtliche Wert dieser Prinzipien

---

560 T.A.R. Lazio Urt. Nr. 152 v. 12.2.1992, S. 904

561 Calamandrei/Barile, in: Bettermann-Neumann-Nipperdey, S. 678 ff.

sehr bedeutend ist - auch wenn sie nur eine verfassungsrechtliche Unterstreichung traditioneller Institute darstellen - , weil sie die besondere Aufgabe haben, eine Charakteristik des Staatswesens zu geben [563]. Es handelt sich um Grundsätze, die die Ziele des Staates und daher auch des Gesetzgebers bestimmen, das bedeutet also, die Seinsweise des Staatswesens und seine Entwicklungslinie [564]. So schreiben *Calamandrei* und *Barile*: Sie sind letztlich das authentische Motiv für andere Normen. Sie haben daher in erster Linie die Wirkung, eine entgegenstehende Tätigkeit des Staates zu verbieten. In zweiter Linie dienen sie als Richtschnur bei der Auslegung und Anwendung der einfachen Gesetze und der Verfassungsnormen. In dritter Beziehung binden sie positiv die Organe der Rechtsetzung dahin, den Gehalt dieser Prinzipien zu entfalten und zu konkretisieren, wobei als Sanktion für den Fall der Untätigkeit die Verantwortlichkeit gegenüber der Wählerschaft, die Auflösung des Parlaments und präsidentielle Botschaften zur Verfügung stehen Sie werden mehr oder weniger aktuell wirksam sein, je nachdem wie sie dem politischen Zweck entsprechen, der in einem bestimmten historischen Moment das Regime kennzeichnet [565].

Auch die *Corte Costituzionale* ist von ihrem Verständnis der allgemeinen Verfassungsprinzipien abgerückt, wonach diese Grundsätze dem einfachen Gesetzgeber lediglich den Weg wiesen, die von der Verfassung intendierte Gesellschaftsordnung zu verwirklichen [566]. Heute faßt sie die Grundprinzipien als *norme precettive,* d.h. verbindliche Vorschriften auf, die bei der verfassungsrechtlichen Prüfung und Auslegung der einfachen Gesetze maßgebend sind [567]. Mit diesem Wertungswandel scheint dann auch der Schritt zu einem dem Grundgesetz vergleichbaren Grundrechtsverständnis vollzogen. Ähnlich wie in der Weimarer Reichsverfassung - mit einem Grundrechtskatalog, der nur aus Programmsätzen und gerade nicht aus subjektiv-öffentlichen Rechten bestand - galten die Grundrechte vor dem jetzt vertretenen Verständnis im Rahmen der

---

562 Calamandrei/Barile, a.a.O., S. 681

563 Calamandrei/Barile a.a.O.

564 Calamandrei/Barile a.a.O.

565 Calamandrei/Barile, a.a.O., S. 682

566 Dieser Wandel des Verständnisses der *costituzionalizzazione* ist insbesondere im Privatrecht zu beobachten und zeigt sich in der verfassungsrechtlichen Judikatur zum Familienrecht, zum Arbeitsrecht und zum Deliktsrecht, Beispiele für Entscheidungen:

567 Vgl z.B. sent. n. 57, 1988 (Adoptionsrecht); sent. n. 616, 1987 (Urlaubsrecht); sent. n. 802, 1988 = Foro it. 1988, I, 3171 (Abgangsentschädigung im Arbeitsrecht); sent. n. 87/88, 1979 (Ersatz eines Nichtvermögensschadens im Hinblick auf Art. 32 cost. - Recht auf Gesundheit)

Gesetze, während nach dem Grundgesetz die Gesetze im Rahmen der Grundrechte gelten [568]. Mit dem Verständnis als *norme precettive* ist folglich der grundsätzliche Weg zu einem Verständnis als subjektives Recht eröffnet. Die Bestätigung dessen liegt in der Gewährung des sogenannten Asylrechts („*diritto d'asilo*"), bei dem die Verfassung einen eindeutigen Wortlaut zugrundelegt. Er ist dem Text anderer subjektiver Rechte aus dem Grundrechtskatalog wie z.B. Art. 17, 18 und 19 cost. gleichzusetzen, in denen stets vom "...Recht auf..." (*"...diritto di..."*) die Rede ist. Die Stellung des Art. 10 III cost. im ersten Abschnitt der *principi fondamentali* macht daraus ein verfassungsrechtliches Institut und verleiht dem Ausländer ein Grundrecht in diesem Sinne, auch wenn die Verfassung auf das einfache Gesetz verweist, damit dieses die "Voraussetzungen" festlegt. In der Deutung dieses Verweises ist *Barile* [569] Recht zu geben, wenn er darin einen Ausdruck dessen sieht, daß dieser nicht in dem rein technischen, sondern weiteren Sinn der Gesetzesausführung verstanden wird.

f) Entstehungsgeschichte der *legge Martelli*

Nach alledem wird schließlich der subjektivrechtliche Charakter des Art. 10 III cost. aber auch durch die Entstehungsgeschichte der *legge Martelli* belegt. Die ursprüngliche Fassung des Martelli-Gesetzes, das „*decreto legge 30 dicembre 1989 n. 416*", erfuhr in den Lesungen der Gesetzgebenden Versammlung im Parlament Kritik. Das „*decreto legge* „ wurde am 22.2.1990 im Parlament abschließend debattiert. Am Ende dieser Debatte beantragte der Abgeordnete *Mellini* zusammen mit anderen Abgeordneten unter entsprechender Änderung der Tagesordnung die Vorlage eines geeigneten, den Art. 10 III Cost. entsprechend berücksichtigenden Gesetzesentwurfs. Konkret stellte der Abgeordnete *Mellini* bei der Regierung folgenden Antrag „Die Regierung soll vom Parlament zur Verwirklichung der inhaltlichen Vorgabe des Art. 10 III cost. innerhalb einer Frist von 30 Tagen und damit zur Vorlage eines geeigneten Gesetzesentwurfs zur Regelung eines Verfahrens auf dem Gebiet des Asylrechts verpflichtet werden" [570]. Anschließend wurden unzählige Änderungsvorschläge, insbesondere

---

[568] Zu den Aspekten der geschichtlichen Entwicklung und Grundrechten in der Weimarer Reichsverfassung vgl. Pieroth/Schlink Rdnr. 42 ff.

[569] Barile, Il soggetto, S. 60 f.

[570] Zum *decreto legge*, insbesondere zum Zustandekommen und Charakter vgl. ausführlich S. 175 ff.; Der genaue Text der Debatte ist abgedruckt in *A.P., Camera, resoconto stenografico*, seduta 22-2-1990, II, 93

seitens der Abgeordneten *Lanzinger, Barbieri, Russo,* und *Rutelli*, eingebracht. Sie wurden aber entweder zurückgenommen oder zurückgewiesen, nachdem der Untersekretär der Kommission für Verfassungsfragen, *Ruffino*, versicherte, die Regierung würde in Kürze einen weiteren Gesetzesentwurf vorlegen, der im Hinblick auf das Asylrecht von sorgfältiger Ausarbeitung zeuge und die Vorschläge und Anregungen der Abgeordneten wohlwollend berücksichtige [571].
Die Debatte im Parlament zeigt, daß der Regierung die Problematik der Existenz eines subjektiven Asylgrundrechts nicht nur durchaus bekannt war, sondern auch, daß man offensichtlich auch ein subjektives Grundrechtsverständnis zugrundelegte, in dem die hier angesprochenen Probleme beim Erlaß des Martelli-Gesetzes wurzelten.
Abschließend kann damit die rechtsdogmatische Einordnung des Asylrechts als subjektiv öffentliches Recht als einzig richtige Lösung angesehen werden

2. Voraussetzungen des Asylrechts

a) Politische Verfolgung und verhinderte Freiheitsausübung

Erforderliche Voraussetzung für ein Recht auf Asyl gem. Art. 10 III cost. ist nicht politische Verfolgung, sondern der italienische Asylgrundsatz macht die eigene Verfassung zum Maßstab allgemeingültiger demokratischer Freiheitsregeln. Dennoch zeigt sich an dieser weit gefaßten Voraussetzung der politische Charakter des Asylrechts [572]. So schreibt etwa *Esposito*: "Diese Bestimmung geht davon aus, daß die den Staatsbürgern in der italienischen Verfassung garantierten Freiheitsrechte der menschlichen Natur entsprechen und eröffnet denjenigen das Asyl in Italien, denen, weil ihnen derartige Freiheitsrechte in ihren Heimatländern versagt sind, weder positivrechtliche noch tatsächliche Verhältnisse zugestanden sind, die den Idealen, die die italienische Verfassung den Bürgern garantiert, entsprechen. Aus dem Verfassungstext ergibt sich als Prüfstein für die Entscheidung über das Recht auf Asyl die Frage nach der tatsächlichen Situation des Ausländers (d.h. nach der Gesamtheit der Umstände, in denen sich dieser Ausländer wirklich in seinem Heimatland befand) und derjenigen, die dem italienischen Staatsbürger nach seiner Verfassung zusteht. Sobald fest-

---

571 *Casamera resoconto stenografico, seduta 22-2-1990* vgl. FN 570; ausführlich zur Entstehungsgeschichte s. S. 175 ff.

572 Ziotti S.106

steht, daß dem Fremden politische und bürgerliche Grundfreiheiten versagt werden, greift das Asylrecht ein" [573].
Die Entscheidung, ob ein ausländischer Staat diese Freiheitsrechte gewährt oder nicht ist rein politischer Natur, weil ihre Beurteilung von der jeweiligen politischen Wertrichtung in Italien abhängt. Dies wird von *Ziotti* zutreffend kritisiert [574]. Sie entspringt der globalen Bewertung der faktischen Freiheitsgarantien eines ausländischen Rechtssystems [575]. Darüber hinaus enthält die Einstufung auch eine ideologische Dimension, indem sie die westliche Demokratievorstellung zugrundelegt, die in der italienischen Verfassung verankert ist [576]. Grundlage ist somit eine politisch geprägte subjektive Sichtweise. Zu überprüfen ist die Nichtgewährung der Rechte durch das Herkunftsland, d.h. konkret ob diese selbst in dem betreffenden Land überhaupt nicht verwirklicht oder garantiert werden oder lediglich eine unvollständige, mit schweren und willkürlichen Beschränkungen verbundene Gewährleistung besteht bzw. nur *de iure* garantierte Freiheitsrechte ständig umgangen werden [577]. Art. 10 III cost. postuliert folglich den Geltungsbereich der italienischen Verfassung - gleich einem ordre public - über die Grenzen des italienischen Staates hinaus.

Von der politischen Einschätzung der Verhältnisse im Herkunftsland unterschieden werden muß die Frage nach dem politischen Charakter der verhinderten Inanspruchnahme von Rechten. Anders als bei der politischen Verfolgung i.S. von Art. 16 a I GG, die ein individuelles Betroffensein impliziert, ist bei der Hinderung der Ausübung der Rechte i.S. von Art. 10 III cost. der individuelle Nachweis einer auf den Betroffenen abzielenden zielgerichteten asylerheblichen Maßnahme nicht erforderlich. Zudem spricht der Wortlaut des Art. 10 III cost. im Gegensatz zu Art. 16 a I GG nicht vom politischen Element der Beeinträchtigung [578]. Darüber hinaus ist die Verhinderung der Inanspruchnahme außerdem weiter gefaßt als die politische Verfolgung und setzt ein final ausgerichtetes staatliches Handeln in Richtung auf den Asylberechtigten gerade nicht notwendig voraus [579].

---

[573] Esposito, Enc.dir., S.222

[574] Ziotti S. 106

[575] Ziotti S. 106 f.

[576] Calamandrei/Barile, in: Bettermann-Neumann-Nipperdey, S. 680

[577] Calmandrei/Barile a.a.O.

[578] D'Orazio, Condizione dello straniero, S. 89

In der italienischen Rechtsordnung wird der Asylbegriff in zahlreichen einfachgesetzlichen Vorschriften als *politisches* Asyl definiert [580]. Angesichts der Weite des Wortlauts des Art. 10 III cost. ist hingegen in der Judikatur vereinzelt eine gewisse Unsicherheit im Hinblick auf die Frage des politischen Charakters des Asylrechts zu beobachten. So wurde ausgeführt, das Asylrecht schütze jeden, der nur *irgendeine* Beeinträchtigung seiner Rechte hinzunehmen habe [581] bzw. bezweifelt, ob die Praxis der Versagung des Flüchtlingsstatus bei Flucht aus wirtschaftlichen Motiven verfassungsmäßig sei [582]. Demgegenüber wurde jedoch in zahlreichen anderen Entscheidungen auf die fundamentale Unterscheidung zwischen politischen und Wirtschaftsflüchtlingen abgestellt [583], allerdings mit verschiedenen Begründungen. Teilweise wurde auf den Flüchtlingsbegriff der Genfer Konvention zurückgegriffen, die in Italien seit 1955 als einfaches Gesetz in Kraft ist [584] und deren Flüchtlingsdefinition die das Asyl konkretisierende Vorschrift darstelle [585]. Teilweise wurde der politische Charakter unter anderem aus dem Umstand abgeleitet, daß dem Asylbegriff des Völkerrechts eine politische Dimension innewohne [586] und Rechte von Ausländern mit den Prinzipien der völkerrechtlichen Gemeinschaft zu koordinieren seien, was die *Corte Costituzionale* mehrfach hervorgehoben hat [587]. Es würde den Rahmen dieser Arbeit bei weitem sprengen, eine genaue Analyse der völkerrechtlichen Verknüpfungen mit dem Asylbegriff Italiens leisten bzw. alle Aspekte des politischen Asylverständnisses beleuchten zu wollen. Es soll deshalb an dieser Stelle die Feststellung genügen, daß die herrschende Meinung von einem politischen Asylbegriff ausgeht, zumal die neuste Entwicklung seit Schengen innerhalb der

---

579 Esposito, Enc. dir., S. 225

580 Z.B. Art. 25, legge 22 maggio 1975, n. 152 (Vorschriften zum Schutz der öffentlichen Ordnung); Art. 1, legge 10 giugno 1969, n. 308 (Vorschrift über den Status ausländischer Journalisten); Art. 1, legge 28 febbraio 1990 *(legge Martelli)* (vgl. unten III.)

581 TAR Lazio, I, 15. 5. 1986, n. 659

582 Corte d'appello di Milano, 27, 11. 1964, n. 126

583 TRGA, TAR Trento, 12.11.1992, n. 266; TAR Friuli-Venezia Giulia, 18.12.1991, n. 531; TAR Friuli-Venezia Giulia 23.1.1992, n. 15; TAR Friuli-Venezia Giulia, 30.9.1992, n. 410

584 vgl. dazu ausführlich unten III 1 a) aa)

585 So TRGA, TAR Trento, 12.11.1992, n. 266; TAR Lazio, I, 12.2.1992, n. 152; vgl. auch D'Orazio, Condizione dello straniero, S. 80 ff.

586 dazu ausführlich D'Orazio, Condizione dello straniero, S. 78 ff., S. 84 m.w.N.; Leduc, L'asile territorial et confèrence des Nations Unis de Genève (Janvier 1977), Ann. franc. droit. Int., 1977, S. 229-230; 255

587 Corte Costituzionale sent. nn. 61/1970; 157/1969/ 36/1958

Europäischen Union dahin geht, gleiche Bedingungen innerhalb der Mitgliedsstaaten für Asylbewerber zu schaffen und angesichts der Öffnung der Grenzen die Gefahr einer unkontrollierten Einwanderung zu Lasten der übrigen Staaten auf jeden Fall zu bannen [588]. Spätestens jetzt ist daher ein politisches Verständnis des Asylbegriffs in Übereinstimmung zu den völkerrechtlichen Vereinbarungen unerläßlich [589].

Daran anschließend stellt sich außerdem die Frage, ob die in Art. 10 III cost. geforderte verhinderte Ausübung voraussetzt, daß die verletzten Rechte vollständig und in effektiver Weise von italienischen Staatsbürgern in Italien in Anspruch genommen werden können. *D'Orazio* [590] weist richtig darauf hin, daß die Asylberechtigung eigentlich dann nicht greifen kann, wenn der Ausländer durch die Zuflucht ein Mehr an Freiheitsgewährung tatsächlich nicht erhalten kann, weil z.B. die Ausübung der Rechte in Italien ebenfalls unmöglich ist und nur formell garantiert werden. Tatsächlich wird ein solcher Vergleich jedoch von niemandem gefordert. Das zeigt, daß der Verfassungsgeber die faktische Garantie der Freiheitsrechte in Italien als selbstverständlich zugrundegelegt hat.

Problematisch ist zudem, ob es darauf ankommt, daß der Ausländer sämtliche Freiheitsrechte nicht in Anspruch nehmen kann, weil das Rechtssystem dies nicht zuläßt, oder ob bereits die Verletzung eines einzelnen bestimmten Rechts asylbegründend sein kann. *Cassese* [591] löst die Frage durch Zugrundelegung der Zielrichtung der Norm. Art. 10 III cost. geht von einer bestimmten Beschaffenheit der Verhältnisse des Herkunfts- bzw. Heimatlandes aus, welches von seiner Struktur her zur Unterdrückung o.g. Rechte neigt und sich dabei als totalitärer Staat zu erkennen gibt. Für die Erfüllung der verhinderten Ausübung müssen demnach im Einklang mit dem totalitären Charakter des Staates Indizien gegeben sein, daß die Inanspruchnahme der Freiheitsrechte durch den Betroffenen nicht möglich ist. Hingegen fallen in den Anwendungsbereich des Art. 10 III keine Staaten, in denen von einer grundsätzlich maximal optimierten Gewährleistung gesprochen werden kann und Grundrechte einzelner nur im Rahmen einer Abwägung zugunsten öffentlicher oder privater Interessen in begründeten Fällen

---

588 Dazu ausführlich unten, *Dritter Abschnitt*, I

589 Für eine Einbeziehung der Wirtschaftsflüchtlinge aber nach wie vor *Strozzi*, Rifugiati e asilo politico, S. 94 ff.; *Durante*, tutela internazionale dei rifugiati e diritti dell'uomo, S. 559 ff.

590 D'Orazio S. 85

591 Cassese S. 535

eingeschränkt werden [592]. Unter den Schutz des Art. 10 III cost. fallen deshalb keine Akte oder Handlungen, die gegen die Verfassung eines nicht totalitären Herkunftslandes gerichtet sind. Dies folgt aus der Ratio der Norm, eine Absage an totalitäre Staaten erteilen zu wollen, sich mit in solchen Staaten lebenden Menschen solidarisch zu erklären und den Betroffenen eine verfassungsmäßig gesicherte Lebensalternative anzubieten.
Wenn aber der Heimatstaat, dem der Ausländer entflieht, ein totalitärer sein muß, setzt dies voraus, daß der Staat selbst Urheber der Unterdrückung der Rechte sein muß. Dies wird nicht der Fall sein, wo es an einer Handlungsfähigkeit des Heimatstaates fehlt, etwa im Falle eines Bürgerkriegs oder anderer Zustände, die die staatliche Ordnung beseitigen [593].

Die vielfachen ungeklärten Auslegungsprobleme zeigen, daß die Weite der tatbestandlichen Voraussetzung des Art. 10 III cost. Unsicherheiten schafft. Mit *Ziotti* [594] ist deshalb davon auszugehen, daß die einzig mögliche Korrektur der Unbestimmtheit des Tatbestandsmerkmals die sorgfältige Prüfung der Situation jedes einzelnen Asylbewerbers darstellt.

b) Die demokratischen Freiheiten i.S. der Verfassung

Bisher ist offen geblieben, wie die demokratischen Freiheitsrechte (*"libertà democratiche")* zu definieren sind. Der überwiegende Teil des Schrifttums zu Art. 10 III cost. geht auf die Konkretisierung dieser Rechte nicht ein [595].
Im Rahmen der verfassungsrechtlichen Dogmatik nimmt allerdings die Diskussion um die Natur der Freiheitsrechte breiten Raum ein [596]. In Wahrheit gehört die Auseinandersetzung mit dem Begriff der Freiheiten im Rahmen der Verfassungsgeschichte zu den meist abgehandelten Problemen der Lehre [597].
Die *Corte Costituzionale* definiert die Freiheitsrechte in ständiger Rechtspre-

---

592 Cassese a.a.O.; daß die demokratischen Freiheitsrechte des Betroffenen *unterdrückt* werden müssen fordern auch *Mortati* S. 1157; Comm. breve Art. 10, S. 67, XIII

593 In diesem Sinne etwa Cassese S. 541; ders. Riv. Dir. Int. 1959,

594 Ziotti S. 109

595 Vgl. z.B. die Darst. bei Cassese S. 535 ff.; Esposito S. 222 ff.

596 Vgl. etwa die Darstellung bei Baldassare, Libertà, in: Enc. Giur. Treccani, Vol. XIX (voce *libertà*)

597 So Martines S. 619

chung als „oberste Prinzipien der verfassungsmäßigen Ordnung“ [598]. Tatsächlich läßt sich aber sagen, daß das Verständnis der *libertà* etwa ähnlich dem des Verständnisses der Abwehrrechte ist, da sie die Freiheit vom Staat gewährleisten [599]. Im modernen verfassungsstaatlichen Verständnis schaffen sie Ansprüche gegen den Staat, Störungen der eigenen Freiheitssphäre zu unterlassen [600]. Die genaue Definition der demokratischen Freiheitsrechte gestaltet sich indes unter der Maßgabe der Koexistenz verschiedener Begriffe im Verfassungsrecht schwierig: Die Lehre kennt darüber hinaus den Begriff des subjektiv öffentlichen Rechts (*"diritto pubblico soggettivo")*, den des Grundrechts (*"diritto fondamentale")* und den des unverletzlichen bzw. unantastbaren Rechts *("diritto inviolabile")* [601]. Die Entscheidung, welche Rechte aus dem Verfassungskatalog des I. Teils als demokratische Freiheitsrechte und damit als asylerheblich zu qualifizieren sind, ist mithin schwierig, so daß es zunächst der Klärung der Begriffe bedarf.

Wie auch im deutschen Recht verleiht das subjektiv öffentliche Recht dem einzelnen eine bestimmte Rechtsmacht gegenüber dem Staat, die er aus einer Rechtsnorm ableiten kann. Die italienische Dogmatik differenziert danach, ob dem Bürger ein wirkliches und echtes subjektives Recht zusteht, das durch den einfachen Gesetzgeber und die Exekutive keinen Beschränkungen unterworfen werden kann [602]. Manchmal sichert sie dem Bürger nur ein rechtliches Interesse zu, d.h. ein Recht, das der ordentliche Gesetzgeber abschwächen darf und das die ausführende Gewalt berichtigen kann [603]. Der Begriff des subjektiv öffentlichen Rechts erlangt folglich als Gegenstück zum Begriff des "rechtlichen Interesses" im italienischen Recht Bedeutung. Dieser Gegensatz wirkt sich vor allem auf das System der Rechtswegzuständigkeiten aus. Im Unterschied zum deutschen Recht legt das italienische Rechtssystem nicht die Trennung zwischen öffentlichem und Privatrecht in der Aufteilung der Rechtswegzuständigkeiten zugrunde. Geht es im deutschen Recht stets um einen Anspruch aus einer öffentlich-rechtlichen Norm, was für die Rechtswegzuweisung ausschlaggebend ist, so richtet sich die Verteilung der Rechtsprechungsaufgaben in Italien danach, ob ein subjektives öffentliches Recht oder ein rechtliches Interesse (*"interesse legittimo"*) vorliegt (Art. 103 cost.).

---

598 Diese Definition findet sich etwa in sent. n. 183, 1973; n. 170, 1984; n. 1146, 1988

599 In diesem Sinne auch Baldassare a.a.O., S. 28 f.

600 Baldassare a.a.O. S. 26

601 Vassalli, l' indice pen. 1990, 235 (235 f.)

602 Calamandrei/Barile, in. Bettermann-Neumann-Nipperdey, S. 680

Bei den Freiheitsrechten (*"libertà democratiche"*) handelt es sich begrifflich um subjektiv öffentliche Rechte, welche einen Freiheitsanspruch beinhalten [604]. Ihre Gewährleistung ist Ausdruck des Rechtsstaats [605], indem sie dem einzelnen eine von der Rechtsordnung geschützte subjektive Position gegenüber dem Staat verschaffen [606]. Sie stellen als in der Verfassung verankerte Rechte sog. unantastbare Rechte (*"diritti inviolabili"*) dar [607]. Rechtsdogmatisch sind sie somit als unverletzliche Rechte zu qualifizieren, die Einstufung als Freiheitsrechte ergibt sich aus ihrer inhaltlichen Qualität.

Der Begriff der unantastbaren oder unverletzlichen Rechte *("diritti inviolabili"),* welche in Art. 2, 13, 14, 15, 24 cost. erwähnt sind, ist undeutlich, da es die Verfassung selbst unterläßt, sie genau zu beschreiben oder zu definieren. Gem. Art. 2 cost. wird dem Staat auferlegt, die unantastbaren Rechte des Menschen anzuerkennen, ohne daß die rechtlichen Konsequenzen dieses Bekenntnisses ersichtlich wären. Umstritten ist etwa, ob die unantastbaren Rechte mit den subjektiven Rechten gleichzusetzen sind [608].

Der Terminus *"diritto fondamentale"* wird in Art. 32 cost. verwendet. Über diese Vorschrift hinaus gibt die italienische Verfassung keine weiteren Anhaltspunkte, welche Rechte als *diritti fondamentali* zu qualifizieren sind. Anerkannt ist aber, daß sämtliche *diritti fondamentali* gleichzeitig *diritti inviolabili* sind, was nicht bedeutet, daß umgekehrt *diritti inviolabili* nur sämtliche *diritti fondamentali* seien [609]. So schreibt *Vassalli* [610]: *Diritti fondamentali* wie *diritti inviolabili* sind ein Teil des pluralistischen Demokratiemodells, welches die Verfassung entworfen hat; daran hat sich auch die Verfassungsrechtsprechung orientiert, welche über die Bekräftigung der explizit garantierten Rechte hinaus diese Qualität

---

603 Calamandrei/Barile a.a.O.

604 Martines S. 632 f.

605 Martines S. 630

606 Martines S. 631

607 Martines a.a.O.

608 Ausgangspunkt bei der Frage der Konkretisierung der *diritti inviolabili* ist Art. 2 cost.; versteht man die Vorschrift als offene Norm, bleibt unklar, welche Rechte genau sog. unverletzliche Rechte sind. Aus diesem Grund vetrtritt die Literatur teilweise, es herrsche eine volle Identität zwischen subjektiven Rechten und *diritti inviolabili* und Art. 2 cost. sei nicht als offene Norm zu interpretieren; zum Streit ausführlich Pace S. 7 f. m.w.N.

609 Comm. breve, Art. 2, S. 10 f., V; Zum Streit um die Konkretisierung der *diritti inviolabili* ausführlich Pace S. 4 ff.

610 Vassalli, l'indice pen. 1990, 234 (234 f.)

noch anderen Rechten verliehen hat. Demnach ist der in der Verfassung aufgeführte Katalog der *diritti inviolabili* nicht abschließend, was auch den Umfang der inhaltlichen Freiheitsrechte beeinflußt [611]. Folglich zählen zu den unantastbaren Rechten erstens diejenigen, welche die Verfassung explizit als solche bezeichnet, zweitens diejenigen, welche als *diritto fondamentale* bezeichnet werden und drittens die Rechte, die der Verfassungsgerichtshof *Corte Costituzionale* als solche anerkannt hat [612].

Es soll noch einmal festgehalten werden, daß die inhaltliche Qualität der Freiheitsrechte darin besteht, daß sie einen Abwehranspruch gegen Eingriffe des Staates in den geschützten Freiheitsbereich des einzelnen zum Gegenstand haben [613]. Zu diesen in der Verfassung explizit aufgeführten Rechten zählen die Freiheit der Person (*"libertà personale"*) in Art. 13 cost., die Unverletzlichkeit der Wohnung (*"libertà del domicilio"*) in Art. 14, das Briefgeheimnis (*"libertà e la segretezza della corrispondenza"*) in Art. 15 cost., die Freizügigkeit (*"libertà della circolazione e del soggiorno"*) in Art. 16 cost., die Versammlungsfreiheit (*"diritto di riunione"*) in Art. 17 cost., die Vereinigungsfreiheit (*"diritto di associazione"*) in Art. 18, die Religionsfreiheit (*"diritto di professione della religione"*) in Art. 19 cost, die allgemeine Meinungsfreiheit (*"manifestazione del pensiero"*) in Art. 21 cost. sowie die Kunst- und Freiheit der Wissenschaft (*"libertà dell'arte e della scienza")* in Art. 33 cost.. Die vom Verfassungsgerichtshof anerkannten Freiheitsrechte, welche in der Verfassung nicht explizit aufgeführt sind - die der Fallgruppe 3 - , verdanken ihre Qualifizierung der Zugehörigkeit zum unverletzlichen Kernbereich der Menschenwürde [614]. Beispielsweise wurde so als dem Kernbereich zugehörig angesehen die Freiheit zur Schließung einer Ehe (*"libertà di contrarre matrimonio"*) [615]. [616] Damit wird augenschein-

---

611 Die Theorie der offenen Norm wird von der *Corte Costituzionale* und einem Teil des Schrifttums vertreten: so z.B. sent. n. 38/1973; 561/1987; 404/1988; dagegen aber ursprünglich z.B. sent. n. 29/1962; 33/1974; 102/1975; 238/1975; Pace S. 4 ff., der sich gegen eine Herleitung aus Art. 2 cost. ausspricht, da der Schutz von nicht explizit in der Verfassung aufgeführten Rechten aus den vorhandenen Normen bereits ableitbar sei; letztlich ist jedoch entscheidend, daß die Existenz von nicht explizit aufgeführten unverletzlichen Rechten nicht bestritten wird, sondern lediglich die dogmatische Herleitung fraglich ist

612 Vassalli, l'indice pen. 1990, 234 (234 f.)

613 Vassalli a.a.O.

614 So die *Corte* in dem Urteil *sent. n. 11 del 1956*, in dem er diese als *"patrimonio irretrattabile della persona umana"* bezeichnet

615 Corte Cost. sent. n. 27 del 1969

lich, daß der Katalog der Freiheitsrechte i.S. des Art. 10 III cost. eine gewisse Elastizität aufweist, geprägt durch den politisch ideologischen und funktionalen Demokratiebegriff [617]. Wer die Verletzung eines in der Verfassung aufgeführten oder durch die *Corte Costituzionale* als solches anerkannten Rechts geltend macht, trägt einen asylerheblichen Grund zur Einreise vor.

In der letzten Zeit wurde schließlich diskutiert, ob zu den Freiheitsrechten des Art. 10 III cost. auch das in Art. 4 cost. garantierte Recht auf Arbeit zählt [618]. Der Grund für diese Diskussion ist wohl in dem Umstand zu suchen, daß auch Italien von einer nicht unerheblichen Arbeitslosigkeit heimgesucht wird, die Zahl der illegalen Einwanderer sowie der Wirtschaftsflüchtlinge dagegen steigt und den Staat vor vielfältige Probleme stellt [619]. In Italien ist daher eine spürbare Angst vor einem ungebremsten Flüchtlingsstrom ohne zahlenmäßige Begrenzung zu verzeichnen [620]. Teilweise wurde daher angesichts des Wortlauts des Art. 10 III cost. befürchtet, Flüchtlinge könnten unter Berufung auf Art. 4 cost. ein Recht auf Arbeit beanspruchen [621]. Diese politische Hysterie ist aber unberechtigt, denn das Recht aus Art. 4 cost. ist anerkanntermaßen einer restriktiven Interpretation unterworfen, die in Verständnis als Leistungsanspruch auf Beschäftigung oder Beibehaltung des Arbeitsplatzes verbietet [622]. Es wäre vielmehr paradox, der rechtlichen Qualifizierung des Art. 4 cost. im Zusammenhang mit Art. 10 III cost. eine andere bzw. umfassendere Bedeutung zuzusprechen als im Hinblick auf sonstige Berechtigte [623].

3. Inhalt und Bedeutung des Rechts auf Asyl

Nach der heute als gefestigt anzusehenden Auffassung ist die Entstehung des Rechts auf Asyl abhängig von der Situation des Gehindertseins in der Ausübung

---

616 Zur Rechtsprechung der *Corte Costituzionale* s. Comm. breve, Art. 2, S. 10 f., V 2, 3; vgl. z.B. Corte Cost. sent. n. 18 del 1982; sent. n. 232 del 1989

617 D'Orazio S. 91

618 D'Orazio, Condizione dello straniero, S. 107

619 Vgl. zum Phänomen der Massenimmigration Nascimbene, diritto d'asilo es Albanesi in Italia. Rifugiati o clandestini ?, il corriere giuridico 8/1991, S. 817 ff.

620 D'Orazio Condizione dello straniero, S. 108; Nascimbene a.a.O.

621 D'Orazio a.a.O.

622 Corte Costituzionale sent. n 5/1965

623 D'Orazio, Condizione dello straniero, S. 108

der Freiheitsrechte, welche die italienische Verfassung gewährleistet [624]. Im Schrifttum wird immer wieder betont, daß es sich bei dem Tatbestandsmerkmal des Verhindertseins nicht um eine echte Voraussetzung oder Bedingung für die Inanspruchnahme des Asylrechts handelt [625]. Das Asylrecht entsteht automatisch und nicht erst durch behördlichen Anerkennungsakt [626]. Als Folge dieser Konzeption kann der Antragsteller bereits mit Stellung des Antrags das Asylrecht vorläufig in Anspruch nehmen und dieses entfaltet gegenüber demjenigen, der zunächst behauptet, ihm sei die Ausübung der demokratischen Freiheiten unmöglich, eine echte Wirkung. Wer demnach unter Berufung auf das Asylrecht an der Grenze Einlaß begehrt, muß - zumindest vorläufig - aufgenommen werden, bis die Behörden das Vorliegen der Voraussetzungen endgültig überprüft haben. Der Art. 10 III cost. vermittelt somit ein Einreiserecht, gleichgültig, wie sich der Asylbewerber an der Grenze präsentiert [627]. Nach der älteren und neueren, zum Teil sehr namhaften, Literatur sowie der Rechtsprechung des Verwaltungsgerichts für die Region Friuli Venezia-Giulia gewährt Art. 10 III Cost. daher ein subjektives Rechts auf Einreise und - zumindest - vorläufigen Aufenthalt auf italienischem Territorium [628]. Dies schließt den verfassungsrechtlich gewährleisteten Schutz vor Abschiebung ein [629], so daß das vorläufige Bleiberecht des Asylbewerbers verfassungsrechtlich gesichert ist.

Die Verfassungsnorm enthält demgegenüber keinerlei Aussagen über die Rechte im Asyl. In diesem Sinne haben die Verwaltungsgerichte hinsichtlich des Inhalts des Art. 10 III cost. übereinstimmend klargestellt, daß er sich in einem reinen Bleiberecht und damit Schutz vor Abschiebung erschöpfe [630]. Diese Tatsache

---

624 Comm. breve Art. 10 S. 68, XIV; Esposito, Enc. dir., S. 222

625 Comm. breve a.a.O.; Esposito a.a.O.; Barile, Istituzioni di diritto pubblico, S. 583; Ziotti S. 107; in diesem Sinn wohl auch Mortati S. 1157, der die „Vorwirkung“ des Asylrechts betont

626 Comm. breve Art. 10 S. 67, XIV spricht explizit davon, daß Rechtsinhaber ist, wer die Voraussetzungen des Art. 10 III cost. erfüllt

627 So die dogmatische Begründung bei Ziotti S. 95

628 *Barile*, le libertà nella Costituzione, S. 116; *ders.*, diritti dell'uomo e libertà fondamentali, S. 34; *Beghè Loreti*, Rifugiati e Richiedenti asilo..., S. 102; *Cassese* S. 534; *D'Orazio*, S. 48; *Mortati*, Istituzioni..., S. 1157; *Udina*, l'asilo politico, S. 269; *Esposito*, Enc. dir., S. 224; *Comm. breve* Art. 10, S. 67, XII 1; *Ziotti* a.a.O. und S. 110; *Valenti*, Natura, validità e applicabilità del diritto di asilo, S. 85 ff.; TAR Friuli-Venezia Giulia 23.1.1992, Nr. 15; 18.12.1991, N. 531

629 Vgl. das entscheidende Zitat aus der Entscheidung des *T.A.R. Friuli Venezia-Giulia* 23.1.1992, Nr. 15, S. 1116, zitiert oben auf S. 124

630 Vgl. etwa T.A.R. Friuli Venezia-Giulia Urt.Nr. 15 v. 23.1.1992

stellt für sich gesehen keine Besonderheit dar, wenn man sich vor Augen hält, daß die meisten vergleichbaren Regelungen europäischer Verfassungen, wie z.B. der deutschen oder französischen, ebenfalls nur vom Recht auf Asyl sprechen. Die inhaltliche Ausgestaltung des Asyls bleibt demnach der Interpretation des Grundrechts überlassen oder ergibt sich aus dem System der Verfassung, wenn es Rechte enthält, die allen Menschen zustehen und ein Minimum an Versorgung garantieren.

In dem 1994 erschienenen Werk *D'Orazios* wird allerdings der Ansatz eines restriktiveren Verständnisses diskutiert. Danach vermittle Art. 10 III cost. Ein subjektives Recht auf die bloße Berechtigung, einen Asylantrag zu stellen, falls nicht von vorneherein Umstände ersichtlich sind, die auf eine Gefahr für die öffentliche Sicherheit oder Ordnung schließen lassen [631]. Gestützt wird diese Argumentation vor allem auf das Asylverständnis „*post Schengen*" sowie das Verständnis des Asylgrundrechts in anderen Staaten, insbesondere Spanien.
Dazu ist in Anknüpfung an die Änderungsdiskussion im deutschen Recht anzumerken, daß die Verbürgung einer subjektiven Asylgarantie auf verfassungsrechtlicher Ebene innerhalb der Staaten der Europäischen Union Seltenheitswert hat. In Ansehung dessen ist es nicht neu, die angestrebte Harmonisierung des materiellen Asylrechts im Kreise der Schengen-Staaten als Argumentationsstütze heranzuziehen, wenn es um die restriktive Auslegung verbürgter Asylgarantien geht [632]. Ein solcher Ansatz läßt sich jedoch mit dem allgemeinen Grundrechtsverständnis kaum vereinbaren.

Dazu ist vorab zu bemerken, daß die Auslegung der Grundrechte im italienischen Recht durch die Rechtsprechung nicht in dem Maße entwickelt ist, wie es dem deutschen Recht gängig ist. Dies ist sicherlich der Existenz der Verfassungsbeschwerde nach Art. 93 GG im deutschen Recht zu verdanken, die es im italienischen Recht nicht gibt. Verfassungsgerichtlichen Grundrechtsschutz vermag die *Corte Costituzionale* lediglich über den Weg einer inzidenten Normenkontrolle zu vermitteln (Art. 1 des Verfassungsgesetzes (legge cost.) n.1/ 1948). Dabei handelt es sich um ein Normenkontrollverfahren, das eingeleitet wird durch von den einfachen Gerichten ausgehende Vorlageverfahren, wobei

631 So diskutiert etwa bei D'Orazio, condizione dello straniero, S. 92

632 Diesbezüglich sei auf die riesige Diskussion verwiesen, mit der vor dem Jahre 1993 die Änderung bzw. Einschränkung des Asylgrundrechts begründet wurde, so z.B. bei Bell, ZAR 1990, 83; Hailbronner/ Cordes, NVwZ 1991, 713

den Parteien des Ausgangsverfahrens begrenzte Initiativ- und Beteiligungsrechte im verfassungsrechtlichen Verfahren eingeräumt werden [633].

Die Grundrechte selbst sind von der italienischen Wissenschaft verschieden beurteilt worden. *Romano* hatte die Auffassung vertreten, daß es nur ein einheitliches Freiheitsrecht gebe, das immer die gleiche Tendenz und den gleichen Inhalt besitze. Die sogenannten Freiheitsrechte "seien daher nur Anwendungsfälle, in denen das eine Freiheitsrecht sich auswirke... Jede Konkretisierung dieser Fälle kann daher nur deklaratorisch, nicht konstitutiv sein" [634].
Diese Auffassung hat er jedoch dann später geändert und sich der der allgemeinen, von der Verfassung selbst vorgegebenen Unterscheidung der bürgerlichen und sonstigen Freiheiten angeschlossen, indem er den einheitlichen Ursprung dieser Rechte ablehnt und betont, es gebe ebenso viele verschiedene und gesonderte Freiheitsrechte, wie der Staat darauf verzichtet, über ein gewisses Maß hinaus in die Sphäre seiner Bürger einzugreifen[635].
Nach einer anderen Methode werden die bürgerlichen Rechte unterteilt in die großen Kategorien der persönlichen Freiheiten und verwandte Rechte, die bei der Interpretation der Voraussetzungen des Art. 10 III cost. bereits erörtert wurden, der Rechte des Verkehrs, der Familie, der Meinung, in die gewerblichen und vermögensrechtlichen Rechte in die Rechte der Versammlung und Vereinigung [636]. Jedoch verzichtet die moderne Lehre fast einhellig auf eine solche Klassifikation und begnügt sich damit, die einzelnen Rechte aufzuführen, die von der Verfassung bereits selbst gruppiert und damit systematisiert worden sind. Die programmatischen, politischen und sozialen Grundsätze, die sich auf das Individuum beziehen - denn von dieser Untersuchung bleiben die sogenannten Garantien öffentlicher Institutionen ausgeschlossen -, werden im allgemeinen nicht in Gruppen unterteilt, es sei denn zum Zweck der beispielhaften

---

633 zur Einleitung der Normenkontrolle in *via incidentale* vgl. Luther S. 76 ff.; Die verfassungsmäßige Normenkontrolle kann sich sowohl auf formelle Rechtswidrigkeit erstrekken, d.h. auf das Zustandekommen und das äußere Gewand der Norm, als auch auf Fehler, die zum materiellen Inhalt des Gesetzes gehören, Inkompetenz, Verletzung der Verfassung und, wenigstens nach einem Teil der Lehre Machtüberschreitung durch Abweichen von den vom Gesetzgeber gesteckten Zielen, *Luther*, S. 102 ff.;
zur Verfassungsmäßigkeit von Gesetzen vgl. ferner ausführlich *Schefold,* Via costituzionale o controllo di giurisprudenza ? Appunti per uno studio del controllo do legittimità costituzionale delle leggi nel diritto italiano in confronto con l'ordinamento tedesco, Manuskript, Berlin 1973

634 Romano, Diritti pubblici, S. 168

635 Romano, Principi S. 121

636 Romano, Principi S. 124-131

Erläuterung [637].
Dementsprechend soll auch hier über die Einteilung von Grundrechten bzw. Grundpflichten und programmatischen Prinzipien hinaus keine weitere Systematisierung vorgenommen werden, die für die Auslegung des Asylrechts von Bedeutung wäre. Vielmehr muß nach *Calamandrei/Barile* die rechtliche Situation innerhalb jeder dieser drei Kategorien so behandelt werden, wie die Verfassung das niedergelegte positive Recht vorgezeichnet hat [638], so daß jedes Grundrecht der Verfassung gesondert zu betrachten ist.
Im übrigen ist auch das klassische Verständnis der Grundrechtsfunktionen als Abwehrrechte oder Rechte des status positivus [639] der italienischen Grundrechtslehre nicht unbekannt [640]. Grundüberlegung der italienischen Diskussion ist auch hier die Tatsache, daß die von der Verfassung gewährten subjektiven Rechtspositionen verschiedener Natur sind [641]. Die für unser deutsches Recht anerkannte Statuslehre ist jedoch für das italienische Grundrechtsverständnis umstritten [642]. Die oben dargestellte Einteilung der Grundrechte, wie sie die italienische Verfassung selbst anbietet, ist mit den Kategorien Leistungsrechte und Freiheitsrechte nicht vereinbar [643]. Da man hier von Freiheitsrechten *(diritti di libertà)* spricht, der status negativus aber als Freiheit vom Staat verstanden wird, ist der Begriff der Freiheitsrechte unpassend, denn dann gäbe es nur Freiheiten im eigentlichen Sinn und keine Rechte auf solche [644]. *Pace* führt deshalb als Hauptpunkt seiner Kritik an, daß die Freiheit auch einen Anspruch gegen den Staat darstellt, nämlich auf Unterlassen von Eingriffen, und damit die subjektive Rechtsposition vom Anspruchsdenken nicht losgelöst betrachtet werden kann, auch wenn es sich um einen sozusagen negativen Anspruch handelt [645].

Darüber hinaus, und hier präsentiert sich das eigentlich entscheidende Argument gegen den Ansatz *D'Orazios*, ist diese neuere Diskussion um den Gehalt des

---

637 Calamandrei/Barile, a.a.O., S. 683 m.w.N

638 Calamandrei/Barile a.a.O.

639 Zu der auf *Georg Jellinek* zurückgehenden klassischen Einteilung der Grundrechte vgl. oben *Erster Teil* II.

640 Vgl. Dazu ausführlich *Pace*, Problematica delle libertà costituzionali, S. 26 ff.

641 Pace, a.a.O., S. 28

642 Pace, a.a.O., S. 30 ff.

643 Pace, Problematica delle libertà costituzionali, S. 30 ff. m.w.N.

644 Pace, a.a.O., S. 30

645 Pace a.a.O.

Art. 10 III Cost. vom leistungsrechtlichen Aspekt des Asylgrundrechts bestimmt, weil hier nur ein Recht auf Teilhabe am asylrechtlichen Verfahren im Rahmen vorgegebener Ressourcen verbürgt werden soll.
Oben wurde bereits auf breiter Ebene erörtert, welche schlagenden Argumente dem leistungsrechtlichen Aspekt des Asylgrundrechts entgegenzuhalten sind, die zu einer zutreffenden Ablehnung desselben führen [646]. Die insoweit für die deutsche Diskussion aufgestellten Grundsätze und Argumente lassen sich auf die italienische Problematik übertragen, so daß sich eine Wiederholung an dieser Stelle erübrigt.

Schließlich läßt sich aber auch aus der Entstehungsgeschichte des Asylgrundrechts, die im Zusammenhang mit der Erörterung des rechtlichen Charakters des Asylgrundrechts kurz dargelegt wurde, herauslesen, daß das Asylgrundrecht in erster Linie als individuelles Recht konzipiert ist, das den Schutz eines besonders gefährdeten Bereichs menschlicher Freiheit zum Gegenstand hat. Auf dem Hintergrund des freiheitlich-liberalen Grundrechtsverständnisses ist die Abwehr von Eingriffen in die geschützte Freiheit maßgebliche Aufgabe der Grundrechte. In Ansehung dessen aus dem Asylgrundrecht ein dem Schengener System angepaßtes Grundrechtsverständnis ableiten zu wollen, ist mit dieser Konzeption aber unvereinbar. Vielmehr führt der aufgezeigte Weg zu einem Verständnis als programmatische Norm, will man in dem Asylrecht lediglich die Gewährleistung eines Prüfungsanspruchs garantiert sehen. Dieses ist aber aus den aufgezeigten Gründen heraus abzulehnen. Art. 10 III cost. vermittelt somit dem Asylsuchenden ein Einreiserecht und entfaltet demjenigen gegenüber eine „Vorwirkung", der an der Grenze behauptet, die Freiheitsrechte, wie sie die italienische Verfassung garantiert, in seinem Heimatland nicht in Anspruch nehmen zu können.

4. Ergebnis

Die Bedeutung und Auslegung des italienischen Asylgrundrechts liegt in der Gewährung eines subjektiven Rechts auf Einreise und nicht nur vorübergehenden Aufenthalt für denjenigen, der in seinem Heimatland an der Inanspruchnahme der demokratischen Freiheitsrechte, wie sie die italienische Verfassung garantiert, gehindert wird. Das Grundrecht hat damit eine direkte und unmittel-

---

646 Vgl. dazu oben *Erster Abschnitt* S. 62 ff.

bare Geltung und verschafft dem Ausländer eine Rechtsposition gegenüber dem italienischen Staat. Wäre Art. 10 III cost. als programmatische Norm zu verstehen, hinge die Frage einer Rechtsposition von der Gewährleistung eines Asylrechts auf einfachgesetzlicher Ebene ab. So aber hat Art. 10 III cost. auch unabhängig von einem gesetzgeberischen Einschreiten Geltung. Als Konsequenz bestehen der Einreiseanspruch des Ausländers und das Recht auf Aufenthalt - vorausgesetzt er erfüllt die tatbestandsmäßigen Voraussetzungen - immer, auch wenn kein Asylverfahren existiert, nach dem der Asylbewerber behandelt werden soll.

II. Der Gesetzesvorbehalt "secondo le condizioni stabilite dalla legge"

In Art. 10 III cost heißt es: Der Ausländer, dem in seinem Heimatland die Ausübung der demokratischen Freiheiten untersagt ist, die von der italienischen Verfassung gewährleistet werden, genießt Asylrecht auf dem Gebiet der Republik nach Maßgabe der gesetzlichen Vorschriften *("...secondo le condizioni della legge")*, so daß das Recht auf Asyl einem Gesetzesvorbehalt *(riserva di legge)* unterstellt ist.
Allgemein wird der Gesetzesvorbehalt im italienischen Recht wie folgt definiert: Er liegt vor, wenn eine Verfassungsnorm dem Gesetz die Regelung eines bestimmten Rechtsgebietes vorbehält, um die Exekutive ganz oder teilweise von der dahingehenden Regelungskompetenz auszuschließen [647]. Insoweit besteht eine gewisse Parallelität zum Gesetzesvorbehalt im Grundgesetz, weil auch hier nur der einfache Gesetzgeber von Verfassungs wegen ermächtigt und in die Lage versetzt wird, den Umfang und die Grenzen eines Grundrechts im einzelnen festzulegen, so daß die Gemeinsamkeit in der Privilegierung des Gesetzgebers liegt. Darüberhinaus wird durch die Vorschaltung eines Gesetzesvorbehalts eine allgemeine und institutionelle Garantie der Grundrechte und programmatischen Prinzipien im Verhältnis zur Exekutive gesichert [648], wie die Funktion der *riserva di legge* sehr allgemein umschrieben wird. Diese Aussage leitet zur Kernfrage der Untersuchung über, die Wirkung des Gesetzesvorbehalts im Hinblick auf die Beschränkbarkeit des italienischen Asylrechts zu erörtern. Hier wird etwa zu untersuchen sein, welcher Gesetzesbegriff zugrundezulegen ist, welche inhaltlichen Regelungskompetenzen dem Gesetzgeber zukommen und insbesondere ob das italienische Asylrecht des Art. 10 III cost. vom Gesetzgeber im Sinne eines *numerus clausus* faktisch abgeschafft werden kann.

1. Der absolute Gesetzesvorbehalt in Art. 10 III cost.

Der in Art. 10 III cost. enthaltene Gesetzesvorbehalt ist ein sogenannter absoluter Gesetzesvorbehalt [649]. Dieser Aussage ist zu entnehmen, daß die in der italienischen Verfassung enthaltenen Gesetzesvorbehalte, wie auch im deutschen

---

647 *Balduzzi/Sorrentino*, Enc. dir., S. 1208; *Calamandrei/Barile*, in: Bettermann-Neumann-Nipperdey, Bd. I/2, S. 737; *Carlassare*, Enc. giur., XVIII, S. 2; *Martines* S. 464

648 Carlassare a.a.O.

649 Stellv. für alle Cassese S. 533

Recht, nicht einheitlicher Natur sind. Für die Erfassung der rechtlichen Konsequenzen dieser Einordnung des Gesetzesvorbehalts in Art. 10 III cost. sollte zunächst ein kurzer Überblick über die Typen von Gesetzesvorbehalten der italienischen Verfassung gegeben werden.

a) Abgrenzung des absoluten Gestzesvorbehalts zu relativen Gesetzesvorbehalten

Innerhalb der Gesetzesvorbehalte der Verfassung trifft man zunächst auf zwei große Gruppen. Die erste betrifft Fälle, in denen sich die Verfassung damit begnügt, die Regelung einer Materie durch "das Gesetz" festzulegen (sog.*"riserva ordinaria"*), die andere (sog.*"riserva aggravata"* bzw. *"rinforzata"*) bezeichnet Vorbehalte, bei denen in der Verfassung selbst bestimmte Vorgaben der Ausübung der legislativen Funktion direkt und explizit auferlegt werden [650]. Diese können rein formeller Natur sein, wie z.B. bei Art. 7 cost. (Beziehungen zwischen dem Staat und der katholischen Kirche), der die Absprache mit dem Heiligen Stuhl bei Regelungen betreffend die katholische Kirche voraussetzt, oder inhaltliche Vorgaben betreffen, wie im Fall des Art. 10 II cost., der voraussetzt, daß Regelungen betreffend die Rechtsstellung der Ausländer in Übereinstimmung mit internationalen Verträgen erfolgen müssen. Zur Vervollständigung ist anzumerken, daß in die Reihe der *"riserva aggravata"* oder *"riserva rinforzata"* auch der sogenannte Verfassungsvorbehalt einzuordnen ist (*"riserva di legge costituzionale")*, der beispielsweise in den Art. 116, 117 I, 132 I, 137 I cost. zu finden ist und bestimmt, daß lediglich Verfassungsgesetze eine Regelung der betroffenen Materie vornehmen können [651].

In Art. 10 III cost. finden sich keine verfassungsmäßigen Konkretisierungen in formeller oder materieller Hinsicht, so daß der absolute Gesetzesvorbehalt in die Gruppe der *"riserve ordinarie"* einzuordnen ist. Das Gegenstück zum absoluten Gesetzesvorbehalt stellt innerhalb der Kategorie der *riserve ordinarie* die *„riserva relativa"* dar. Die Abgrenzung beider Typen richtet sich nach der Art der Gesetzesermächtigung. Da Art. 10 III cost. nur einen einfachen Verweis auf "das Gesetz" enthält (...secondo le condizioni stabilite dalla *legge*), muß zunächst auf die Bedeutung des Gesetzesbegriffs des italienischen Rechts eingegangen werden.

---

650 Balduzzi/Sorrentino, Enc. dir., S. 1208

aa) Grundsätzliche Überlegungen zum Gesetzesbegriff

"Legge" ist ganz allgemein jedes formelle Gesetz, d.h. jeder im Verfahren der Art. 70 ff. cost. zustandegekommene und als solcher bezeichnete Rechtsetzungsakt der Gesetzgebungsorgane des Staates, jeder Rechtssetzungsakt der Regionen oder der autonomen Provinzen (Trient und Bozen) [652]. Dies ergibt sich zwar nicht aus Art. 70 cost., der nur von Gesetzen des Staates spricht, jedoch aus Art. 134 cost., welcher die regionalen Gesetze explizit erwähnt. Art. 117 cost. legt außerdem fest, welche Gesetzgebungskompetenzen den Regionen zukommen. Die Gesetzgebungskompetenz der autonomen Provinzen findet ihren Ursprung hingegen in dem Friedensvertrag zwischen den Alliierten und dem italienischen Staat [653].

Im Gegensatz dazu steht der Begriff *"atti con forza di legge"* (Akte mit Gesetzeskraft), zu denen einerseits die gesetzesvertretenden Dekrete (sog. *"decreti legislativi delegati"*) gehören, für die gem. Art. 76 cost. das Gesetz leitende Kriterien und Grundsätze festlegt und die nur für begrenzte Zeit und begrenzte Gegenstände gelten dürfen. Sie lassen sich entfernt mit der deutschen Rechtsverordnung gem. Art. 80 GG vergleichen, dessen Ermächtigung i.d.R. jedoch wesentlich begrenzter ist. Auch sind die deutschen Rechtsverordnungen im Unterschied zu den *decreti legislativi* auf Dauerwirkung angelegt.

Daneben gibt es die *"decreti-legge d'urgenza"*, die den Notverordnungen gem. Art. 48 II der Weimarer Reichsverfassung ähneln. Die italienischen Notdekrete beruhen auf einer verfassungsunmittelbaren Rechtsetzungskompetenz der Exekutive, konkret der Regierung, und haben unmittelbar Gesetzesrang, wobei sie bestehende Gesetze ändern oder aufheben können.

Ihr Gesetzesrang unterscheidet die Dekrete schließlich von den sogenannten Verordnungen (*"regolamenti amministrativi"*), die teils auf einfachgesetzlichen Ermächtigungen, teils auf der Satzungshoheit der autonomen Körperschaften i.S.d. Art. 128 cost. oder auf der neuen Generalermächtigung des Art. 17 l.n.

---

[651] Zagrebelsky S. 55

[652] Luther S. 94; zu den Gesetzgebungskompetenzen der Provinzen ausführlich Martines S. 817 f.

[653] Martines a.a.O.

400/1988 beruhen können und Gesetzen gegenüber nachrangig sind [654]. Sie sind aber keine Verwaltungsverordnungen im deutschen Sinne, sondern materielle Gesetze.
Es ist damit festzuhalten, daß das italienische System der Rechtsnormen zwei Stufen kennt: Auf der ersten Stufe, dem sogenannten *"livello primario"* siedeln sich sowohl formelle Gesetze im strengen Sinne an (d.h. Parlamentsgesetze gem. Art. 70 cost., regionale oder Provinzgesetze), die als Akte der Legislative anzusehen sind, als auch Rechtsnormen mit unmittelbarer Gesetzeskraft (*"decreti legislativi delegati, decreti legge d'urgenza"*), welche aber Akte der Exekutive darstellen. Sie sind von der Verfassung selbst auf dieselbe Stufe der formellen Gesetze erhoben. Man kann dabei von der "Legislative im weiteren Sinn" sprechen, da die Gesetzgebungsfunktion von der Legislative im eigentlichen Sinn, d.h. dem Parlament bzw. regionalen und Provinzparlamenten, und einem Teil der Exekutive erfüllt wird. Materielle Gesetze und damit nachrangige Rechtsnormen sind die Verordnungen (*"regolamenti"*), die sich auf dem sogenannten *"livello secondario"*, der zweiten Stufe, bewegen.

bb) Gesetzgebungsermächtigung aus der riserva di legge

Da die italienische Verfassung den Begriff *"legge"* in verschiedenen Zusammenhängen verwendet [655], ist fraglich, welche Gesetze des oben dargestellten italienischen Systems von Rechtsnormen die einem Vorbehalt unterstellte Materie regeln können. Dabei konzentriert sich die Klärung des Begriffs *"legge"* im Bereich der streng formellen Gesetze nach Art. 70 cost. auf die Frage der Zuständigkeit des Staates oder der Regionen bzw. Provinzen und zum zweiten auf das Problem der formellen oder materiellen Gesetze, d.h. ob es sich um Rechtsnormen erster oder zweiter Stufe handeln muß.

Nur der Vollständigkeit halber sei erwähnt, daß unter dem in der Verfassung gebrauchten Begriff *"legge"* nur Staatsgesetze (man würde im deutschen Recht von Bundesgesetzen reden) und nicht Gesetze der Regionen oder Provinzen zu verstehen sind [656].

---

[654] Zur Vertiefung der Problematik der Verordnungen s. *Amato*, Rapporti fra norme primarie e secondarie, Milano 1962; *Bachelet*, Legge, attività amministrativa e programmazione economica, Giur. Cost. 1961, 904; *Carlassare*, regolamenti dell'esecutivo e principio di legalità, Padova 1966; *Zagrebelsky* S. 205 ff.

[655] Dazu ausführlich Carlassare, Enc. giur., S. 2 ff.

[656] Carlassare, Enc. giur., S. 4; zu dem vieldiskutierten Problem, ob darin ein unzulässiger

Für die Frage, ob es sich um formelle oder materielle Gesetze, also Normen erster oder zweiter Stufe, handeln muß, ist von Bedeutung, um welche Art eines Gesetzesvorbehalts es sich im konkreten Fall handelt, d.h. ob ein absoluter oder ein relativer Gesetzesvorbehalt (*"riserva assoluta"* und *"riserva relativa"*) gegeben ist [657]. Sie birgt für die Ausgestaltung der zu regelnden Materie erhebliche Konsequenzen in sich.
Nach der Definition spricht man von einer *"riserva assoluta"*, wenn die Verfassungsnorm bestimmt, daß der Gesetzgeber die gesamte Materie in ausreichendem Umfang selbst regelt, wobei jede nachgeordnete Rechtsnorm ausgeschlossen ist, die nicht nur ein Detail betrifft oder rein ausführender Natur ist [658]. Damit wird nicht die Möglichkeit der Regelung durch Verordnungen völlig ausgeschlossen, sondern verboten sind solche Verordnungen, welche die Ausübung einer eigenen Regelungskompetenz betreffend die Rechtsmaterie widerspiegeln, erlaubt sind hingegen Gesetze betreffend die Ausführung und den technischen Verwaltungsablauf [659]. In der Praxis der Rechtsprechung läßt sich allerdings die Tendenz erkennen, daß die Gerichte zu einer großzügigen Auslegung neigen, was noch als Regelung im Bereich des Verwaltungsablaufs im technischen Sinne oder der Gesetzesausführung verstanden werden kann. So hat die *Corte Costituzionale* in einigen Fällen Verordnungen zugelassen, die auch in inhaltlicher Hinsicht als Vervollständigung gesetzgeberischer Grundwertentscheidungen gesehen werden müssen. Beispielsweise erklärte die *Corte* eine Verordnung für rechtmäßig, welche die Liste der als Drogen zu qualifizierenden Substanzen regelte [660]. Zulässig war ebenfalls die Regelung des Verzeichnisses der verbotenen chemischen Lebensmittelzusätze in Form einer Verordnung [661]. Rechtmäßig in einer Verordnung geregelt war auch das Verzeichnis der unter ein Verbot fallenden Glücksspiele [662]. In allen diesen zitierten Entscheidungen ging es um die Konkretisierung einer bereits zuvor in Form eines materiellen Gesetzes getroffenen Wertentscheidung. Bestimmt z.B. der Gesetzgeber, daß Glücksspiele gesetzlich verboten sind, ist die Erstellung einer Liste, welche Spiele als

---

Ausschluß der Regionen zu sehen ist vgl. ebenso Carlassare a.a.O.

657 zur Unterscheidung zwischen *riserva assoluta* e *riserva relativa* vgl. allgemein *Corte Costitzionale* sentt. n. 26/ 1961; 4 /1957; 30/ 1957

658 Corte Cost. sent. nn. 4/ 1957; 30/ 1957; 26/ 1961; Zagrebelsky S. 55

659 Zagrebelsky a.a.O.

660 Sent. n. 26, 1964

661 Sent. nn. 96, 1964; 61, 1969

662 Sent. 113, 1972

Glücksspiele zu qualifizieren sind, noch von der Gesetzgebungskompetenz der Exekutive im Rahmen des absoluten Gesetzesvorbehalts gedeckt.

In Anknüpfung hieran bewirkt der relative Gesetzesvorbehalt, daß sich der dargestellte politische Willensbildungsprozeß auf die Verwaltung erweitert, so daß diese bei der Willensbildung mit tätig wird. Der relative Gesetzesvorbehalt stellt damit eine „Abmilderung“ [663] der mehr oder weniger strengen Privilegierung der Legislative dar, weil sich Legislative und Exekutive diese Regelungskompetenz teilen.
Der Abgrenzung der Gesetzesvorbehalte liegen schließlich zwei Rechtsprinzipien von Bedeutung, zum einen das der Unabdingbarkeit der Gesetzgebungskompetenzen (*"principio di inderogabilita"*) und zum anderen das des "tempus regit actum", wonach für die Frage der Einhaltung der vorgeschriebenen Gesetzgebungskompetenzen der Zeitpunkt des Erlasses eines Aktes maßgeblich ist und nicht derjenige, in dem er seine Wirkungen entfaltet, so daß es für die Rechtmäßigkeit einer Norm im Hinblick auf die Zuständigkeit auf den Zeitpunkt ihres Erlasses ankommt [664]. Nach dem Prinzip von der Unabdingbarkeit der Gesetzgebungskompetenzen darf nicht einmal das Gesetz, Regelungsgegenstand des Vorbehalts, anderen Rechtsquellen die Regelung einer unter einem Gesetzesvorbehalt stehenden Materie übertragen, es sei denn es besteht eine Übertragungskompetenz aus dem Vorbehalt heraus [665]. Aus diesem Prinzip erwächst das Gebot, daß die entsprechende Materie vollständig vom Gesetz geregelt werden muß, in der Art und Weise, daß das Entstehen ermessensbedingter Abweichungen zwischen Gesetz und Anwendungsakt ausgeschlossen wird, sei es im Hinblick auf Gesetze der Verwaltungen, sei es bezüglich des Ermessensgebrauchs im konkreten Anwendungsfall [666].

---

663 Carlassare, Enc. Giur., S. 5; ferner ausführlich zur Funktion des Gesetzesvorbehalts *Fois*, la riserva di legge, Milano 1963; *Amato*, Rapporti fra norme primarie e secondarie, Milano 1962; *Giannini*, Diritto amministrativo, S. 538 f.; *Sorrentino*, Lezioni sulla riserva di legge, I - II, Genova 1980

664 Balduzzi/Sorrentino, Enc. dir, S. 1209

665 Balduzzi/Sorrentino a.a.O.

666 Balduzzi/Sorrentino a.a.O.

cc) Kriterien der Einordnung des Gesetzesvorbehalts als *riserva assoluta*

Grundsätzlich zählt die Frage der Identifizierung des jeweiligen Vorbehalts als *"riserva assoluta"* oder *"riserva relativa"* zu den dogmatisch schwierigsten Problemen. Genauer gesagt ist bislang unklar geblieben, woraus sich die Absolutheit des Gesetzesvorbehalts in Art. 10 III cost. eigentlich ergibt. Aus dem Text der Verfassung selbst ergeben sich keine Hinweise auf das Vorliegen des einen oder anderen Gesetzesvorbehalts, da der Normtext keine sprachlich eindeutigen Unterscheidungen trifft, auch wenn die jeweiligen Umschreibungen von Fall zu Fall für das Vorliegen einer *"riserva assoluta"* bzw. *"relativa"* sprechen könnten. Als Beispiel wäre Art. 23 cost. zu nennen. Die darin enthaltene Formulierung "auf der Grundlage des Gesetzes" (" *in base alla legge"*) könnte für das Vorliegen eines relativen Vorbehalts, die Formulierungen in Art. 13 oder Art. 25 cost. (*"la legge stabilisce" "per legge"*) für einen absoluten Gesetzesvorbehalt sprechen. Es kann als unstreitig angesehen werden, daß der jeweilige Rechtscharakter des Vorbehalts mit Hilfe der wörtlichen Auslegung nicht ermittelt werden kann [667].

Wegen dieser Schwierigkeiten bei der Abgrenzung wird teilweise [668] die Differenzierung zwischen beiden Kategorien von Gesetzesvorbehalten sogar als fragwürdig angesehen, fehlt ihr doch scheinbar die verfassungsrechtliche Basis, vor allem, wenn man bedenkt, daß dieselbe Formulierung von Vorbehalten in unterschiedlichen Normen teilweise konträr ausgelegt wird [669]. Zahlreich sind daher die Versuche in der Literatur, feste dogmatische Kriterien zur Unterscheidung zu entwickeln. *Fois* [670] geht z.B. davon aus, daß jeder Gesetzesvorbehalt absolut ist, es sei denn in den Fällen, in denen ein besonderes öffentliches Interesse den Wegfall der Absolutheit des Vorbehalts bewirkt. Die Gegenauffassung vertritt *Mortati* [671], nach dem jeder Vorbehalt grundsätzlich relativer Natur ist, es sei denn bei Regelungen, welche den Bereich der Freiheitsrechte tangieren.

---

667 Carboni S. 269: Das beste Beispiel für die Unmöglichkeit, dem Verfassungstext Indizien für das Vorliegen eines absoluten oder relativen Vorbehalts zu entnehmen, stellt Art. 25 II cost. dar, wo es heißt: Niemand kann aufgrund eines Gesetzes bestraft werden, das nicht vor Begehung der Tat bereits in Kraft gesetzt war.

668 Carlassare, Enc. giur., S. 5

669 So z.B. die Formulierungen in Art. 97 und Art. 39 II cost., die sich von der Formulierung des Gesetzesvorbehalts jeweils gleichen, aber verschieden ausgelegt werden; vgl. auch andere Beispiele bei Carlassare a.a.O.

670 Fois, La riserva di legge, S. 322 ff.

671 Mortati, Istituzioni, S. 75, 341 ff.

Letztlich hat keiner dieser Ansätze Zugang in die Rechtsprechung gefunden. Begrifflich faßbare Kriterien der Abgrenzung gibt es nicht. Vielmehr wird von der *Corte Costitzionale* in traditioneller Weise zwischen absoluten und relativen Vorbehalten differenziert, ohne die Qualifizierung zuvor einer Prüfung unterstellt zu haben [672].
Für das Asylrecht zeigt sich diese Praxis in besonders offensichtlichem Maße. Sämtliche Verfasser von Schriften über das Asylrecht sprechen von der Absolutheit des Gesetzesvorbehalts in Art. 10 III cost. und beziehen sich auf *Esposito* [673]. Eine Begründung dahingehend fehlt vollständig, so daß die Einordnung ohne Abgrenzungskriterien erfolgt.
Bezeichnend ist, daß man zu den speziellen Gesetzesvorbehalten einzelner Grundrechte in der Regel auf zahlreiche Beiträge im Schrifttum stößt [674]. So existiert auch zum Gesetzesvorbehalt des Art. 10 II cost. ein umfangreicher Beitrag [675]. eine spezielle Darstellung zur *riserva di legge* in Art. 10 III cost. fehlt jedoch, so daß lediglich die spärlichen Ausführungen in der Asylrechtsliteratur sowie allgemeine Darstellungen herangezogen werden können [676].

Für das Asylrecht ist die Annahme einer *riserva assoluta* indes aus systematischen Gründen unerläßlich. Dafür spricht neben der Entstehungsgeschichte der Norm [677], wonach das Asylrecht möglichst absolute Geltung haben sollte, auch ihre ratio. Im Falle eines absoluten Gesetzesvorbehalts ist die Möglichkeit, durch materielle Gesetze oder Verordnungen, welche nicht das strenge Gesetzgebungsverfahren durchlaufen müssen, in das Grundrecht einzugreifen sehr beschränkt. Die Privilegierung der Legislative bewirkt eine Gewährleistung parla-

---

672 Vgl. dazu ausführlich Carlassare S. 6; ferner z.B. Corte Costuzionale sent. N. 26/1961; 4/1957; 30/1957

673 So beispielsweise *Barile*, il soggetto privato nella Cost.it., S. 61; *Bernardi*, S. 427; *Cassese* S. 533; bei *Esposito*, Enc. dir., findet sich die Einordnung als *riserva assoluta* auf S. 224

674 Vgl. etwa die Übersicht bei Carlassare, Enc. Giur., S. 13 ff.

675 so bei Ziotti, il diritto d'asilo nell'ordinamento italiano, Padova 1988

676 Z.B. *Fois*, La riserva di legge, Milano 1963; *Amato*, Rapporti fra norme primarie e secondarie, Milano 1962; *Carlassare*, regolamenti dell'esecutivo e principio di legalità, Padova 1966; *Bachelet*, Legge, attività amministrativa e programmazione economica, Giur. Cost. 1961, 904; *Sorrentino*, Lezioni sulla riserva di legge, Genova 1980; *Di Giovine*, Introduzione allo studio della riserva di legge nell'ordinamento italiano, Torino 1969

677 Vgl. dazu die Ausführungen zur Frage, ob es sich bei Art. 10 III cost. um ein subjektives Recht oder eine programmatische Verfassungsnorm handelt, vgl. I 1

mentarischer Kontrolle hinsichtlich aller Normen, die erlassen werden sollen [678] und damit eine Gewährleistung auch hinsichtlich der Beachtung der grundrechtlichen Forderungen. In Anknüpfung an die Diskussion um den Rechtscharakter des Asylrechts als subjektives Recht erscheint daher der dargelegten Konzeption nur die Annahme eines absoluten Gesetzesvorbehalts gerecht zu werden. Denn je geringer die Eingriffsmöglichkeiten durch Festlegung der Gesetzgebungskompetenzen sind, desto größer ist die Geltung eines Grundrechts und diese soll gerade beim Asylrecht absoluter Natur sein [679]. Dies wird durch die anerkannte Interpretation des Art. 10 III cost gestützt, wonach das zu erlassende Asylgesetz den von der Verfassung vorgegebenen Tatbestand nicht verengen darf [680], so daß die Verhinderung der Inanspruchnahme demokratischer Freiheitsrechte die Tatbestandsvoraussetzung für die Annahme der Asylberechtigung bleiben muß. Ebenso sind andere Maßnahmen, die auf eine Tatbestandsbeschränkung hinauslaufen, als Beeinträchtigung des substantiellen Gehalts des Grundrechts anzusehen: Unzulässig sind beispielsweise sogenannte Länderlisten, nach denen das Asylrecht nur Ausländern bestimmter Herkunftsländer zustehen soll [681].

b) Die Bedeutung der *riserva assoluta* für das Asylrecht

Für das Asylrecht hat die Einordnung des Gesetzesvorbehalts als *riserva assoluta* rechtliche Konsequenzen. Bei den das Asylrecht regelnden Gesetzen muß es sich um Parlamentsgesetze handeln, die die wesentlichen politischen Grundentscheidungen in diesem Bereich abschließend regeln [682]. Dazu zählt wohl die Regelung eines Einreiseanspruchs sowie sonstiger Maßnahmen zur Konkretisierung des subjektiven Rechts aus Art. 10 III cost.. Die Verwaltung ist im Bereich des Asylrechts nur insoweit regelungskompetent, als sie Gesetze zur Regelung des technischen Ablaufs des Verwaltungsverfahrens oder Konkretisierung von gesetzlichen Vorgaben erlassen kann. Materielle Gesetze dürften le-

---

678 Es ist noch einmal daran zu erinnern, daß auch Dekrete in ein formelles Gesetz transformiert werden müssen, vgl. oben II 1 b)

679 In diesem Sinne auch Zagrebelsky, Manuale di dir. Cost., S. 56

680 Esposito, Enc. dir., S. 224; Barile, Diritti dell'uomo e libertà fondamentali, S. 34 f.

681 Esposito a.a.O.

682 Dabei wird davon ausgegangen, daß das oben dargestellte strenge Verständnis von der Verteilung der Gesetzgebungskompetenzen zugrundegelegt wird, was wohl auch herrschende Meining ist (vgl. Statt aller *Carlassare*, Enc. Giur. S. 5 ff.); zum Streit über die Bedeutung der der einzelnen Gesetzesorbehalte und die damit verbundene Regelungskompetenzen vgl. oben II. 1. a) cc)

diglich für diese Konkretisierung unerhebliche Modalitäten enthalten, wie z.B. Zuständigkeiten der über den Asylantrag entscheidenden Behörde, Zuweisung des Asylbewerbers an einen bestimmten Ort innerhalb Italiens etc.

2. Beschränkungsmöglichkeiten des Rechts auf Asyl nach der geltenden Auslegung

a) Ansätze zur Beschränkung im Schrifttum

Die Beschränkbarkeit des Art. 10 III cost. ist in der Asylrechtsliteratur Italiens kaum Gegenstand wissenschaftlicher Betrachtung gewesen, so daß Ausführungen diesbezüglich - entsprechend dem Gesetzesvorbehalt - bei den meisten Autoren fehlen. Aus den wenigen Beiträgen läßt sich jedoch ein ungefähres Bild von den inhaltlichen Regelungsbefugnissen entwerfen, wonach diese in Bezug auf die Beschränkbarkeit des Rechts auf Asyl in Art. 10 III cost. als äußerst begrenzt gesehen werden können.

Als verfassungswidrige Beschränkung ist auch etwa die Vorgabe formaler Anforderungen zu sehen, von denen die Einreise nach Italien abhängt und die im Zweifelsfall den Ausländer an der Einreise beispielsweise wegen Fehlens der entsprechenden Dokumente hindern könnten [683]. Dies ergibt sich aus Rechtsnatur, Entstehungsgeschichte und ratio der Norm [684]. Das Tatbestandsmerkmal der verhinderten Inanspruchnahme ist keine zunächst festzustellende Voraussetzung, sondern entsteht als rechtfertigendes Moment *("causa giustificante") automatisch* und nicht erst durch behördliche Anerkennung. Jede Maßnahme, die geeignet ist, die Entfaltung des vorläufigen Bleiberechts des Asylrechts irgendwie zu behindern, ist folglich eine unzulässige Beschränkung des Asylrechts.

Hinsichtlich der Auslegungskompetenzen des Gesetzgebers sind jedoch zwei entscheidende Fragen offen geblieben: Erstens, ob das zu erlassende Gesetz die von ihm selbst geregelte Inanspruchnahme begrenzen kann und zweitens, ob das Gesetz interpretative Spezifizierungen des Verfassungstatbestands treffen darf.

683 Esposito a.a.O.

684 Esposito a.a.O.

b) Schranken des Art. 10 III cost.

Zur Frage der Begrenzung oder Beendigung der Inanspruchnahme gibt die Norm des Art. 10 III cost. selbst die Antwort. Indem die Verfassung dem Gesetz aufträgt, die Umstände der Inanspruchnahme des Asylrechts festzulegen und damit die Aufnahme und den Aufenthalt mit allen daraus entstehenden Rechten und Pflichten des Asylberechtigten zu normieren, gesteht sie ihm andererseits auch zu, die Konsequenzen bei einem Verstoß gegen die sich aus der Inanspruchnahme ergebenden Pflichten und Verhaltensregeln, im Extremfall die Beendigung des Asylrechts, zu bestimmen [685]. In welchem Rahmen eine Beendigung des Asylrechts in Frage kommt, ergibt sich aus der Schutzrichtung des Grundrechts.

Demnach dürfte die Beendigung des Asylrechts möglich sein, wenn die nationale Sicherheit beeinträchtigt wird, etwa terroristische Aktivitäten gegen das Heimatland des Ausländers auf italienischem Boden vorbereitet werden. oder z.B. die Gefahr der Bildung einer mafiosen Vereinigung etc. besteht. Hier fehlt es an der Schutzwürdigkeit des Betroffenen, denn der Asylant will in Wirklichkeit nicht eine verfassungsmäßige Lebensalternative in Anspruch nehmen, sondern nutzt den Aufenthalt zu Zwecken, die gegen die Interessen des italienischen Staates verstoßen.

Die Normierung der Beendigung des Asylrechts kann aber nur unter der Voraussetzung geschehen, daß das Gesetz die Möglichkeit willkürlicher Entscheidungen von seiten der Verwaltung wegen der weitreichenden Folgen in jeder Hinsicht einzudämmen und zu verhindern vermag, so daß Mißbrauch und Willkür ausgeschlossen werden können [686]. Weitere Ausführungen sind dahingehend in der Literatur zu Art. 10 III cost. nicht zu finden, es kann jedoch nur so sein, daß das Erfordernis eines bestimmten Tatbestandes unbedingt erfüllt werden muß.

Daneben dürfen Gesetze nicht eigenständig Verfassungsnormen interpretieren. Dies kann nur dann ausnahmsweise der Fall sein, wenn eine Auslegung erforderlich ist, weil sie ergänzende Wirkung hat und die Verfassungsnorm ansonsten nicht anwendbar wäre [687]. Dies ist aber beim Recht auf Asyl nicht der Fall. Der Art. 10 III cost. enthält einen ausreichend präzisen Tatbestand, der die Ermittlung der Bedeutung der einzelnen Tatbestands-merkmale und die Anwendung

---

685 Esposito, Enc. dir., S. 225

686 Esposito, Enc. dir., S. 225

der Regelung problemlos ermöglicht [688]. Als Zwischenergebnis ist somit festzustellen, daß durch ein Gesetz weder die Tatbestandsvoraussetzungen des Art. 10 III cost. angetastet, noch die „Vorwirkung" des Asylrechts eingeschränkt werden dürfen. Lediglich Vorschriften, welche die Bedingungen der Inanspruchnahme selbst regeln, können unter Beachtung des Prinzips der Rechtssicherheit und Rechtsklarheit das Asylrecht im Ausnahmefall des Verstoßes gegen Verhaltenspflichten beschränken.

Angesichts der vielfältigen Unsicherheiten wäre das Postulat nach einer Zweck-Mittel-Prüfung gerade beim Asylrecht unerläßlich. Die Beendigung des Asylrechts hat für den Betroffenen weitreichende Konsequenzen. Sie kann im Extremfall Tod durch Verfolgungsmaßnahmen des Herkunftslandes bedeuten, vor dessen Nachstellungen der Ausländer bei Abschiebung nicht sicher ist. Wegen der Hochwertigkeit des bedrohten Rechtsgutes durch die Beschränkung des Asylrechts müssen der Eingriff durch den Gesetzgeber und der mit dem Eingriff verfolgte Zweck in wohl abgewogenem Verhältnis zueinanderstehen. Ansonsten gelangt man zu einem Ermessensspielraum des Gesetzgebers, der der Willkür Raum läßt, was auf der Seite der Exekutive gerade ausgeschlossen sein soll. Der Gesetzgeber müßte deshalb an eine Abwägung und Gewichtung bei einschränkenden Regelungen gebunden sein.

c) Möglichkeit eines numerus clausus von Asylbewerbern

Abschließend ist noch ein letzter Aspekt der Grenzen des Asylrechts zu beleuchten, der im Zusammenhang mit der deutschen Asylproblematik immer wieder diskutiert wird, nämlich die zahlenmäßige Beschränkung der Asylbewerberzahlen. Oben wurde festgestellt, daß dem Asylrecht die Voraussetzung individueller Verfolgung fehlt [689]. Die Norm des Art. 10 III cost. erfaßt mit ihrem Gewährleistungsgehalt nicht nur individuell verfolgte Einzelpersonen, sondern grundsätzlich auf alle Menschen, welche in ihrem Heimatland in der Inanspruchnahme der Freiheitsrechte verhindert sind, so daß auch ganze Kontingente Asylsuchender von dem Grundrecht erfaßt werden. Angesichts dieser Eigenheit

---

687 Esposito, a.a.O.

688 Esposito, a.a.O., S. 225 f.

689 Vgl. oben *Zweiter Abschnitt,* I 2 a), S. 124

der Tatbestandsvoraussetzung bejaht man im Schrifttum [690] z.T. die Möglichkeit einer zahlenmäßigen Beschränkung im Sinne eines *numerus clausus*, der greifen soll, wenn die Leistungs- bzw. Aufnahmefähigkeit des italienischen Staates erschöpft ist. Die Befürworter solcher Schranken des Asylrechts gehen davon aus, daß das Gesetz bestimmen kann, wann die Grenzen einer Inanspruchnahme erreicht sind und dabei auch die Zahl festlegt, bei der die Leistungskapazität erschöpft ist. Nach *Esposito* läuft dies dem Geist der Verfassung nicht zuwider, ohne daß er seine Argumentation begründet [691].

D'Orazio nimmt als einziger Vertreter des Schrifttums zur Konstruktion eines *numerus clausus* neuerdings Stellung [692]. Danach soll sich ein numerus clausus aus den Kriterien heraus rechtfertigen, die die *Corte Costituzionale* im Hinblick auf die Inanspruchnahme von Grundrechten entwickelt hat, namentlich des Streikrechts [693]. Das Streikrecht kann zugunsten öffentlicher Interessen eingeschränkt werden, wenn dies zu deren Wahrung notwendig sei, da auch diese von der Verfassung geschützt sind. Im Fall des numerus clausus wird das öffentliche Interesse nach D'Orazio durch die Leistungsfähigkeit des Staates und den Umfang seiner Ressourcen bestimmt [694]. Diesem Ansatz ist mit größter Vorsicht zu begegnen.

Zum einen ist unbestritten, daß die Rechtsprechung zu Fragen wie der Verhältnismäßigkeit und der Wahrung von Grundrechten eine nur sehr kasuistische darstellt. Zu erinnern sei an die Judikatur der *Corte Costituzionale* zur Enteignungsentschädigung [695], in der es u.a. um die Frage ging, wann eine gesetzlich geregelte Enteignungsentschädigung eine Verletzung der Eigentumsgarantie darstellt (Art. 42 I cost.). Um die Problematik der Kompetenzen des Gesetzgebers zur Begrenzung von Grundrechten ging es auch bei Urteilen im Bereich des Strafrechts, wie z.B. der Höchstdauer der Untersuchungshaft, die gesetzlich verlängert und auch in laufenden Verfahren Anwendung finden sollte (Sent. n. 15/1982). Die Rechtsprechung zum Rundfunk (Sent. n. 202/1976) berührte Art. 43 cost. (Zulässigkeit von Staatsmonopolen) und die Frage der Rechtmäßigkeit eines staatlichen Rundfunkmonopols unter der Maßgabe des Fehlens einer aus-

---

690 Esposito, Enc. dir., S. 225

691 Esposito a.a.O.

692 D'Orazio, condizione dello straniero, S. 102 ff.

693 Corte Cost. Sent. n. 123/1962

694 D'Orazio a.a.O.

drücklichen Rundfunkgarantie in der Verfassung. Hier stellte die *Corte Costituzionale* Gebote für die Ausgestaltung eines verfassungsmäßigen Gesetzes auf, das die Beibehaltung des staatlichen Rundfunkmonopols vorsah [696]. In allen Urteilen wurde übereinstimmend der Prüfungsmaßstab des aus Art. 3 I cost. fließenden Gleichheitssatzes angewendet, zu dem die *Corte* die Doktrin der sog. *"ragionevolezza"* entwickelte: Danach ist eine Norm verfassungswidrig, wenn sie ohne vernünftigen Grund Bürger unterschiedlich behandelt, die sich in der gleichen Situation befinden [697]. Das eigentliche Problem liegt dabei in der Ermittlung und Konkretisierung besonders hinsichtlich der Merkmale "gleiche Situation" und des "vernünftigen Grundes" . Durch Bildung von Vergleichspaaren werden Differenzierungen ermittelt, die unter Berücksichtigung der Ermessensfreiheit des Gesetzgebers auf ihre Vernünftigkeit hin untersucht werden müssen [698]. Es besteht folglich ein Verbot unsachlicher Differenzierungen. Diese *ragionevolezza* wird regelmäßig aus der inneren Kohärenz und Systemgerechtigkeit der Gesetzgebung heraus, teilweise auch aus den Wertungen und Prinzipien anderer Verfassungsbestimmungen begründet [699]. Teilweise wird aber auch ein anderes Prüfungsverfahren angewendet und die Prüfung der *ragionevolezza* auf Willkürlichkeit oder Ungerechtigkeit eines Gesetzes beschränkt [700]. In einer Reihe von Entscheidungen nimmt die *Corte Costituzionale* eine sehr begrenzte Zweck-Mittel-Prüfung vor, die zunächst bei der Kontrolle von enteignenden Gesetzen angewendet wurde [701]. Die *Corte* spricht dabei von einer Bewertung der Ziele und der zur Erreichung erforderlichen Mittel durch den Gesetzgeber [702]. Diese Zweck-Mittel-Prüfung ist jedoch nur auf wenige andere Bereiche, wie z.B. die zitierte Rechtsprechung zum Strafrecht und zum Rundfunk übertragen worden und wird ansonsten bei der Konkretisierung der Schranken von Freiheitsgrundrechten nicht benutzt [703]. Auch bei anderen Werturteilsstreitigkeiten

---

695 Sent. n. 223, 1983

696 Sent. n. 202, 1976; außerdem sent. n. 226, 1974, in dem die *Corte Costituzionale* sieben Gebote zur Verfassungsmäßigkeit des in Rede stehenden Gesetzes aufstellte; zur *ragionevolezza* außerdem lesenswert *Amato/ Barbera*, La valutazione della ragionevolezza, in: Manuale di diritto pubblico, S. 272 ff.

697 Sent. n. 15, 1960; dazu ausführlich Luther S. 105

698 Zagrebelsky, La giustizia cost., S. 247 ff.

699 Zagrebelsky a.a.O.

700 Luther S. 106 m.w.N.

701 Sent. n. 14, 1964; eingehend dazu Luther S. 107

702 Sent. n. 14, 1964

703 Luther S. 107 m.w.N.

der Verfassung hat die *Corte Costituzionale* zur Frage der Gewichtung etwa kollidierender Interessen keine Stellung genommen [704]. Damit läßt sich also festhalten, daß der Verhältnismäßigkeitsgrundsatz kein zu verallgemeinerndes Kriterium der Beschränkungskompetenz für den Eingriff in Grundrechte darstellt. Die Übertragung von entwickelten Prinzipien bei der Frage einer bestimmten Grundrechtsbeschränkung ist vielmehr der Ausnahmefall, wie man am Beispiel der Zweck-Mittel-Prüfung sehen konnte. Allgemeingültige Schranken des Gesetzgebers sind also in dieser Form im italienischen Recht nicht vorhanden, da auch das Prüfungsverfahren der *ragionevolezza* nicht immer eingehalten wird[705].

Allerdings darf nicht verschwiegen weden, daß die Bedeutung des Prinzips der *ragionevolezza* in der Diskussion des italienischen Verfassungsrechts neuerdings an Bedeutung gewinnt, wie etwa das unlängst von der Corte Costituzionale abgehaltene Seminar zur *ragionevolezza* - Problematik gezeigt hat [706]. Auch muß erwähnt werden, daß angesichts der Übersetzung deutscher Verfassungsrechtler, wie etwa des verfassungrechtlichen Werks von Häberle zur Dogmatk der Grundrechte in die italienische Sprache, Schritte in die Richtung eines ausgeprägteren Verständnisses von Verfassungsprinzipien ersichtlich sind. [707].

Der Versuch *D'Orazios,* die Möglichkeit eines *numerus clausus* dogmatisch auf eine Entscheidung der *Corte Costituzionale* zum Streikrecht zu stützen, ist damit abzulehnen.

Daneben sprechen aber noch andere gewichtige Gründe gegen die grundsätzliche Bejahung eines numerus clausus-Modells, die im Zusammenhang mit der Frage der Vereinbarkeit eines solchen mit der Regelung des Art. 16 a GG bereits angedeutet wurden [708]. Auch wenn im Zusammenhang mit der Diskussion um den *numerus clausus* in Deutschland die aufgeworfene Fragestellung eng mit der Rechtsnatur als Teilhaberecht zusammenhängt, lassen sich die Argumente gegen

---

704 So z.B. in sent. n. 27, 1975, übersetzt in EuGrZ 1975, 162 ff., in dem die Corte Costituzionale keine Stellung zu der Frage der Gewichtung kollidierender Interessen nimmt

705 Eingehend dazu Luther S. 106

706 Il principio di ragionvolezza nella giurisprudenza della Corte Costituzionale, riferimenti comparistici, atti del seminario svoltosi a Roma, consulti nei giorni 13./14. Ottobre 1992, Giuffrè, Milano 1994; vgl. drin auch den rechtsvergleichenden Beitrag von *Dian Schefold*, aspetti di ragionevolezza nella giurisprudenza tedesca, S. 121 ff.

707 P. Häberle, Le libertà fondamentali dello stato costituzionale, Roma 1993

708 vgl. oben *Erster Abschnitt*, I 2 f)

den *numerus clausus* übertragen, zumal sich *D'Orazio* am teilhaberechtlichen Charakter des Asylrechts orientiert zu haben scheint, wenn er schreibt, die Modalitäten des Asylrechts erschöpften sich nicht nur in formellen Verfahrenscharakteristiken oder subjektiv zu erfüllenden Voraussetzungen seitens des einzelnen Asylbewerbers, sondern bezögen sich auch auf die zahlenmäßige Beschränkung der Aufzunehmenden [709].
Die Möglichkeit der Einführung eines numerus-clausus stellt eine Relativierung dar, welche die normative Kraft des Grundrechts gefährdet. Der Gesetzgeber könnte das Asylrecht bei Feststellung der staatlichen Leistungsunfähigkeit faktisch abschaffen.
Die Forderung, das Grundrecht durch Gesetze nicht in seiner Substanz zu berühren, erinnert an die Schranke der Wesensgehaltsgarantie des Art. 19 II GG im deutschen Recht. Während diese verfassungsrechtlich verankert ist, wird das Verbot der substantiellen Beschränkung hier aus dem Gesetzesvorbehalts selbst und damit nur aus Art. 10 III cost. abgeleitet. Ein völliger Aufnahmestopp würde das Asylrecht für den Zeitraum dieses *numerus clausus* gänzlich abschaffen. Insofern besteht ein Widerspruch hinsichtlich der Beschränkbarkeit des Rechts auf Asyl, das einerseits auf keinen Fall vom Gesetzgeber angetastet, andererseits unter dem Vorbehalt des Möglichen stehen soll. Wie kann dieses Verständnis von Schranken des Art. 10 IIII cost. gedeutet werden?

Es scheint, als greife die Literatur auf das veraltete Verständnis der *principi generali* zurück, wonach das Asylrecht nur im Rahmen der Gesetze Geltung besitzt und gerade kein subjektives Recht auf Asyl vermittelt. Vielmehr fände das Asylrecht als programmatische Norm die Bedeutung, als Grundsatz dem einfachen Gesetzgeber den Weg zu weisen, die von der Verfassung intendierte Gesellschaftsordnung zu verwirklichen. Solange noch jemand das Grundrecht in Anspruch nehmen kann, kann von einer völligen Abschaffung nicht die Rede sein. Dann wäre ein solcher Eingriff über die Erschöpfung der Leistungskapazität keine substantielle Verletzung des Art. 10 III cost.
Zum anderen erweckt diese Auffassung die Vorstellung, es handle sich um einen speziellen Fall der Güterabwägung, in dem das öffentliche Interesse am wirtschaftlichen Bestand des Staates überwiegt.
Die italienische Verfassung kennt jedoch eine der Wesensgehaltsgarantie entsprechende Vorschrift nicht und eine Dogmatik der Güterabwägung ist nicht genug entwickelt, so daß die Verfassung aus diesen Gründen nicht gegen die

---

709 D'Orazio, condizione dello straniero, S. 102

Annahme eines numerus clausus spricht. Auch nach der im Zusammenhang mit anderen Grundrechten angewandten Prüfung der *ragionevolezza*, grob gesagt dem Verbot unsachlicher Differenzierungen, könnte - ihre Anwendbarkeit einmal unterstellt - eine Verfassungswidrigkeit nicht zwingend angenommen werden. Denn die erschöpfte Leistungskapazität des Staates kann eine sachliche Differenzierung erlauben, im Rahmen einer eingeschränkten Zweck-Mittel-Prüfung, wie sie die *Corte Costituzionale* teilweise angewendet hat, könnte das Funktionieren des Staates über den Interessen des Asylbewerbers stehen. Eine Abwägung von Rechtsgütern und ihrer Bedeutung bzw. eine differenzierte Dogmatik von Kollisionslagen existiert eben nicht.

Ansatzpunkt für die Unvereinbarkeit eines *numerus clausus* mit der Verfassung kann vielmehr nur sein, daß es sich bei Art. 10 III cost. um ein subjektives Recht und eben keine programmatische Norm handelt, die objektiv institutionell gilt oder gewährleistet wird. Angesichts der mit der Bejahung der subjektiven Grundrechtsqualität einhergehenden Gewährleistung unantastbarer Rechte, kann der Gesetzgeber nicht plötzlich doch eine Schranke konstruieren, die dann greifen soll, wenn die Zahl der Asylsuchenden dem Staat zu schwer auf den Schultern lastet. Hier widersprechen sich die Vertreter eines *numerus clausus*, wenn sie einerseits ein absolutes subjektives Recht, das *per se* anwendbar ist, annehmen, andererseits aber den Vorbehalt des Finanzierbaren oder Möglichen vor die Gewährleistung schieben. Es darf vielmehr keinem Zufall überlassen sein, ob der Flüchtling sein Recht auf Einreise auch tatsächlich durchsetzen darf.

Davon zu unterscheiden ist jedoch der Fall der Überschreitung einer absoluten Leistungsgrenze des Staates. In diesem Fall würde das Prinzip der *ragionevolezza* einen solchen Eingriff rechtfertigen und dieser einer verfassungsrechtlichen Prüfung in Ansehung der Notwendigkeit einer Ungleichbehandlung standhalten. Hinsichtlich der Grenze dieser absoluten Erschöpfung staatlicher Ressourcen kann aber auf das verwiesen werden, was bereits oben festgestellt wurde, nämlich daß dies nur der extreme Ausnahmefall sein kann.

Schließlich besteht die Schwäche der Annahme eines *numerus clausus* auch in der Unbestimmtheit der Leistungsgrenze, wie sie oben für das deutsche Recht bereits erörtert wurde.

Allein wegen der Mißbrauchsmöglichkeiten ist dieser Auffassung jedenfalls mit Mißtrauen zu begegnen, nicht zuletzt wegen der dem Asylrecht zugrundeliegenden ratio der Absolutheit angesichts faschistischer Erfahrungen. *Espositos* Ausführungen sind aber insoweit unklar, wenn er ausführt, es müsse dem Geist der Verfassung entsprechen, in Übereinstimmung mit dem Völkerrecht die Zahl derer festzulegen, die in Italien Asyl erhalten können, sei es in absoluter oder relativer Hinsicht [710]. Denn der Geist der Verfassung spiegelt sich zunächst in der Ratio des Art. 10 III cost. wieder und nach dieser steht die Absolutheit der Garantie eines Asylrechts im Vordergrund. Ein *numerus clausus* von Asylbewerbern ist daher mit Art. 10 III cost. unvereinbar und von den inhaltlichen Gesetzgebungskompetenzen trotz Gesetzesvorbehalt nicht gedeckt.

d) Formelle Rechtmäßigkeit der im Bereich des Art. 10 III cost. zu erlassenden Gesetze

Zur Vervollständigung ist schließlich noch auf den Aspekt der formellen Rechtmäßigkeit eines Gesetzes einzugehen.
Ein Gesetz von verfassungsmäßiger Legitimität, wie Art. 134 cost. im Zusammenhang mit der Normenkontrolle durch die *Corte Costituzionale*, die Rechtmäßigkeit bezeichnet, darf auch nicht an formellen Verfassungsmängeln leiden [711]. Im Bereich der formellen Verfassungsmängel hing das Verfassungsgericht zunächst der Doktrin der *"interna corporis"* an, nach der die Kontrolle der Beachtung von Vorschriften, die das Gesetzgebungsverfahren regeln, dem Parlament selbst vorbehalten war [712]. Diese Doktrin ist heute überwunden, 1959 wurden die Verfassungsbestimmungen der Art. 70 - 82 cost. zum Gesetzgebungsverfahren zu effektiven Prüfungsmaßstäben erklärt [713]. In der gerichtlichen Praxis führen formelle Verfassungsmängel nur in äußerst seltenen Fällen zur Feststellung der Verfassungswidrigkeit eines Gesetzes [714]. Es soll deshalb wegen der geringen praktischen Relevanz und Problematik für die Frage des Asylrechts und der Effektuierung von Grundrechten auf eine Darstellung des überaus komplizierten Gesetzgebungsverfahrens verzichtet werden.

e) Ergebnis

Durch die Untersuchung des Gesetzesvorbehalts in Art. 10 III cost. wird deutlich, daß der im Asylgrundrecht verankerte absolute Vorbehalt bewirkt, daß das Asylverfahren im Falle gesetzgeberischer Aktivitäten im wesentlichen durch

---

710 Esposito, Enc. dir., S. 225

711 Dazu Crisafulli, Lezioni, S. 357 ff.

712 Luther S. 102

713 Luther a.a.O.

formelle Gesetze bzw. Gesetze erster Stufe (*"livello primario")* geregelt werden muß. Die *riserva assoluta* bewirkt darüberhinaus, daß die Exekutive von der Regelung von für das Asylrecht wesentlichen Wertentscheidungen abgehalten und die Entscheidungsbefugnis der Legislative anvertraut wird. Im Hinblick auf die Schranken des Art. 10 III cost. gelten hohe Anforderungen, die eine Antastung des Grundrechts verbieten, insbesondere die tatbestandlichen Voraussetzungen und die „Vorwirkung" des Grundrechts dürfen nicht berührt werden. Weil Art. 10 III cost. ein subjektives Recht darstellt, ist ein *numerus clausus* von Asylbewerbern nicht denkbar. Dies wäre nur mit einer Konzeption als programmatische Norm möglich.

[714] Luther a.a.O. m.w.N.

III. Funktionalität und Verwirklichung des Asylgrundrechts in der Verwaltungspraxis

1. Grundsätze des Asylverfahrens

a) Entwicklung der Gesetzgebung bis zum Jahre 1990

Das bislang einschneidendste Ereignis in der Geschichte der italienischen Ausländer- und Asylgesetzgebung war 1990 der Erlaß der sogenannten *"Legge Martelli"* [715]. Vor diesem Zeitpunkt war eine Gesetzeslage entscheidend, zu der außer der entsprechenden Norm der Verfassung eine überschaubare Reihe von einfachen Gesetzen zählen, die inhaltlich jedoch meist nicht das Asyl, sondern sonstiges Ausländer- und Flüchtlingsrecht zum Gegenstand haben. Dazu zählen internationale Abkommen, denen Italien beigetreten ist, sowie das allgemeine Ausländerrecht und hierauf beruhende ministerielle Verordnungen und Erlasse.

Daß die verfassungsrechtliche Bestimmung des Asylgrundrechts in 45 Jahren keine Umsetzung auf die einfachgesetzliche Ebene erfahren hat, verwundert, läßt sich jedoch durch das Verhältnis der *principi costituzionali* zum Verständnis des Verfahrensrechts nachvollziehen. Ähnlich wie im deutschen Recht war auch in Italien die Bedeutung der *principi costituzionali* von der italienischen Doktrin zunächst vom Verhältnis zum Verwaltungsprozeßrecht geprägt [716]. Schließlich basiert die Entwicklung der Bedeutung des Verfahrensrechts auf dem Bewußtsein, daß der Bürger mit dem Handeln der Verwaltung konfrontiert wird und bei Verletzung seiner Rechte gezwungen ist, diese gerichtlich durchzusetzen, während die Verwaltung in diese Rechte eingreift, ohne daß der Bürger dabei an der Entscheidungsfindung in irgendeiner Hinsicht Anteil hat [717]. Um so eine Be-

---

[715] Gesetz Nr. 39 v. 28.2.1990, Gazzetta Ufficiale (GU) Nr. 49/ 1990

[716] Dieses ursprünglich vorherrschende Verständnis vom Verfahren als formeller Vorgang *(procedimento come concetto formale)* findet sich bei *Bachelet*, La giustizia amministrativa nella Cost. it., Milano 1966; *Cannada-Bartoli*, La tutela giudiziaria del cittadino verso la pubblica amministrazione, Milano 1964

[717] Zur Entwicklung der Doktrin zu einem Verständnis des Verfahrens *come concetto sostanziale* vgl. in chronologischer Reihenfolge *Forti*, "Atto" e "procedimento" amministrativo, in: Studi in Onore di Oreste Manelletti, Vol. I, Padova 1931, S. 456 ff.; *Miele*, Pubblica funzione e servizio pubblico, Archivio giuridico 1933, 193; *Sandulli*, Il procedimento amministrativo, Milano 1940; *Benvenuti*, Funzione amministrativa, procedimento, processo, Riv. trim. dir. pubbl. 1952, 118; *Giannini*, Diritto amministrativo, Vol.

einträchtigung des Bürgers als Rechtsinhaber schon von Anfang an zu verhindern, ist ein Verfahren notwendig, das die Verwaltung einschränkt und so den Bürger als Adressaten des Verwaltungshandelns berücksichtigt [718]. Die Doktrin forderte dafür die Ausarbeitung eines Konzepts des Verwaltungsverfahrens nicht nur in formeller Hinsicht, sondern auch hinsichtlich einer geeigneten Organisationsform, um den Bürger als Rechtssubjekt entsprechend zu berücksichtigen [719]. Als Meilenstein dieser Entwicklung ist ein Urteil der *Corte Costituzionale*[720] zu sehen, die eine Beteiligung des Bürgers am Verfahren forderte und dieser Forderung das allgemeingültige Prinzip des *giusto procedimento* entnommen hat. Am Ende dieser Entwicklung steht dann auch das Gesetz Nr. 241 aus dem Jahre 1990 [721], welches Vorschriften und Direktiven zur Regelung des Verwaltungsverfahren enthält und hauptsächlich von zweierlei gesetzgeberischen Intentionen geprägt ist, der der Garantiefunktion von Rechten (vgl. Art. 1 l.n.241 / 1990) und der des Zwecks der Vereinfachung und Beschleunigung des Verwaltungsverfahrens (vgl. Art. 14 ff l.n.241 / 1990). Damit ist ansatzweise ein Verständnis von der Bedeutung des Verfassungsrechts für das Verfahren zu beobachten, jedoch nur in sehr begrenztem Umfang. Das Gesetz Nr. 241 ist zwar auch an den Gesetzgeber adressiert, der Normen erlassen muß, die den Vorgaben des Gesetzes Nr. 241 entsprechen, unklar geblieben ist jedoch im Allgemeinen die Rolle des Gesetzgebers in seiner Verantwortung der Aktualisierung von Verfassungsprinzipien bzw. Grundrechten.

Das Spannungsverhältnis zwischen gesetzgeberischer Freiheit und der Bindung an verfassungsrechtliche Vorgaben ist auch im italienischen Recht ausführlich diskutiert worden und muß im Hinblick auf das gesetzgeberische Ermessen zum Erlaß einer Vorschrift oder Norm so verstanden werden, daß der Gesetzgeber gehalten ist, die in Verfassungsprinzipien oder Grundrechten erfaßten Schutzzwecke oder Schutzrichtungen zu verfolgen [722]. Bei Nichtbeachtung soll ein Mißbrauch des gesetzgeberischen Ermessens gegeben sein [723]. Folglich ent-

---

II, Milano 1988, S. 591 ff.; *Cassese*, Le basi del diritto amministrativo, Torino 1989, S. 225 ff.

718 Cassese, Le basi del diritto amm., S. 222 ff. (225)

719 Cassese a.a.O.; von *democraticità dell' amministrazione*spricht Comm. breve, Art. 97 Rdnr. 3

720 Corte Costitzionale sent. n. 13/ 1962

721 Gesetz Nr. 241 vom 7.8.1990, Gazzetta Ufficiale (G.U.) Nr. 192/ 1990

722 Pizzorusso, Il Controllo della Corte Costituzinale sull' uso della discrezionlità legislativa, S. 665; Mortati, voce Discrezionalità, Noviss. dig. it., S. 1098 ff.

723 Pizzorusso a.a.O.

springt dem Verfassungsrecht eine bestimmte Bindung des Gesetzgebers an die Verfassungsprinzipien. Unklar geblieben ist aber, ob sich diese nur auf die Gestaltung, d.h. das Wie, oder auch auf das Ob einer Regelung bezieht, d.h. konkrete Verfassungsprinzipien den Gesetzgeber verpflichten, ihnen durch den Erlaß eines Verfahrens Wirksamkeit zu verschaffen. Diese Pflicht zum Tätigwerden wird von der Doktrin nicht explizit einem Verfassungsprinzip entnommen [724]. Man kann demnach nicht behaupten, daß ein solches dogmatisches Verständnis als allgemeines Prinzip existent ist. Man kann auf der anderen Seite jedoch auch keineswegs behaupten, daß es überhaupt nicht existiert, denn eine solche Verpflichtung des Gesetzgebers zum Tätigwerden im Bereich der Freiheitsrechte oder *diritti inviolabili*, die in Art. 2 cost. garantiert werden, ist ansatzweise z.T. vorhanden, ausgehend von der Forderung, daß es zunächst einmal dem Staat obliegt, diese Rechte anzuerkennen und zu garantieren.
Damit ist im Ergebnis die Bedeutung des Verfassungsrechts für das Verfahrensrecht und für die Entscheidungs- bzw. Handlungsfreiheit des Gesetzgebers von der italienischen Doktrin zwar gesehen worden, man hat diese Bedeutung grundsätzlich aber nur partiell, im Bereich des Asylrechts bis zum Jahre 1990 sogar überhaupt nicht, in Anforderungen an das Verfahren oder eine Verpflichtung des Gesetzgebers zum Einschreiten umgesetzt.

aa) Die Genfer Flüchtlingskonvention und sonstige Regelungen

Die **Genfer Flüchlingskonvention** [725] (GK) ist seit 1955 als einfaches Gesetz in Kraft [726]. Ihr Anwendungsbereich umfaßt die in Art. 1 GK definierten Flüchtlinge. Danach ist Flüchtling, wer "aus der begründeten Furcht vor Verfolgung wegen seiner Rasse, Religion, Nationalität, Zugehörigkeit zu einer bestimmten sozialen Gruppe oder wegen seiner politischen Überzeugung sich außerhalb des Landes befindet, dessen Staatsangehörigkeit er besitzt, und den Schutz dieses Landes nicht in Anspruch nehmen kann oder wegen dieser Befürchtungen nicht in Anspruch nehmen will, oder der sich als Staatenloser außerhalb des Landes befindet, in welchem er seinen gewöhnlichen Aufenthalt hatte und nicht dorthin zurückkehren kann oder wegen der erwähnten Befürch-

---

[724] Pizzorusso a.a.O.

[725] Abkommen vom 28. Juli 1951 über die Rechtsstellung der Flüchtlinge, für Deutschland abgedruckt in BGBl 1953, Teil II S.559

[726] Übernahmegesetz Nr. 722 v. 24.6.1954, Gazzetta Ufficiale (GU) Nr. 196/ 1954

tungen nicht dorthin zurückkehren will" (Art. 1 A Nr. 2 GK) [727]. Italien hatte seinerzeit bei der Ratifizierung den in Art. 1 B GK der Konvention vorgesehenen geographischen Vorbehalt geltend gemacht und wendete bis 1990 als einziger EG-Staat und als einer von sieben Signatarstaaten die Konvention nur auf Flüchtlinge europäischer Herkunft an.
Das die ursprünglich vorgesehene zeitliche Beschränkung der Flüchtlingskonvention aufhebende **Zusatzprotokoll von 1967** findet seit 1972 Anwendung [728]. Italien hat außerdem die **Europaratsabkommen über die Aufhebung der Visapflicht für Flüchtlinge vom 20. April 1959** [729] und über die **Übertragung der Verantwortlichkeit für die Ausstellung von Flüchtlingsreisepässen vom 16. Oktober 1980** ratifiziert [730]. Mit dem ersten Schritt zur Kodifizierung des bis dahin ebenso lückenhaften Ausländerrechts wurde auch eine für nichteuropäische Flüchtlinge wichtige Regelung geschaffen. Das 1986 erlassene **"Gesetz über die Rechtsstellung der ausländischen Arbeitnehmer aus Nicht EG-Staaten"** [731] sieht in Art. 16 die Möglichkeit der Legalisierung illegaler Arbeitsverhältnisse und illegalen Aufenthalts innerhalb einer bestimmten Frist - bis 26. Januar 1987 - vor. Die meisten vor diesem Stichtag eingereisten Flüchtlinge haben von dieser Möglichkeit Gebrauch gemacht [732].

Der Überblick zeigt die bis zum Jahre 1990 dürftige Gesetzesstruktur in Italien. Mit Erlaß des Gesetzes Nr. 39 v. 28.2.1990 [733] - nach dem gleichnamigen Justizminister in jener Amtsperiode Claudio Martelli *"legge Martelli"* genannt - wurde versucht, dieser Situation zumindest zum Teil abzuhelfen. Es mag verwundern, daß bis zu diesem Zeitpunkt keine umfassendere Neuregelung erfolgte, doch ist dies vor dem historischen Hintergrund der Asylsituation Italiens durchaus nachzuvollziehen. Italien war über 150 Jahre hinweg und bis vor etwa 15 Jahren ein Auswanderungsland, die Entwicklung zum Einwandererland vollzog sich erst in den letzten Jahren [734]. Daneben war Italien seit Ende des Zwei-

---

727 Eine sehr ähnliche Definition enthält das Statut des UNHCR von 1950, vgl. Goodwin Gill, The refugee in international law, 1983, S. 5 ff.

728 Übernahmegesetz Nr. 95 v. 14.2.1970, Gazzetta Ufficiale Nr. 79/ 1970

729 Decreto del Presidente della Repubblica Nr. 322 v. 29.1.1965, GU Nr. 101/ 1965

730 Gesetz Nr. 438 v. 30.7.1985, GU Nr. 197/ 1985

731 Gesetz Nr. 943 v. 30.12.1986, GU Nr. 8/ 1987

732 vgl. den Bericht des stellvertretenden Leiters des Amts des UNHCR, Rom, Christopher Hein, in ZAR 1989, 75 ff.

733 Im folgenden kurz: *Gesetz Nr. 39* bzw. *l.n.39*

734 Hein, ZAR 1989, 75 (77); Hofmann, in: Die Rechtsstellung von Ausländern..., Bd. 94/2,

ten Weltkriegs ein klassisches Erstaufnahmeland für Flüchtlinge aus Osteuropa [735]. Über Jahrzehnte hinweg hatte sich ein fast automatischer Mechanismus herausgebildet, wonach Flüchtlinge ohne Einschränkungen aufgenommen und unterstützt wurden, aber nur vorübergehend, d.h. in Erwartung der Ausreise in ein - zumeist nichteuropäisches - Erstaufnahmeland, was der anfänglich großzügigen Einwanderungspraxis den Namen "Politik der offenen Tür" eingebracht hat [736]. Dieses Selbstverständnis als Auswanderungs- bzw. Transitland hat sich mittlerweile in einen Arbeitsimmigrationsfluß verwandelt [737]. Insbesondere aus Indochina, dem Vorderen und Mittleren Osten und aus Afrika stammt der überwiegende Teil von Flüchtlingen oder Asylbewerbern [738]. Es ist daher nachvollziehbar, warum der italienische Gesetzgeber bislang auf dem Gebiet des Ausländer- und Asylrechts wenig tätig geworden ist. Beachtlich ist aber um so mehr, daß vor dem Inkrafttreten der "legge Martelli" einziges anwendbares Gesetz im Bereich der Asyl- und Flüchtlingsmaterie die Genfer Konvention war.

Offensichtlich ist die Divergenz zwischen der Flüchtlingsdefinition der Genfer Konvention und der Asylberechtigung nach Art. 10 III cost.. Art. 10 III cost. geht in seinen Voraussetzungen wesentlich weiter als die Konvention, welche die begründete Angst vor Verfolgung wegen der dort aufgeführten Gründe voraussetzt. Die aus diesen Gründen Verfolgung befürchtenden Personen sind gleichzeitig in der Ausübung der demokratischen Freiheitsrechte verhindert, so daß asylberechtigt ist, wer nach der GK als Flüchtling gelten kann [739]. Man könnte hier von einer faktischen Überschneidung der Tatbestandsvoraussetzungen sprechen. Auf der anderen Seite kann der Asylbewerber auch aus Gründen das Land verlassen haben, welche nur in der Unmöglichkeit der Wahrnehmung der Freiheitsrechte liegen und nicht zu den in der GK aufgeführten Verfolgungsgründen zählen, wie z.B. im Fall schwerer Verletzungen der in der italienischen Verfassung garantierten Rechte durch den Heimatstaat, die keine Gründe i.S. des Art. 1 A GK sind [740]. Für diese Gruppe von Betroffenen existierte keine Regelung bis auf den Art. 10 III cost. selbst. Die Tragweite dieses Fak-

---

2018 ff. (2020)

735 Hein a.a.O.

736 Nascimbene, in: Asyl- und Einwanderungsrecht im europäischen Vergleich, S. 57

737 Hein, ZAR 1989, 75

738 Hein a.a.O.

739 Strozzi, in: La normativa... S. 11

740 Strozzi a.a.O.

tums wird bewußt, wenn man die beiden Rechtsmaterien, Asylrecht und Flüchtlingsrecht nach der GK gegenüberstellt.

bb) Kein Asylrecht nach der Genfer Flüchtlingskonvention

Die GK enthält kein Recht auf Asyl [741], wenn auch in ihr subjektive Rechte verankert sind, die dem Recht auf Asyl innewohnen [742].

Die schwerwiegendste Divergenz liegt in dem eigentlichen Kernrecht des Asyls, dem dauernden Aufenthalt [743]. Dieses Recht wird Flüchtlingen nach der GK nicht gewährt. Art. 26 und 32 GK, denen man vordergründig ein Aufenthaltsrecht entnehmen könnte, setzen voraus, daß der Flüchtling sich rechtmäßig im Gebiet des Vertragsstaates befindet. Der Aufenthalt eines Flüchtlings wird sowohl durch die Setzung einer staatlichen Handlung, wie z.B. Erteilung einer Aufenthaltsgenehmigung, als auch durch das bewußte staatliche Nicht-Handeln, wie z.B. Duldung, zu einem rechtmäßigen Aufenthalt [744]. Der Flüchtling selbst hat darauf jedoch keinen Einfluß und kann daher aus Art. 26 und 32 GK kein Recht auf Aufenthalt ableiten. Das Verbot der Ausweisung bzw. Zurückweisung aus Art. 33 I GK enthält ebenso kein solches Recht. Denn der Zufluchtsstaat kann jeden Flüchtling, auch denjenigen, der an der Grenze nicht abgewiesen werden durfte, in einen anderen Staat weiterschicken, in dem er nicht i.S. der Vorschrift bedroht wäre. Auch wenn z.B. kein anderer Staat gewillt ist, den Flüchtling aufzunehmen, hat dieser lediglich einen Anspruch auf Zuflucht [745]. Dieser Anspruch beinhaltet aber kein Recht, sich vorübergehend oder dauernd im Zufluchtssaat aufhalten zu dürfen [746]. Denn der Flüchtling kann sofort abgeschoben werden, wenn sich später eine Möglichkeit für die Einreise in ein Land bietet, in dem keine Bedrohung i.S. des Art. 33 I GK zu erwarten ist. Ein Flüchtling, der unmittelbar aus dem Verfolger- in das Zufluchtsland gekommen ist, hat gem. Art. 31 II GK einen Anspruch auf vorübergehenden Aufenthalt, da ihm das Zufluchtsland eine angemessene Frist gewähren muß, um ein Aufnah-

---

741 Amann, AWR Bulletin 1988, 24 ff. (27); Strozzi a.a.O.; Bonetti, La condizione giuridica..., S. 161

742 Amann a.a.O., S. 25

743 Amann a.a.O., S. 25 f.

744 Amann a.a.O., S. 25 f.

745 Amann a.a.O., S. 25 f.

746 Amann a.a.O.

meland zu finden [747]. Wird der Flüchtling von keinem anderen Staat aufgenommen, so reduziert sich der Anspruch des Flüchtlings in ein Recht auf Zuflucht - wie bei Art. 33 GK. Infolgedessen läßt sich aus der Flüchtlingskonvention kein Recht auf dauernden Aufenthalt ableiten. Im Zusammenhang mit dem italienischen Recht vermag also der Einwand des Fehlens eines allgemein anerkannten Asylbegriffs nicht zu greifen [748]. Wenn auch im innerstaatlichen Recht zahlreicher Länder unter Asyl nur die Gewährung eines vorübergehenden Aufenthaltes verstanden wird, so trifft das auf Italien nicht zu, denn hier fließt aus Art. 10 III cost. ein Recht auf dauernden Aufenthalt [749].

Darüber hinaus kann auch dem *refoulement-Verbot* des Art. 33 GK kein Recht auf Einreise entnommen werden [750]. Denn der Grundsatz des non-refoulement verpflichtet im engeren Sinne den Zufluchtsstaat nicht, den Flüchtling aufzunehmen. Vielmehr zeigt der Gegenschluß aus Art. 33, daß es den Staaten grundsätzlich offensteht, Personen, die aus einem Nicht-Verfolgerstaat einreisen wollen, dorthin zurückzuschieben, sofern keine Kettenabschiebung in einen Verfolgerstaat droht [751]. Dem Art. 33 GK kann folglich nur eine Unterlassungsverpflichtung entnommen werden [752].

Die GK hat das Asyl demnach nicht zum Regelungsgehalt, sondern gewährt nur ein Recht auf Zuflucht und damit ein 'Weniger' gegenüber dem 'Mehr' des Rechts auf Aufenthalt. Zusammenfassend kann damit festgehalten werden, daß das Übernahmegesetz der GK in Italien, vor 1990 das einzige Gesetz im Bereich der in Rede stehenden Materie, nur einen Teilbereich des Asyls regelt.

cc) Verhältnis des Art. 10 III cost. zu den Voraussetzungen der Genfer Konvention

Wer als Flüchtling i.S. der GK gilt, erfüllt meist automatisch und gleichzeitig

---

747 Amann a.a.O.

748 Vgl. ausführlich zur Unterscheidung GK- Recht auf Asyl Hailbronner, ZAR 1987, 3 (5)

749 Vgl. oben 2. Teil I

750 Frowein/Kühner S. 553; Zimmermann, Diss., S. 167; A.A. aber Amann, AWR Bulletin 1988, 24; zum refoulement -Verbot vgl. ferner Gornig, Das Refoulement - Verbot im Völkerrecht, 1987; Hailbronner, ZAR 1987, 3

751 Zimmermann a.a.O

752 Frowein/Kühner a.a.O.

die Tatbestandsvoraussetzungen der Asylberechtigung : *Strozzi* [753] weist darauf hin, daß die meisten, als Flüchtling anerkannte Personen in Italien gleichzeitig asylberechtigt sind, und zwar auch diejenigen, welche unter den geographischen Vorbehalt fielen. Diese Aussage *Strozzis* trifft zu. Wer z.B. wegen seiner Religionszugehörigkeit begründeterweise Verfolgung befürchtet, kann Religionsfreiheit i.S. von Art. 19 cost. in seinem Heimatland nicht in Anspruch nehmen und ist somit an der Ausübung eines demokratischen Freiheitsrechts gehindert. Befürchtet jemand Verfolgung wegen seiner Nationalität oder Rasse, impliziert das, daß er sämtliche demokratischen Freiheitsrechte i.S. der italienischen Verfassung nicht in Anspruch nehmen kann. Denn er hat gezwungenermaßen einen von den sonstigen Bewohnern seines Heimatlandes unterschiedlichen Status, ihm wird seine soziale Verwobenheit aberkannt und muß auf die Rechte, falls es sie gibt, verzichten, weil er sich versteckt halten oder fliehen muß. In jedem Fall gibt sich der Herkunftsstaat als totalitärer Staat zu erkennen - andernfalls müßte niemand *Verfolgung* begründet befürchten - und der Betroffene erfüllt gleichzeitig den Tatbestand des Art. 10 III cost.

Umgekehrt aber ist nicht jeder Asylberechtigte ein Flüchtling i.S. der GK. Denn die Flüchtlingsdefinition setzt den Nachweis drohender individueller Verfolgung voraus. Dieser Nachweis ist aber gerade im Fall der Asylberechtigung nach Art. 10 III cost. nicht erforderlich. Streng genommen wären farbige Südafrikaner zur Zeit der Geltung der Apartheidsgesetze allein aus dieser Tatsache heraus asylberechtigt, ohne besondere drohende Verfolgungsmaßnahmen des Staates aus den in der GK aufgezählten Gründen aber nicht als Flüchtlinge zu qualifizieren gewesen. Dazu hätte es gewisser drohender staatlicher Verfolgungsaktionen bedurft. Hingegen ist die Asylberechtigung vom speziellen demokratischen Standard eines Landes abhängig.
Und schließlich sind auch die Fälle denkbar, in denen lediglich die Erlangung des Flüchtlingsstatus nach der GK in Betracht kommt. Dies sind namentlich die Fälle, in denen sich der Ausländer außerhalb seines Heimatstaates befindet, Verfolgung befürchtet und von dort nicht wegen der verhinderten Ausübung der Freiheitsrechte geflohen ist, sondern weil etwa Bürgerkrieg herrschte [754].

Daneben liegt der rechtliche Unterschied der Begriffe "Asylanten" und "Flüchtlinge" gerade darin begründet, daß erstere ein wahres und eigenes subjektives Recht auf Einreise und nicht nur vorübergehenden Aufenthalt besitzen, welches

753 Strozzi Riv. dir. int. 1990, 93 (99)

der Verfassungsgeber ihnen einräumen wollte [755], während sonstige Ausländer nur ein gesetzlich geschütztes Interesse an der Einreise haben und Flüchtlingen aufgrund der GK nur ein Recht auf Zuflucht zusteht [756]. Unter dieser Vorgabe (Flüchtling gleich Asylant) ist festzustellen, daß die Anerkennung als Asylbewerber dem Flüchtling ein "Mehr" einbringen würde, denn er könnte das subjektive Recht aus Art. 10 III cost. in Anspruch nehmen. Da es aber an einer Umsetzung des Art. 10 III cost. auf die einfachgesetzliche Ebene fehlte, konnte sich jeder Flüchtling oder Asylsuchende nur auf sein verfassungsmäßig verbürgtes Grundrecht berufen, das mangels Konkretisierung des Gesetzesvorbehalts uneingeschränkt blieb und entsprechend seiner abwehrrechtlichen Natur nur ein Bleiberecht gewährleistete [757]. Dieses Bleiberecht wurde ihm dann wegen Art. 10 III cost. auch von den Verwaltungsgerichten zugesprochen.

In der Tat blieben viele Verfahrensfragen vor allem organisatorischer Natur ungeklärt. Kein Zollbeamter oder zuständiger Beamter der Ordnungsbehörde vermochte genau zu sagen, wie ein solcher Asylsuchender zu behandeln gewesen wäre, wohin man ihn hätte schicken sollen, ob und wie er hätte unterstützt werden müssen etc.. Da die einzig zur Verfügung stehende einfache Norm lediglich die Genfer Konvention war, hat sich daher in der Verwaltung die Tendenz breit gemacht, die Figur des subjektiven Asylrechts mit der des Flüchtlings nach der GK gleichzusetzen [758], eine nach der verfassungsmäßigen Rechtslage und der Berücksichtigung der Rechtsprechung der *Corte Costituzionale* zur privilegierten Position des Asylberechtigten [759] inkorrekte Verwaltungspraxis, die das Grundrecht auf Asyl in unzulässiger Weise limitiert [760]. Die Gleichsetzung von Flüchtlingen und Asylbewerbern ist staatliche Willkür und unter Berücksichtigung der Gesetzessystematik als rechtswidrig anzusehen [761]. Darüber hinaus führte diese Praxis zu dem absurden Umstand, daß nichteuropäische Fremde, die wegen des bis 1990 geltenden geographischen Vorbehalts der GK in Italien keine Anerkennung als Flüchtling erwarten konnten, oft zu dazu neigten, als gewöhnliche Ausländer unter Verzicht auf die Geltendmachung des Art. 10 III

---

754 Cassese S. 541; ders. Riv. Dir. Int. 1959

755 Mortati, Istitutzioni di diritto pubblico, S. 1156 f.

756 Amann, AWR Bulletin 1988, 24 ff.

757 T.A.R. Friuli Venezia-Giulia, Urt. N. 15 v. 23.1.1992

758 Strozzi, in: La normativa..., S. 11

759 Vgl. oben 2.Teil I

760 Strozzi a.a.O., S. 11; ders. Riv. dir. int. 1990, 93 (98)

761 Strozzi a.a.O., S. 12; ders. Riv. dir. int. 1990, 93 (93,98); Cannizzaro Riv. dir. int. 1990, 71 (72)

cost. Italien um Einreise zu ersuchen [762]. Denn sie konnten wegen des geographischen Vorbehalts und wegen der geltenden Verwaltungspraxis nicht aufgrund Flüchtlingsrechts und nicht aufgrund ihres Asylrechts in Italien bleiben. Folge dieses Zustands war konsequenterweise das oben erwähnte Gesetz über die Rechtsstellung ausländischer Arbeitnehmer aus Nicht-EG-Staaten, mit dem man das Phänomen der illegal im Lande Lebenden beseitigen wollte. Denn anstatt auf die unsichere Geltendmachung des Asylrechts zu vertrauen, bevorzugten es die Ausländer, sich illegal im Lande aufzuhalten. Die doch recht eindeutige Judikatur zum Rechtscharakter des Art. 10 III cost. steht hierzu in extremem Gegensatz, denn die geschilderte Praxis gibt Veranlassung dazu, an der tatsächlichen Grundrechtsqualität des Asylrechts zu zweifeln. Es handelt sich demzufolge um einen Fall des Auseinanderfallens von geschriebenen und praktiziertem Recht. Dieser Dissens beruht, wie die Entstehungsgeschichte der *legge Martelli* sogleich zeigen wird, auf dem Spannungsverhältnis zwischen dem Ruf nach einer restriktiven Immigrationspolitik und der Forderung nach Erfüllung der Vorgaben des Art. 10 III cost. Nicht zuletzt soll erwähnt werden, daß angesichts dieser Situation der dringende Ruf nach gesetzgeberischem Handlungsbedarf und damit Neuregelung der Materie auf Jahre die Asylrechtsliteratur beschäftigte. Bereits in einem Urteil aus dem Jahre 1977 [763] hatte schließlich auch die *Corte Costituzionale* den Gesetzgeber auf die Notwendigkeit einer Reform hingewiesen.

b) Das Gesetz Nr. 39 aus dem Jahre 1990 "legge Martelli"

Als Ergebnis eines Versuch der Reformierung kann daher das Gesetz Nr. 39 v. 28.2.1990, die *"legge Martelli"*, angesehen werden, welches die bislang einzige Antwort auf die völlig unzureichende Gesetzesstruktur darstellt.

Die Entstehungsgeschichte der *"legge Martelli"* beginnt mit dem Erlaß des *"Decreto- legge 30 dicembre 1989 n. 416"* [764]. Dabei handelt es sich um ein Notdekret, zu dessen Erlaß die Regierung gem. Art. 77 cost. als vorläufige Maßnahme in Ausnahmefällen mit Notwendigkeits- und Eilcharakter ermächtigt ist [765]. Es handelt sich somit um eine Norm der Exekutive.

---

762 Strozzi a.a.O., S. 12

763 Corte Cost. sent. 20 gennaio 1977,n. 46, in: Giur.cost. 1977, I, S. 184 ff.

764 Gazzetta Ufficiale n.303/ 1989

Die Notdekrete treten häufig auf und die in Art. 77 cost. verankerten Anforderungen werden durch Art. 15 l. n. 400/ 1988 [766] konkretisiert. Gem. Art. 77 III cost. verliert die Notverordnung ihre Gültigkeit automatisch ex tunc, wenn sie vom Parlament nicht binnen 60 Tagen in ein - i.d.R. rückwirkendes - Gesetz umgewandelt wird. Wegen der langen Einleitungsfristen des Verfahrens werden sie meistens nicht innerhalb der 60-Tages-Frist transformiert und deshalb entweder als unzulässig abgewiesen oder in Vorlagen gegen das Transformationsgesetz umgedeutet, so daß die Prüfung des Vorliegens der Notstandslage entfällt und die Kontrolle der Verfassungsmäßigkeit praktisch dem Parlament überlassen bleibt [767]. Dieser Umstand beruht auf der Besonderheit der italienischen Regierungsform, die auf einer Mehrparteienkoalition aufbaut, in der sich nicht selten vom Regierungskonsens abweichende Interessenkoalitionen bilden, so daß die parlamentarischen Entscheidungsprozesse weitgehend unkalkulierbar sind. Die Verlagerung der Gesetzgebungsentscheidung im Gesetz Nr. 39 auf die Regierungsebene spricht zudem für die Brisanz der in Rede stehenden Materie.
Zahlreich waren bereits vorher die Gesetzesvorlagen zur Regelung eines Asylverfahrens [768]. Das *Decreto legge Nr. 416* wurde auf Initiative des damaligen Justizministers *Martelli* vorgelegt und erfuhr in den Lesungen der Gesetzgebenden Versammlung gem. Art. 70 ff. cost. zur Transformation der Notverordnung Kritik. Von seiten des Abgeordneten *Mellini* und anderer erging an die Regierung folgende Aufforderung: "Das Parlament verpflichtet die Regierung zur Verwirklichung der inhaltlichen Vorgabe des Art. 10 III cost. innerhalb einer Frist von 30 Tagen und damit zur Vorlage eines geeigneten Gesetzesentwurfs zur Regelung eines Verfahrens auf dem Gebiet des Asylrechts" [769]. Anschließend wurden verschiedene Abänderungsvorschläge eingebracht, die jedoch sämtlich zurückgewiesen wurden, obwohl das Mitglied des Ausschusses für Verfassungsfragen *Ruffino* versichert hatte, die Regierung sei bereit, die Vorschläge und Anregungen zum Asylrecht wohlwollend zu berücksichtigen [770]. In diesem Sinne hatte man bereits zuvor Abänderungsvorschläge als unzureichend

---

765 Vgl. die Ausführungen bei Martines S. 449 m.w.N.

766 Gesetz Nr. 400 v. 23.8.1988, Gazzetta Ufficiale (GU) Nr. 866/ 1988

767 Das Parlament stimmt neuerdings auch in einem besonderen Verfahren über die Verfassungsmäßigkeit der Verordnungen ab: Art. 96-bis des "Regolamento della Camera" i.d.F. vom 29.9.1983

768 Die Gesetzesinitiativen vor Erlaß der *legge Martelli* sind abgedruckt in *Nascimbene*, Lo straniero nel diritto italiano, S. 313 ff.

769 Abgedruckt in *A.P., Camera, Resoconto stenografico*, Seduta 22-2-1990, II, 93

770 A.P., Camera, Resconto stenografico, a.a.O.

beurteilt, da sie mehr Detailfragen enthielten als Klarstellungen im Hinblick auf den Normadressaten und deshalb lediglich geeignet seien, den Erlaß von Verordnungen zur Regelung des Verfahrens überflüssig zu machen [771].

Die Vorgänge bei den Beratungen im Parlament zeigen die Uneinigkeit, die hinsichtlich der in Rede stehenden Materie herrschte. Sie zeigen aber auch, daß sich die Regierung der Problematik einer Aktualisierung des Art. 10 III cost. durchaus bewußt war.
Interessant, jedoch nicht überraschend, ist auch die Beobachtung, daß im Parlament zwei konträr eingestellte Strömungen aufeinandertrafen, von denen die eine eine Regelung zur Ausfüllung der verfassungsrechtlichen Vorgabe des Art. 10 III cost. wünschte, und die andere eine restriktive Politik der Immigration um jeden Preis durchsetzen wollte. Denn das Dekret wurde im Ergebnis in veränderter Form transformiert. Trug Art. 1 des ursprünglichen Entwurfs noch den Titel *„asilo politico"*, lautet die heutige Fassung *„rifugiati"* und knüpft folglich an den Flüchtlingsbegriff der Genfer Konvention an. Es ist jedenfalls bezeichnend, daß die erste Reform der in Rede stehenden Materie nicht den Weg eines im gewöhnlichen Verfahren zustandegekommenen Rechtsetzungsaktes gem. Art. 70 ff. cost. gehen konnte, sondern die *legge Martelli* den Umweg über den Erlaß einer Notverordnung genommen hat. Ob die "legge" jedenfalls die erstmalige erhoffte Regelung des Aylrechts verkörpert, muß nun im folgenden untersucht werden.

aa) Anwendungsbereich und Verfahrensgestaltung des Gesetzes Nr. 39

Das Gesetz Nr. 39 trägt folgende Überschrift:

> *"Norme urgenti in materia di asilo politico, di ingresso e soggiorno dei cittadini extracomunitari e di regolarizzazione dei cittadini extracomunitari ed apolidi gia presenti nel territorio dello stato"*

> *"Dringlichkeitsregelung zum politischen Asyl, Einreise und Aufenthalt von Ausländern ohne EG-Staatsbürgerschaft und Regelungen zum Aufenthalt von bereits in Italien lebenden Nicht-EG-Staatsangehörigen und staatenlosen Personen"*

---

771 So der Präsident des Ausschusses für Verfassungsfragen *Labriola, A.P., Camera, Bollettino delle Giunte e delle Commissioni Parlamentari*, Seduta 24-1-1990, 12 e 27

Die *legge Martelli* enthält der Überschrift nach Regelungen über das Asylrecht. Als einschlägige Vorschriften kommen indes lediglich Art. 1, 5 und 7 des Gesetzes Nr. 39 in Betracht. Die übrigen Vorschriften betreffen die Problematik gewöhnlicher Ausländer ohne EG-Staatsbürgerschaft bzw. staatenloser Personen *("cittadini extracomunitari" und "apolidi"),* so daß es sich in erster Linie um Rechtssetzung im allgemeinen Ausländerrecht handelt.

Art. 1 trägt die Überschrift *"rifugiati"* und nimmt somit ausdrücklich Bezug auf die Flüchtlingsdefinition des Art. 1 der Genfer Konvention. Die Abs. I bis III des Art. 1 l. n. 39 sind für die Ausgestaltung des Verfahrens selbst von geringer Bedeutung.

Art. 1 I regelt den Wegfall des geographischen Vorbehalts. Italien hatte seinerzeit bei der Ratifizierung der Genfer Konvention den in Art. 1 B GK vorgesehenen Vorbehalt geltend gemacht und wendete bis zum Erlaß der *legge Martelli* die Konvention nur auf Flüchtlinge europäischer Herkunft an. Die Regelung ist damit eine wesentliche Neuerung im Bereich des Flüchtlingsrechts des Abs. I. seit Inkrafttreten des Gesetzes können nun auch nichteuropäische Flüchtlinge diesen Status nach der GK in Italien beantragen, so daß die "legge Martelli" den Anwendungsbereich der GK zunächst erheblich erweitert hat.

Art. 1 II l.n.39 regelt die Verordnungsermächtigungen hinsichtlich der Ausführung und Verwirklichung des vorliegenden Gesetzes und stützt sich dabei auf Art. 17 des Gesetzes *l. n. 400, 23 agosto 1988* [772], in dem die Kompetenzen verschiedener Exekutivorgane zum Erlaß von Verordnungen *(regolamenti)* und das entsprechende Verfahren geregelt sind.

Diese Verordnungen sind von ihrer Bezeichnung her irreführend, denn sie heißen *decreto del Presidente della Repubblica (D.P.R.)* oder *decreto ministeriale*, so daß man sie für Dekrete i.S. des Art. 76, 77 cost. halten könnte. Sie sind aber bloße Verordnungen, d.h. materielle Gesetze, was aus Art. 17 l. n. 400, 1988 hervorgeht und deutlicher wird, wenn man das entsprechende Verfahren betrachtet, in dem sie zustande kommen.

Die *D.P.R* verlangen eine vorherige Anhörung des Ministerrates und des Staatsrates, Art. 17 I, II l. n. 400, 1988. Die *decreti ministeriali* hingegen müssen gem. Art. 17 III l. n. 400, 1988 vor ihrem Inkrafttreten dem Präsidenten des Ministerrates bekanntgegeben und dem Staatsrat zur Beurteilung vorgelegt werden, Art. 17 IV l. n. 400, 1988. Somit unterscheidet sich das Zustandekommen dieser

---

[772] Der Text der einschlägigen Vorschriften in Art. 17 des Gesetzes ist abgedruckt bei Nascimbene, Appendice..., S. 13

Verordnungen erheblich vom Gesetzgebungsverfahren der *decreti legislativi*, welches oben bereits erörtert wurde.
Art. 1 III l. n. 39 ist den außereuropäischen Flüchtlingen gewidmet, die unter dem Mandat des Hohen Flüchtlingskommissars der Vereinten Nationen stehen und bislang in Italien nicht als Flüchtlinge i.S. der GK anerkannt werden konnten [773]. Ihnen stand nun nach der neuen Regelung die Möglichkeit zu, binnen 60 Tagen nach Inkrafttreten des Gesetzes Nr. 39 einen Antrag auf Erlangung des Flüchtlingsstatus zu stellen.

(1) Einreise

Von Interesse für die Ausgestaltung des Verfahrens ist indes Art. 1 IV l. n. 39. Dem Ausländer, der an der Grenze Einreise unter Geltendmachung der Flüchtlingseigenschaft begehrt, ist diese zu verweigern, wenn sich aus den Überprüfungen der Grenzbehörden die im Gesetz genannten Umstände ergeben.
Damit statuiert die *legge Martelli* direkt kein Recht auf Einreise. Art. 1 l. n. 39 macht allerdings die Einreise nicht von den allgemeinen Voraussetzungen abhängig, die für die Einreise von Ausländern gewöhnlich vorgeschrieben ist, [774] sondern beschränkt sich darauf, die Ausnahmen von der Grundregel 'Einreise' im einzelnen aufzuzählen. Überdies wird gerichtlicher Rechtsschutz gegen die Abweisung an der Grenze eingeräumt, was dafür spricht, daß den Flüchtlingen - wenn nicht ein subjektives Recht - zumindest ein rechtliches Interesse an der Einreise eingeräumt wird [775]. Die *legge Martelli* statuiert somit indirekt ein zumindest rechtliches Interesse an der Einreise.[776]

Die aus dem Gesetz resultierenden Gründe für die Verhängung eines Einreiseverbots sind enumerativ aufgelistet:
Die Einreise ist ausgeschlossen, wenn der Ausländer bereits in einem Drittstaat

---

[773] Zur Vertiefung vgl. Nascimbene, Lo straniero nel diritto italiano, S. 111 ff.; die sogenannte *riserva geografica* wurde seinerzeit von Italien bei der Ratifizierung der Genfer Konvention geltend gemacht, so daß die Konvention bis 1990 nur auf europäische Flüchtlinge angewendet wurde - vgl. Oben III 1 a) aa)

[774] Z.B. Reisepaß oder ein gleichwertiges Reisedokument bzw. ein Visum; vgl. dazu Hein, ASYL 1993, 27 (29)

[775] Das rechtliche Interesse als abgeschwächtes subjektives Recht bestimmt im italienischen Recht den Zugang zu den Verwaltungsgerichten in Abgrenzung von der ordentlichen Gerichtsbarkeit; ausführlich vgl. dazu unten III.

[776] Hein, ASYL 1993, 27 (29)

als Flüchtling anerkannt ist. Dies gilt jedoch dann nicht, wenn die Zurückweisung in einen Staat i.S. des Art. 7 X l.n.39 erfolgen würde. Staaten nach dieser Vorschrift sind solche, in denen die Möglichkeit einer Verfolgung aus den in der GK aufgezählten Gründen besteht. Die Vorschrift bezieht sich folglich auf Art. 33 GK bzw. das Refoulementverbot und beinhaltet ein generelles Zurückweisungsverbot in mögliche Verfolgerstaaten. Aus dem Refoulementverbot ergibt sich, wie oben dargestellt, kein subjektives Recht auf Einreise [777].

Ein Einreiseverbot ist ferner auszusprechen, wenn der Ausländer aus einem sicheren Drittstaat einreist, der gleichzeitig Signatarstaat der Genfer Konvention ist, und in dem er seinen gewöhnlichen Aufenthalt hatte, ausgenommen Aufenthalt zu Transitzwecken bis zum Erreichen der italienischen Grenze. Dieses Einreiseverbot gilt auch dann wieder nicht, wenn die Zurückweisung in ein Land i.S. des Art. 7 X l.n.39 erfolgen würde.

Handelt es sich um eine Person, auf die gem. Art. 1 F GK das Abkommen keine Anwendung findet, ist die Einreise ebenfalls ausgeschlossen. Die Vorschrift bezieht sich auf die in der GK aufgezählten schwerwiegenden Gründe, deren gerechtfertigte Annahme die Erlangung des Flüchtlingsstatus ausschließt.
Dasselbe gilt, wenn der Ausländer bereits in Italien wegen eines Delikts i.S. des Art. 380 I, II der italienischen Strafprozeßordnung verurteilt worden ist oder eine Gefahr für die öffentliche Sicherheit des Staates darstellt oder einer mafiosen Vereinigung angehört.

(2) Antrag und Verfahren

Art. 1 V l. n. 39 regelt die Modalitäten des Einreiseantrags. Der Ausländer, der unter Inanspruchnahme der Anerkennung als Flüchtling einreisen will, muß einen begründeten Antrag, soweit möglich unter Vorlage der entsprechenden Dokumente, bei der polizeilichen Grenzbehörde stellen. Im Fall der Minderjährigkeit einer Person ohne Begleitung wird der Antrag an das örtlich zuständige Vormundschaftsgericht weitergeleitet, damit dieses nach seiner sachlichen Zuständigkeit die notwendigen Maßnahmen ergreift.
Stellt die Grenzpolizei fest, daß keiner der gesetzlich geregelten Fälle des Einreiseverbots vorliegt, kann der Ausländer seinen Aufenthaltsort innerhalb Itali-

---

[777] Vgl. oben *Zweiter Abschnitt* III 1 a) bb)

ens frei wählen. Am gewählten Aufenthaltsort muß er sich bei der zuständigen Ordnungsbehörde *("questura")* melden. Diese Ordnungsbehörde erteilt auf Antrag eine zeitlich begrenzte Aufenthaltserlaubnis, die bis zum Abschluß des Anerkennungsverfahrens gültig ist. Bis zur Zustellung der Entscheidung über die Anerkennung erhält der Asylbewerber nach der derzeit gängigen Verwaltungspraxis eine in der Regel auf zwei Monate befristete, im Bedarfsfall verlängerbare Aufenthaltsgenehmigung, die eine Arbeitserlaubnis nicht einschließt [778].

Wird der Antrag erst nach der Einreise bei der Ordnungsbehörde gestellt, kann es passieren, daß er als verspätet zurückgewiesen wird, wobei für eine solche Maßnahme allerdings eine eindeutige Rechtsgrundlage fehlt [779].

Das Gesetz Nr. 39 regelt im übrigen nur Grundzüge des Antragsverfahrens, während der Gang des Verwaltungsverfahrens über die Entscheidung des Antrags nicht geregelt ist. Verfahrensrechtliche Einzelheiten sowie den technischen Ablauf des Verfahrens regelt vielmehr das *D.P.R n.136, 15 maggio 1990*, welches auf der Ermächtigungsgrundlage des Art. 1 II l.n.39 i.V.m. Art. 17 l. n. 400, 1988 beruht und demnach sachlich ein *regolamento*, eine Verordnung, darstellt, wonach die Regierung die entsprechenden Verfahrensregelungen treffen soll [780]. Diese mit der deutschen Rechtsverordnung vergleichbare Regelung stellt eine im Rang unter dem formellen Gesetz stehende Rechtsnorm dar [781], nach ihrem Namen vom Staatspräsidenten formell ausgefertigt [782].

Nach der insoweit das Gesetz Nr. 39 ergänzenden Verordnung erfaßt die *questura* (Ordnungsbehörde) sämtliche Daten des Antragstellers und fertigt ein Protokoll über die Angaben des Ausländers an, die angelegte Akte wird sodann innerhalb von sieben Tagen an die für die Prüfung des Antrags zuständige Behörde geschickt (Art. 1 II D.P.R. n. 136). Nach einem Erlaß des Innenministeriums vom Januar 1993 soll die Ordnungsbehörde bereits bei Protokollierung des An-

---

[778] Hein, ASYL 1993, 27 (30)

[779] Ein Erlaß des Innenministeriums v. 12.2.1991 schreibt vor, daß der Asylantrag in jedem Fall an die für die Anerkennung zuständige Zentralkommission geschickt werden muß. Der Erlaß wird jedoch von verschiedenen Ordnungsbehörden dahingehend interpretiert, daß dies nur dann gilt, wenn bereits an der Grenze ein entsprechender Antrag gestellt wurde; vgl. dazu Hein, ASYL 1993, 27 (30 ff.)

[780] Decreto Presidente della Repubblica Nr. 136, GU Nr. 132/ 1990 (im folgenden kurz: d.P.R. Nr. 136)

[781] Vgl. oben *Zweiter Abschnitt* II 1 b), S. 139 ff.; zur Vertiefung Martines S. 531

[782] Martines a.a.O.

trags einen Anhörungstermin vor der für die Anerkennung zuständigen Kommission festlegen [783].
Die Zuständigkeit zur Anerkennung der Flüchtlingseigenschaft obliegt gem. Art. 2 I D.P.R. n. 136 der Zentralkommission für die Anerkennung von Flüchtlingen *(Commissione centrale per il riconoscimento dello status di rifugiato)*. Die Mitglieder, höhere Verwaltungsbeamte aus verschiedenen ministeriellen Kompetenzbereichen, werden vom Vorsitzenden des Ministerrates ernannt (Art. 2 I D.P.R. n. 136) [784]. Der Kommission ist ein Repräsentant des hohen Flüchtlingskommissars der Vereinten Nationen mit Beraterfunktion beigeordnet [785]. Der Antragsteller ist von der Kommission anzuhören. Er hat das Recht, sich in seiner Muttersprache zu verständigen und falls diese Sprache sämtlichen Mitgliedern der Kommission unbekannt ist, in französischer, englischer oder spanischer Sprache. Falls erforderlich, bedient sich die Kommission eines Dolmetschers (Art. 3 I D.P.R. n. 136). Innerhalb von 15 Tagen ab Zugang der Akten soll die Kommission über den Antrag mit einem schriftlichen Bescheid, der die Entscheidungsgründe enthält und dem Ausländer zuzustellen ist, entscheiden (Art. 3 III D.P.R. n. 136). Fällt der Bescheid positiv aus, erläßt die *questura* bei Vorlage eine Aufenthaltserlaubnis (Art. 4 II D.P.R. n. 136). Im Falle der Nichtanerkennung als Flüchtling muß der Ausländer das Land verlassen, es sei denn es greift das Abschiebungsverbot gem. Art. 7 VI l. n.. 39.

Bei Zurückweisung an der Grenze wird der Ausländer nach der geltenden Praxis sofort zurückgeschoben oder vorübergehend in der Transitzone des Flughafens - falls er auf dem Luftwege einreisen wollte - untergebracht [786]. Nur in den Ausnahmefällen der Albaner und Jugoslawen wurden die Bewerber teilweise trotzdem in provisorischen Aufnahmelagern untergebracht und ihnen somit die Einreise vorerst gestattet [787]. Teilweise wurden aber auch zweifelhaftere Praktiken

---

783 vgl. dazu Hein, ASYL 1993, 27 (30)

784 Zur Vertiefung vgl. Nascimbene, in. Asyl- und Einwanderungsrecht im europäischen Vergleich, S. 58

785 Nascimbene a.a.O.

786 Dossier Dire, Fascicolo promosso dalla Direzione Generale dei Servizi Civili del Ministero dell' Interno, Supplemento al numero 106 del 30 maggio 1992, 12

787 Dossier Dire, Fascicolo promosso dalla Direzione Generale dei Servizi Civili del Ministero dell' Interno, Supplemento al numero 106 del 30 maggio 1992, 12; vgl. auch Nascimbene, diritto d'asilo e albanesi in Italia. Rifugiati o clandestini ? Il corriere giuridico 1991, 817: die Aufenthaltsgenehmigungen betrugen allerdings nicht länger als ein Jahr; *Nascimbene* geht ferner davon aus, daß die Behandlung der Albaner willkürlich ist. Denn es wurden weder die Vorschriften der *legge Martelli* noch Art. 10 III cost. angewendet

angewandt: Als die Albaner im August 1991 zu Tausenden an der Küste Apuliens landeten, kesselte man sie in mehreren Großaktionen im Hafengebiet von Bari ein, so daß sie stundenlang ohne medizinische und sonstige Versorgung in der Hitze verharren mußten [788]. Teilweise verweigerte man von Anfang an den mit Flüchtlingen völlig überfüllten Schiffen, im Hafen anzulegen, um zu vermeiden, daß noch mehr Menschen auf das Festland gelangten [789]. Die Beispiele zeigen, daß die Zurückschiebungspraxis nicht immer menschliche Züge aufweist, von einem möglichen Anspruch der Betroffenen aus Art. 10 III cost. einmal abgesehen [790].

Vorschriften zur staatlichen Unterstützung der Bewerber um die Anerkennung der Flüchtlingseigenschaft enthalten Art. 1 VII - X l. n. 39. Bis zur Entscheidung über den Antrag wird dem vermögenslosen Flüchtling bei Bedarf ein Tagesgeld von 25 000 Lira, höchstens aber für den Zeitraum von 45 Tagen, gezahlt. Dies ergibt sich nicht aus dem Gesetz Nr. 39 selbst, sondern aus einer entsprechenden Verordnung des Innenministeriums, für deren Erlaß Art. 1 VII des Gesetzes Nr. 39 die Ermächtigungsgrundlage bildet [791]. Ist eine Anerkennung förmlich ausgesprochen worden, richtet sich der Status des Ausländers nach den einschlägigen Vorschriften der Genfer Konvention.

Art. 1 XI l.n.39 enthält eine sprachliche Auffälligkeit. War in den vorhergehenden Absätzen stets vom Flüchtling *"rifugiato"* bzw. vom Antragsteller *"richiedente"* oder vom Ausländer *"straniero"* die Rede, widmet der Gesetzgeber den letzten Absatz explizit dem Asylbewerber *"richiedente asilo"*. Danach verliert der Asylbewerber, der von den gesetzlichen Möglichkeiten betreffend die Legalisierung als Arbeitnehmer Gebrauch macht [792], nicht das Recht auf Anerkennung als Flüchtling. Hingegen kann im Fall dieser Personen während des Aner-

---

788 Vgl. dazu die Berichte in Corriere della sera vom 8. August 1991

789 Corriere della sera vom 8. August 1991

790 Vgl. dazu *Nascimbene*, diritto d'asilo e alabanesi in Italia. Rifugiati o clandestini ?, il corriere giuridico 8/1991, 817; *ders.*, Law of asylum in Italy, S. 55 ff; *ders.*, The Albanians in Italy: The right of asylum under attack ?, Int. J. reef L. 1991, 714; *Strozzi*, Profughi albanesi e diritto d'asilo, Riv. Dir. Int. 1991, 93; *Ruiz*, Immigrati: Quanti problemi irrisolti, l'assistenza sociale 1991, 49

791 Decreto Ministro dell'interno del 24.7.1990, Nr. 237

792 Vgl. oben *Zweiter Abschnitt* II 1 a

kennungsverfahrens keine staatliche Unterstützung gewährleistet werden. Auf die Bedeutung und die rechtlichen Folgen, die sich aus dieser Terminologie ergeben, wird später noch einzugehen sein.

bb) Rechtsschutz und vorläufiger Rechtsschutz

Verwaltungsakte betreffend die Einreise, den Aufenthalt und die Ausweisung des Ausländers müssen gem. Art. 5 I l.n.39 mit einer Rechtsmittelbelehrung versehen werden. Der Bescheid ist grundsätzlich in der Muttersprache des Flüchtlings, bzw. falls dies nicht möglich ist, in französisch, englisch oder spanisch zu verfassen.
Während die Rechtsmittelbelehrung schon immer notwendiger Inhalt des Verwaltungsaktes war (vgl. die Vorschrift in Art. 1 D.P.R. n. 1199, 24 novembre 1971), ist die Belehrung in einer dem Adressaten verständlichen Sprache ein erster Schritt zur Rechtsstaatlichkeit des Verfahrens [793]. Zu Recht muß kritisiert werden, daß der Gesetzgeber offensichtlich übersehen hat, die Fälle zu berücksichtigen, in denen es sich bei den Betroffenen um Analphabeten handelt und eine Kenntniserlangung vom Inhalt des Verwaltungsaktes deshalb schwierig ist [794].
Zweifelhaft ist jedoch die Effektivität der Vorschrift in der Praxis. Da bisher keinerlei Vorsorge getroffen wurde, zu gewährleisten, daß die Behörden von ihrer personellen Struktur her imstande sind, die entsprechenden richtigen Übersetzungen zu garantieren, scheint die Vorschrift das erhoffte Mehr an Rechtssicherheit in der Praxis nicht bieten zu können [795]. Schließlich betrifft dieses gesetzliche Übersetzungsgebot lediglich Verwaltungsakte hinsichtlich Einreise, Aufenthalt, und Ausweisung. In allen anderen Fällen setzt der Gesetzgeber offensichtlich die Kenntnis der italienischen Sprache voraus.
Interessant ist außerdem, daß mit dem Übersetzungsgebot eine einmalige Privilegierung der Flüchtlingen bewirkt wird, in deren Genuß nicht italienisch sprechende Staatsbürger, die beispielsweise nur Kenntnis der deutschen oder ladinischen Sprache haben, nicht kommen können [796].

---

793 Galtieri, in: La normativa..., S. 26

794 Galtieri, in: La normativa..., S. 26

795 Galtieri a.a.O.

796 davon abgesehen gibt es für die betroffenen deutschsprachigen oder anderen Minderheiten Italiens anderen Minderheitenschutz

(1) Klagen gegen Zurückweisung an der Grenze und sonstige Bescheide

Gegen die Zurückweisung des Ausländers an der Grenze, die auf Grundlage der Art. 1 II, III des Gesetzes Nr. 39 erfolgen kann, ist gem. Art. 1 VI des Gesetzes Nr. 39 die verwaltungsgerichtliche Klage zulässig *("ricorso giurisdizionale")*. Die Klagefrist beträgt gem. Art. 21 des Gesetzes Nr. 1034 60 Tage [797].

Rechtsbehelfe gegen sonstige Maßnahmen sind in Art. 5 des Gesetzes Nr. 39 geregelt. Gegen die Ablehnung der Anerkennung als Flüchtling (Art. 5 II), die Ausweisung des Flüchtlings (Art. 5 III), die Versagung oder Verlängerung der Aufenthaltserlaubnis (Art. 5 III) kann innerhalb einer Frist von 30 Tagen ebenso Klage beim Verwaltungsgericht erhoben werden. Die Anfechtbarkeit von Verwaltungsakten, welche die genannten Maßnahmen anordnen, wird damit ausdrücklich vorgesehen. Damit soll hervorgehoben werden, daß die verfassungsrechtlich verankerte Rechtsschutzgarantie gegenüber Maßnahmen der öffentlichen Verwaltung nach Art. 113 cost. besonders im Bereich der durch das Gesetz Nr. 39 geregelten Materie absolute Geltung besitzt [798].
Während der Anwendungsbereich des Art. 5 l. n. 39 auch das Recht der gewöhnlichen Ausländer und nicht nur das der Asylbewerber umfaßt, gilt Art. 1 des Gesetzes Nr. 39 nur für Flüchtlinge bzw. Bewerber um die Erlangung des Flüchtlingsstatus i.S. der GK [799]. Mit der getrennten Regelung der Rechtsbehelfe in Art. 1 und 5 soll betont werden, daß Rechtsschutz gegen die Zurückweisung an der Grenze nach Art. 1 VI l. n. 39 nur den Flüchtlingen i.S. der Genfer Konvention vorbehalten ist. Im Bereich des gewöhnlichen Ausländerrechts existieren indes Sonderregelungen, wie z.B. Art. 3 des Gesetzes Nr. 39[800].

Die Klage ist bei dem für die Region, in der der Ausländer seinen Aufenthalt hat, örtlich zuständigen Verwaltungsgericht zu erheben. Diese Bestimmung begünstigt den Flüchtling insoweit, als entgegen sonstigem Recht örtlich zuständig nicht das Gericht ist, in dessen Bezirk die für den Bescheid zuständige Behörde oder *Questura* ihren Sitz hat [801].

---

797 Gesetz über die Errichtung regionaler Verwaltungsgerichte: legge 6 dicembre 1971, n. 1034

798 Galtieri, in: La normativa..., S.29

799 Vgl. oben *Zweiter Abschnitt* III 1 a), S. 155 ff.

800 Galtieri, in: La normativa..., S. 29

801 Galtieri, in: La normativa, S. 26

(2) Vorläufiger Rechtsschutz

Nach italienischem Verwaltungsprozeßrecht hat die Anfechtungsklage gegen Verwaltungsakte grundsätzlich keine aufschiebende Wirkung [802]. Gleichwohl gewährt das Gesetz Nr. 1034 / 1971 dem Kläger das Recht, bei dem Gericht der Hauptsache die Anordnung der aufschiebenden Wirkung des angefochtenen Verwaltungsaktes zu beantragen (Art. 21 VII des Gesetzes Nr. 1034), wenn von einer Vollziehung schwere und nicht wiedergutzumachende Schäden zu befürchten sind. Das Gericht kann dann die aufschiebende Wirkung anordnen, wenn die genannten Voraussetzungen positiv festgestellt werden können. Dies ist durchaus mit dem Fall vergleichbar, daß eine Verfügung von einer deutschen Behörde i.S. des § 80 II Nr. 1-3 VwGO sofort vollziehbar ist und dem Betroffenen die Möglichkeit offensteht, die Anordnung der aufschiebenden Wirkung nach § 80 V VwGO zu beantragen.

Demgegenüber enthält die *legge Martelli* eine Spezialregelung. Nach Art. 5 IV l.n.39 bewirkt der fristgemäße Antrag beim Verwaltungsgericht den Suspensiveffekt der Ausweisung, ohne daß die Voraussetzung der schweren und nicht wiedergutzumachenden Schäden geprüft oder positiv festgestellt werden müssen. Damit hat zwar die Einlegung eines Rechtsmittels in der Hauptsache selbst keine aufschiebende Wirkung, diese kann aber durch einen Antrag des Klägers ohne zusätzliche rechtliche Hindernisse hergestellt oder in Anlehnung an die deutsche Terminologie angeordnet werden. Damit wird das allgemeine, in Art. 21 VII des Gesetzes Nr. 1034 bereits normierte Prinzip für den Kläger vereinfacht, da er nunmehr auf eine Darlegung der schweren Schäden angesichts einer Vollziehung nicht mehr angewiesen ist. Zwar wird in der Regel bei Ausweisungen ein solcher Schaden zu bejahen sein, dennoch bleibt das Erfordernis der positiven Feststellung stets zusätzliche Hürde.

Im Fall einer positiven Entscheidung wird die vom Präfekten angeordnete sofortige Vollziehung der Ausweisung bis zur Entscheidung in der Hauptsache ausgesetzt.

Fraglich ist allerdings, warum hier der Klage nicht gleich automatisch ein Suspensiveffekt zugesprochen werden kann, sondern erst noch ein gesonderter Antrag erforderlich ist. Dies resultiert aber wohl aus der Systematik des italienischen Rechts, dem der automatische Suspensiveffekt der Anfechtungsklage im Prinzip fremd ist. Es kann jedenfalls positiv bewertet werden, daß im Bereich des Flüchtlingsrechts eine Vereinfachung der Anordnung des Suspensiveffekts

---

802 Zur Vertiefung siehe Karwiese S. 77

gesetzlich normiert wurde. Der Antrag ist nach Art. 5 IV l.n.39 der kurzen Frist von 15 Tagen unterworfen.

Die Fassung des Art. 5 IV l. n. 39 hat insbesondere wegen ihrer Formulierung Kritik erfahren, weil sie in dieser Form nicht gelungen sei [803]. Der Antrag wird nämlich als *domanda incidentale di sospensione* [804] bezeichnet: Der Begriff *"incidentale"* weist aber darauf hin, daß der Antrag nach der verwaltungsprozessualen Systematik normalerweise in die Klage eingebunden ist, mit der die Annullierung bzw. Aufhebung eines fehlerhaften rechtsverletzenden Verwaltungsakts begehrt wird [805]. Durch die Verkürzung der Frist auf 15 Tage, die im Gegensatz zur Klagefrist steht, welche gem. Art. 21 des Gesetzes Nr. 1034 normalerweise 60 Tage beträgt, verliert der Antrag aber eigentlich jeglichen Inzidentcharakter. Es scheint vielmehr, als erhebe der Gesetzgeber den sonst klagebegleitenden Antrag zum eigenständigen und zeitlich vorgelagerten Rechtsmittel, das den Charakter einer echten Eilmaßnahme trägt und von der verwaltungsgerichtlichen Hauptsache unabhängig ist [806]. Der Gesetzgeber hat zwar in Art. 5 V l.n.39 eine Verkürzung der Klagefristen vorgesehen, jedoch sind diese dennoch länger als die 15-tägige Frist für den Aussetzungsantrag. In Art. 5 V heißt es nämlich:

> Die in den Art. 36 des 'regio decreto', 17. August 1907, Nr. 642 und Art. 21 ff. des Gesetzes Nr. 1034, 6. Dezember 1071, festgesetzten Fristen sind um die Hälfte verkürzt, wenn sie die in Abs. II und III geregelten Klagen betreffen.

Folglich ist die Klagefrist für Klagen nach Art. 5 II, III auf bloße 30 statt der sonst geltenden Frist von 60 Tagen verkürzt. Über die Intention des Gesetzgebers bei der Verkürzung der Fristen heißt es bei *Galtieri* : „Die Zielsetzung dieser Regelung besteht zweifellos darin, zu einer möglichst schnellen Entscheidung in den von Art.5 II und III geregelten Fällen zu gelangen.... Jedoch scheint diese Maßnahme nicht geeignet, die prozessuale Entscheidung zu beschleunigen, wenn man sich vor Augen hält, welche sonstigen organisatorischen Widrigkeiten der Verwaltungsjustiz einer Beschleunigung entgegenstehen. Geeigneter und effektiver erschiene unter der Voraussetzung des generellen Ausbaus

803 Galtieri a.a.O. S. 28

804 Das heißt etwa übersetzt „inzidenter Suspensivantrag"

805 Galtieri a.a.O.

der Verwaltungsgerichtsbarkeit die Einrichtung eines eigenen Gerichtszweigs bei den Verwaltungsgerichten, die mit der spezifischen Materie ausschließlich betraut werden“ [807].

Nach *Galtieri* weist die Ausgestaltung des Verfahren damit erhebliche Schwächen auf, weil der Gesetzgeber die bezweckten Effekte mit der derzeitigen Gestaltung des Flüchtlingsverfahrens nicht zu erreichen vermag.

Für das Hauptverfahren beim Verwaltungsgericht herrscht Anwaltszwang. Die Inanspruchnahme eines kostenlosen Rechtsbeistands durch den Flüchtling bzw. Ausländer, welche für Prozesse vor den Verwaltungsgerichten allgemein in den Art. 28, 29 des d.P.R. 21. April 1973, Nr. 214 vorgesehen ist, wird von der *legge Martelli* nicht ausdrücklich geregelt. Dies ist problematisch, denn nach der allgemein geltenden Regelung des D.P.R./ 21.4.1973 ist zwar grundsätzlich jeder zur Inanspruchnahme des kostenlosen Rechtsbeistands berechtigt, Voraussetzung ist jedoch die Vorlage eines Dokuments, das den Nachweis des entrichteten Steuerbeitrags am Ort des festen oder gewöhnlichen Wohnsitzes bzw. Aufenthaltes erbringen kann. Die Erbringung derartiger Nachweise wird aber für den Flüchtling oder Ausländer fast unmöglich sein, weil bereits die für die Gewährung des Rechtsbeistands festgelegten Fristen von seiten der zuständigen Kommission mit den in Art. 5 l.n. 39 verkürzten Klagefristen nicht vereinbar sind. Bevor der Asylbewerber die nötigen Dokumente beschaffen kann - vorausgesetzt er könnte sie erlangen -, ist die Klagefrist bereits abgelaufen, so daß sich die Inanspruchnahme für den großen Teil der Betroffenen von selbst verbietet.

(3) Rechtsmittel gegen verwaltungsgerichtliche Entscheidungen

Die Einlegung eines Rechtsmittels gegen verwaltungsgerichtliche Entscheidungen wird von der *legge Martelli* nicht ausdrücklich vorgesehen. Es ist auch darauf hinzuweisen, daß die *Corte Costituzionale* in ständiger Rechtsprechung bekräftigt hat, daß die Institution einer Rechtsmittelinstanz verfassungsrechtlich nicht garantiert ist [808]. Vielmehr sei es dem Ermessen des Gesetzgebers überlassen, die Einlegung eines Rechtsmittels im konkreten Fall vorzusehen. Gleich-

---

806 Galtieri a.a.O.

807 Galtieri, in: La normativa, S. 28

808 So etwa Sent. n. 41/ 1965; 186/ 1980; 8/ 1982; 80/ 1988; 224/ 1983; 78/ 1984; 299/ 1985; 200/ 1986

wohl hat die *Corte Costituzionale* unter Berücksichtigung der innerhalb der Verwaltungsgerichtsbarkeit umstrittenen Auffassung zur Garantie der Einlegung eines Rechtsmittels unterstrichen, daß die Zulassung eines Rechtsmittels grundsätzlich erlaubt sein soll [809]. Jedenfalls haben die Verwaltungsgerichte in der Praxis gegenüber der Rechtsmittelfrage stets eine großzügige Haltung gezeigt und insoweit im Sinne einer absoluten Rechtsmittelgarantie entschieden [810]. Die vielfältigen Unklarheiten wurden mit Erlaß der Verordnung D.L. n. 187/ 1993 zum Teil beseitigt, wonach die Revision für bestimmte Fälle ausdrücklich vorgesehen ist. Die Relevanz der Einlegung eines Rechtsmittels ist jedenfalls für die Vollziehung des belastenden Verwaltungsaktes von geringer Bedeutung, wenn man bedenkt, daß die Revisionseinlegung keine aufschiebende Wirkung hat.

cc) Verankerung des Refoulementverbots

In Art. 7 X l.n. 39 ist schließlich das oben bereits vielfach erwähnte Refoulementverbot verankert, welches seinen Ursprung in Art. 33 GK hat. Danach ist weder die Ausweisung noch die Zurückweisung in ein Land möglich, in der eine Bedrohung von Leben oder Freiheit aus den dort aufgeführten Gründen in Anlehnung an Art. 1 GK erfolgen kann. Für Flüchtlinge ist das Refoulementverbot betreffend die Zurückweisung bereits in Art. 1 IV l.n.39 gesondert festgelegt, indem dort auf die Vorschrift des Art. 7 X verwiesen wird. Hinsichtlich der Ausweisung gilt das Verbot für sämtliche Adressaten der *legge Martelli*, also Nicht-EG-Ausländer und Flüchtlinge, da die Norm allgemein mit "Ausweisung" tituliert ist *("Espulsione dal territorio dello stato")*.

c) Verschiedenheit der Anwendungsbereiche des Art. 10 III cost. und des Gesetzes Nr.39 und Beseitigung des geographischen Vorbehalts

Mit der obigen Darstellung der Situation der Gesetzgebung vor Erlaß der *legge Martelli* wurde deutlich, daß die Ratifikation der Genfer Konvention den Tatbestand des Art. 10 III cost. nicht vollständig abdeckt und damit keine das Asylgrundrecht konkretisierende Norm darstellt [811]. Die verfassungsrechtliche Be-

809 Corte cost. Sent. n. 395/ 1988

810 vgl. dazu Hein, ASYL 1993, 27 (31); D'Orazio, Condizione dello straniero, S. 136 f.

811 So z.B. Strozzi, Riv. Dir. Int. 1990, 97; ders., La normativa..., S. 11; Nascimbene, Lo straniero nel diritto italiano, S. 127; ders., Il corriere giuridico 1991, 817; Hein, ASYL

stimmung hat damit zumindest bis zum Jahre 1990 keine vollständige Umsetzung auf die Ebene einfachen Rechts erfahren.
Nach dem hier gegebenen Überblick über den Regelungsgehalt des Gesetzes Nr. 39 ist jedoch noch unklar, ob der Gesetzgeber in Form des mit "Vorschriften zum Asyl" titulierten Gesetzes eine Änderung dieser Situation herbeigeführt hat.

Art. 1 ist mit der Überschrift *"rifugiati"* betitelt. Damit hat sich der Gesetzgeber über den Entwurf des *decreto legge* hinweggesetzt, der den Art. 1 mit der Überschrift *"asilo politico"* (politisches Asyl) überschrieb. Dieser Umstand bildet bereits ein Indiz gegen die Annahme, Adressaten der Regelung seien alle Asylberechtigten gem. Art. 10 III cost.. Expliziten Eingang in den eigentlichen Gesetzestext hat das Wort "Asyl" nur in Art. 1 XI des Gesetzes Nr. 39 gefunden, indem dieser letzte Absatz dem Asylbewerber *"richiedente asilo"* gewidmet wurde.
In dieser Form stiftet die Fassung des Art. 1 Verwirrung, könnte dieser Umstand doch einerseits bedeuten, der Gesetzgeber differenziere durchaus zwischen den Kategorien 'Flüchtling' und 'Asylbewerber' bzw. 'Asylberechtigter'. Andererseits könnte dies auch dafür sprechen, daß der Gesetzgeber die Begriffe als Synonym verwendet und damit eine Gleichsetzung von Flüchtlingen und Asylberechtigten vornimmt. Eine Gleichsetzung bedeutet jedoch eine Reduzierung der Asylberechtigung auf die Flüchtlingsdefinition nach der GK, so daß darin ein rechtswidriger Verstoß gegen Art. 10 III cost. liegen würde, der selbst eine weitere Tatbestandsvoraussetzungen zugrundelegt. [812]

Bei genauer Betrachtung spricht alles dafür, daß der Gesetzgeber eine Gleichsetzung vorgenommen bzw. hier versucht hat, die Asylmaterie einfach "mitzuregeln". Da er sich über die ursprüngliche Fassung des *decreto legge* hinweggesetzt hat, kann ihm ein Bewußtsein für die Problematik der Verschiedenheit beider Begriffe nicht abgesprochen werden. Die Änderungen, die das Gesetz Nr. 39 gegenüber dem ursprünglichen Entwurf *decreto legge* enthält, stellen sich als solche zum Nachteil der tatsächlichen Gewährung eines verfassungsmäßigen Rechts auf Asyl dar. Denn mit der Betitelung *rifugiati* in Art. 1 l. n. 39 hat der Gesetzgeber ausdrücklich Bezug auf die Flüchtlingsdefinition genommen und somit die Prüfung der Flüchtlingseigenschaft im Sinne der Genfer Konvention für alle Asylsuchenden angeordnet
Hier tritt der offenbar bei dem größten Teil der Abgeordneten des italienischen

1993, 27; zuletzt auch D'Orazio, Condizione dello straniero, S. 76

812 In diesem Sinne Caggiano, La comunità internazionale 1990, 31 (35)

Parlaments vorhandene Wunsch nach einer restriktiven Kontrolle des Flüchtlingsflusses nach Italien offen zutage, der oben bereits angesprochen wurde [813]. Die Änderung des *decreto legge* in der bekannten Form spricht deshalb für eine bewußte Verschleierung des Problems, daß ein Unterschied besteht zwischen dem, was nach der GK und dem, was gem. Art. 10 III cost. nach der Verfassung asylrechtlich geschuldet ist. Der Gesetzgeber hat einer sorgfältigen gesetzlichen Differenzierung die Lösung einer rechtlich weniger korrekten Gleichmachung vorgezogen.

Die Gründe für ein solches Vorgehen liegen auf der Hand. Zum einen verführt die Überschneidung der tatbestandlichen Voraussetzungen geradezu zu einer Gleichsetzung. Zum anderen bietet sich hier ein Weg, die lästige großzügige Verbürgung des Art. 10 III cost. ohne größeren legislativen Aufwand zu beschränken.

Ein Blick auf die Fassung des Art. 1 XI l.n.39 vermag diese Argumentation zu stützen. Folgerichtig spricht die Fassung des Art. 1 XI l.n.39 für eine Vermischung der rechtlichen Kategorien, denn die Vorschrift machte ansonsten in dieser Form keinen Sinn. Da andere gesetzliche Vorschriften zum Asylrecht, wie gezeigt, nicht existieren, kann der Verweis auf den „Asylbewerber" nur so verstanden werden, daß der Begriff des Flüchtlings mit dem des Asylbewerbers in den Augen des italienischen Gesetzgebers gleichzusetzen ist. Ansonsten machte, gerade in Ermangelung sonstiger Vorschriften, die Einarbeitung des Begriffs des "Asylbewerbers" in den Gesetzestext der *legge Martelli* keinen Sinn, da an den Begriff des Asylbewerbers ansonsten - von der isoliert betrachtet sehr dürftigen Regelung des Art. 1 XI l.n.39 abgesehen - keine Folgen geknüpft würden. Es muß also eine Gleichsetzung von Flüchtlingen und Asylbewerbern in den Augen des Gesetzgebers vorliegen.

Ausschlaggebend für eine Bewertung des Gesetzes Nr. 39 ist damit die Überschrift des Art. 1 l. n. 39. Danach betrifft der Anwendungsbereich des Art. 1 l. n. 39 außer im Fall des Abs. XI nur Flüchtlinge i.S. der GK. Dies ist unmißverständlich und kann auch bei großzügiger Auslegung nicht anders gedeutet werden [814]. Demgegenüber regelt Art. 5 l.n.39 Vorschriften betreffend alle Adressaten des Gesetzes Nr. 39, das sind Nicht-EG-Staatsangehörige und Flüchtlinge i.S. der GK, die einzelnen Regelungsinhalte sind z.T. nur den Flüchtlingen gewidmet (vgl. z.B. Abs. II). Das Wort *"asilo"* wird hier nicht erwähnt. Trotz des Gesetzestitels enthält die *"legge Martelli"* also tatsächlich keine mit Art. 10 III

---

[813] Vgl. oben *Zweiter Abschnitt* I 3.

cost. vollständig übereinstimmenden, sondern ihm widersprechende Regelungen[815].

Dies zeigt im übrigen einmal mehr, daß das Gesetz Nr. 39 einige Ungereimtheiten enthält, die nicht für die sorgfältige Ausarbeitung dieser ursprünglichen Notverordnung bürgen, sondern dem Betrachter mit dem - aus der Überschrift explizit herauszulesenden - Eilcharakter der Norm den Anschein einer provisorischen bzw. vorläufigen Regelung vermittelt. Und doch hat die *"legge Martelli"* die alte Gesetzeslage insofern verbessert, als sie den geographischen Vorbehalt beseitigt hat. Vor ihrem Erlaß konnten lediglich Flüchtlinge aus europäischen Staaten als solche anerkannt werden, da Italien als einziger EG-Staat den in Art. 1B der Konvention vorgesehenen Vorbehalt geltend machte [816]. Ausländer ohne EG-Staatsangehörigkeit konnten mangels eines Verfahrens weder als Asylbewerber und wegen des Vorbehalts auch nicht als Flüchtlinge anerkannt werden. Sie wären jedoch aus Art. 10 III cost. heraus zur Einreise berechtigt gewesen. In der italienischen Verwaltungspraxis geht man schon lange davon aus, daß das Flüchtlingsrecht basierend auf dem Flüchtlingsbegriff der GK wegen der teilweisen Überlappung der Tatbestandsvoraussetzungen des Art. 10 III cost und der Flüchtlingsdefinition gem. Art. 1 GK faktisch einen Teil des Asylrechts mitregelt. Denn wer i.S. der Flüchtlingskonvention Verfolgung fürchtet, ist in der Ausübung der demokratischen Freiheitsrechte behindert, so daß sich beide Voraussetzungen teilweise überschneiden. So schreibt *Strozzi* [817]: „Praktisch bestanden die einzigen die Verfassungsnorm aktualisierenden Gesetze in den Vorschriften, die basierend auf völkerrechtlichen Verträgen, konkret der Genfer Konvention von 1951, im Bereich des Flüchtlingsrechts erlassen wurden, mit der Konsequenz, daß sich in der Praxis die Tendenz breit machte, die Figur des Asylberechtigten nach der Verfassung mit der des Flüchtlings i.S. der GK gleichzusetzen. Dies stellt eine nicht korrekte Auffassung dar, die eine Verletzung des Anwendungsbereichs des Art. 10 III cost mit sich bringt, weil sie das Recht auf Asyl einschränkt... Diese Identifikation von Flüchtlingen und Asylberechtigten ist eine vom juristischen Standpunkt aus willkürliche und unzulässige Handhabung."

---

814 Nascimbene, Appendice..., S. 9

815 Dies ist unstreitig, allerdings führt die Literatur z.T. dafür keine Begründung an, so z.B., Nascimbene, Appendice..., S. 9 f.; Bonetti, La condizione giuridica, S. 161f.; anders Caggiano, La comunità internazionale 1990, 31 (35)

816 S. oben *Zweiter Abschnitt* III 1 a

817 Strozzi, in: La normativa..., S. 16

Der oben angesprochene Effekt des geographischen Vorbehalts wurde zumindest im Hinblick auf das Flüchtlingsrecht nun beseitigt. Damit bewirkt das Gesetz die erstmalig einheitliche Behandlung von Flüchtlingen, gleich welcher Herkunft sie sind.

Im Ergebnis ist somit festzustellen, daß trotz der Betitelung des Gesetzes Nr. 39 mit der Überschrift "Eilfallregelung zum politischen Asyl..." der Anwendungsbereich des Art. 10 III cost. und der *legge Martelli* verschieden ist. Eine Neuerung gegenüber der alten Rechtslage vor 1990 kann deshalb insofern nicht festgestellt werden, da das Gesetz Nr. 39 ein Flüchtlingsgesetz i.S. der Genfer Konvention darstellt. Es stellt sich daher die Frage nach der Vereinbarkeit des Gesetzes Nr. 39 mit dem Art. 10 III cost. oder besser der Verfassungsmäßigkeit der *legge Martelli*.

aa) Vereinbarkeit des Gesetzes Nr. 39 mit Art. 10 III cost.

Für das Verhältnis zwischen der *legge Martelli* und dem Grundrecht auf Asyl sind nun folgende Möglichkeiten denkbar, die in der Rechtsprechung vertreten werden und die das Verhältnis der Regelungen kennzeichnen.

(1) Interpretation i.S. von T.A.R. Lazio

In dem hier zu diskutierenden Urteil [818] hatte der Kläger, ein äthiopischer Staatsangehöriger, der aus der seit 1977 unabhängigen Republik Dschibuti eingereist war, einen Antrag auf Asyl in Italien gestellt. Sein Begehren war von der *Questura* in Rom auf der Grundlage des Art. 1 IV l.n.39 abgewiesen worden, da er aus einem Signatarstaat der Genfer Konvention und damit einem sicheren Drittstaat eingereist sei. Die individuelle politische Situation in Dschibuti war von den italienischen Behörden nicht nachgeprüft worden. Das regionale Verwaltungsgericht gab dem Klageantrag statt und führte zum Verhältnis der genannten Vorschriften folgendes aus: “Art. 10 III cost. gewährt dem Ausländer ein Recht auf Asyl auf italienischem Grund und Boden, wenn er in seinem Heimatstaat in der Ausübung der in Italien garantierten Freiheitsrechte verhindert ist. ... Art. 10 III cost. Gewährleistet das Recht auf Asyl nach Maßgabe der Ge-

818 T.A.R. Lazio Urt. Nr. 152 v. 12.2.1992

setze. Im Gesetz Nr. 39 vom 28. Februar 1990 kann ebenso wie in der Genfer Konvention ein solches Gesetz gesehen werden.... In der Konvention und dem Gesetz Nr. 39 ist eine positive Definition des verfassungsmäßigen Schutzbereichs zu sehen. Das eigentliche Problem dieser einfachgesetzlichen Vorschriften ist das einer rechtmäßigen Auslegung im Lichte der Verfassung. Erst in zweiter Linie kann deshalb die Frage nach ihrer Verfassungsmäßigkeit tatsächliche Relevanz besitzen.... Art. 1 IV des Gesetzes Nr. 39 muß so ausgelegt werden, daß die Verneinung der Flüchtlingseigenschaft nicht auf dem formell nachgewiesenen Einreiseweg beruht, sondern auf sichergestellten Tatsachen, was sich unter anderem auch daraus ergibt, daß der Asylbewerber seinen Antrag dahingehend begründen und - falls möglich - entsprechende Urkunden beibringen muß.“

In der Genfer Konvention eine einfachgesetzliche Regelung des Asyls zu sehen ist indes auch in der Rechtsprechung des T.A.R. Lazio eine Neuheit. In einer Entscheidung aus dem Jahre 1987 [819] hatte es noch ausgeführt: „Die Vorschrift des Art. 10 III cost., die dem Ausländer ein Recht auf Asyl garantiert...ist bislang auf einfachgesetzlicher Ebene nicht geregelt worden. Dennoch bestehen keine Zweifel, daß das Recht für den Ausländer den Vorteil mit sich bringt, daß der Verfolgte als Flüchtling im Land bleiben kann....“

(2) Interpretation nach T.A.R. Friuli Venezia-Giulia

Das Verwaltungsgericht der Region Friuli Venezia - Giulia hat im Gegensatz zu der eben dargestellten Auffassung in der Genfer Konvention keine Regelung des Asylrechts gesehen. Vielmehr führt das Gericht aus, die Konvention regele kein wahres und wirkliches Recht auf Asyl für Flüchtlinge. Die dargestellten Vorschriften der Konvention zeigen nach Auffassung des Gerichts unmißverständlich, daß sie nur ein *Refoulement-Verbot* enthalten bzw. die Zurückweisung verbieten, wenn der Flüchtling mit Verfolgung bedroht ist. Davon zu unterscheiden ist das Recht auf Asyl in Art. 10 III cost., was zwar noch nicht auf die Ebene eines einfachen Gesetzes umgesetzt wurde, jedoch unmittelbare Geltung besitzt. Die Konvention hat aufgrund der Flüchtlingsdefinition eine weniger weite Geltung als das Grundrecht auf Asyl. Das Flüchtlingsrecht kommt dem zugute, dem die Flüchtlingseigenschaft anerkannt wird. Hingegen vermittelt das Asylrecht -

---

[819] Urt. Nr. 1607 v. 10.10.1987

bislang nicht verfahrensrechtlich geregelt - ein weniger, mindestens aber ein Bleiberecht und damit Schutz vor Abschiebung. Mit anderen Worten genügt das Verhindertsein in der Ausübung von Rechten für die Erlangung des Flüchtlingsstatus nicht, sondern wird die Furcht vor Verfolgung vorausgesetzt.

Interessanterweise hatte der Kläger, dem die Anerkennung des Flüchtlingsstatus verweigert worden war, vorgetragen, die Kommission habe es unterlassen, zu prüfen, ob die Voraussetzungen des Art. 10 III cost. vorgelegen hätten. Er sei daher in seinem Recht aus Art. 10 III cost. verletzt. Das Verwaltungsgericht hat dahingehend ausgeführt: „Die behauptete Verletzung ist unbegründet. Denn das eingelegte Rechtsmittel bezieht sich lediglich auf die Frage der Inhaberschaft des Flüchtlingsstatus, hingegen gewährt Art. 10 III cost. ein Recht auf Asyl. Daraus folgt, daß die Kommission richtigerweise nur geprüft hat, ob der Kläger als Verfolgter im Sinne der Flüchtlingsdefinition anzusehen ist. Anders aber wäre die Situation, wenn sich der Kläger gegen eine Abschiebungsverfügung gewandt hätte. In diesem Fall hätte Art. 10 III cost. angewendet werden müssen. Denn die Ausweisung oder Abschiebung eines nach Art. 10 III cost. Berechtigten verletzt das Asylrecht. In diesem Fall wäre davon auszugehen, daß solche Normen, die die Abschiebung gestatten, wegen Verletzung des Art. 10 III cost. verfassungswidrig wären“.

Das Gericht führt damit aus, daß die Voraussetzungen des Art. 10 III cost. nicht genügen, um den Flüchtlingsstatus zu erhalten. Weil aber eine Regelung im Hinblick auf Art. 10 III cost. fehle, spiele dieser nur eine Rolle, wo es um die Abschiebung des Ausländers geht. Denn ohne Regelung vermittelt Art. 10 III cost. lediglich ein Bleiberecht.

(3) Stellungnahme

Die Ausführungen der Praxis zur *legge Martelli* lassen theoretisch folgende Interpretationen zu:

1.) Art. 10 III cost. wird lediglich als Programmsatz verstanden. Folglich ist das Gesetz Nr. 39 nicht an Art. 10 III cost. gebunden, verfassungsmäßig, und eine Berufung auf Art. 10 III cost. ausgeschlossen.
Dies scheint wohl angesichts der Fassung der Überschrift des Art. 1 XI l . n. 39 der Tendenz des Gesetzgebers zu entsprechen.

2.) Art. 10 III cost. wird als subjektives Grundrecht verstanden, das Gesetz Nr. 39 aber nicht als einschlägige Regelung betrachtet. Dann steht jedem Asylbewerber unabhängig von der Anwendung der *legge Martelli* die Berufung auf das Asylrecht offen, und zwar als unmittelbar verfassungsrechtlich normierter Anspruch.

Dieses Interpretationsmodell liegt der oben dargestellten Rechtsprechung des Verwaltungsgerichts Friuli Venezia - Giulia zugrunde. Bei konsequenter Weiterführung dieser Auffassung wäre dann aber daran zu denken, ob Art. 10 III cost. nicht etwa als *diritto soggettivo* im ordentlichen Rechtsweg geltend zu machen ist.

3.) Art. 10 III cost. wird als Grundrecht verstanden, welches das Gesetz Nr. 39 zwar nicht ausführt bzw. umsetzt, aber „mitzuregeln" versucht.

Dann wäre die *legge Martelli* verfassungswidrig. Sie gilt zwar vorerst fort, darf aber nicht mehr angewendet werden und müßte bei nächster Gelegenheit der *Corte costituzionale* vorgelegt werden.

4.) Art. 10 III cost. ist als subjektives Grundrecht zu verstehen, jedoch gestattet der in der Norm enthaltene Gesetzesvorbehalt die tatbestandsmäßige Einschränkung der Voraussetzungen des Asylrechts.

Bei genauer Betrachtung scheint das regionale Verwaltungsgericht der Region Lazio der letzten der vorgestellten Interpretationsmodelle zuzuneigen. Für die Grundrechtsqualität spricht, daß es das Gericht als notwendig erachtet hat, die einfachen Gesetze im Lichte des Art. 10 III cost. auszulegen, so daß es an der Grundrechtsqualität des Art. 10 III cost. festhält. Denn - anders als nach dem Modell 1) - ist die *legge Martelli* in ihrer Anwendung an Art. 10 III cost. gebunden, wenn dies auch nicht auf die dort beschränkten Voraussetzungen zutrifft. Erst in zweiter Linie, so das Gericht, sei die Frage nach der Verfassungsmäßigkeit der Vorschriften relevant und hebt so die Bindung an Art. 10 III cost. hervor.
Darüber hinaus wird in der zitierten Entscheidung die Grundrechtsqualität des Art.10 III cost. nicht bestritten. Dann fragt sich aber, woher das Verwaltungsgericht Lazio im Gegensatz zu den doch sehr namhaften Vertretern der Literatur

die Qualifizierung des Gesetzesvorbehalts herleiten will [820]. Denn ein absoluter Gesetzesvorbehalt, wie er einhellig für Art. 10 III cost. behauptet wird, deckt die Einschränkung der tatbestandlichen Voraussetzung nicht ab. Und auch über die Konstruktion eines relativen Vorbehalts käme man kaum zum gewünschten Ergebnis, basiert die Unterscheidung zum absoluten Vorbehalt *(riserva assoluta)* doch nur auf der Verteilung der Gesetzgebungskompetenzen im formellen Sinn und nicht ihrer inhaltlichen Gestaltung.

Demgegenüber neigt die Auffassung des T.A.R. Friuli Venezia - Giulia zum Interpretationsmodell 2).
Offensichtlich ist, daß die Voraussetzungen von Art. 10 III cost. und der Flüchtlingsdefinition nicht in Einklang zu bringen sind.
Wenn aber die Regelungsbereiche von *legge Martelli* und Asylgrundrecht verschieden sind, bleibt offen, wie zu erklären ist, daß in Art. 1 XI l.n.39 von Asylbewerbern gesprochen wird, die es aber in Ermangelung eines Verfahrens nicht geben kann. Wenn die *legge Martelli* das Recht auf Asyl in Art. 10 III cost. also durch die Bezugnahme auf die Flüchtlingsdefinition einschränkt, jedoch als Asylgesetz bezeichnet wird, ist sie ein solches Asylgesetz, das jedoch mangelhaft und somit nichtig ist. Damit wäre dann auch das entscheidende Argument gegen das Modell 2) aufgeführt, das mit dem Wortlaut der einschlägigen Vorschriften der *legge Martelli* nicht vereinbar ist. Dogmatisch konsequent ist deshalb einzig das Modell 3), nach dem der Gesetzgeber die Problematik des Asylrechts einfach „mitzuregeln“ versucht hat, ohne eine wirkliche Umsetzung der verfassungsrechtlichen Umsetzung vollziehen zu müssen. Der Wortlaut der Überschrift der *legge Martelli* und Art. 1 XI l. n. 39 stützen diese Vermutung. Damit verstößt die Erwähnung des Asylrechts im Titel und in Art. 1 XI des Martelli-Gesetzes gegen Art. 10 III Cost., weil es dessen tatbestandlichen Anwendungsbereich unzulässigerweise einschränkt.
Dieser, insoweit von der Rechtsprechung nicht getragenen, Konsequenz eines Verstoßes gegen Art. 10 III Cost. steht schließlich auch nicht der Einwand entgegen, die Verfassungswidrigkeit des Martelli-Gesetzes sei noch nicht verfassungsgerichtlich festgestellt worden. Denn, die Feststellung der Nichtigkeit der Erwähnung des Asylrechts im Titel und in Art. 1 XI unterstellt, bliebe es dabei, daß einfache Flüchtlinge weiter unter die l. n. 39 fielen. Zur Geltendmachung der im Heimatland verwehrten Ausübung demokratischer Freiheitsrechte bliebe

---

820 Daß die *riserva assoluta di legge* in Art. 10 III cost. die Regelungen der *legge Martelli* nicht rechtfertigt wird etwa explizit vertreten von Nascimbene, Il corriere giiuridico 1991, 817; Strozzi, Riv. Dir. Int. 1991, 97 (98)

die Berufung auf Art. 10 III Cost. offen. Damit wäre entsprechend dem Modell 2) zu verfahren - ein Ergebnis, zu welchem die Rechtsprechung auch ohne Annahme der Verfassungswidrigkeit gelangt. Der einfachen Anwendung des Modells 2) stehen jedoch die dargelegten Gründe entgegen, so daß man um die Feststellung der Verfassungswidrigkeit nicht umhin kommt, die Konsequenz der hier vertretenen Auffassung im Ergebnis jedoch von dem Lösungsweg eines großen Teils der Rechtsprechung nicht abweicht.

Die Tendenz, mittels unzulässiger Einschränkungen den Strom der Flüchtlinge zu steuern, läßt sich im übrigen auch noch an anderer Stelle beobachten. So hat die Regierung beispielsweise im Fall der albanischen Immigrationswelle 1991 per Erlaß verfügt, die *legge Martelli* - abgesehen von Art. 10 III cost. - erst gar nicht zur Anwendung kommen zu lassen, sondern höchstens aus humanitären Gründen zeitlich begrenzte Aufenthaltsgenehmigungen zu erteilen [821]. Hier offenbart sich die Bereitschaft der italienischen Behörden zur Umgehung der weiten Voraussetzungen des Art. 10 III cost..
Für die These von der Verfassungsverletzung spricht außerdem die dargestellte Entstehungsgeschichte der *legge Martelli* und das offensichtlich vorhandene Problembewußtsein beim Gesetzgeber, die Voraussetzungen des Art. 10 III cost. Im Gesetzgebungsverfahren des Martelli-Gesetzes nicht berücksichtigt zu haben.

bb) Verwaltungsgerichtsbarkeit und subjektives Recht aus Art. 10 III cost.

Abgesehen vom Anwendungsbereich öffnet sich eine Divergenz zwischen Art. 10 III cost. und den Vorschriften der *legge* aber auch noch im Hinblick auf die Rechtsschutzmöglichkeiten. Denn Art. 10 III cost. stellt - sieht man von dem hier abgelehnten Interpretationsmodell 1)[822] ab - ein subjektives Recht dar. Die gerichtliche Durchsetzung subjektiver Rechte gehört im italienischen Recht der ordentlichen Gerichtsbarkeit an. Hingegen beruht die verwaltungsgerichtliche Zuständigkeit auf der Geltendmachung der Verletzung eines rechtlichen Interesses (*„interesse legittimo“).*

---

821 Nascimbene, diritto d'asilo e Albanesi in Italia. Rifugiati o clandestini ? Il corriere giuridico 1991, 817

822 vgl. oben S. 185

(1) Abgrenzung zwischen rechtlichem Interesse und subjektivem Recht

Der Streit um die rechtliche Figur des gesetzlich geschützten Interesses gehört wohl in Wissenschaft und Lehre zu den meistdiskutierten Themen des italienischen Rechts [823]. Die Menge an Interpretationen kann nur schwer auf einen gemeinsamen Nenner gebracht werden, denn die Unterschiede im dogmatischen Ansatz sind teilweise sehr bedeutend. Da wird einmal das gesetzlich geschützte Interesse als materielles Interesse gesehen, dort als rein prozessuales; ein Teil der Lehre sieht den Unterschied zum subjektiven Recht als quantitativen Unterschied an, ein anderer als qualitativen, ein dritter sieht überhaupt keinen Unterschied oder nur einen verschwindend geringen; für manche liegt der Unterschied in der Art des Schutzes, der beim subjektiven Recht direkt, beim gesetzlich geschützten Interesse nur indirekt wäre u.s.w. [824]. Die vertretenen Auffassungen können im Rahmen dieser Untersuchung nicht näher erläutert werden, es soll genügen, die theoretische Einordnung von Recht und Interesse als im Spannungsfeld zwischen privatem und öffentlichem Interesse angesiedelt zu sehen, das bewirkt, daß der Bürger ein Interesse an rechtskonformem Handeln der Verwaltung hat [825]. Dies ist besser verständlich, wenn man bedenkt, daß die Unterscheidung rechtshistorisch auf die Notwendigkeit zurückgeht, das Objekt des Verwaltungsprozesses genügend von dem des Zivilprozesses zu unterscheiden [826].

Für den Bereich des Schutzes von Grundrechten geht es insbesondere darum, wie der Rechtsweg zu bestimmen ist, wenn die Rechtswidrigkeit eines unter Verletzung eines subjektiven Rechts ergangenen Verwaltungsaktes geltend gemacht wird. Auch dazu existieren verschiedenen Theorien, die jedoch alle zur Lösung des Verwaltungsrechtswegs gelangen[827].

---

823 In deutscher Sprache dazu lesenswert Winkler, Die Verwaltung 1986, 519

824 Ausführlich dazu Winkler a.a.O., S. 530

825 Winkler a.a.O., S. 529

826 Die Entwicklung der Verwaltungsgerichtsbarkeit Italiens wird durch zwei besondere zeitliche Koordinaten geprägt, der Verwaltungsvereinheitlichung zwischen 1860 und 1865 mit Erlaß des Gesetzes Nr. 2248 / 1865, wlches das alte Rechtsschutzsystem aufhob, und der Errichtung der IV, Sektion des *Consiglio di Stato,* und damit einer obersten Verwaltungsgerichtsbarkeit im Jahre 1889; vgl. dazu insbesondere *E. Ragioneri*, La storia politica e sociale, in: storia d'Italia, Vol. IV, Dall'unità ad oggi, t. III, Torino 1976, S. 1758 ff.

827 Karwiese Diss. S. 25 f. m.w.N.

Die Rechtsprechung legt eine Unterscheidung zwischen beiden Rechtspositionen zugrunde, die sich nach dem Handeln der Verwaltung richtet. Danach soll das Verwaltungsgericht zuständig sein, wenn ein Fall des *cattivo esercizio del potere*, des Ermessensfehlgebrauchs, vorliegt. Existiert eine Norm, die Rechtsgrundlage für den Erlaß eines Verwaltungsakts von seiten der Verwaltung ist, und wird hinsichtlich dieses Verwaltungsaktes ein Entscheidungsfehler oder Ermessensfehler festzustellen sein, so bedeutet dieser Fehler die Verletzung eines rechtlichen Interesses. Hinter diesem steht das Interesse des Bürgers an einem rechtlich nicht zu beanstandenden Verwaltungsakt. Dieses Interesse kann nur vor dem Verwaltungsgericht einklagbar sein [828].

Hingegen ist bei Fehlen einer Rechtsgrundlage, die es der Verwaltung gestattet, Ermessen auszuüben, d.h. dort, wo keine Normen bestehen, die das Handeln der Verwaltung und die Voraussetzungen dafür vorsehen, der Verwaltungsakt ungeeignetes Mittel, über das subjektiv öffentliche Recht des Rechtsgutträgers zu verfügen *(carenza di potere)*. Als Folge ist das ordentliche Gericht zuständig [829].

Die Zugrundelegung der aufgeführten Kriterien zur Differenzierung zwischen beiden Rechtswegen, welche die Rechtsprechung bevorzugt, bewirkt eine erweiterte Zuständigkeit der Verwaltungsgerichte, denn selten wird es beim Erlaß eines Verwaltungsaktes an einer Ermächtigungsgrundlage fehlen und ein ordentliches Gericht zuständig sein. Die *Corte di Cassazione* hat deshalb die vorgegebenen Kriterien der *carenza di potere* noch weiter konkretisiert [830]. Sie unterscheidet zwischen *carenza di potere in astratto*, die bei Fehlen einer Ermächtigungsgrundlage vorliegt, und *carenza die potere in concreto*, wenn trotz Bestehens einer Ermächtigungsgrundlage eine offensichtliche Rechtswidrigkeit des Verwaltungsaktes gegeben ist, so daß er an offensichtlichen Fehlern leidet [831]. Dies ist der Fall, wenn der Verwaltungsakt nicht den minimalsten formalen Anforderungen genügt (z.B. handschriftlich und ohne Absender verfaßt ist), ohne die Einhaltung des entsprechenden Verwaltungsverfahrens erlassen wurde, von der falschen Behörde erstellt ist, andere als die vom Gesetz vorgegebenen

---

828 So die Rechtsprechung ab folgender Urteile C. Cass., sent. 4. luglio 1949, n. 926; sez. I, sent. 11 ottobre 1955, n. 2994 etc.

829 C.Cass. a.a.O.

830 Z.B. C. Cass., sent 21 febbraio 1974, n. 482; sez I, sent. 6 febbraio 1974, n. 320; ausführlich dazu vgl. Nigro, Giustizia amministrativa, S. 154 ff. (159 f.)

831 C. Cass. a.a.O.

Voraussetzungen enthält und Präklusionsfristen mißachtet. In Fällen solcher offenkundiger und schwerwiegender Fehler soll ein ordentliches Gericht zuständig sein. Die *Corte die Cassazione* stellt folglich der Fallgruppe "Handeln ohne Ermächtigungsgrundlage" die Fälle der offensichtlichen Fehler - im deutschen Recht würde man von offensichtlicher Rechtswidrigkeit i.S. von § 44 VwVfG sprechen - gleich.

(2) Eingriffsfälle in Art. 10 III cost.

In der Praxis wird der Asylbewerbers entweder vom Erlaß einer Ausweisungs- oder einer Zurückweisungsverfügung betroffen sein, gegen die er sich unter Berufung auf Art. 10 III cost. zur Wehr setzen will.

Ergeht der belastende Verwaltungsakt aufgrund einer der genannten Rechtsgrundlagen der *legge Martelli*, ist eine Ermächtigungsnorm der Verwaltung vorhanden, so daß die Verwaltungsgerichte zuständig sind.
Ohne Rückgriff auf die Vorschriften der *legge Martelli* könnten Zurückweisungen oder Ausweisungsverfügungen ferner nach den Vorschriften des Gesetzes zum Schutz der öffentlichen Sicherheit ergehen [832]. Auch in diesem Fall wären die Verwaltungsgerichte zuständig, denn auch hier existiert eine Ermächtigungsgrundlage der Verwaltung, da es nicht darauf ankommt, ob die Verwaltung nach ihrem Ermessen die richtige Rechtsgrundlage wählt [833], sondern ob überhaupt eine Ermächtigungsgrundlage existiert, die die gewünschte Rechtsfolge vorsieht und die Verwaltung zum Erlaß des Verwaltungsaktes ermächtigt.

Für den Fall, daß ein solcher Verwaltungsakt offensichtlich rechtswidrig ist, wäre ein ordentliches Gericht zuständig, um die Rechtsverletzung nach Art. 10 III cost. gerichtlich geltend zu machen. Für den Fall, daß eine Verfügung erlassen wird, zu der die Verwaltung nicht ermächtigt wäre und für die es keine Ermächtigungsgrundlage gäbe - beispielsweise, wenn ein Asylbewerber ein Jahr lang in der Transitzone des Flughafens gefangengehalten bzw. in Haft gesetzt wird, weil

---

832 In der Praxis wurden einige Fälle vor den T.A.R. entschieden, in denen die Behörden versuchten, Ausweisungs- oder Zurückweisungsverfügungen auf das Gesetz zum Schutz der öffentlichen Sicherheit zu stützen (R.D. n. 773, 18 giugno 1931). Diese Verfügungen wurden alle wegen Verletzung des Art 10 III cost aufgehoben, der die Anwendung dieser Vorschriften verbietet, vgl. z.B. T.A.R. Umbria, Nr. 27, 1985; T.A.R. Lazio, Nr. 1607, 1987

833 So die Gerichte in den zitierten Entscheidungen, a.a.O.

er keinen Reisepaß mit sich führt - wäre für eine Klage gegen diese Verfügung ein ordentliches Gericht zuständig, denn hier wird das subjektive Recht aus Art. 10 III cost. als solches geltend zu machen sein und verwandelt sich nicht in ein Interesse, das von der Verwaltungsgerichtsbarkeit geschützt wird. Von größerer praktischer Relevanz wäre die Situation, daß die staatliche italienische Luftfahrtgesellschaft Alitalia einem Albaner den Transport verweigert, der die Reise in der Absicht antreten will, nach seiner Ankunft in Italien Asyl zu beantragen. Gegen diese Weigerung wäre ebenfalls die Möglichkeit einer Klage vor einem ordentlichen Gericht gegeben, da es für die Weigerung an einer Ermächtigungsgrundlage fehlte.

Als Zwischenergebnis der Untersuchung läßt sich damit festhalten, daß in den meisten praxisrelevanten Fällen wohl ein verwaltungsgerichtliches Verfahren vor den Verwaltungsgerichten stattfinden wird. Dementsprechend stammen die Urteile aus dem Bereich der Asylrechtsprechung fast ausschließlich von den Verwaltungsgerichten [834]. Hier stellt sich nun die Frage nach den Folgen dieses Ergebnisses im Hinblick auf die Verfassungswidrigkeit der *legge Martelli*.

(3) Folgen der Zuständigkeit im Hinblick auf die Verfassungswidrigkeit der *legge Martelli*

Wenn demzufolge der Rechtsschutz gegen Verfügungen der denkbaren Fallkonstellationen, wie Ausweisung etc., vor den Verwaltungsgerichten erlangt werden kann, sind die Rechte, um deren Durchsetzung es geht, als rechtliche Interesse anzusehen.

Das Gesetz Nr. 39 vermittelt daher im Hinblick auf die in Art. 10 III cost, verbürgten Rechte, wie etwa den Einreiseanspruch, einen rechtlich geringeren Standard. Der Asylsuchende, der nach den Vorschriften der *legge Martelli* behandelt wird, verliert dadurch sein subjektives Recht auf Asyl und tauscht es unfreiwillig gegen ein nur gesetzlich geschütztes Interesse auf Einreise und vorübergehenden Aufenthalt. Denn ein subjektives Recht auf Einreise ist in Art. 1 l.n.39 nicht direkt verbürgt. Zwar ist das rechtliche Interesse ebenso gerichtlich durchsetzbar, jedoch stellt es vom rein rechtlichen Standpunkt her ein abgeschwächtes subjektives Recht *(diritto affievolito)* dar [835] und damit eben nicht *diritto soggettivo*, ein subjektives Recht. Auch wenn es sich damit in Anlehnung

[834] Anders etwa Corte d'appello di Milano, sent. n. 126, 27.11.1964, foro. it. 1965, II, 122

an die deutsche Rechtssprache um ein wesensgleiches Minus handelt, ist diese Betrachtung bei strenger rechtlicher Beurteilung folgerichtig, zumal Art. 10 III cost eine *rechtliche* Privilegierung des Asylbewerbers im Gegensatz zum sonstigen Ausländer fordert [836].

cc) Formelle Aspekte der Verfassungswidrigkeit der *legge Martelli*

Darüber hinaus genügte Art. 1 II des Gesetzes Nr. 39 aber auch im Falle einer inhaltlichen Vereinbarkeit mit Art. 10 III cost. nicht den formalen Anforderungen, die an Gesetze im Sinne des Art. 10 III cost., der unter Gesetzesvorbehalt steht, zu stellen sind. Denn die *legge Martelli* enthält eine Ermächtigungsgrundlage i.S. des Art. 17 l.n.400,1988, wonach Zuständigkeiten und Verfahrensart für die Prüfung des Antrags auf Erteilung des Flüchtlingsstatus, also Verfahrenswesentlichkeiten, durch Verordnungen geregelt werden sollen. Der absolute Gesetzesvorbehalt in Art. 10 III cost. erlaubt jedoch keine materiellen Gesetze der Exekutive, welche gesetzgeberische Grundentscheidungen im Bereich des Asylrechts abschließend regeln. Lediglich Gesetze zur Regelung des technischen Ablaufs des Verwaltungsverfahrens sind zulässig.
Regelungen im Hinblick auf das Verfahren enthalten, wie das *D.P.R. n. 136* zeigt, aber auch Vorschriften, die über die Normierung des rein technischen Verfahrensablaufs hinausgehen. So ist z.B. die Vorsehung einer Anhörung des Betroffenen ganz wesentlich zur Entscheidungsfindung über den Antrag und damit gleichsam für die effektive Geltendmachung des Asylgrundrechts. Nicht anders verhält es sich mit der Normierung der Rechtsfolgen, der Erteilung einer Aufenthaltserlaubnis, bei Erlaß eines positiven Bescheids. Denn in der behördlichen Erteilung einer Aufenthaltsberechtigung liegt die Verkörperung des Bleiberechts des Ausländers, welches dann vom Staat ausdrücklich bescheinigt wird. Nach den Anforderungen der *riserva assoluta* in Art. 10 III cost. dürften solche, für die Ausübung des Grundrechts wesentlichen Entscheidungen aber nur durch formelle Gesetze geregelt werden, so daß auch in formeller Hinsicht die geltende Gesetzeslage nicht mit Art. 10 III cost. vereinbar ist [837].
Es ist beachtlich, daß das Problem der formellen Rechtmäßigkeit im Hinblick auf Art. 10 III cost. auch im Parlament diskutiert wurde. Insbesondere die Abgeordneten *Rutelli* und *Barbieri* haben sich gegen die Ermächtigung des Geset-

---

[835] Caggiano, La comunità internazionale 1990, 31 (34 ff.)

[836] Dieser Argumentation folgend auch T.A.R Lazio - I Sezione, Nr. 1607 - 10 ottobre 1987

zes in der geltenden Fassung gewehrt [838]. So hatte *Barbieri* in der Sitzung vom 23.1.1990 ausgeführt:

> „Das Verfahren zur Anerkennung des Flüchtlingsstatus ist eine Frage der Umsetzung der Verfassungsvorschrift, die mit einem Gesetzesvorbehalt versehen ist und kann deshalb nicht der Regelung der Regierung durch Verordnung überlassen werden. Jede Übertragung solcher Gesetzgebungskompetenzen verstößt gegen das mit einem solchen Vorbehalt versehenen Grundrecht."

dd) Stellungnahme

Die verfassungsrechtliche Bestimmung des Art. 10 III cost. hat auch nach Erlaß der *legge Martelli* bis heute keine verfassungskonforme Umsetzung in einfachgesetzliche Normierung erfahren. So müßte unter der Vorgabe, daß das subjektive Asylrecht ohne Einschränkungen gilt, die echte Wirkung des Grundrechts auf einfachgesetzlicher Ebene einen Niederschlag finden. Jeder, der behauptet, asylberechtigt zu sein, müßte zunächst einmal aufgenommen werden. Gem. Art. 1 IV l.n.39 ist aber der Flüchtling in den vom Gesetz vorgegebenen Fällen an der Grenze zurückzuweisen. Die Vorschrift stellt eine Mußvorschrift dar, so daß die „Vorwirkung" in diesen Fällen ohne Ausnahme beschränkt wird. Die Beschränkung wird aber von den Schranken des Grundrechts nicht gedeckt.

Im Ergebnis werden damit die verfassungsrechtlichen Vorgaben des Art. 10 III cost. von der *legge Martelli*, insbesondere die Abs. II ind IV des Art. 1, mißachtet, und das Gesetz Nr. 39 ist in dem Bereich des Art. 1 als verfassungswidrig zu qualifizieren. Festzuhalten ist demzufolge, daß man nach wie vor zu keiner vollständigen Aktualisierung des Art. 10 III cost. gelangt ist [839], denn die Tatbestandsvoraussetzungen auf der Adressatenseite sind enger als die des Grundrechts auf Asyl [840]. Damit scheint uns die *"legge Martelli"* nichts anderes als ein erster Vorbote der nach wie vor notwendigen Reformierung des Ausländer- und Asylrechts zu sein. "Wieder hat der Gesetzgeber" - wie *Strozzi* treffend anmerkt - "die Chance einer Regelung des Asylrechts verpaßt."[841]

---

837 so auch Caggiano, La comunità internazionale 1990, 37

838 Bolletino delle Giunte e delle Commissioni Parlamentari, Seduta 23.1.1990, 10, 12

839 Strozzi, La normativa..., S. 15

840 Nascimbene, Appendice..., S. 9

Wenn im Ergebnis also von der Verfassungswidrigkeit der *legge Martelli* auszugehen ist, muß jedoch daran erinnert werden, daß verfassungswidrige Gesetze grundsätzlich nichtig sind. Nur setzt dies die verfassungsgerichtliche Nichtigkeitserklärung voraus, und bis zu diesem Zeitpunkt darf die Verwaltung weiterhin nach den Vorgaben des Gesetzes Nr. 39 entscheiden. Die verfassungsrechtliche Nichtigkeitserklärung müßte in Form einer Vorlage an die *Corte Costituzionale* ergehen.

Diesem Verfahren der inzidenten Normenkontrolle kommt auf der Ebene der Verfassungsgerichtsbarkeit die entscheidende Bedeutung für den Rechtsschutz zu, da das italienische Recht das Institut der Verfassungsbeschwerde nicht kennt [842]. Die Prüfung der "*legttimità costituzionale*" (wörtlich: verfassungsmäßige Legitimität) von Gesetzen durch die *Corte Costituzionale* ist in Art. 134 cost. verankert, die inzidente Form einer Einleitung der Normenkontrolle ergibt sich aus Art. 1 des Verfassungsgesetzes L.cost. n.1/1948 [843]. Prüfungsgegenstand sind staatliche und regionale Gesetze sowie die Vorschriften mit Gesetzeskraft (Art. 134 cost.) [844].

Folge eines begründeten Antrags ist, daß das angegriffene Gesetz von der *Corte*

---

841 Strozzi, in: La normativa..., S. 16

842 In der Literatur tritt man teilweise für die Einführung einer Verfassungsbeschwerde ein, vgl. Scavone, Riv. trim. dir. e proc. civ. 1981, 1240 ff.

843 Die Einzelheiten des Verfahrens ergeben sich aus Art. 1 L.cost. , 9 febbraio 1948, n. 1 und Artt. 23-26 L.cost., 11 marzo 1957, n. 1

844 Prüfungsmaßstab ist neben der Verfassung eine Reihe von außerhalb des Verfassungstextes liegenden Normen (wie z.B. allgemeine Regeln des Völkerrechts gem. Art. 10 I cost.), zu deren Einbeziehung die *Corte* die Doktrin der sog. *"norme interposte"* entwikkelt hat; Zur Vertiefung der Doktrin der "norme interposte" vgl. Luther S. 104; Daneben hat das Verfassungsgericht einzelne Prüfungsregeln entwickelt, die als Prinzipien der Verfassungsinterpretation gelten; Exemplarisch herausgestellt wurde dabei die Problematik der *"ragionevolezza"*- bzw Verhältnismäßigkeitsprüfung, die von der *Corte Costituzionale* aus der Anwendung des Gleichheitssatzes entwickelt wurde, welcher die grundlose unterschiedliche Ungleichbehandlung von Bürgern verbietet; Die von der deutschen Verfassungsrechtsprechung aus dem Rechtsstaatsprinzip und dem Wesen der Grundrechte entwickelte Verhältnismäßigkeitskontrolle ist in der italienischen Rechtsprechung in dieser Form nicht anzutreffen. Eine eigene Zweck-Mittel-Prüfung wurde bislang nur sehr begrenzt und vorwiegend bei der Kontrolle von enteignenden Gesetzen entwikkelt (vgl. etwa z.B. sent. n. 14/1964; zur Vertiefung ferner Luther S. 105 f.); In diesen Fällen beurteilte das Gericht die Frage, ob die Bewertung des Gesetzgebers von unlogischen willkürlichen oder in sich widersprüchlichen Kriterien getragen wurde bzw. der Gesetzgeber sich des Gesetzes nur bedient hat, um ein anderes Ziel als das von der Verfassung vorgeschriebene zu erreichen oder das Gesetz dem verfolgten Zweck ungeeignete oder dem Zweck widerstrebende Mittel entgegensetzt (vgl. Sent. n. 14/1964; der zitierte Satz aus der Entscheidung ist abgedruckt in Luther, S. 105)

Costituzionale für verfassungswidrig erklärt wird *(sentenza di accoglimento)* [845]. Gem. Art. 136 cost. bedeutet das, daß die angegriffenen Norm vom dem Urteil darauffolgenden Tag an keine Wirksamkeit mehr besitzt. Dies ist aber nicht im Sinne einer ex nunc Wirkung zu verstehen, sondern bedeutet, daß das betreffende Gesetz ab diesem Tag an keine Anwendung mehr finden wird [846]. Dies ergibt sich aus Art. 30 III des Gesetzes Nr. 87, 1953. Für den angegriffenen Verwaltungsakt bedeutet dies - es handelt sich ja um ein inzidentes Verfahren -, daß er auf einer rechtswidrigen Rechtsgrundlage basiert und deshalb unwirksam ist. Die Verwaltung darf keinen neuen Verwaltungsakt auf dieser Rechtsgrundlage erlassen, denn sie ist an den Urteilsspruch, der *erga omnnes* wirkt, genau wie der Gesetzgeber gebunden [847].

Oben wurde bereits dargestellt, daß die Verwaltungsgerichte die Konsequenz einer Verfassungswidrigkeit der *legge Martelli* bislang nicht gezogen haben. Dies könnte Zweifel an der hier vertretenen These einer Verfassungswidrigkeit des Martelli-Gesetzes und der Grundrechtsqualität des Art. 10 III cost. hervorrufen. Die Bedenken sind jedoch unbegründet. Denn zum einen haben die Gerichte bereits selbst und unmißverständlich die Grundrechtsqualität des Art. 10 III cost. bestätigt [848]. Und zum anderen mag dies in der Tatsache begründet sein, daß die Verwaltungsgerichte Zweifel im Hinblick auf die Verfassungsmäßigkeit der *legge Martelli* bislang zwar angedeutet [849] haben, jedoch versuchen, über die Auslegung der Vorschriften im Lichte der Verfassung eine Korrektur der unbefriedigenden Gesetzeslage vorzunehmen. Schließlich wurden bereits in einer Vielzahl von Fällen Ausweisungsverfügungen wegen Art. 10 III cost. aufgehoben und auf diese Weise die Vollziehung ungerechtfertigter Maßnahmen verhindert. Ausgehend von diesem Verständnis ist es nicht verwunderlich, daß bis heute noch keine Vorlage an die *Corte Costituzionale* erfolgte [850].
Insgesamt erweisen sich somit die Möglichkeiten einer Geltendmachung der Verletzung des Asylgrundrechts als unbefriedigend. Denn solange noch keine Verfassungswidrigkeitserklärung der Corte Costituzionale erfolgt ist, wird das

845 Martines S. 580

846 Martines S. 581 f.

847 Martines a.a.O.

848 Vgl. oben *Zweiter Abschnitt* I 1 c)

849 So T.A.R. Lazio in dem oben zitierten Urteil,vgl. II 2

850 Verfassungsmäßige Zweifel an der Rechtmäßigkeit anderer Vorschriften der *legge Martelli* hat die Corte Costituzionale jedoch bereits gehegt, vgl. Corte Costituzionale, 27 dicembre 1991 n. 492, in: Giurisprudenza italiana 1993, 606

Gesetz Nr. 39 weiter angewendet. Denn auch wenn die Verwaltungsgerichte dazu neigen, angewandte Vorschriften im Lichte des Grundrechts auszulegen, hängt deren tatsächliche Durchsetzbarkeit von der Auslegungstendenz der bislang ohne einheitliche Orientierung gebliebenen Gerichte ab. Hier wird das Fehlen einer Verfassungsbeschwerde im italienischen Recht besonders deutlich.

ee) Ergebnis

Es ist trotz aller Zweifel an der sorgfältigen Ausarbeitung des Gesetzes der Verdienst der *legge Martelli,* daß sie nicht nur die Voraussetzungen festsetzt, unter denen belastende Maßnahmen ergehen dürfen und somit die behördliche Willkür eingeschränkt wird, sondern auch Kontrollmöglichkeiten von seiten der Verwaltungsgerichte vorsieht. Darin liegt der erhebliche Fortschritt gegenüber der alten Rechtslage, nach der bei Gefahr für die öffentliche Sicherheit oder Ordnung der Einreise oder dem Aufenthalt durch den Ausländer ein unüberwindbares Hindernis geschaffen wurde. Insbesondere hervorzuheben ist die Möglichkeit der Inanspruchnahme vorläufigen Rechtsschutzes, ohne daß Besonderheiten für offensichtlich unbegründete Asylverfahren und sonstige Asylverfahren normiert wären. Dies wirkt sich insbesondere dort aus, wo es darauf ankommt, daß dem Asylbewerber die Möglichkeit eingeräumt wird, sein individuelles Schicksal als asylerheblich vorzutragen.

Angesichts der dargelegten Zustände spricht *Nascimbene* vom "Asyl" nach der Genfer Konvention und vom Asyl i.S. des Art. 10 III cost. [851]. Es scheint, als werde das Asylproblem im Schrifttum vielfach zum Definitionsproblem des Begriffs "Asyl" heruntergestuft, indem der Bewerber um die Erlangung des Flüchtlingsstatus i.d.R. zum Asylbewerber wird [852]. Diese sprachlichen Windungen ändern jedoch nichts am unterschiedlichen Gewährleistungsumfang des Asylgrundrechts und der Flüchtlingskonvention. Dieser ständige Verfassungsbruch, der seit Jahrzehnten bewußt geduldet zu sein scheint und den man scheinbar lieber in Kauf nimmt, als die unliebsame Generosität der Verfassung beanspruchbar zu machen, führt zu einem erheblichen Abbau des Rechtsstaats in Italien. Es ist daher verständlich, daß neben dem Ruf nach gesetzgeberischem Handeln neuerdings andere Vorschläge unterbreitet werden, die aus rechtlicher Sicht unerträgliche Situation zu korrigieren. So sieht z.B. der Vorschlag *Strozzis*

---

851 Nascimbene, Asyl- und Einwanderungsrecht im europäischen Vergleich, S. 56 f.

zur Korrektur der bestehenden Gesetzeslage vor, ganz einfach die stets verfassungswidrige Gleichsetzung von Flüchtlingen und Asylberechtigten in der Verwaltungspraxis durch eine neue Definition des Flüchtlingsbegriffs nach den Maßstäben des Art. 10 III cost. zu ersetzen [853].

---

852 Im deutschsprachigen Schrifttum z.B. bei Hein, ZAR 1989, 75 ff.

853 Strozzi, in: La normativa..., S. 16

Dritter Abschnitt

VERGLEICH UND WERTUNG DER DEUTSCHEN ASYLREGELUNG IM HINBLICK AUF DAS ITALIENISCHE RECHT

I. Grundlagen eines Asylrechtsvergleichs zwischen Deutschland und Italien

Das Recht auf Asyl hat eine länderübergreifende Dimension angenommen. War die Aufnahme und die Behandlung von Flüchtlingen jahrelang vor allem Gegenstand der innenpolitischen Auseinandersetzungen in den europäischen Staaten, so hat spätestens 1985 das Weißbuch der EG-Kommission zur Vollendung des Binnenmarktes die europäische Dimension der Flüchtlingsfrage in das Bewußtsein der Öffentlichkeit gerückt. Dort heißt es: "Bis 1992 möchte die Kommission zu dem Punkt gelangen, an dem auch die Einreisekontrollen für Gemeinschaftsbürger, die aus einem anderen Gemeinschaftsland kommen, abgeschafft sind. Ebenso werden spätestens 1988 alle Maßnahmen zum Asylrecht und zur Lage der Flüchtlinge vorgeschlagen. Die entsprechenden Entscheidungen sind bis spätestens 1990 zu fällen" [854].

Heute, im Jahre 1995, stehen für die ersten Schritte einer europäischen Asylrechtsharmonisierung zwischen den EG-Mitgliedsstaaten vor allem die Abkommen von Dublin [855] und Schengen [856] sowie das Schengener Zusatzabkommen [857] und der Vertrag von Maastricht [858]. Art. 16 a V GG soll die umfassende Teilnahme der Bundesrepublik Deutschland am Schengener bzw. Dubliner System ermöglichen [859]. Dementsprechend hat die Bundesrepublik

---

[854] Kommission der EG, Vollendung des Binnenmarktes, 1985, S. 15

[855] Dubliner Übereinkommen vom 15. Juni 1990 über die Bestimmung des zuständigen Staates für die Prüfung eines in einem Mitgliedsstaat der EG gestellten Asylantrags, abgedruckt in: Hailbronner, Ausländerrecht, B 15; ZAR 1990, 198

[856] Übereinkommen betreffend den schrittweisen Abbau der Kontrollen an den gemeinsamen Grenzen, Bek. d. Bundesminister des Inneren vom 29.1.1986, GMBl. 1986, 790 (im folgenden: "Schengener Übereinkommen" "SchÜ") (Schengen I)

[857] Übereinkommen zur Durchführung des Abkommens von Schengen vom 14. Juni 1985, betreffend den schrittweisen Abbau der Kontrollen an den gemeinsamen Grenzen (im folgenden: "Zusatzprotokoll" "ZP") sowie Abkommen vom 19. Juni 1990 (Schengen II)

[858] Abkommen u.a. betreffend die Einwanderungsprobleme in den Vertragsstaaten: Vertrag über die Europäische Union v. 7. Feb. 1992, BGBl 1992, 1251; vgl. auch "Europe" v. 24.1, 27./28.1, 29.1, 30.1. 1992

[859] Zur Diskussion um die Ratifikation des Schengener Abkommens vgl. Gerlach, Dubliner Asylrechtskonvention und Schengener Abkommen: Lohnt sich die Ratifikation?, ZRP

Deutschland kurz nach Inkrafttreten des Art. 16 a GG auch das Schengener Folgeabkommen ratifiziert [860]. Kernpunkte beider Abkommen sind zunächst die Vereinbarung eines Zuständigkeitssystems für die Behandlung von Asylbegehren und die wechselseitige Anerkennung der jeweiligen negativen oder positiven Entscheidungen. Ansatzpunkt ist außerdem die durch Abbau der Grenzkontrollen zwischen den Vertragsstaaten faktische Freizügigkeit für Personen aus Nicht-EG-Staaten, deren Einreise auch die Interessen der Vertragspartner tangiert (Art. 1 ZP). Die Abkommen regeln deshalb eine Reihe von Maßnahmen, die angesichts eines Nebeneinander nationaler Asylrechtslagen erforderlich sind. Denn mit der Verwirklichung des Binnenmarktes und der Beseitigung der Kontrollen an den Binnengrenzen der Gemeinschaft verstärken sich die für die Gemeinschaft nachteiligen Wirkungen nicht ausreichend koordinierter asylpolitischer Maßnahmen [861].

Die illegale Weiterwanderung und das Untertauchen abgelehnter Asylbewerber werden erleichtert [862]. Der Wegfall der Grenzkontrollen eröffnet die Möglichkeit eines jederzeitigen Wechsels von einem Mitgliedsstaat der Gemeinschaft zum anderen, so daß faktisch ein unbegrenztes Aufenthaltsrecht in der Gemeinschaft durchgesetzt werden kann [863]. Dadurch ist die Vornahme aufenthaltsbeendender Maßnahmen praktisch erheblich erschwert, wenn nicht sogar verunmöglicht [864]. Die Gefahr einer Ausnutzung unterschiedlicher Asylregelungen und des Unterlaufens nationaler Einwanderungsbestimmungen wächst [865]. Mit den politischen und wirtschaftlichen Zielen eines einheitlichen Rechts- und Wirtschaftsraumes der Gemeinschaft ist es unvereinbar, daß Flüchtlinge nach unterschiedlichen Regeln und aufgrund unterschiedlicher Verfahren innerhalb der Gemeinschaft aufgenommen oder abgelehnt werden [866]. Unterschiedliche Asylpolitiken verstärken die ungleiche Landesverteilung in der EG [867]. Ein

---

1993, 164; Schoch, Asyl- und Ausländerrecht in der Europäischen Gemeinschaft, DVBl 1992, 525

860 Vgl. dazu das Zustimmungsgesetz vom 15.7.1993 zu dem Schengener Übereinkommen vom 19. Juni 1990 (Schengen II), BGBl 1993 II, 1010

861 Hailbronner, ZAR 1992, 51(52)

862 Hailbronner a.a.O.

863 Hailbronner, Möglichkeiten und Grenzen..., S. 138

864 Hailbronner a.a.O.

865 Hailbronner, ZAR 1992, 51 (52)

866 Hailbronner a.a.O.

867 Hailbronner a.a.O.

möglicherweise deshalb stattfindender Wettlauf der betroffenen Staaten um das jeweils rigideste Asylrecht muß schärfstens verurteilt werden.

Die Abkommen bewirken jedoch keine Asylrechtsharmonisierung im Sinne einer Angleichung des materiellen und Verfahrensrechts, wenn dies auch besonders unter dem Aspekt des Menschenrechtsschutzes, der ein besonderes Anliegen der europäischen Staaten sein sollte, wünschenswert wäre [868]. Keine der Bestimmungen des EG-Vertrages [869] enthält eine ausdrückliche Ermächtigung der Europäischen Gemeinschaft zur Rechtsangleichung im Bereich des Flüchtlings- und Asylrechts. Zwar hatte die Regierung der Bundesrepublik Deutschland im Vorfeld der Maastricher Regierungskonferenz zur Politischen Union vorgeschlagen, sowohl das formelle und materielle Flüchtlingsrecht als auch die Ausländer- und Einwanderungspolitik in vollem Umfang zu vergemeinschaften [870]. Danach sollte die Europäische Gemeinschaft ermächtigt werden auf der Grundlage der in den einzelnen Mitgliedsstaaten geltenden rechtlichen Verbürgungen und unter Beachtung der Genfer Flüchtlingskonvention einstimmig die erforderlichen Schritte zur Rechtsvereinheitlichung sowohl in formeller als auch in materieller Hinsicht zu treffen [871]. Die Bundesregierung konnte sich jedoch mit ihrer Initiative im Verlauf der Maastricher Verhandlungen nicht durchsetzen [872]. Vielmehr ist im Maastricher Vertragswerk nunmehr *expressis verbis* gere-

---

[868] Haibronner, Möglichkeiten und Grenzen..., S. 11 spricht sich sogar insgesamt für eine Vereinheitlichung auf europäischer Ebene aus, also unabhängig von der Zugehörigkeit zum Kreis der EG- Staaten; vgl. auch *Wollenschläger*, AWR Bulletin 1987, 19 (24); ders, EuGRZ 1990, 1 (3 ff.)

[869] Zum Inhalt des EG-Vertrages vgl. ausführlich *Blanke*, DÖV 1993, 412; *Classen*, ZRP 1993, 57; *Geiger*, EG-Vertrag, Kommentar, München 1992; *Grabitz*, EWG-Vertrag, Kommentar, München 1990; *Groeben/ Thiesing/ Ehlermann* Kommentar zum EWG-Vertrag, Baden-Baden 1991; *Menke*, Bedingungen einer Asylgesetzgebung in der EG, Baden Baden 1993; *Nanz*, integration 1992, 126; *Oppermann/ Classen*, NJW 1993, 5; speziell mit Bezug zum Asylrecht ferner *Gilsdorf*, EuR 1990, 65; *Di Fabio*, Der Staat 1993, 19; *Huber*, in: Barwig / Lörcher / Schumacher, S. 43 ff.; *Weber*, ZRP 1993, 170; *Weyand*, Die Europäischen Gemeinschaften auf dem Weg zur Staatswerdung ? Eine Bilanz von Maastricht, integration 1992, 115

[870] Vgl. die Nachweise bei *Weyand*, Die Europäischen Gemeinschaften auf dem Weg zur Staatswerdung ? Eine Bilanz von Maastricht, integration 1992, 115 (119); *Nanz*, Anm. 27, S. 130; *O'Keeffe*, Anm. 18, S. 9; *Weber*, ZRP 1993, 170 (172)

[871] Hailbronner, Perspektiven einer europäischen Asylrechtsharmonisierung, in: ders., (Hrsg) Asyl- und Einwanderungsrecht im europäischen Vergleich, S. 139; zu den Möglichkeiten der Harmonisierung ausführlich auch Zimmermann, Diss., S. 364 ff.

[872] Groos, Zusammenarbeitin den Bereichen Justiz und Inneres, insbesondere in der Asylpolitik, in: Wissenschaftliche Dienste des Deutschen Bundestages (Hrsg), Maastricht - Auf

gelt, daß die Asylpolitik gerade nicht in den Kompetenzbereich der Europäischen Gemeinschaft fällt [873]. Somit verbleibt die Asylkompetenz bei den einzelnen Mitgliedsstaaten und ist nach wie vor Ausdruck nationaler Gesetzgebungsinteressen, wenn die Asylpolitik auch als Angelegenheit des gemeinsamen Interesses angesehen wird [874]. Die Abkommen beschränken sich dabei auf die Festlegung einheitlicher Zuständigkeitskriterien, wie die Erstzuständigkeit für die Behandlung von Asylbegehren, Rückübernahmepflichten von Asylbewerbern, die vor der Antragstellung in einem Mitgliedsstaat Aufenthalt in einem dritten Land hatten, Übernahmemöglichkeiten und die Übermittlung asylrechtlich relevanter, personenbezogener Daten [875]. Um sogenannte "refugees in orbit" künftig zu vermeiden, verpflichten sich die Vertragsstaaten zum Schutz der Flüchtlinge, jedes Asylbegehren zu behandeln [876].
Angesichts dieser Situation bestehen für eine Angleichung des Asylstandards im Kreis der EG- Mitgliedsstaaten im Grundsatz zwei Alternativen, zum einen die der vertraglich koordinierten Regelung [877] - ihre Möglichkeit vorausgesetzt [878] - und zum anderen die der Angleichung durch nationale Gesetzgebungsakte in jedem Einzelstaat. Da die Entscheidung über die Asylgewährung völkerrechtlich traditionell den souveränen Staaten überlassen bleibt [879], und die vertraglich koordinierte Vereinheitlichung wegen Art. 16 a V GG nicht wirklich möglich sein soll [880] , ist die letztere Möglichkeit nicht weit hergeholt. Sie setzt aller-

---

dem Wege zur Politischen Union, S. 76

873 Vgl. Dazu Zimmermann, Diss., S. 373; allerdings betrachten die Mitgliedsstaaten die Asylpolitik als Angelegenheit von gemeinsamem Interesse. Diese Zusammenarbeit kann sich auch in Form von völkerrechtlichen Verträgen vollziehen (vgl. Art. K 1, 3 c des Vertrages über die Europäische Union)

874 Vgl. FN 864

875 Vgl. Art. 5, 9, 36, 30 ff. ZP

876 Vgl. Art. 29 I ZP; zur Vertiefung ferner Hailbronner, Möglichkeiten und Grenzen, S. 17 ff.; ders., ZAR 1992, 51; Schraml, AWR Bulletin 1991, 65

877 Zur verfassungsrechtlichen Zulässigkeit von Hoheitsrechten auf die Europäische Gemeinschaft im Bereich der Asylpolitik im Lichte des Art. 16 a GG vgl. Zimmermann, Diss., S. 377 ff.

878 Insoweit verneinend Zimmermann, Diss., S. 378 f.: Art. 16 a V GG ermöglicht seinerseits keine Hoheitsübertragung auf die Europäische Gemeinschaft im Bereich des Asylrechts, sondern beschränkt sich auf Fragen der völkerrechtlichen Zusammenarbeit. Art. 16 a V GG ist außerdem *lex specialis* zu Art. 23 GG n.F. und verhindert daher die Zustimmung zu einem entsprechenden Beschluß innerhalb der Europäischen Union, es sei denn Art. 16 a V GG wird zugleich geändert

879 Wollenschläger, AWR Bulletin 1987, 19 (26)

880 Vgl. oben FN 868

dings voraus, daß eine solche nationale Angleichung möglich ist. Diese Möglichkeit beurteilt sich vor allem danach, ob überhaupt vergleichbare Regelungsstrukturen in den Mitgliedsstaaten existieren, wie z.B. ein verfassungsrechtlich garantiertes Asyl, da die Voraussetzung einer Angleichung das Vorhandensein ähnlicher Grundstrukturen darstellt.

Hier stößt man bereits auf das erste Problem im Rahmen der Harmonisierungsfrage des Asylrechts, denn im Verhältnis der Bundesrepublik Deutschland zu anderen Staaten wurde das Vorhandensein ähnlicher Grundstrukturen im Hinblick auf ein Recht auf Asyl stets bestritten. Begründet wurde dies insbesondere mit der Unvereinbarkeit des Art. 16 II 2 GG a.F. mit der Asylpraxis der übrigen Vertragsstaaten, da kein anderer Staat Europas eine ähnlich umfassende Asylgewährleistung kenne [881] und die verfassungsrechtliche Garantie eines subjektiven Rechts auf Asyl im Grundgesetz der Bundesrepublik einzigartig sei [882]. Da mit der geltenden Fassung des Art. 16 a GG die Konzeption der Verbürgung eines subjektiven Grundrechts beibehalten wurde, kommt dieser Aussage auch nach der Verfassungsänderung noch unveränderte Bedeutung zu.
Deutschland stelle angesichts dieser grundrechtlichen Asylverbürgung das "schwächste Glied der Kette" dar [883]. *Hailbronner* fordert deshalb ein verändertes Asylrechtsverständnis, indem er ausführt: "Der wesentliche Unterschied besteht... darin, daß diese Staaten mangels eines verfassungsrechtlich determinierten unbeschränkten Individualanspruchs auf Asyl und der daraus abgeleiteten verfahrensrechtlichen Ansprüche jederzeit in der Lage sind, im Wege der Gesetzesänderung oder auf dem Verordnungswege neuen Entwicklungen Rechnung zu tragen" [884].
Angesichts dieser Aussage offenbart sich hier ein weiterer Aspekt der Relevanz eines Asylvergleichs zwischen Deutschland und dem Recht Italiens als eines weiteren europäischen Mitgliedsstaates. In Anbetracht dieser Feststellung könnte man nämlich leicht zu der Auffassung gelangen, ein Vergleich mit dem Asylrecht anderer Staaten scheitere von vornherein an der einzigartigen Konzeption des deutschen Asylrechts als im Grundgesetz verankertes individuelles Grundrecht. Es scheint, als behinderten die nationalen Verfahrensweisen sich gegenseitig und insbesondere die deutsche andere wegen ihrer Ausnahmestellung in der Reihe der EG-Mitgliedspartner im Hinblick auf eine subjektive

---

[881] Bell, ZAR 1990, 82 (85)

[882] Hofmann, in: Frowein/Stein, S. 2022

[883] Hailbronner, NVwZ 1989, 303 (304)

Asylgarantie [885]. Die Frage nach einer Vergleichbarkeit mit den Regelungen anderer Länder in Hinsicht auf die erstrebte Angleichung auf europäischer Ebene stellt sich somit von selbst. Der Anlaß für einen Vergleich mit dem Recht der italienischen Republik beruht daher entscheidend auf der Tatsache, daß auch Italien eine in der Verfassung verankerte Asylregelung aufweisen kann. Ebenso wie Deutschland garantiert auch Italien in seiner Verfassung ein „Recht auf Asyl" [886]. Letztlich lassen sich Aufschlüsse darüber, wie die Asylgewährungen anderer Mitgliedsstaaten zu bewerten sind und welche Probleme eine jeweilige nationale Angleichung mit sich bringen würde, nur aus einem detaillierten Vergleich mit einem Land gewinnen, das auf den ersten Blick über die entsprechenden Grundstrukturen zu verfügen scheint.

Und schließlich wird Italien als Mitgliedsstaat der Europäischen Gemeinschaften unmittelbar durch Art. 16 a II GG zu einem sicheren Drittstaat erklärt. Zwar besteht derzeit keine Möglichkeit, die aus Italien einreisenden Drittausländer gemäß § 18 II Nr. 1, § 19 III beziehungsweise § 34 a AsylVfG dorthin zurückzuschieben, da Italien in Abwesenheit einer völkervertraglichen Regelung lediglich zur Rücknahme eigener Staatsangehöriger verpflichtet ist. Italien hat jedoch zusammen mit Griechenland, Spanien und Portugal das Dubliner Abkommen unterzeichnet. Außerdem wurde im Jahr 1990 [887] zwischen den ursprünglichen Schengen-Staaten und Italien eine vertragliche Regelung über den Beitritt zum Schengener Folgeabkommen geschlossen, die jedoch noch nicht in Kraft getreten ist. Das bedeutet, daß sich erst mit Inkrafttreten eines solchen Abkommens auch die Rückschaffung von Asylbewerbern, die aus Italien eingereist sind, durchsetzen ließe. Wenn dies auch besagt, daß die effektive Umsetzung des Konzepts sicherer Drittstaaten zwischen Italien und der Bundesrepublik Deutschland noch nicht gewährleistet ist, so ist es doch lediglich eine Frage der Zeit, bis eine entsprechende Regelung in Kraft getreten sein wird. Die Frage nach der tatsächlichen Sicherheit des sicheren Drittstaates stellt sich also zu Recht. Im Hinblick auf die Beurteilung der derzeitigen Lage ist angesichts der geographischen Situation Italiens zwar darauf hinzuweisen, daß zumindest Personen, die auf dem Landweg von dort nach Deutschland einreisen, zwangsläufig

---

[884] Hailbronner, Möglichkeiten und Grenzen..., S. 161

[885] Bell, ZAR 1990, 82 (85)

[886] So heißt es im Wortlaut „*ha il diritto d'asilo nel territorio della Repubblica*"

[887] *Accord d'adhésion de la République italienne à la Convention d'application de l'accord de Schengen (du 14 juin 1985) relatif à la suppresion graduelle des controle aux frontières communes* vom 27.11.1990, deutscher Text in BT-Drs. 12/3804

durch ein weiteres sicheres Drittland i.S. von Art. 16 a II GG reisen müssen, aus dem sie dann in die Bundesrepublik einreisen, so daß eine Rückschiebung in der Regel in dieses Transitland - konkret meist Österreich, Schweiz oder Frankreich - erfolgen wird. Jedoch gilt das nicht für die Einreise auf dem Luftweg, wenn der Asylbewerber einen kurzen Aufenthalt auf italienischem Staatsgebiet hatte [888], was insbesondere unter Berücksichtigung der Flugroute aus Staaten des afrikanischen Kontinents nach Deutschland praktische Relevanz besitzt [889].

---

[888] zu den Anforderungen an den Aufenthalt im Drittstaat vgl. oben *Zweiter Abschnitt* III 2

[889] So z.B. für die derzeitige Flugroute von Addis Abeba /Äthiopien nach Frankfurt/Main via Rom

II. Bewertung der Regelung des Art. 16 a GG im Hinblick auf das italienische Recht

1. Wortlaut und Genese der Vorschriften

Verschiedentlich wurde bereits auf die Ähnlichkeiten des Wortlauts der Vorschriften des Art. 16 a I GG und des Art. 10 III cost. hingewiesen. Gem. Art. 16 a I GG genießen politisch Verfolgte "Asyl*recht*", nach Art. 10 III cost. genießen die in der tatsächlichen Ausübung der Freiheitsrechte behinderten Ausländer "Asyl*recht*" *("diritto* d'asilo*")* auf dem Gebiet der Republik. Somit gleichen sich die vom jeweiligen Verfassungsgeber gewählten Formulierungen mit Ausnahme der tatbestandlichen Voraussetzungen des Asyls. Dem Normtext entsprechend sind, wie die Untersuchung gezeigt hat, beide Vorschriften als subjektive Rechte zu qualifizieren. Diese beinhalten übereinstimmend ein Recht auf Einreise und dauernden Aufenthalt der Asylberechtigten. Sowohl das deutsche als auch das italienische Grundrecht entfalten eine echte Wirkung gegenüber dem, der an der Grenze behauptet asylberechtigt zu sein, wenn auch die dogmatische Herleitung dieser Wirkung verschieden ist.

Eine Vergleichbarkeit ergibt sich darüber hinaus aus der ähnlichen systematischen Zugehörigkeit der Normen zum Katalog der Grundrechte. Art. 16 a I GG ist Bestandteil des Grundrechtskatalogs des Grundgesetzes, der italienische Art. 10 III cost. zählt nach seiner Stellung im ersten Teil der Verfassung zu den *principi fondamentali* (Grundprinzipien), die in der neueren Verfassungsrechtslehre als "verbindliche Vorschriften" aufgefaßt werden, welche als Teil der Verfassung in der hierarchischen Normenordnung im Rang über den einfachen Gesetzen anzusiedeln und zum zweiten bei der Prüfung und Auslegung der einfachen Gesetze zu beachten sind. Damit gelten die einfachen Gesetze im Rahmen der Grundprinzipien und nicht umgekehrt, so daß ausgehend von dieser Wertrangordnung eine Vergleichbarkeit mit den Grundrechten des Grundgesetzes bejaht werden kann.

Als gemeinsame Verfassungsgrundlage verdankt das jeweilige Asylrecht schließlich seine Entstehung und Aufnahme in die Verfassungen beider Länder der Reaktion der Verfassungsgeber auf die Erfahrungen des Nationalsozialismus und Faschismus und das Schicksal der vielen aufgrund ihrer Rasse, sozialen

Auffälligkeit oder politischen Einstellung Verfolgten [890]. Dieser Gemeinsamkeit einer totalitären Vergangenheit ist die Aufnahme des Asylrechts als individuelles Schutzrecht in beide Verfassungsgefüge zu verdanken. Der Ähnlichkeit der Regelungen liegt somit auch eine gleich geprägte Entwicklungsgeschichte zugrunde.

2. Annäherung der de facto Verfolgungsvoraussetzungen des italienischen Asylrechts und der politischen Verfolgung i.S. des Art. 16 a I GG

Im Hinblick auf die Vergleichbarkeit beider Regelungen bleibt zu klären, ob die Bejahung dieser ausgeschlossen werden muß, weil die jeweiligen Tatbestandsvoraussetzungen der "*verhinderten Inanspruchnahme der in Italien gewährten Freiheitsrechte*" und der "*politischen Verfolgung*" in ihrer Weite erheblich differieren. So ist in Deutschland die Asylvoraussetzung in Fällen *individueller* Verfolgung gegeben, während es in Italien nicht darauf ankommt, ob überhaupt eine Verfolgung vorliegt bzw. im Fall einer Verfolgung diese eine individuelle Prägung aufweist. Der Schutzbereich des italienischen Asylrechts ist deshalb viel umfassender als der des deutschen Art. 16 a I GG.
Von dieser rechtlichen Unterschiedlichkeit der Weite der Definition muß jedoch die Umsetzung auf die Ebene einfachen Rechts unterschieden werden. Italien gewährt Asyl nach Maßgabe der Genfer Flüchtlingskonvention. Wenn die italienische Gesetzgebung die Figur des Asylberechtigten mit der des Flüchtlings im Sinne der Genfer Flüchtlingskonvention gleichsetzt, ist die Flüchtlingsdefinition in der italienischen Praxis (noch) die maßgebliche Prüfungsanforderung. Wie ist also die "*politische Verfolgung*" im Vergleich zur Flüchtlingsdefinition des Art. 1 GK zu werten?

Ursprünglich haben Lehre und Rechtsprechung versucht, das Asylgrundrecht vor dem Hintergrund der Flüchtlingskonvention auszulegen [891]. In der weiteren Entwicklung hat sich der Begriff der politischen Verfolgung jedoch vom Flüchtlingsbegriff des Art. 1 GK teilweise gelöst: Diese Feststellung bezieht sich vor allem auf den Verfolgungsbegriff [892]. In der Interpretation des Schrift-

---

890 Für das Grundgesetz Maunz-Dürig-Randelzhofer Art. 16 Rdnr. 5; für die Italienische Verfassung Cassese S. 526 ff.

891 Vgl. oben *Erster Abschnitt* I 1, S. 14 ff.

892 Vgl. oben *Erster Abschnitt* I 1; zur Vertiefung zusammenfassend *Bleckmann*, Verfassungsrechtliche Probleme einer Beschränkung des Asylrechts, S. 6

tums sieht Art. 1 GK als "*Verfolgung*" nur Eingriffe des Staates in das Leben oder die Freiheit des Individuums an [893]. Darüber hinaus rechnet das BVerfG auch das Recht auf freie Religionsausübung, das Recht auf ungehinderte berufliche und wirtschaftliche Betätigung zu den persönlichen Freiheitsrechten, deren Verletzung ein Asylrecht begründen kann [894]. Voraussetzung ist allerdings, daß die Beeinträchtigung nach ihrer Intensität und Schwere die Menschenwürde verletzt und über das hinausgeht, was die Bewohner des Heimatstaates aufgrund des dort herrschenden Systems allgemein hinzunehmen haben [895]. Die humanitäre Intention des Asylrechts verpflichtet die Bundesrepublik, demjenigen Aufnahme und Schutz zu gewähren, der sich in einer für ihn ausweglosen Lage befindet [896]. Damit hat die deutsche Rechtsprechung diesen in Art. 16 a I GG enthaltenen Begriff auf Eingriffe in alle Grundrechte des Grundgesetzes erstreckt [897]. Es muß folglich der Menschenwürdegehalt der Grundrechte verletzt sein, weil es nicht Aufgabe der deutschen Gerichte sein kann, die Verfassungsmäßigkeit eines fremden Eingriffs in den Schutzbereich eines Grundrechts zu überprüfen [898].
Auch bei der Definition des Begriffs des *Politischen* wird deutlich, daß die GK für die Interpretation des Art. 16 a I GG eine wesentliche, aber keine strikt abschließende Bedeutung gewinnt. Abgestellt wird zunächst mit der Flüchtlingskonvention auf die politische Motivation des Staates. Der Verfolger muß nach seiner subjektiven Motivation aus politischen Gründen handeln. Asylrechtlichen Schutz genießt danach, wer wegen seiner Rasse, Religion, Nationalität, Zugehörigkeit zu einer sozialen Gruppe oder wegen seiner politischen Überzeugung Verfolgungsmaßnahmen... ausgesetzt ist oder solche begründet befürchtet [899]. Dieser Katalog ist aber nicht abschließend. Insoweit geht die bisherige Auslegung des Art. 16 a I GG über die Flüchtlingskonvention hinaus, als die Verletzung jedes Grundrechts dann eine Verfolgung darstellt, wenn die Menschenwürde betroffen wird.

Im Ergebnis lassen sich damit die Begriffe des Flüchtlings i.S. der GK, des politisch Verfolgten gem. Art. 16 a I GG und des Asylberechtigten i.S. des Art. 10

893 Bleckmann a.a.O.
894 BVerfGE 54, 351 (356 f.)
895 BVerfGE a.a.O.
896 BVerfGE a.a.O.
897 BVerfGE a.a.O.
898 Vgl. oben *Erster Abschnitt* I 1, S. 14 ff.

III cost. bildlich als konzentrische Kreise darstellen. Kern dieses Gebildes ist der Flüchtlingsbegriff, im zweiten Ring ist der Begriff des politisch Verfolgten i.S. des GG anzusiedeln und den äußersten und weitesten Kreis bildet die Voraussetzung der verhinderten Inanspruchnahme von Freiheitsrechten i.S. des Art. 10 III cost. Der inhaltliche Unterschied ist zwischen letzterem Begriff und den beiden anderen Voraussetzungen am größten, denn die Asylberechtigung des Grundgesetzes und die Flüchtlingsdefinition knüpfen beide - im Gegensatz zur Voraussetzung des Art. 10 III cost. - an einer individuellen Verfolgung an. Mit der Zugrundelegung des Flüchtlingsbegriffs in der italienischen Praxis kann deshalb von einer Annäherung der de facto-Voraussetzungen gesprochen werden. Insbesondere wird durch die in der italienischen einfachen Gesetzgebung maßgeblichen Fluchtgründe nach der Genfer Konvention eine Individualisierung vorgenommen, die dem Tatbestandsmerkmal der „*verhinderten Inanspruchnahme*“ fehlt und der "*politischen Verfolgung*" eigen ist. Damit wird dem Argument entgegengetreten, Art. 10 III cost. enthalte einen zu weiten Tatbestand, um mit Art. 16 a I GG und der politischen Verfolgung vergleichbar zu sein, aber dabei wird verkannt, daß die Gewährung von Asyl nur nach Maßgabe der GK in Italien verfassungswidrig ist.

Italien bewirkt somit eine Annäherung der Tatbestandsvoraussetzungen durch einfachgesetzliche Festlegung der Asylberechtigung und versucht so die Weite des Art. 10 III cost. angesichts der Flüchtlingskonvention und des deutschen Art. 16 a GG zu korrigieren. Italien sichert sich durch diese Praxis Kompatibilität der Voraussetzungen der Asylberechtigung auf europäischer Ebene um den Preis der Verfassungswidrigkeit.

3. Vergleich der Verfahrensregelungen in Deutschland und Italien

a) Individueller Einreiseanspruch

An erster Stelle wäre hier die Frage zu stellen, ob der jeweilige grundrechtlich gesicherte Einreiseanspruch auch durch einfache Verfahrensvorschriften eine Umsetzung erfahren hat oder anders formuliert, ob und in welchen Fällen nach den einfachgesetzlichen Vorschriften die Einreise verweigert werden kann.

---

[899] vgl. oben *Erster Abschnitt* I 1, S. 14 ff.

Hinsichtlich der Gründe für eine Zurückschiebung des Flüchtlings folgen beide Länder dem *en route*-Prinzip, wonach die Anerkennung jeweils ausgeschlossen ist, wenn die betreffende Person effektiven Schutz in einem Drittstaat gefunden hat.
In Deutschland ist dem Ausländer i. S. der in Art. 16 a GG eingeführten Beschränkungen des Schutzbereichs die Einreise zu verweigern, wenn er aus einem sicheren Drittstaat einreist, oder wenn offensichtlich ist, daß er bereits in einem sonstigen Drittstaat vor politischer Verfolgung sicher war oder wenn durch Besitz eines von einem sicheren Drittstaat oder einem sonstigen Drittstaat ausgestellten Reiseausweises nach der GK vermutet werden kann, daß er bereits in diesem Staat vor politischer Verfolgung sicher war (§ 18 AsylVfG 1993). Ebenso ist dem Ausländer die Einreise zu verweigern, wenn er eine Gefahr für die Allgemeinheit bedeutet, weil er in der Bundesrepublik Deutschland wegen einer besonders schweren Straftat zu einer Freiheitsstrafe von mindestens drei Jahren rechtskräftig verurteilt worden ist, und seine Ausreise nicht länger als drei Jahre zurückliegt (§ 18 III AsylVfG 1993). Zu nennen wäre außerdem die Flughafenregelung des § 18 a AsylVfG 1993, wonach Ausländer aus einem sicheren Herkunftsstaat i.S. des § 29 a AsylVfG 1993 bei Einreise auf dem Luftweg in der Transitzone des Flughafens den Bescheid des Bundesamtes abwarten müssen, also keine Einreise auf den Boden der Bundesrepublik Deutschland stattfindet.

In Italien ist der Katalog der Gründe, aus denen heraus dem Ausländer die Einreise verwehrt werden kann, ähnlicher Natur, jedoch nicht so detailliert geregelt. in Übereinstimmung mit dem deutschen Recht ist sie zu verweigern, wenn der Ausländer in einem sicheren Drittstaat seinen gewöhnlichen Aufenthalt hatte, wobei die Dauer jedoch vom Gesetz nicht konkretisiert wird, oder er bereits in einem Drittstaat als Flüchtling anerkannt wurde. Darüber hinaus kann außerdem die Einreise verweigert werden, wenn der Ausländer gem. Art. 1 F GK oder in Italien wegen einer Straftat zu Zuchthaus bzw. Gefängnis nicht unter fünf und maximal zwanzig Jahren oder eines anderen im Gesetz aufgeführten Delikts verurteilt wurde, eine Gefahr für die Sicherheit des Staates darstellt oder einer mafiosen Vereinigung angehört (Art. 1 IV l.n.39).

Insbesondere die Verurteilung wegen bestimmter Straftaten, welche in § 18 AsylVfG 1992 a.F. noch nicht geregelt war, hindert den Ausländer neuerdings in beiden Staaten an der Einreise. Im Unterschied zu Deutschland knüpft Italien aber nicht an den reinen Fluchtweg an, sondern die italienische Regelung basiert auf einem Konzept anderweitiger Verfolgungssicherheit. Sie ist somit großzügiger als die deutsche Regelung, denn in Italien begründet alleine die Einreise aus einem sicheren Drittstaat noch nicht den Ausschluß vom Zugang zum Verfahren. Vielmehr ist in jedem Fall individuell zu prüfen, ob der Flüchtling in einem Drittstaat vor Verfolgung tatsächlich sicher war [900]. Der Grundsatz des *non refoulement*, d.h. eines Zurückweisungsverbots an der Grenze gilt in Italien nur für die Fälle des tatsächlichen Verfolgungsschutzes in einem Drittland nicht, für die sonstigen Zurückweisungsgründe ist er in Übereinstimmung mit Art. 33 GK anzuwenden.

Der rechtliche Unterschied beider Regelungen besteht abgesehen von der verschiedenartigen Konzeption der Drittstaatenregelung aber auch darin, daß der Ausländer nach der deutschen Regelung ein Recht auf Einreise hat und außer in den gesetzlich geregelten Fällen nicht zurückgewiesen werden kann, während ihm in Italien nur ein rechtliches Interesse an der Einreise zugebilligt wird.
Im Gesetz Nr. 39 ist, wie oben festgestellt, kein subjektives Recht auf Einreise verankert, geregelt sind lediglich die Fälle, in denen die Einreise nicht gestattet werden kann (Art. 1 IV l.n.39). Der Asylsuchende hat zwar ein einklagbares rechtliches Interesse an der Einreise, dieses rechtliche Interesse ist aber nicht identisch mit einem subjektiven Recht.
Fraglich ist, ob sich aus dieser Tatsache der Schluß ziehen läßt, in Italien sei die Einreise weniger gesichert als bei der Einreise nach Deutschland. Dies dürfte im Ergebnis wohl zu verneinen sein. Denn das rechtliche Interesse ist zwar nicht das reine, sondern ein abgeschwächtes subjektives Recht, aber in der Praxis wird aus diesem rechtlichen Unterschied kein Unterschied in der Behandlung erwachsen und allein die Verwaltungspraxis soll in diesem Zusammenhang gegenübergestellt werden. Wie bereits angedeutet, ist das rechtliche Interesse genauso wie ein subjektives Recht gerichtlich einklagbar. Seine ausschließliche Geltendmachung vor einem Verwaltungsgericht bringt darüber hinaus Vorteile mit sich, weil die Verwaltungsgerichte den angegriffenen Verwaltungsakt auch annullieren dürfen, was den ordentlichen Gerichten versagt ist. Das rechtliche Interesse ist angesichts der Frage seiner Durchsetzbarkeit somit nicht schlechter gestellt, als es für das subjektive Recht der Fall sein würde.
Problematisch ist aber im Hinblick auf das Asylrecht, daß der Asylberechtigte an der Grenze abgewiesen werden kann, wenn er nicht die Flüchtlingseigenschaft erfüllt. Dies wurde oben bei der Darstellung der italienischen Verwal-

900 Vgl. T.A.R. Lazio Urteil Nr. 152 v. 12.2.1992

tungsrechtsprechung deutlich [901]. Tatsächlich ist an dieser Stelle darauf hinzuweisen, daß dieser Einreiseanspruch nicht wirklich immer in Italien geltend gemacht werden konnte. Dabei ist in erster Linie an den Exodus der Albaner zu denken, die im August 1991 zu Tausenden an der Küste Apuliens landeten und Asyl suchten. Man ließ sie - obwohl gem. Art. 10 III cost. und gem. Art. 1 IV l.n.39 eigentlich berechtigt, zunächst einmal einreisen zu dürfen - im Hafenareal von Bari einkesseln, um sie anschließend zum größten Teil und ohne ein Verfahren durchlaufen zu haben, in Sondermaschinen der Alitalia umgehend wieder nach Albanien zurückfliegen zu lassen [902]. Das Beispiel zeigt, daß die Grenzen einer rechtlichen Vergleichbarkeit dort liegen, wo die tatsächliche Handhabung von geschriebenem Recht unter besonderen Situationen anders sein kann als es dieses befiehlt oder vorsieht. Denn ob bestehende Gesetze auch beansprucht werden können, ist eine Frage der Gesetzesanwendung und nicht der rechtlichen Auslegung des anzuwendenden Gesetzes. Dem Beispiel ist jedenfalls zu entnehmen, daß in Italien ad hoc- und von der gesetzlichen Situation unabhängige Entscheidungen gerne dann getroffen werden, wenn Flüchtlinge in Massen und gleichzeitig die Einreise beanspruchen.

b) Anerkennungsverfahren

Der erste Ansatzpunkt zum Vergleich der Verfahrensgrundsätze betrifft die in erster Instanz zur Entscheidung über Anerkennungsanträge zuständige Behörde. In der Bundesrepublik Deutschland liegt die Zuständigkeit beim Bundesamt für die Anerkennung ausländischer Flüchtlinge, einer dem Innenministerium unterstellten Bundesbehörde. In Italien ist die Zentralkommission für die Anerkennung von Flüchtlingen zuständig, die mit hohen Beamten besetzt wird und ebenso auf Behördenniveau anzusiedeln ist. Während in Italien der Anerkennungskommission ein Vertreter des Hohen Flüchtlingskommissars (UNHCR) mit nur beratender Funktion beigeordnet ist, hat dieser in Deutschland eine vom Bundesamt unabhängige Bedeutung im Sinne des Art. 35 GK, so daß sich der Ausländer zur Wahrnehmung seiner Interessen an ihn wenden kann (§ 9 AsylVfG 1993). In beiden Staaten ist jedenfalls eine funktionelle Zuständigkeit des UNHCR im Verfahren gesetzlich vorgesehen.

---

901 T.A.R Lazio a.a.O.

902 Ein ausführlicher Bericht über die *"l'invasione albanese"* findet sich in *dossier Dire*, S. 13; ferner Nascimbene, il corriere giuridico 1991, 817

Übereinstimmend setzen Italien und Deutschland vor der Entscheidung über den Antrag eine Anhörung des Ausländers voraus. Diese hat durch die zur Anerkennung zuständige Behörde - das Bundesamt oder die Zentralkommission - zu erfolgen. Um zu gewährleisten, daß keine sprachlichen Hindernisse für die Verständigung auftreten, ist die Einsetzung eines Dolmetschers in beiden Ländern vorgesehen. Während es in Italien aber in das Ermessen der Behörde gestellt ist, einen Dolmetscher zu bestellen, ist das deutsche Bundesamt gesetzlich verpflichtet, bei der Anhörung einen Dolmetscher hinzuzuziehen.

Ein Widerspruch gegen Maßnahmen und Entscheidungen der Anerkennungsbehörde ist in beiden Ländern nicht vorgesehen. Die Kontrolle einer ablehnenden Entscheidung kann folglich übereinstimmend nur durch Gerichte erfolgen.
Wie in Deutschland ist auch in Italien bestimmt, daß dem Betreffenden die Entscheidung der Anerkennungsbehörde schriftlich und mit einer Begründung versehen zugehen muß.

Im Gegensatz zu Italien wird in Deutschland eine Differenzierung der Asylanträge vorgenommen, an die unterschiedliche aufenthaltsrechtliche Konsequenzen geknüpft werden. Im italienischen Gesetz Nr. 39 oder den ergänzenden Verordnungen fehlen solche differenzierenden Regelungen. So bleibt offen, wie die Behandlung von Familienanträgen rechtlich zu würdigen ist. Fraglich ist auch die generelle Regelung von Anträgen, die im Inland und nicht bereits an der Grenze gestellt werden. Es fehlen Vorschriften über die Mitwirkungs- und Verhaltenspflichten des Ausländers während des Verfahrens etc.. Die italienische Normierung zeugt in dieser Hinsicht von weniger Regelungsdichte, da Regelungslücken bestehen.
Auch scheinen nach der derzeitigen Ausgestaltung aufenthaltsbeendende Maßnahmen praktisch kaum durchführbar zu sein. Das Untertauchen abgelehnter Antragsteller ist ohne Schwierigkeiten möglich, da die Präsenz des Flüchtlings und seine Erreichbarkeit an einem bestimmten Ort nicht vorgeschrieben sind. Diese Tatsache der Nichtverrechtlichung einiger Aspekte erlaubt zwar im Einzelfall humanitäre ad-hoc-Lösungen, die aber das grundlegende Dilemma der Rechtsunsicherheit in manchen Punkten nicht beseitigen [903]. Dies kann im Zweifel für den Flüchtling eher von Nachteil sein.
Festzuhalten ist somit, daß die Verfahren von ihrer Grundstruktur aus vergleichbar sind. Das italienische Verfahren enthält die wichtigsten rechtsstaatlichen An-

---

903 Hein, ZAR 1989, 75 (78)

forderungen an ein geordnetes Verfahren, wenn auch Einzelfragen nicht ausführlich geregelt sind.

c) Bleiberecht während des Verfahrens

In beiden Ländern hat der Asylbewerber - vorausgesetzt er hat Zugangsrecht zum möglichen Asylland bekommen - normalerweise ein vorläufiges Bleiberecht während des Verfahrens. Dies ist zunächst der gemeinsame Nenner beider Asylrechtsregelungen.
Allerdings gilt das für Deutschland nicht mehr für den Kreis derjenigen, die zum einen aus einem sicheren Drittstaat kommen und zum anderen nur noch eingeschränkt für die, die im Sinne der Flughafenregelung des § 18 a AsylVfG zu behandeln sind. Nach dieser Regelung darf sich der aus einem sicheren Herkunftsstaat einreisende Asylbewerber nur in der Transitzone des Flughafens aufhalten - falls dies möglich ist - , so daß über den Antrag noch vor der eigentlichen Einreise entschieden wird. Damit ist der Bewerber zwar nicht schutzlos gestellt, gewährt wird ihm streng genommen jedoch kein Bleiberecht auf dem Territorium der Bundesrepublik Deutschland. Im Falle eines rechtzeitigen Antrags auf vorläufigen Rechtsschutz darf bei der Flughafenregelung die Einreiseverweigerung jedoch nicht vor der gerichtlichen Entscheidung vollzogen werden. Hingegen ist bei der Einreise aus einem sicheren Drittstaat kein vorläufiger Rechtsschutz gegen die Einreiseverweigerung möglich.
In Italien hingegen ist die Herkunft aus einem sicheren Drittstaat in einem individuellen Prüfungsverfahren festzustellen, so daß ein Bleiberecht grundsätzlich gewährt wird.

Das Bleiberecht - seine Inanspruchnahme vorausgesetzt - ist in beiden Ländern von unterschiedlicher Dauer. In Deutschland besteht es bis zur Entscheidung durch die letzte mögliche (gerichtliche) Instanz. Je nachdem, ob es sich um einen beachtlichen oder unbeachtlichen bzw. offensichtlich unbegründeten Asylantrag handelt, ist diese entweder mit der Entscheidung über den vorläufigen Rechtsschutz oder über das verwaltungsgerichtliche Hauptsacheverfahren gegeben.

In Italien hat der Ausländer in jedem Fall ein vorläufiges Bleiberecht nur bis zum Abschluß des Verwaltungsverfahrens, d.h. zur Entscheidung durch die Zentralkommission. Wird die Anerkennung als Flüchtling abgelehnt, ergeht ein

Ausweisungsbescheid, der nach Ablauf von 15 Tagen vollziehbar ist, wenn der Ausländer nicht einen Antrag auf Aussetzung der Vollziehung stellt.

d) Durchsetzung des Bleiberechts

Nach der Regelung des § 34 a AsylVfG kann nach Ablehnung des Antrags ein Bleiberecht nicht gerichtlich durchgesetzt werden, wenn der Flüchtling aus einem sicheren Drittstaat in die Bundesrepublik Deutschland einreist. Die Drittstaatenregelung bewirkt, daß sich der Ausländer nicht durch Stellung eines Antrags auf vorläufigen Rechtsschutz gegen die Rückschiebung wehren kann. Die gerichtliche Durchsetzung des vorläufigen Bleiberechts ist daher grundsätzlich nur noch möglich, wenn der Antragsteller nicht aus einem Mitgliedsstaat der EG und auch nicht aus einem in Anlage I zu § 26 a AsylVfG 1993 aufgeführten sicheren Drittstaat einreist.
Hingegen besteht in Italien auch in Abwesenheit eines automatischen Suspensiveffekts immer die Möglichkeit für den Betroffenen, die Aussetzung des Vollzugs der Ausweisung gerichtlich durchsetzen zu können. Somit ist die Beendigung des Bleiberechts allein in Italien durch zumindest eine gerichtliche Entscheidung in allen Fällen abgesichert, denn das Gesetz eröffnet jedem die Möglichkeit, den entsprechenden Antrag zu stellen. Vor der endgültigen Durchführung der Abschiebung ist ein letzter gerichtlicher Kontrollmechanismus in Deutschland hingegen nicht mehr in jedem Fall zwischengeschaltet. Damit unterschreitet die Bundesrepublik den rechtlichen Standard Italiens im Hinblick auf den Rechtsschutz zur Durchsetzung des Bleiberechts.

Es soll darüber hinaus nicht verschwiegen werden, daß die Möglichkeiten des Asylbewerbers, seinen Aufenthalt und seine Bleibe gegen den Willen der Behörden und außerhalb den Möglichkeiten der Gerichtsbarkeit zu verlängern, unterschiedlich zu beurteilen sind. Durch die Tatsache, daß der Ausländer in Italien nicht grundsätzlich gehalten ist, sich an einem bestimmten Ort aufzuhalten und nicht automatisch in einem Aufnahmelager untergebracht wird, weil das vom Gesetz nicht zwingend vorgeschrieben ist, gestaltet sich ein Untertauchen für den Flüchtling recht einfach. Tatsächlich bürgt die hohe Zahl von sich illegal in Italien aufhaltenden Flüchtlingen für diese Aussage [904].

---

904 *Dossier Dire*, Supplemento al numero 106 del 30 maggio 1992 di Dire (Fascicolo promosso dalla Direzione dei Servizi Civili del Ministero dell`Interno) S. 13 ff.

In Deutschland ist ein Untertauchen hingegen nach der neuen Gesetzeslage kaum mehr möglich, denn - die Einreise vorausgesetzt - wegen der Unterbringung in abgesperrten Aufnahmeeinrichtungen kann sich der Ausländer dem Zugriff der Behörden kaum entziehen. Insgesamt ist damit zu beobachten, daß in Italien eine liberalere Praxis in Bezug auf die Bewegungsfreiheit des Flüchtlings ausgeübt wird, als dies in Deutschland der Fall ist, obwohl Italien die Problematik sich illegal im Lande aufhaltender Flüchtlinge geläufiger ist als dies auf Deutschland zutrifft [905].

e) Rechtsschutz gegen Zurückweisung an der Grenze und Ablehnung der Anerkennung

Gegen die Ablehnung der Anerkennung sowie andere belastende Verwaltungsakte ist in beiden Ländern Klage möglich, in Deutschland in Form der Anfechtungs- oder Verpflichtungsklage, in Italien mit einer Anfechtungsklage gegen den negativen Bescheid (Art. 5 II l.n.39).

Daß sich der von italienischen Behörden zurückgewiesene Flüchtling gegen die möglicherweise unberechtigte Zurückweisung an der Grenze wehren kann, bestimmt die „legge Martelli". Gem. Art. 1 VI l.n.39 ist gegen den Zurückweisungsbescheid Anfechtungsklage vorgesehen. Hinsichtlich der Effektivität des Rechtsschutzes bestehen jedoch Zweifel. Das Verfahren kann vom Flüchtling lediglich vom Ausland aus geführt werden, da er im Fall der Zurückweisung keinen Zugang zu italienischem Territorium hat. Bleiberechtliche Konsequenzen zeigen sich somit bereits vor Inanspruchnahme von gerichtlichem Schutz, so daß für die Entscheidungen der Grenzbehörden kein rechtzeitiger Kontrollmechanismus vorgesehen ist. Zwar kann die Zurückschiebung durch die Verwaltungsgerichte auf ihre Rechtmäßigkeit hin überprüft werden, jedoch ist der Flüchtling zwischen der Zurückweisung und der gerichtlichen Entscheidung schutzlos gestellt. Da der Flüchtling in diesem Fall i.d.R. Verfolgungsmaßnahmen des Heimatstaates ausgesetzt sein wird, ist die Frage der Effektivität des Rechtsschutzes zweifelhaft.

Dasselbe gilt aber auch für Deutschland , wo in den Fällen der Zurückweisung an der Grenze der Ausländer gezwungen ist, sein Begehren vom Ausland aus zu verfolgen.

---

905 *Dossier Dire*, Supplemento al numero 106 del 30 maggio 1992 di Dire (Fascicolo promosso dalla Direzione dei Servizi Civili del Ministero dell`Interno) S. 13 ff.

Der zweite wichtige Aspekt ist die Frage des vorläufigen Rechtsschutzes. Hier geht es um den Vollzug möglicherweise zu Unrecht ergangener Ausweisungsbescheide, die mit der Ablehnung als Asylberechtigter bzw. in Italien Flüchtling einhergehen. Da es wegen der Konsequenzen unzumutbar ist, den Flüchtling nur auf ein vom Ausland aus geführtes Klageverfahren zu verweisen, spielt diese letzte Möglichkeit der Überprüfung der Rechtslage vom Inland aus eine entscheidende Rolle.

In Italien hat die Klageerhebung keine aufschiebende Wirkung, weswegen der Ausländer auf die Stellung eines Antrags zur Aussetzung des Vollzugs angewiesen ist. Die Antragsfrist beträgt 15 Tage, die vorläufige Aussetzung der Regelung setzt die sonst notwendige Prüfung, daß von einer Vollziehung schwere und nicht wiedergutzumachende Schäden zu befürchten sind, nicht voraus. Dahingehend ist positiv festzustellen, daß es grundsätzlich die Möglichkeit eines vorläufigen Rechtsschutzes für jeden gibt, der Suspensiveffekt relativ einfach bewirkt werden kann und die Antragsfrist nicht zu knapp bemessen ist.
Im deutschen Recht fehlt der Suspensiveffekt der Klage im Fall von unbeachtlichen bzw. offensichtlich unbegründeten Asylanträgen und der Ausländer muß einen Antrag gem. § 80 V VwGO innerhalb von einer Woche stellen. Im Fall der Flughafenregelung gem. § 18 a AsylVfG beträgt die Frist sogar nur drei Tage[906]. Der Antrag auf vorläufigen Rechtsschutz hat jedoch nicht immer, wie bereits oben erörtert wurde, die Aussetzung des Vollzugs des Verwaltungsaktes zur Folge. Die aufschiebende Wirkung ist in den Fällen der Unbeachtlichkeit und offensichtlichen Unbegründetheit nur noch anzuordnen, wenn *ernstliche Zweifel* an der Rechtmäßigkeit des angegriffenen Verwaltungsaktes bestehen, § 36 III AsylVfG. Der wörtlichen Auslegung des Gesetzes zufolge genügen nur gewöhnliche Zweifel nicht. Die kurze Antrags- und Begründungsfrist, die nur wenig Zeit zur Verfügung stellt, den Antrag entsprechend zu begründen und entscheidungserhebliche Tatsachen vorzubringen, ist zu kritisieren.

Damit kann abschließend festgestellt werden, daß bei der bestehenden Gesetzeslage der Rechtsschutz in Italien gegen aufenthaltsbeendende Maßnahmen wesentlich effektiver ist als es vom Rechtsschutz in Deutschland behauptet wer-

---

906 Hier geht es zwar um die *Einreise* und nicht um die Beendigung des Bleiberechts, jedoch sind die Folgen für den Flüchtling vergleichbarer Natur, denn trotz nicht erfolgter Einreise befindet er sich in der Transitzone des Flughafens zumindest nicht außerhalb des Schutzbereichs Deutschlands

den kann. Durch die verfassungsrechtliche Änderung, die auf Verfahrensebene volle Umsetzung gefunden hat, ist ein erheblicher Abbau des Rechtsstaats vor allem im Bereich des einstweiligen Rechtsschutzes erzielt worden, der aber für den Flüchtling im konkreten Fall von entscheidender Bedeutung ist. In Anknüpfung an den oben [907] dargestellten Menschenwürdekern des deutschen Asylrechts stellt sich damit von selbst die Frage nach einer Verfassungsmäßigkeit und damit abschließenden Bewertung des Art. 16 a GG.

4. Verfassungsmäßigkeit des Art. 16 a GG im Hinblick auf den Abbau des Rechtsstaats im Asylverfahren

a) Vorbemerkung: Inhaltliche Anforderungen an Änderungen des Grundgesetzes

Die Sperrklausel des Art. 79 III GG regelt das Verhältnis von verfassungsgebender und verfassungsändernder Gewalt in der Weise, daß dem Gesetzgeber nur innerhalb eines beschränkten Rahmens die Möglichkeit der Änderung der Vorschriften des Grundgesetzes bleibt [908]. Diesen beschränkten Rahmen bestimmen wie bereits angedeutet die Art. 1 und 20 GG, welche ein änderungsfestes Minimum verkörpern, dessen Grundentscheidungen dem verfassungsändernden Gesetzgeber, *pouvoir constitué*, entzogen sind [909]. Die Art. 1 und 20 GG sind vom BVerfG im Rahmen des Art. 79 III GG sehr eng definiert worden [910]. Wegen der Bedeutung des Grundsatzes der Menschenwürde für das Asylrecht soll besonders auf das in Art. 1 GG verankerte Prinzip eingegangen werden.

In früheren Entscheidungen hat das BVerfG ausgeführt, unter welchen Umständen die Menschenwürde verletzt sein könne, ließe sich nicht generell, sondern immer nur in Ansehung des konkreten Falls bestimmen [911]. Allgemeine Formeln wie die, der Mensch dürfe nicht zum bloßen Objekt der Staatsgewalt her-

---

907 Siehe oben S. 68 ff.

908 Erichsen, Staatsrecht und Verfassungsgerichtsbarkeit, II, S. 19 f.

909 Stern, Staatsrecht, I, § 5 IV 7 c; zum änderungsfesten Minimum der Verfassung vgl. auch ausführlich *Bleibaum*, Das Verfassungsminimum im Bonner Grundgesetz, 1951; *Häberle*, FS Haug; *Kirchhof*, in: Kirchhof/Isensee, Bd. I, S. 775 ff.

910 BVerfGE 30, 1 (24 ff.)

911 BVerfGE a.a.O.

abgewürdigt werden [912], könnten lediglich die Richtung andeuten, in der Fälle der Verletzung der Menschenwürde gefunden werden können; der Mensch sei nicht selten bloßes Objekt nicht nur der Verhältnisse und der gesellschaftlichen Entwicklung, sondern auch des Rechts, insofern es sich ohne Rücksicht auf seine Interessen fügen müßte [913]. Eine Verletzung der Menschenwürde könne darin alleine nicht gefunden werden; hinzukommen müsse, daß er einer Behandlung ausgesetzt werde, die seine Subjektqualität prinzipiell in Frage stelle, oder daß in der Behandlung im konkreten Fall eine willkürliche Mißachtung der Würde des Menschen liege [914]. Die Behandlung des Menschen durch die öffentliche Hand, die das Gesetz vollzieht, müsse also, wenn sie die Menschenwürde berühren solle, Ausdruck der Verachtung des Wertes, der den Menschen Kraft seines Personseins zukommt, also in diesem Sinn eine verächtliche Behandlung sein [915].

Diese überaus enge Auslegung des Art. 79 III GG ist vielfach auf Widerstand gestoßen [916]. Sie übersieht in der Tat, daß nach Art. 1 II GG die nachfolgenden Einzelgrundrechte zumindest in ihrem Kerngehalt z.T. auch Ausfluß der Menschenwürde des Art. 1 I GG sind [917]. Das BVerfG hat deshalb seine Definition korrigiert und in dem Beschluß über die Verfassungsmäßigkeit der Eigentumsregelung im Einigungsvertrag vom 23. April 1991 ausgeführt, zu den in Art. 1 GG niedergelegten Grundsätzen gehöre nicht nur der In Art. 1 I GG verankerte Grundsatz der Menschenwürde, sondern auch das in Art. 1 II GG enthaltene Bekenntnis zu unverletzlichen und unveräußerlichen Menschenrechten als Grundlage der menschlichen Gemeinschaft, des Friedens und der Gerechtigkeit [918]. In Verbindung mit der in Art. 1 III GG enthaltenen Verweisung auf die nachfolgenden Grundrechte und deren Verbürgungen insoweit einer Einschränkung grundsätzlich entzogen, als sie zur Aufrechterhaltung einer dem Art. 1 I und II GG entsprechenden Ordnung unverzichtbar sind [919]. Ebenso wie der originäre Verfassungsgeber darf auch der verfassungsändernde Gesetzgeber danach

---

912 BVerfGE a.a.O.

913 BVerfGE a.a.O.

914 BVerfGE a.a.O.

915 BVerfGE a.a.O.

916 Minderheitenvotum BVerfGE 30, 1 (34)

917 Bleckmann, Verfassungerechtliche Probleme einer Beschränkung..., S. 58

918 BVerfGE 84, 90 (120 f., 126 f.)

919 BVerfGE a.a.O.

grundlegende Gerechtigkeitspostulate nicht außer acht lassen [920]. Dazu zählen der Grundsatz der Rechtsgleichheit und das Willkürverbot [921]. Bei alledem verlangt Art. 79 III GG allerdings nur, daß die genannten Grundsätze nicht berührt werden [922]. Er hindert den verfassungsändernden Gesetzgeber dagegen nicht, die positivrechtliche Ausprägung dieser Grundsätze aus sachgerechten Gründen zu modifizieren [923]. Man gelangt hier demnach zu dem Ergebnis, daß Art. 1 I GG dann tangiert wird, wenn die Änderung eines Grundrechts die Aufrechterhaltung einer dem Art. 1 I, II GG entsprechenden Ordnung beseitigt.

b) Die Verfassungsmäßigkeit der Bestimmung sicherer Drittstaaten nach Art. 16 a II GG

Mit der Frage, ob der Gesetzgeber grundsätzlich auf den Schutz in Drittstaaten verweisen kann - wie er dies nunmehr in Gestalt des Art. 16 a II GG getan hat - hat sich der Hessische VGH [924] bereits vor 1993 auseinandergesetzt und dazu ausgeführt:

> „Es dürfte wohl mit dem letztlich aus dem Gebot der Achtung der Menschenwürde fließenden Selbstbestimmungsrecht des Menschen nicht in Einklang zu bringen sein, wollte man einem Menschen, der gerade noch vor einer politischen Verfolgung entkommen ist, die Entscheidung darüber nehmen, in welchem Staat er um Schutz vor Verfolgung nachsucht. Schließlich trägt er allein das Risiko mit seinem Schutzersuchen abgewiesen zu werden oder gar in dem betreffenden Staat politischer Verfolgung ausgesetzt oder von dort in den Verfolgerstaat abgeschoben zu werden“.

Angesichts der geltenden Fassung des Art. 16 a II GG regen die Ausführungen des VGH zum Nachdenken an. Wäre dies zutreffend, würde der in Art. 16 a II GG vorgesehene Verweis auf den Schutz in einem sicheren Drittstaat seinerseits gegen Art. 1 I GG verstoßen und wäre als verfassungswidriges Verfassungsrecht zu qualifizieren.

---

920 BVerfGE a.a.O.

921 BVerfGE a.a.O.

922 BVerfGE a.a.O.

923 BVerfGE a.a.O.

Demgegenüber ist zunächst festzustellen, daß bereits vor 1993 ein Voraufenthalt in einem Drittstaat dazu führte, daß ein Ausländer nicht als Asylberechtigter anerkannt wurde. Nach früherem Recht galt das Prinzip der anderweitigen Fluchtalternative, so daß nicht auf jeden Fall Asyl auf dem Gebiet der Bundesrepublik Deutschland gewährt werden mußte [925]. Es darf aber nicht verschwiegen werden, daß durch die Möglichkeit anderweitiger Schutzgewährung nach dem vor 1993 geltenden Recht keineswegs die aktuelle Schutzbedürftigkeit des Flüchtlings vor Rücküberstellung in einen Verfolgerstaat entfiel. Vielmehr galt bis zuletzt das Prinzip der Verweigerung der förmlichen Asylanerkennung bei Verbot der Rückschiebung in den Verfolgerstaat [926], so daß bei der Prüfung durch die Behörden sämtliche denkbaren rechtlichen Abschiebehindernisse zu berücksichtigen waren.
Gegen eine Verfassungswidrigkeit spricht aber auch, daß Art. 16 a II GG nach seinem Wortlaut nur die Verbringung in den sicheren Drittstaat ermöglicht. Die Rückverbringung in den Heimatstaat und damit in das potentielle Verfolgerland soll gerade nicht ermöglicht werden [927]. Auch spricht nichts dafür, daß der verfassungsändernde Gesetzgeber sehenden Auges Verstöße gegen das Refoulement-Verbot des Art. 33 GK und die damit verknüpfte Pflicht, vor einer Rückschiebung in einen behaupteten Verfolgerstaat zu prüfen, ob eine Person die Flüchtlingseigenschaft besitzt, in Kauf nehmen wollte [928]. Dies gilt um so mehr, als nach der Rechtsprechung des BVerfG eine Nichtbeachtung völkerrechtlicher Normen durch Träger deutscher öffentlicher Gewalt, die eine völkerrechtliche Verantwortlichkeit der Bundesrepublik Deutschland begründen könnte, nach Möglichkeit verhindert und beseitigt werden soll [929].
Schließlich kann dem Argument der Verfassungswidrigkeit entgegengehalten werden, daß der Verwaltungsrichter in begründeten Einzelfällen jeweils die Sicherheit des Drittstaates prüfen kann und somit eine verfassungskonforme Auslegung durch die Verwaltungsgerichte denkbar ist [930].

---

924 Urteil v. 23.6.1983, DVBl 1984, 102 ff.

925 BVerfGE 80, 315

926 Vgl. dazu § 31 AsylVfG 1992

927 Vgl. dazu oben II ; es soll i.ü. noch einmal darauf hingewiesen werden, daß es bereits in der Amtlichen Begründung zu Art. 16 a II GG heißt, die Norm ermögliche es, „die Betroffenen unverzüglich in den sicheren Drittstaat zurückzubringen“, vgl. BT-Drs. 12/4152

928 Zimmermann, Diss., S. 279

929 BVerfGE 58, 1 (34); 59, 63 (89); Zimmermann, Diss., S. 279

930 So bereits BVerfG Beschl. v. 13.9.1993 - 2 BvR 1938/93; zuletzt auch VG Chemnitz, NVwZ-RR 1995, 57; die verfassungskonforme Auslegung wird außerdem befürwortet

Gegen die Argumente der Befürworter eines Verweises auf den Schutz von Drittstaaten, ist jedoch einzuwenden, daß die Beurteilung eines Drittstaates als sicher unzutreffend sein kann. Das Beispiel der albanischen Immigrationswelle nach Italien bürgt dafür, daß auch im europäischen Ausland die Handhabung von vorgegebenem Recht nicht immer seine wirkliche Beachtung, Durchsetzung oder Inanspruchnahme bedeutet. Bei der Beurteilung eines Drittstaates als sicher müssen demzufolge auch die Tatsachen berücksichtigt werden, die sich außerhalb rechtlich geschriebener Gewährleistungen bewegen. Dies macht die Beurteilung eines Drittstaates als sicher aber äußerst schwierig und oft unzutreffend. Die Korrektur der dabei auftretenden Probleme anhand des Einzelfalls durch verfassungskonforme Auslegung der anzuwendenden Drittstaatenregelung geschieht durch den Richter. Er wird sich bei seiner Beurteilung seinerseits an Vorgaben orientieren, von denen ebenfalls nicht schematisch gesagt werden kann, daß sie die tatsächliche Situation im Drittstaat zutreffend bewerten. Erinnert sei an den Vorschlag der CSU, die Türkei in die Liste der sicheren Drittstaaten aufzunehmen [931]. Angesichts des Ausschlusses vorläufigen Rechtsschutzes und des bleiberechtlichen Aspekts eines potentiell politisch Verfolgten ist dies ein bedenkliches Ergebnis. Konsequenzen entfaltet die Drittstaatenregelung mit ihren aufgezeigten Problemen aber vor allem im Hinblick auf die Durchsetzung eines vorläufigen Bleiberechts. Ihre Bedeutung soll daher im Zusammenhang mit der Rechtsschutzproblematik weiter erörtert werden.

c) Vereinbarkeit des Art. 16 a II 3 GG mit Art. 79 III GG

Es wurde bereits vielfach darauf hingewiesen, daß gegenüber einem aus einem der dort genannten oder in Bezug genommenen sicheren Drittstaaten eingereisten Asylbewerber aufenthaltsbeendende Maßnahmen unabhängig von einem hiergegen eingelegten Rechtsbehelf vollzogen werden.

Auf den ersten Blick könnte es durchaus zulässig und angemessen erscheinen, im Hinblick auf die Einreise aus sicheren Drittstaaten einen vollständigen Ausschluß vorläufigen Rechtsschutzes vorzunehmen, führt doch eine solche Gewährung immer auch jedenfalls zu einer teilweise faktischen Vorwegnahme der Hauptsache und einer Durchsetzung eines vorläufigen Bleiberechts. Im übrigen

---

von Schoch, DVBl 1993, 1161 (1166); Rothkegel GK AsylVfG 36, vor II, Rdnr. 45

931 Vgl. dazu Giesler/Wasser, Das neue Asylrecht, S. 17; Zimmermann, Diss., FN 262

ist ja auch lediglich die Rückführung in Staaten vorgesehen, die entweder der verfassungsändernde Gesetzgeber selbst oder aber der einfache Gesetzgeber als sicher eingestuft und festgestellt hat.
Für die Verfassungsmäßigkeit des Ausschlusses in Art. 16 a II 3 GG spricht auch, daß bereits dem einfachen Gesetzgeber bei der Ausgestaltung gerichtlichen Rechtsschutzes grundsätzlich eine weite Gestaltungsfreiheit zukommt. Das BVerfG hat klargestellt, daß der einfache Gesetzgeber dabei insbesondere zwischen Erfordernissen der Rechtssicherheit und dem denkbaren Verlust der Möglichkeit zur Herstellung materieller Gerechtigkeit abwägen kann [932]. Zu den Belangen, die er bei seiner Abwägung berücksichtigen darf, zählt auch das Interesse an der Abwehr unberechtigter Asylbegehren [933]. Was aber für den einfachen Gesetzgeber gilt, muß um so mehr auch für den verfassungsändernden Gesetzgeber gelten können.
Ferner spricht für eine Einschränkung der Umstand, daß es hauptsächlich Anfang der neunziger Jahre durch häufig unberechtigte Asylbegehren zu einer Überlastung der Verwaltungsgerichtsbarkeit gekommen ist [934]. Deshalb ist nach der Rechtsprechung des BVerfG bereits der einfache Gesetzgeber nach der Auslegung des Art. 19 IV GG nicht schlechthin gehindert, einstweiligen Rechtsschutz auszuschließen, um zur Wahrung öffentlicher Belange unaufschiebbare Maßnahmen im Interesse des allgemeinen Wohls in die Wege zu leiten [935]. Im Einklang hiermit ist auch anerkannt, daß für unbeachtliche oder offensichtlich unbegründete Asylanträge bei Klageerhebung keine aufschiebende Wirkung notwendig ist [936].
Art. 19 IV GG garantiert den Individualrechtsschutz gegen jegliche Akte öffentlicher Gewalt. Ungeachtet der Frage, ob einstweiliger Rechtsschutz von Art. 19 IV GG überhaupt gefordert ist, unterfällt die Norm selbst im Verhältnis zum verfassungsändernden Gesetzgeber nicht dem besonderen Schutz des Art. 79 III GG, so daß auch dies für eine Verfassungsmäßigkeit sprechen könnte. Abgesehen hiervon ist aber zumindest seit der Abhörentscheidung des BVerfG zu Art.

---

932 So in BVerfGE 60, 253 (268) betreffend die Beurteilung eines Antrags auf Wiedereinsetzung in den vorigen Stand

933 BVerfGE 60, 253 (267)

934 vgl. dazu die Asylbewerberzahlen bei v. Pollern ZAR 1993, 26 für das Jahr 1992; ferner dazu BVerfG NVwZ 1983, 405 f.

935 insbes. BVerfGE 69, 220 und BVerfGE 35, 382; vgl. aber auch BVerfGE 37, 150, wonach sich aus Art. 19 IV GG für den Bürger grundsätzlich ein Anspruch auf tatsächlich wirksame gerichtliche Kontrolle und damit in der Regel auch auf eine Form einstweiligen Rechtsschutzes ergibt

936 BVerfGE 69, 220 (229)

10 II 2 GG [937] umstritten, ob und inwieweit einzelne Materien durch Verfassungsänderung von der Garantie gerichtlichen Rechtsschutzes ausgenommen werden können oder nicht. Dafür spricht immerhin, daß der verfassungsändernde Gesetzgeber insoweit keiner Bindung unterlegen ist [938].
Auch der Grundsatz der Gesetzmäßgkeit der Verwaltung, der durch Art. 20 GG gewährleistet wird, führt nicht zwangsläufig zu der Schlußfolgerung, die Garantie umfassenden Rechtsschutzes sei über Art. 20 GG i.V.m. Art. 79 III GG vor Eingriffen des verfassungsändernden Gesetzgebers gesichert. Denn die Bindung der Verwaltung besteht unabhängig von der Existenz einer externen Kontrollinstanz [939]. Im übrigen galt der in Art. 20 III GG verankerte Grundsatz der Gesetzmäßigkeit der Verwaltung längst, bevor seine Verletzung gerichtlich überprüft werden konnte und hat demzufolge einen Inhalt, der die in Art. 19 IV GG enthaltene Rechtsschutzgarantie gerade nicht mitumfaßt [940].
Aus dem Gesagten kann jedoch nicht die Schlußfolgerung gezogen werden, der vollständige Ausschluß des Rechtsschutzes gegen Akte der öffentlichen Gewalt im Hinblick auf die Grundrechte sei der freien Disposition des *pouvoir costitué* unterstellt. Vielmehr hat das BVerfG in der bereits zitierten Entscheidung zu Art. 10 II 2 GG [941] ausgeführt: „Die Rücksicht auf die Subjektqualität des Menschen verlangt in aller Regel, daß er nicht nur Träger subjektiver Rechte ist, sondern daß er auch zur Verteidigung und Durchsetzung seiner Rechte den Prozeßweg beschreiten und vor Gericht seine Sache vertreten kann". Zwar mag man ausnahmsweise Einschränkungen dieses Grundsatzes zum Schutz überragend wichtiger anderer Verfassungsgüter hinnehmen, wenn zugleich ein anderes adäquates Kontrollinstrument geschaffen wird [942]. Jedoch erübrigt sich eine dahingehende Diskussion in Bezug auf das Asylrecht, da im Rahmen des neugeschaffenen Art. 16 a GG ein solches adäquates Kontrollinstrument, das die vom BVerfG aufgestellten Bedingungen erfüllt, nicht geschaffen wurde [943].

---

937 BVerfGE 30, 1 (24 ff. Mehrheitsmeinung und das hiervon abweichende Minderheitenvotum)

938 Stellv. für alle Maunz-Dürig-Schmidt-Aßmann, Art. 19 IV GG, Rdnr. 30; ein entsprechender Vorstoß wurde während der Entstehungsphase ausdrücklich abgelehnt (vgl. Beratungen des Parlamentarischen Rats, 9. Sitzung v. 6.5.1994, Sten. Ber. S. 184); zu den historischen Hintergründen s. auch BK-Schenke, Art. 19 IV GG, Rdnr. 72

939 Vgl. die Äußerungen des Sachverständigen Lotz bei der Anhörung der Verfassungskommission zum Art. 16 a GG, Expertenanhörung I, S. 157

940 Zimmermann, Diss., S. 295

941 BVerfGE 30, 1 (27)

942 BVerfG a.a.O.

943 Man könnte such nicht annehmen, bei dem in § 18 IV Nr. 2 AsylVfG 1993 vorgesehenen

Nach alledem bleibt deshalb fraglich, ob gerichtlicher Rechtsschutz nicht doch unter gewissen Umständen bei der Abschiebung in den sicheren Drittstaat zu gewähren ist. Ausgangspunkt muß dabei die Überlegung sein, daß im Schutzbereich des Art. 16 a GG die Einräumung vorläufigen gerichtlichen Rechtsschutzes insbesondere bei Zweifeln über die tatsächliche Sicherheit des Drittstaates lebensrettend sein kann.

aa) Bedeutung des vorläufigen Rechtsschutzes für das Asylrecht

Besonders unter dem Aspekt des Bleiberechts ist die Frage des vorläufigen Rechtsschutzes von Bedeutung. Denn der Verlust des Bleiberechts stellt die Beschränkung des Rechts auf Asyl dar, welches der Betroffene möglicherweise innehat und von dem zumindest noch nicht rechtskräftig festgestellt wurde, daß es nicht in Anspruch genommen werden kann. Auch das BVerfG hat deutlich gemacht, daß es dem im Eilverfahren zu gewährenden Rechtsschutz besondere Bedeutung beimißt, nicht zuletzt deshalb, weil ein Asylsuchender in aller Regel auf schwer überwindliche oder unzumutbare Schwierigkeiten stoßen wird, sein Rechtsschutzbegehren von seinem Heimatstaat aus vor deutschen Gerichten zu verfolgen [944]. In der Beschränkung des Grundrechts aus Art. 16 a I GG ist demnach eine Abwägung zu Ungunsten des möglicherweise doch politisch Verfolgten enthalten, unter der Prämisse der Abwägungsresistenz des Asylgrundrechts ein problematisches Ergebnis. Der Aspekt der bleiberechtlichen Relevanz gibt daher Anlaß, die Anforderungen an den Rechtsschutz und das Verfahren zu untersuchen, die sich aus Art. 16 a I GG selbst ergeben, insbesondere wenn es sich um einen offensichtlich unbegründeten Asylantrag handelt.

bb) Art. 16 a I GG unter verfahrensrechtlicher Bedeutung

(1) Ansatzpunkt für die Entwicklung der Rechtsprechung: Verhältnis des materiellen Asylgrundrechts zum Asylverfahrensrecht

Den starken Einfluß, den das Verfassungsrecht auf das gerichtliche und Verwaltungsverfahren sowie seine Regelung ausübt, hat insbesondere *Carl Her-*

Anordnungsrecht des Bundesministerium des Inneren handle es sich um eine adäquate Überprüfungsinstanz, da hier gerade keine Überprüfung der Entscheidung vorgenommen wird

944 BVerfGE 67, 43

mann Ule bereits sehr früh hervorgehoben [945]. Dabei hat er zunächst bestimmte, sich aus dem Grundgesetz ergebende Grundsätze als den Gesetzgeber verpflichtend angesehen, das Verwaltungsverfahren unter ihrer Berücksichtigung zu regeln [946]. Insbesondere hat er das Rechtsstaatsprinzip als von vorrangiger Bedeutung charakterisiert [947]. Zurückhaltung geübt hat *Ule* aber gegenüber Bestrebungen, Grundsätze für das Verwaltungsverfahren aus den Grundrechten herzuleiten [948]. Zur Tendenz im Schrifttum, auch aus den materiellen Grundrechtsverbürgungen selbst Verfahrensrechte abzuleiten, gab wohl *Häberle* den ersten Anstoß, der auf der Regensburger Staatsrechtslehrertagung 1971 die Forderung erhob, einen *status activus processualis* zu entwickeln [949], den er definierte als den "Inbegriff aller Normen und Formen, welche die Verfahrensbeteiligung der in ihren Grundrechten rechtlich oder tatsächlich Betroffenen regeln" [950]. Das Schrifttum hat sich diesem Verständnis vielfach angeschlossen [951]. Dem liegt folgender Gedankengang zugrunde: Die Grundrechte bedürfen - sollen sie ihre Funktion in der sozialen Wirklichkeit erfüllen - geeigneter Organisationsformen und Verfahrensregelungen sowie einer grundrechtskonformen Anwendung des Verfahrensrechts, soweit dies für einen wirksamen Grundrechtsschutz von Bedeutung ist [952]. Das BVerfG entwickelte diese verfahrensrechtliche Relevanz zunächst für das gerichtliche Verfahren, später übertrug es seine Überlegungen auf das Verwaltungsverfahren [953]. Am Anfang dieser Judikatur steht das Urteil zum hamburgischen Deichordnungsgesetz [954], ihm folgten zahlreiche Beschlüsse, deren Höhepunkt im Mühlheim-Kärlich-Beschluß [955] gesehen werden kann. Die wesentliche Bedeutung des Mühlheim-Kärlich- Beschlusses, der als "Markstein" [956] bezeichnet wurde, besteht darin, daß er die

---

945 Ule/Becker, Verwaltungsverfahren im Rechtsstaat, S. 4

946 Ule, DVBl 1957, 597 ff. (601); Ule/Laubinger, Verwaltungsverfahrensrecht, S. 3; Ule/Becker, a.a.O., S. 4

947 Ule/Laubinger, a.a.O., S. 3; Ule, DVBl 1957, 597 ff. a.a.O.

948 Ule DVBl 1959, 537 (541 f.); Ule/Laubinger, a.a.O., S. 4

949 Häberle, VVDStrL 30 (1972), 43 ff., 86 ff. 121 ff., 135 ff., 189 f.

950 Häberle, a.a.O., Leits. 28 auf S. 137

951 Hesse, EuGRZ 1978, 427 (434 ff.); Redeker, NJW 1980, 1593; Ossenbühl, DÖV 1981, 1 (5 ff.)

952 So das BVerfG in seinem Beschluß vom 25. 2. 1981, DVBl 1981, 623 (624)

953 Soweit ersichtlich erstmals in dem Beschluß vom 13.11.1979, E 52, 380

954 BVerfGE 24, 367

955 BVerfGE 53, 31

956 Redeker, NJW 1980, 1593 (1594)

vom BVerfG zunächst zum gerichtlichen Verfahren entwickelte Rechtsprechung auf breiter Front auf das Verwaltungsverfahren übertragen und die Bedeutung des Verwaltungsverfahrensrechts für den Grundrechtsschutz mit Nachdruck hervorgehoben hat.

In seinem Beschluß vom 14.11.1979 [957] wandte der Erste Senat seine Konzeption erstmals auf das Asylrecht an. Art. 16 II 2 GG a. F. sichere nicht nur materiell das Asylrecht des politisch Verfolgten, sondern der Bestimmung komme auch verfahrensrechtliche Bedeutung zu, wobei das BVerfG die Bedeutung des gerichtlichen Verfahrens für die Verwirklichung des Asylrechts so hervorhob, wie im nächsten Abschnitt zu zeigen sein wird.

(2) Der Rechtsschutz im Lichte der Judikatur zum Asylrecht

Das BVerfG hat seit dem oben angesprochenen Urteil zum hamburgischen Deichordnungsgesetz [958] in einer Reihe von Beschlüssen [959] aus den Grundrechten der Art. 14, 12. 2 II 1 GG eine effektive Rechtsschutzgarantie abgeleitet, bis es seine Konzeption schließlich auch auf das Asylrecht übertrug [960]. Diese Judikatur läßt sich in folgenden Leitsätzen zusammenfassen:
Ein wesentliches Element eines jeden Grundrechts ist ein den Bestand des geschützten Rechtsguts sichernder effektiver Rechtsschutz. Unmittelbar aus den Grundrechten ergibt sich ein verfassungsrechtlich gesicherter Rechtsschutzanspruch [961]. Er schließt den Anspruch auf eine faire Verfahrensführung ein [962]. Die Gerichte dürfen Regelungslücken nicht in einer Weise schließen, daß die effektive Rechtsdurchsetzung darunter leidet [963]. Ermessensbefugnisse sind im

---

[957] BVerfGE 52, 391

[958] Beschluß vom 14.11.1979, E 52, 391 ff.

[959] BVerfGE 24, 367 (401); 35, 348 (361 f.); 37, 132 (141, 148); 45, 297 (322, 333); 46, 325 (334); 49, 220 (225, 242 f.); 50, 16 (30); 51, 150 (156); 52, 380 (389 f.)

[960] Diese Formel findet sich in BVerfGE 46, 325 (334); 49, 220 (225); 51, 150 (156); 52, 131 (145); 52, 38 (389). Den Anspruch auf faire Verfahrensführung hatte das BVerfG zuvor, vor allem im Zusammenhang mit dem Strafverfahrensrecht, dem Rechtsstaatsprinzip entnommen; dessen rechtssystematisches Verhältnis zur jetzigen Herleitung aus den Einzelgrundrechten bleibt im Dunkeln; vgl. dazu auch Beschluß vom 26.5.1981, NJW 1981, 1719 , 1722

[961] BVerfGE 52, 391 (407 f.)

[962] BVerfGE 46, 325 (334); 49, 220 (225); 51, 150 (156)

[963] BVerfGE 39, 276 (299)

Blick auf die Grundrechte auszulegen und anzuwenden; sie dürfen nicht zu einer Verkürzung des Anspruchs auf effektiven Rechtsschutz führen [964]. Der gerichtlichen Durchsetzung eines materiellen Anspruchs dürfen nicht unangemessen hohe verfahrensrechtliche Hindernisse in den Weg gelegt werden [965]. Für Art. 16 II 2 GG a.F. hat das BVerfG ausgeführt, daß die "verfassungsrechtliche Pflicht" besteht, "in der Verfahrensgestaltung auf einen bestmöglichen Schutz des Grundrechts des Beschwerdeführers aus Art. 16 Abs. 2 Satz 2 hinzuwirken" [966].

Durch die Änderung des Asylgrundrechts hat man an der grundsätzlichen Konzeption eines subjektiven Rechts auf Asyl für politisch Verfolgte festgehalten. Insofern muß an den vom BVerfG entwickelten Grundsätzen zwangsläufig auch im Hinblick auf das Asylrecht in der Fassung des Art. 16 a I GG festgehalten werden.

Die Bedeutung, die der einstweilige Rechtsschutz für das Asylgrundrecht hat, offenbart sich am deutlichsten im Hinblick auf die Anforderungen, die die Rechtsprechung im Fall von offensichtlich unbegründeten Asylanträgen aufgestellt hat. Zu den Ansprüchen, die im Lichte des Art. 16 a I GG an das gerichtliche Eilverfahren bei einem offensichtlich unbegründetem Asylantrag gestellt werden müssen, zählen nach dem BVerfG sowohl im materieller als auch in formeller Hinsicht Besonderheiten [967].

In materieller Hinsicht werden Parallelen zu einem verwaltungsgerichtlichen Hauptsacheverfahren gezogen. Zwar ist Gegenstand des Eilverfahrens die unter Setzung einer Ausreisefrist ausgesprochene Abschiebungsandrohung, beschränkt auf die sofortige Vollziehbarkeit. Sie beruht jedoch auf der Offensichtlichkeitsfeststellung des Bundesamtes, weshalb diese zur Überprüfung ansteht [968]. Das Gericht hat dabei auf den Zeitpunkt seiner Entscheidung abzustellen und darf sich nicht, wie im Eilverfahren normalerweise angezeigt, mit einer bloßen Prognose, d.h. einer summarischen Prüfung zufrieden geben. Vielmehr ist ausgehend von den als asylerheblich vorgetragenen oder zu erkennenden Tatsachen und in Anwendung des materiellen Asylrechts die Frage der Offensicht-

---

964 BVerfGE 49, 220 (226)

965 BVerfGE 53, 115 (128)

966 BVerfGE 52, 391 (407 f.)

967 BVerfGE 65, 76 ff. (96); vgl. dazu Deibel, DÖV 1988, 859 (868)

968 Deibel a.a.O.

lichkeit erschöpfend zu klären [969]. Dabei kann es - wie in einem sonstigen verwaltungsgerichtlichen Hauptsacheverfahren auch - geboten sein, Beweise zu erheben oder Gelegenheit zur persönlichen Anhörung zu gewähren [970].
In formeller Hinsicht bestehen dem Hauptverfahren nachempfundene Begründungsanforderungen, wonach ausreichend dargelegt werden muß, weshalb ein Asylbegehren gerade als offensichtlich unbegründet angesehen wurde [971]. Insoweit ist es dem Verwaltungsgericht verwehrt, sich auf formelhafte Hinweise zu beschränken [972]. Diese Prüfung im Verfahren des vorläufigen Rechtsschutzes stellt sicher, daß lediglich derjenige Asylbewerber das Land verlassen muß, dem das aus Art. 16 a I GG fließende vorläufige Bleiberecht auch im Zeitpunkt der gerichtlichen Entscheidung *tatsächlich* nicht mehr zusteht, und bei dem es eher verantwortet werden kann, ihn das Hauptsacheverfahren auf Anerkennung der Asylberechtigung ohne weitere persönliche Anwesenheit im Inland betreiben zu lassen [973]. Nur im Falle der Richtigkeit des Offensichtlichkeitsurteils des Bundesamtes überwiegt das öffentliche Interesse an der Ausreise schon vor einer bestandskräftigen Asylablehnung [974]. Danach rechtfertigt die Existenz eines Asylgrundrechts die Vorverlegung des Rechtsschutzes in das Eilverfahren [975], weil Rechtsschutzanforderungen aus Art. 16 a I GG selbst dem bleiberechtlichen Aspekt genügen müssen.
Wenn bereits angesichts offensichtlich unbegründeter Asylanträge diese strengen Maßstäbe an das einstweilige Rechtsschutzverfahren anzulegen sind, muß dies erst recht für alle übrigen Fälle gelten, in denen die Unbegründetheit des Antrags nicht offensichtlich, sondern nur möglich ist. Art. 16 a I GG bringt demzufolge für alle Asylanträge Modifizierungen für die Prüfung im gerichtlichen Eilverfahren mit sich.
Was im Hinblick auf den Rechtsschutz im Asylverfahren verfassungsrechtlich geboten ist, ergibt sich neben Art. 16 a I GG aber noch aus der Rechtsschutzgarantie des Art. 19 IV GG. Angesichts der Fragestellung nach einer Modifizierung des Art. 19 IV GG durch den verfassungsändernden Gesetzgeber muß die

---

969 BVerfGE 67, 43 (62)

970 Deibel, DÖV 1988, 859 (868)

971 Deibel a.a.O.; so auch BVerwG, Beschl. v. 1.3.1979 - 1 B 24/79 - Buchholz 402.24 zu § 34 AuslG Nr. 1, wonach sich die Abweisung der Klage geradezu „aufdrängen" muß

972 In diesem Sinne BVerwG Urteil v. 24.11.1982 - 9 C 698/81 - Buchholz 402.24 zu § 34 AuslG Nr. 5; Deibel a.a.O.; Säcker DVBl 1984, 537 (542)

973 Deibel a.a.O.

974 Deibel a.a.O.

975 Deibel a.a.O.

Frage des Einflusses der Rechtsschutzgarantie auf das Asylgrundrecht genauer betrachtet werden.

(3) Die Bedeutung des Prinzips der Rechtsschutzeffektivität aus Art. 19 IV GG für den vorläufigen Rechtsschutz im Asylverfahren

Die Gewährleistung wirksamen gerichtlichen Rechtsschutzes gem. Art. 19 IV GG gegen behauptete Verletzungen von Rechten gegen die öffentliche Gewalt ist dann von besonderer Bedeutung, wenn es um die Abwehr von Grundrechtsverletzungen oder um die Durchsetzung verfassungsrechtlicher Gewährleistungen zugunsten des privaten Einzelnen gegenüber der öffentlichen Gewalt geht [976]. Art. 19 IV GG gewährleistet nach herrschender Auffassung nicht nur irgendeine Form des Rechtsschutzes, sondern einen *effektiven* Rechtsschutz [977]. Gefordert ist damit ein tatsächlich wirksamer Rechtsschutz [978]. Er ist für einen wirklichkeitsbezogenen, realistischen Grundrechtsschutz notwendig [979].
Gegen die Annahme eines Prinzips der Rechtsschutzeffektivität wurde angeführt, dieses stelle eine "pseudonormative Leerformel" dar [980]. Dem ist jedoch entgegenzuhalten, daß der Topos der Wirksamkeit des Rechtsschutzes durch die Prozeßrechtslehre von jeher mit einer Reihe konkreter rechtlicher Inhalte - so z.B. mit dem Erfordernis eines vorläufigen Rechtsschutzes - versehen wurde [981]. Zudem wird das Prinzip der Rechtsschutzeffektivität durch verschiedene, sachlich in engem Zusammenhang mit Art. 19 IV GG stehende Vorschriften einer weiteren Konkretisierung zugeführt [982]. Nicht zuletzt erfährt das Prinzip der Effektivität des Rechtsschutzes durch das materielle subjektive Recht , um dessen Durchsetzung und Sicherung es geht, eine bedeutsame Prägung [983], so daß es bei seiner Anwendung erst Form und Farbe durch den Bezug auf das jeweils verletzte subjektive Recht gewinnt [984].

Das Prinzip der Rechtsschutzeffektivität garantiert zwar einen tatsächlich wirk-

---

976 Stellvertretend für alle BK Schenke, Art. 19 IV GG, Rdnr. 383

977 Schenke a.a.O.

978 Schenke a.a.O.

979 Schenke a.a.O.

980 Arndt S. 135

981 BK Schenke, Art. 19 IV GG, Rdnr. 385

982 Schenke a.a.O.

983 Schenke a.a.O.

samen Rechtsschutz, mißverstanden und überdehnt wird es jedoch, wenn man es im Sinne einer Optimierung des Rechtsschutzes deutet [985]. Die Rechtsschutzeffektivität kann nicht als Zauberformel verwandt werden, die mit beliebigen Maximalforderungen in puncto Rechtsschutz ausfüllbar ist [986]. Es schließt jedenfalls eine Reihe von Forderungen in sich. Dazu wird auch oft das Postulat eines vorläufigen Rechtsschutzes gehören [987]. Allerdings gewährleistet die Rechtsweggarantie des Art. 19 IV GG keinen - von der jeweiligen Verfahrensordnung nicht vorgesehenen - Instanzenzug im Sinne einer stets erforderlichen Mehrstufigkeit aller gerichtlichen Verfahren [988]. Allerdings hat das BVerfG in einer früheren Entscheidung angesichts der Erkenntnis eines Postulats des effektiven Rechtsschutzes einfachgesetzliche Prozeßordnungen, die im Bereich des vorläufigen Rechtsschutzverfahrens Lücken aufwiesen, durch unmittelbaren Rückgriff auf Art. 19 IV GG ergänzt [989]. Diese Forderung hat das BVerfG jedoch später relativiert und ausgeführt:

> „Sofern die normative Ausgestaltung einer gerichtlichen Verfahrensordnung die umfassende Nachprüfung des Verfahrensgegenstandes in tatsächlicher und rechtlicher Hinsicht und eine dem Rechtsschutzbegehren angemessene Entscheidungsart und Entscheidungswirkung gewährleistet, ist damit dem aus Art. 19 IV 1 GG wie aus etwaigen materiellen Grundrechtsverbürgungen folgenden Schutzanspruch grundsätzlich genügt“[990].

Angesichts dieser Aussage sind die Anforderungen an einen einstweiligen Rechtsschutz im Verhältnis zwischen dem das Rechtsschutzbegehren ausfüllenden Asylgrundrecht und den Anforderungen aus Art. 19 IV GG zu suchen.

(4) Verhältnis zwischen dem Asylgrundrecht und Art. 19 IV GG in der Rechtsprechung des BVerfG vor 1993

Sowohl aus Art. 16 a I GG als auch aus Art. 19 IV GG ist das Gebot eines effektiven Rechtsschutzes abzuleiten. Wenn das Rechtsschutzbegehren Maßstab

---

984 BK Schenke, Art. 19 IV GG, Rdnr. 387

985 Schenke a.a.O.

986 Schenke a.a.O.

987 BK Schenke, Art. 19 IV GG, Rdnr. 412

988 Säcker, DVBl 1984, 537 (541); zur Bedeutung des Art. 19 IV GG für das gerichtliche Eilverfahren ferner Schenke, JZ 1988, 317 (324)

989 BVerfGE 33, 42

990 BVerfGE 60, 253 (Leitsatz)

für den Umfang der Gewährleistung des Rechtsschutzes sein soll, ist entscheidend , wie beträchtlich der Einfluß des Asylgrundrechts auf Art. 19 IV GG sein darf.

Gerichtsverfahren stehen in besonderer Weise im Dienste der Rechtssicherheit [991]. Die Rechtssicherheit ist ein wesentliches Element der Rechtsstaatlichkeit und damit eines Konstitutionsprinzips des Grundgesetzes [992]. Der Rechtsweg, den Art. 19 IV GG für behauptete Rechtsverletzungen durch die öffentliche Gewalt gewährleistet, bedarf der normativen Ausgestaltung [993]. Dazu schreibt das BVerfG:

> "Hierfür lassen sich nach den Arten von Entscheidungsgegenständen unterschiedliche Formen und Strukturierungen von Rechtswegen, insbesondere von Verfahrensarten, Verfahrensgrundsätzen, Entscheidungsarten und Entscheidungswirkungen treffen. Dem Gesetzgeber kommt dabei eine weite Gestaltungsfreiheit zu, insbesondere der Vorrang, zwischen Erfordernissen der Rechtssicherheit und möglichen Einbußen an Chancen, materiale Gerechtigkeit im Einzelfall herzustellen, abzuwägen... Zwischen diesem Gebot und dem Anliegen der Rechtssicherheit besteht zwar ein - im Einzelfall nicht immer auflösbares - Spannungsverhältnis, nicht aber ein generell unüberbrückbarer Gegensatz: Rechtssicherheit über gehörige Verfahren herbeizuführen ist selbst eine Forderung materialer Gerechtigkeit." [994].

Die Rechtssicherheit bringt eine "Klarheit, Berechenbarkeit und Durchschaubarkeit der Instrumente des gerichtlichen Rechtsschutzes" mit sich, "wie sie über die Typisierung in allgemeinen Prozeßordnungen in einem langen geschichtlichen Verlauf erzielt wurde" [995].
Gegenüber diesem Zusammenspiel der Verfahrenszwecke „wirkungsvoller Rechtsschutz des betroffenen Grundrechtsträgers“ und „Einheitlichkeit der Instrumente gerichtlichen Rechtsschutzes“, kann aus dem Einzelgrundrecht und hier konkret aus Art. 16 a I GG das Postulat erfolgen, besondere, von den allgemeinen Verfahrensordnungen des gerichtlichen Verfahrens abweichende Rege-

---

991 BVerfGE 60, 253 (268)

992 Vgl. BVerfGE 2, 380 (403 ff.); 7, 89 (92 f.); 13, 261 (271); 22, 322 (329); 27, 297 (305 ff.); 35, 41 (47); 45, 142 (167); 47, 146 (161, 165)

993 BVerGE 60, 253 (268)

994 BVerfGE 60, 253 , a.a.O.

995 BVerfGE 60, 253

lungen für die gerichtliche Durchsetzung des Grundrechts herzuleiten, wie das BVerfG dies für das gerichtliche Eilverfahren gefordert hat [996]. Es geht also stets um die Frage, ob die Besonderheiten des Verfahrens wegen der Anerkennung als Asylberechtigter so gewichtig sind, "daß das BVerfG zur Wahrung des Schutzzwecks des Art. 19 IV GG den Wertungen des Gesetzgebers entgegentreten muß, weil sich in diesem Bereich nicht nur eine Zurücksetzung des Anliegens der Rechtssicherheit, sondern auch - entgegen dem Willen des Gesetzgebers zur Einheitlichkeit - eine Sonderregelung von Verfassungs wegen geböte..." [997]. Folglich besteht ein Spannungsverhältnis stets dann, wenn das Grundrecht das Maß dessen, was wirkungsvoller Rechtsschutz ist, so beeinflußt, daß zur Erfüllung der Gewährleistung der Rechtsschutzgarantie die Rechtssicherheit zwangsläufig durch Art. 19 IV GG zurückgedrängt werden muß.
Entscheidend für die Frage, was bislang als Rechtsschutz für das Asylrecht verfassungsrechtlich gefordert war, ist demnach die Frage, wie sich dieses Spannungsverhältnis auflöst.

(5) Art. 19 IV GG als wahres Problem des Rechtsschutzes im Asylverfahren

Zur Auflösung des Spannungsverhältnisses zwischen dem Asylgrundrecht und der Rechtsschutzgarantie hat sich das BVerfG in E 60, 253 ff. ausführlich mit der Funktion des Art. 19 IV GG für den Rechtsschutz des Asylberechtigten auseinandergesetzt und deutlich gemacht, daß das verwaltungsgerichtliche Verfahren dem Rechtsschutz des Asylberechtigten diene und daher die "Ausgestaltung, Auslegung und Handhabung des gerichtlichen Verfahrensrechts im Lichte des Art. 16 II 2 GG... zu erfolgen hat" [998].
Jedoch ist Zurückhaltung geboten, aus einzelnen materiellen Grundrechten besondere, von den allgemeinen Verfahrensordnungen abweichende Regelungen für die Durchsetzung dieser Grundrechte herzuleiten [999]. Dies ergibt sich aus Art. 19 IV GG, denn :
"diese Vorschrift stellt, im Zusammenwirken mit den Gewährleistungen der Unabhängigkeit der Gerichte (Art. 20 II, III; 92, 97 GG), des gesetzlichen Richters (Art. 101 I GG) und des rechtlichen Gehörs vor Gericht (Art. 103 I GG) sowie weiteren, aus dem Rechtsstaatsprinzip folgenden Anforderungen an das gericht-

---

[996] BVerfGE 60, 253 (269)
[997] BVerfGE 60, 253 (297)
[998] BVerfGE 60, 253 (295 f.)

liche Verfahren die zentrale Verbürgung gerichtlichen Rechtsschutzes auch der Grundrechte im gerichtlichen Verfahren... dar. Gewiß bestimmt sich das Maß dessen, was wirkungsvoller Rechtsschutz ist, entscheidend auch nach dem sachlichen Gehalt des als verletzt behaupteten Rechts; denn es ist dieses Recht, dessen Schutz durch Art. 19 IV GG wirkungsvoll gewährleistet werden soll und mithin im Rahmen auch des Art. 19 IV GG Beachtung erfordert. Auch wird die prozessuale Stellung eines Verfahrensbeteiligten, wie etwa die des Angeklagten im Strafverfahren, durch materielle Grundrechte beeinflußt; sie erfordert schon um deswillen eine Auslegung und Anwendung von Verfahrensrecht, die im Einklang mit den Grundrechten steht. Gleichwohl gebieten alle diese Momente nicht, die allgemeinen gerichtlichen Verfahrensordnungen nach Maßgabe der jeweils in Rede stehenden subjektiven Rechte (einschließlich der Grundrechte) in ein aktionenrechtliches Verfahrensgeflecht aufzulösen... Ganz abgesehen von den Unzuträglichkeiten, zu denen ein grundrechtsspezifisches Sonderverfahrensrecht in all jenen Verfahrenslagen führen müßte, in denen die Grundrechte verschiedener Grundrechtsträger entscheidungserheblich miteinander konkurrieren, würde damit die Klarheit, Berechenbarkeit und Durchschaubarkeit der Instrumente gerichtlichen Rechtsschutz-es... erheblich gemindert; dies würde letztlich dem Grundrechtsschutz eher zuwiderlaufen. Es dient gerade auch der Effektuierung der materialen Grundrechte und ihres Schutzes, wenn die Rechtsordnung einheitliche allgemeine Grundtypen des gerichtlichen Verfahrens mit zureichenden Prüfungsbefugnissen, Entscheidungsarten und Entscheidungswirkungen zur Verfügung stellt, um gerichtlichen Rechtsschutz zu ermöglichen" [1000].

Es "gilt auch hier, daß aus materiellen Grundrechten konkrete normative Folgerungen für die Ausgestaltung des gerichtlichen Verfahrens über die Gewährleistung des Art. 19 IV GG und die Verfahrensgrundrechte hinaus nur unter besonderen Umständen und nur dann gezogen werden könnten, wenn sich unzweideutig ergäbe, daß rechtsstaatlich unverzichtbare Erfordernisse hinreichenden Rechtsschutz nicht mehr gewahrt wären" [1001].

Die verfassungsrechtliche Problematik des Rechtsschutzes im Asylverfahren orientiert sich damit grundsätzlich an Art. 19 IV GG. Nur in Sonderfällen vermag das Asylgrundrecht das unter dem Prinzip der Rechtssicherheit stehende allgemeine Verfahrenssystem spürbar zu beeinflussen. Vielmehr ist auch für das

---

999 BVerfGE 60, 253 (296)
1000 BVerfGE 60, 253 (296 f.)

Asylrecht mit seiner Bleiberechtsproblematik grundsätzlich nur ausschlaggebend, daß die umfassende Nachprüfung des Verfahrensgegenstandes in tatsächlicher und rechtlicher Hinsicht und eine dem Rechtsschutzbegehren angemessene Entscheidungsart und Entscheidungswirkung gewährleistet ist, wie es Art. 19 IV GG fordert. Um dem Wesensgehalt des Asylrechts, der Garantie eines vorläufigen Bleiberechts, Genüge zu tun, ist vorläufiger Rechtsschutz jedenfalls dann unabdingbar, wenn zumindest die Möglichkeit besteht, daß der Flüchtling ansonsten politischer Verfolgung preisgegeben wird. Denn bei Vollziehung einer Abschiebung in ein potentielles Verfolgerland und Ausschluß eines Widerspruchsverfahrens kann nur ein Beschluß nach § 80 V VwGO die angemessene Entscheidungsart und -wirkung mit sich bringen. Diese Forderung folgt im Bereich des Asylrechts aus Art. 19 IV GG.
Wenn jedoch Art. 19 IV GG durch Art. 16 a II 3 GG modifiziert wird, kann dieses Postulat durch die Verfassungsänderung im Bereich sicherer Drittstaaten in verfassungswidriger Weise beseitigt sein.

cc) Verfassungsmäßigkeit der Modifizierung des Art. 19 IV GG nach der Änderung des Asylgrundrechts

Art. 16 a II 3 GG eröffnet die Möglichkeit des Vollzugs aufenthaltsbeendender Maßnahmen ungeachtet eines hiergegen eingelegten Rechtsbehelfs, so daß eine inhaltliche Änderung des Art. 19 IV GG stattgefunden haben könnte, ohne daß insoweit der Text der Verfassung geändert wurde. Da die Gewährung effektiven Rechtsschutzes im Bereich des Asylrechts und damit Art. 19 IV GG eine Garantie des einstweiligen Rechtsschutzes mitumfaßt, lautet die entscheidende Frage daher zunächst, ob eine solche Modifizierung ohne textliche Änderung überhaupt zulässig ist.

(1) Erfordernis einer textlichen Änderung des Art. 19 IV GG

Für das Erfordernis einer textlichen Änderung spricht einerseits, daß bereits im Rahmen der Einfügung des Art. 10 II 2 GG im Jahre 1968 zugleich auch Art. 19 IV GG um einen weiteren Satz ergänzt wurde, wonach Art. 10 II 2 GG unberührt bleibt.
Demgegenüber ergibt sich aus dem Wortlaut des Art. 79 I 1 GG aber keines-

1001 BVerfGE 60, 253 (298)

wegs, daß alle Grundgesetznormen, welche durch eine Verfassungsänderung tangiert werden, in der geänderten Norm ausdrücklich erwähnt werden müssen. Hält man sich vor Augen, daß durch die Fassung des Art. 79 I 1 GG die noch unter der Geltung der Weimarer Reichsverfassung übliche *Verfassungsdurchbrechung* [1002] unmöglich gemacht werden sollte, ist verständlich, daß die Entstehungsgeschichte des Art. 79 I 1 GG dafür bürgt, daß der Wortlaut des Grundgesetzes nicht implizit, sondern nur *expressis verbis* geändert werden kann [1003]. Dies dürfte in vollem Umfang der Teleologie der Norm gerecht werden. Denn nur so bleibt der vom BVerfG postulierte Grundsatz der Urkundlichkeit und Einsichtbarkeit jeder Verfassungsänderung gewahrt [1004]. Ausgehend davon läßt sich aber häufig von vornherein nicht übersehen, welche einzelnen Bestimmungen der Verfassung - wenn auch nur mittelbar - durch eine Veränderung berührt werden. Schon aus pragmatischen Gründen dürfte daher ein Hinweis an jeder einzelnen Stelle der Verfassung, die im Sinne einer materiellen Veränderung tangiert wird, unmöglich erscheinen [1005]. Zuletzt kann auch darauf verwiesen werden, daß das BVerfG in seiner Entscheidung zur Regelung der Eigentumsfrage nach der deutschen Wiedervereinigung Art. 143 III GG für verfassungsrechtlich zulässig gehalten hat und ausführte eine Verfassungsänderung müsse - wenn überhaupt - allenfalls grundsätzlich erkennen lassen, in welcher Hinsicht das Grundgesetz geändert wird [1006]. Es ist deshalb davon auszugehen, daß durch die Neueinführung des Art. 16 a II 3 GG das Erfordernis des Art. 79 I 1 GG in vollem Umfang beachtet worden ist, auch wenn der Ausschluß des vorläufigen Rechtsschutzes bei der Drittstaatenregelung Art. 19 IV GG modifiziert haben sollte. Wegen der oben festgestellten Unabdingbarkeit des vorläufigen Rechtsschutzes, muß auf diese Modifizierung im folgenden eingegangen werden.

[1002] Der Begriff wurde erstmals definiert von *E. Jacobi* , Die Diktatur des Reichspräsidenten nach Art. 48 der Reichsverfassung, in: VVDStRL 1 (1924), S. 105 ff. (109, 118); zur historischen Entwicklung dieser Rechtsfigur vgl. *A. Roßnagel*, Die Änderungen des Grundgesetzes - Eine Untersuchung der politischen Funktion von Verfassungsänderungen (1981), S. 5 ff.

[1003] Dazu die Nachweise aus der Entstehungsgeschichte in JöR 1, 576

[1004] Vgl. BVerfGE 9, 334 (336)

[1005] So H. Schneider, NJW 1954, 937 (938)

[1006] Das BVerfG führt in E 84, 90 (119) wörtlich aus:

„Ob eine Verfassungsänderung darüber hinaus grundsätzlich erkennen lassen muß, in welcher Hinsicht und in Bezug auf welche konkrete Regelung das Grundgesetz geändert wird und was in Zukunft geändert gelten soll... kann dahingestellt bleiben“

Allerdings wird die Frage, ob die Eingentumsgarantie berührt sein kann, ausdrücklich offen gelassen

(2) Zur Auslegung von Art. 16 a II 3 GG

Weil die Einräumung nicht nur gerichtlichen, sondern auch vorläufigen Rechtsschutzes für das Grundrecht auf Asyl bei Zweifeln unabdingbar ist, können sich unauflösbare Schwierigkeiten ergeben. Solche bestehen beispielsweise, wenn trotz der generellen Qualifizierung eines Staates als sicherer Drittstaat im Einzelfall *definitiv* voraussehbar ist, daß eine Abschiebung in den Heimatstaat durch eben diesen Drittstaat erfolgen wird. Wenn zugleich der Antragsteller schlüssig vorträgt, ihm drohe im Herkunftsstaat politische Verfolgung, würde jedoch diese Garantie leerlaufen. Jedes Gericht wäre streng genommen wegen seiner Bindung an § 34 a II AsylVfG 1993 gezwungen, einen Antrag auf Gewährung einstweiligen Rechtsschutzes abzulehnen, selbst wenn es dadurch sehenden Auges eine Kettenabschiebung provozierte. Damit würde der Asylbewerber einer menschenwürdeverletzenden Situation in Form politischer Verfolgung ausgesetzt, vor der ihn das Grundgesetz aber eigentlich um jeden Preis schützen will. Daß diese Annahme keineswegs ein theoretisches Denkmodell darstellt, hat sich im Hinblick auf Italien und seine Asylpraxis gegenüber albanischen Staatsangehörigen mehrfach herausgestellt. Auch können sich jederzeit die politischen Verhältnisse in anderen Staaten ändern, ohne daß die Bundesregierung von ihrer Verordnungsermächtigung nach § 26 a AsylVfG 1993 Gebrauch macht. Insoweit kann auf einen Parallelfall in der Schweiz verwiesen werden, wo es mehrere Wochen dauerte, bis nach dem Militärputsch in Algerien dieses Land von der Liste der sicheren Herkunftsstaaten gestrichen wurde [1007]. Ein ähnliches Problem könnte sich darüber hinaus auch dann stellen, wenn überhaupt die Frage der „Einreise aus einem sicheren Drittstaat“ streitig ist und gegen den Asylbewerber aufenthaltsbeendende Maßnahmen ergriffen werden sollen, obwohl er in Wirklichkeit gar nicht von dort eingereist ist. Das bedeutet also, daß Art. 16 a II 3 GG wegen Art. 1 GG so interpretiert werden müßte, daß er jedenfalls in gewissen Ausnahmefällen der Gewährung einstweiligen Rechtsschutzes durch die Verwaltungsgerichte nicht entgegensteht [1008]. Eine endgültige Aussage läßt sich jedenfalls abschließend nur treffen, wenn die genaue Auslegung des Art. 16 a II 3 GG ergibt, daß ein vollständiger Ausschluß des vorläufigen Rechtsschutzes, wie er nunmehr durch § 34 a AsylVfG 1993 vorgesehen ist, von der Norm gedeckt ist.

[1007] Der Schweizer Bundesrat hatte mit Beschluß vom 18.3.1991 Algerien zu einem *safe country of origin* erklärt. Am 19.2.1992 wurde der Beschluß betreffend Algerien zurückgenommen; vgl. dazu Zimmermann, Diss. S. 43, FN 5

[1008] So auch Zimmermann, Diss., S. 307

Der Wortlaut des Art. 16 a II 3 GG, wonach „unabhängig von einem hiergegen eingelegten Rechtsbehelf" Maßnahmen aufenthaltsbeendender Natur vollzogen werden können, ist nicht eindeutig. Für einen nicht vollständigen Ausschluß einstweiligen Rechtsschutzes und damit eine weite Auslegung spricht zwar, daß keine Formulierung gewählt wurde, nach der gerade die aufschiebende Wirkung ausgeschlossen sein soll. Andererseits könnte die weite textliche Fassung des Art. 16 a II 3 GG auch für die prinzipielle Ausgeschlossenheit einer Durchsetzung des vorläufigen Bleiberechts bürgen.
Die amtliche Begründung zu Art. 16 a II 3 GG ist wenig hilfreich, da sie zunächst einfach den Wortlaut der Norm wiederholt und dann lediglich feststellt, daß die Betroffenen das Hauptsacheverfahren vom Ausland her weiterbetreiben können, ohne allerdings die Frage einstweiligen Rechtsschutzes von der Bundesrepublik Deutschland aus näher zu erörtern [1009]. Aus dem entsprechenden Plenarprotokoll läßt sich aber herauslesen, daß sich die verschiedenen politischen Richtungen uneinig über die genaue Bedeutung waren [1010]. Dieser Dissens zeigt aber zumindest, wie *Zimmermann* zutreffend ausführt, daß ein vollständiger Ausschluß des einstweiligen Rechtsschutzes von der hierfür notwendigen, besonderen und von Art. 79 III GG geforderten 2/3 Mehrheit des Deutschen Bundestages nicht getragen war [1011]. Es hat sich sogar vereinzelt herausgestellt, daß sich manche der am sogenannten Asylkompromiß Beteiligten der eigentlichen Tragweite des Ausschlusses erst überhaupt nicht bewußt waren [1012].

Würde man in Anknüpfung an das oben Gesagte Art. 16 a II 3 GG als *lex specialis* zu Art. 19 IV GG verstehen, würde dies bedeuten, daß gerade der Anwendungsbereich von Art. 19 IV GG beschränkt werden sollte [1013]. Dies gilt um so mehr, als zugunsten von Art. 16 a II 3 GG nicht nur der *lex specialis* Gedanke

---

1009 BT-Drs. 2/ 4152, S. 4

1010 Sten. Berichte des Deutschen Bundestages, 160. Sitzung v. 26.5.1993, Plenarprotokoll 12 / 160: Äußerung des Fraktionsvorsitzenden Klose, S. 13510 und insbes. Die Auseinandersetzung zwischen dem Bundesminister des Inneren Seiters und dem Abgeordneten Schmude, S. 13521

1011 Zimmermann, Diss., S. 309

1012 So der ehemalige bayrische Innenminister Lang in einem Interview des Zweiten deutschen Fernsehens zur Sendung „heute journal", die am 10.9.1995 um 21.45 h gesendet wurde. Der als Minister am Asylkompromiß einst beteiligte Politiker ist nach seinen Angaben heute als Rechtsanwalt tätig und hat im Rahmen der Interessenvertretung eines Flüchtlings die Bedeutung des geltenden Asylrechts in einem anderen Licht gesehen

1013 dazu Rothkegel, Expertenanhörung I, S. 41

spricht, sondern auch der Umstand zu berücksichtigen ist, daß Art. 16 a II 3 GG als *lex posterior* grundsätzlich Vorrang genießt [1014]. Zu einer weiten Interpretation käme man über eine an der Einheit der Verfassung orientierten Auslegung[1015], bei der die neue Verfassungsnorm im Wege der praktischen Konkordanz [1016] im Lichte dieser Norm dahingehend zu verstehen wäre, daß sie lediglich ermöglichen wollte, eine automatisch eintretende aufschiebende Wirkung möglicher Rechtsbehelfe insoweit auszuschließen [1017].
Zu einer engen Interpretation gelangt man jedoch andererseits, wenn man die Auslegung anhand der Teleologie der Norm vornimmt. Sinn und Zweck der Grundgesetzänderung stellen im wesentlichen das Bedürfnis dar, nur den wirklich Schutzbedürftigen in der Bundesrepublik Deutschland ein Aufenthaltsrecht zu gewähren und die Zahl der unberechtigten Asylanträge in bedeutendem Umfang zu verringern [1018]. Diesem Ziel wird nur die Auslegung gerecht, mit Hilfe der Drittstaatenregelung ohne Möglichkeit der Durchsetzung eines vorläufigen Bleiberechts eine sofortige Rückschiebung in den Drittstaat vollziehen zu können [1019]. Dafür spricht auch die Existenz des § 18 IV AsylVfG 1993, der dem Bundesminister des Inneren eine Gnadenentscheidung ohne inhaltliche Überprüfung gestattet.
Nach alledem bleibt als Ergebnis festzuhalten, daß Art. 16 a II 3 GG einen vollständigen und umfassenden Ausschluß vorläufigen Rechtsschutzes, wie er nunmehr in § 34 a AsylVfG vorgesehen ist, regelt.

(3) Stellungnahme

Der vollständige Ausschluß des einstweiligen Rechtsschutzes begegnet in hohem Maße verfassungsrechtlichen Bedenken [1020]. Durch Art. 16 a II 3 GG wird

---

1014 Zimmermann, Diss., S. 309

1015 Vgl. zu diesem Auslegungstopos etwa BVerfGE 34, 165 (183) m.w.N.

1016 Hierzu Hesse, Grundzüge des Verfassungsrechts in der Bundesrepublik Deutschland, Rdnr. 71 f.

1017 Zimmermann, Diss., S. 309

1018 In diesem Sinne BT-Drs. 12/4152, S. 3; vgl. dazu ferner Bleckmann, Verfassungsrechtliche Probleme..., S. 1 ff.; Henkel, NJW 1993, 2705; Papier, Der Staat 1988, 33

1019 So auch Zimmermann, Diss., S. 310

1020 Zustimmend Funke-Kaiser, GK AsylVfG 1993, § 34 a, Rdnr. 31; ähnlich auch Henkel, NJW 1993, 2705 (2708), der allerdings eine verfassungskonforme Auslegung des Art. 16 a II 3 GG fordert - für § 34 a AsylVfG nimmt er aber Verfassungswidrigkeit an; für Verfassungswidrigkeit auch Zimmermann, Diss., S. 311; a.A. hingegen Classen, DVBl 1993,

Art. 19 IV GG soweit modifiziert, daß ein Ausschluß des gerichtlichen Rechtsschutzes auf verfassungsrechtlicher Ebene verankert ist. Oben wurde bereits dargelegt, in welchen Fällen die unverrückbaren Grenzen gegenüber Zugriffen auf den menschlichen Eigenwert tangiert werden könnten. Wenn trotz der generellen Qualifizierung eines Staates als sicherer Drittstaat im Einzelfall *definitiv* voraussehbar ist, daß eine Abschiebung in den Heimatstaat durch eben diesen Drittstaat erfolgen wird, wird der Flüchtling sehenden Auges auch der Verfolgung durch den Heimatstaat überstellt. Wenn der Antragsteller schlüssig vorträgt, ihm drohe im Herkunftsstaat politische Verfolgung, besteht für ihn keine Möglichkeit einer effektiven Inanspruchnahme der Verbürgung des Art. 16 a I GG. Jedes Gericht wäre streng genommen wegen seiner Bindung an § 34 a II AsylVfG 1993 gezwungen, einen Antrag auf Gewährung einstweiligen Rechtsschutzes abzulehnen, selbst wenn es dadurch die Kettenabschiebung in Gang setzte. Damit würde der Asylbewerber einer menschenwürdeverletzenden Situation in Form politischer Verfolgung ausgesetzt, vor der ihn das Grundgesetz aber eigentlich um jeden Preis schützen will. Auch können sich jederzeit die politischen Verhältnisse in anderen Staaten ändern, ohne daß die Bundesregierung von ihrer Verordnungsermächtigung nach § 26 a AsylVfG 1993 Gebrauch macht. Das Problem der streitigen Frage der „Einreise aus einem sicheren Drittstaat" wurde bereits mehrfach angedeutet. Das bedeutet also, daß Art. 16 a II 3 GG wegen Art. 1 GG so ausgestaltet sein müßte, daß er jedenfalls in gewissen Ausnahmefällen der Gewährung einstweiligen Rechtsschutzes durch die Verwaltungsgerichte nicht entgegensteht [1021]. Da die Norm jedoch den vollständigen Ausschluß des einstweiligen Rechtsschutzes anordnet, ist dem Grundsatz der Menschenwürde aus Art. 1 GG nicht Rechnung getragen.

Die bislang zu Art. 16 II 3 GG und § 34 a AsylVfG ergangene Rechtsprechung zeigt sehr deutlich, daß den Gerichten die Problematik der Verletzung des Grundsatzes aus Art. 1 GG allgemein bekannt ist. Korrekturen bei Zweifeln oder Unsicherheit im Hinblick auf die tatsächliche Sicherheit des Drittstaates erfolgen über die teilweise von den Gerichten vorgenommene verfassungskonforme Auslegung der Drittstaatenregelung. Den einfachen Gerichten obliegt die ihnen sich offensichtlich selbst übertragene Aufgabe der verfassungskonformen Auslegung von Verfassungsrecht. Dies spricht klar für den hier vertretenen Ansatz, da angesichts der Bejahung einer Notwendigkeit verfassungskonformer Auslegung von einer Verfassungsmäßigkeit der streng angewendeten Drittstaatenregelung augenscheinlich nicht ausgegangen wird.

700; Fliegauf, DÖV 1993, 984 (991); Hehl, ZRP 1993, 301 (306)

1021 So auch Zimmermann, Diss., S. 307

Jedoch ist die verfassungskonforme Auslegung ist in höchstem Maße bedenklich. Zwar kann im speziellen Fall des Asylrechts der Methode der verfassungskonformen Auslegung nicht entgegengehalten werden, das verfassungsändernde Gesetz werde so an der Verfassung insgesamt [1022] und nicht wie geboten nur an Art. 79 III GG gemessen [1023]. Denn wegen des Menschenwürdebezugs des Asylrechts ist Art. 1 GG stets tangiert, wenn das vorläufige Bleiberecht des potentiell politisch verfolgten Flüchtlings zur Disposition steht. Und bei Zweifeln über die Sicherheit des Drittstaates oder den tatsächlichen Einreiseweg steht die Alternative zwischen vorläufigem Bleiberecht und potentieller Verfolgung zur Entscheidung an. Der systematische Bruch liegt vielmehr darin, daß Art. 16 a II GG zwangsläufig zunächst einmal als gültiger Bestandteil der Verfassung vorausgesetzt werden muß. Die Gültigkeit muß jedoch gerade zuvor geprüft und nicht durch eine verfassungskonforme Auslegung ersetzt werden [1024]. Eine - nachträgliche - verfassungsändernde Verfassungsnorm ist also zunächst einmal „für sich" - ohne harmonisierende, Wortlaut, Sinn, Zweck und Entstehungsgeschichte Gewalt tuende Einbettung in die Gesamtverfassung - auszulegen und insoweit nach Wortlaut, Sinn und Zweck sowie Entstehungsgeschichte zu interpretieren und erst dann mit Art. 79 III GG zu konfrontieren [1025].

Auch führt die verfassungskonforme Auslegung zu einer Korrektur des Gesetzgebers, die aber nicht nur dem BVerfG, sondern in der Praxis auch einfachen Gerichten obliegt [1026]. Dies wiederum ist bedingt durch den Umstand, daß Entscheidungen zu Art. 16 a II GG bislang nur im vorläufigen Rechtsschutzverfahren ergangen sind. Da es stets um die Erreichung des vorläufigen Bleiberechts geht, wird das BVerfG nur im einstweiligen Rechtsschutzverfahren angerufen, wenn das Gericht die Verfassungsnorm für verfassungswidrig hält [1027]. Die verfassungskonforme Auslegung setzt die Gültigkeit der Norm aber gerade voraus.

1022 So aber das VG Chemnitz (NVwZ-RR 1995, 57), wenn es ausführt: „Die Drittstaatenregelung des Art. 16 a II GG und der §§ 26a, 31 IV und 34 a AsylVfG sind in diesem Fall verfassungskonform dahingehend auszulegen, daß sie dann nicht anwendbar sind, wenn ein Ausländer nicht in den sog. sicheren Drittstaat abgeschoben werden kann . Eine andere Auslegung wäre mit dem in Art. 16 a I GG garantierten Asylgrundrecht nicht vereinbar"

1023 So Häberle zur Abhörentscheidung des BVerfG vom 15.12.1970, JZ 1971, 145 (148)

1024 Häberle a.a.O.

1025 Häberle a.a.O.

1026 So etwa VG Chemnitz, NVwZ-RR 1995, 57

1027 Zur Zulässigkeit der Vorlage im einstweiligen Rechtsschutzverfahren nach Art. 100 GG vgl. BVerfGE 46, 43; 63, 131 (141); ferner VG Köln, Beschl. V. 14.9.1993 - 6 L 1067/93.A

So führt das *OVG Frankfurt/Oder* [1028] in einer aktuellen Entscheidung aus:

> „Allerdings ist das VG durch das vom Gesetzgeber in § 34 a II AsylVfG ausgesprochene Verbot der Aussetzung der Abschiebung nach § 80 oder § 123 VwGO nicht ausnahmslos gehindert, eine Abschiebung auszusetzen; eine Aussetzung kommt vielmehr auch in den Fällen des § 26 a AsylVfG zur Sicherung schutzbedürftiger Grundrechtspositionen und im Zusammenhang mit einer Vorlage gem. Art. 100 GG an das BVerfG in Betracht. Kommt das VG... zu dem Ergebnis, daß diesem im Fall seiner Abschiebung...die Gefahr einer politischen bzw. menschenrechtswidrigen Behandlung droht, kann sich unmittelbar aus dem Grundgesetz ein Abschiebungsverbot ergeben." [1029]

Auffällig ist an dieser Aussage besonders, daß einerseits die Abschiebung von der Verfassung selbst - konkret Art. 16 a II 3 GG - ja gerade angeordnet wird. Dann soll sich wiederum bei Zweifeln ein Abschiebeverbot aus der Verfassung selbst ergeben. Der systematische Bruch ist unübersehbar. Hierin ist genau genommen außerdem ein Verstoß gegen das Gewaltenteilungsprinzip zu sehen, denn die Veränderung des normativen Inhalts des Gesetzes ist ausschließlich Sache des Gesetzgebers [1030] und nicht der Gerichtsbarkeit.
Schließlich gelangt man auch bei Anwendung der Grundsätze, die das BVerfG zur Verfassungsmäßigkeit des Ausschlusses gerichtlichen Rechtsschutzes angesichts seiner als Abhörurteil bekannt gewordenen Entscheidung entwickelt hat [1031], zu keinem anderen Ergebnis [1032]. Denn im Hinblick auf den Ausschluß des Rechtsschutzes lassen sich die zu Art. 10 II 2 GG entwickelten Grundsätze nicht wirklich auf das Asylrecht in der geltenden Regelung des Art. 16 II 3 GG übertragen. Bekanntermaßen stellt das Asylgrundrecht in Art. 16 a II GG im Gegensatz zur Regelung des Art. 10 II 2 GG kein funktionales Äquivalent gerichtlichen Rechtsschutzes zur Verfügung. Vielmehr gibt es überhaupt keinen

---

1028 Beschl. v. 7.4.1995 - 4 B 12/94.A, NVwZ-Beil. 1994, 42

1029 So etwa auch BVerfG, NVwZ-Beil. 1993, 11, Beschl. v. 20.9.1993 - 2 BvR 1953/1993 -und- 2 BvR 1954/93; VGH München, NVwZ-Beil. 1994, 4

1030 So auch das Minderheitsvotum, BVerfGE 30, 1 unter 1 c. ; Häberle a.a.O.

1031 BVerfGE 30, 1; zum genauen Inhalt und der Methodik des BVerfG siehe unten S. 265 ff.

1032 Das BVerfG hatte die Verfassungsmäßigkeit des Art. 10 GG zu prüfen, dem durch das „Siebzehnte Gesetz zur Änderung des Grundgesetzes" (BGBl 1968, I, 708) ein Satz hinzugefügt wurde, durch den der Rechtsweg im Fall des Abhörens unter den genannten Voraussetzungen ausgeschlossen und durch die Nachprüfung eines von der Volksvertretung bestellten Organs ersetzt wurde, vgl. auch unten S. 265 ff.

vorläufigen und damit gleichzeitig effektiven Rechtsschutz mehr für den, der trotz möglicher Verfolgung einen entsprechenden Einreiseweg hinter sich gebracht hat. Daß Art. 16 II 3 GG nur den Ausschluß einstweiligen Rechtsschutzes regelt, ändert daran nichts. Denn der Verwaltungsrechtsstreit kann dann nur noch vom Ausland aus geführt werden. Gerade aber für die streitigen Fälle der Zweifel am Sicherheitsstandard der Drittstaaten kann ein solcher Rechtsschutz kaum mehr als effektiv bezeichnet werden.
Nach alledem muß daher die Regelung des Art. 16 a II 3 GG als Verstoß gegen den Menschenwürdegrundsatz in Art. 1 GG angesehen werden. Da der Kerngehalt des Asylgrundrechts ein vorläufiges Bleiberecht fordert, dieses aber für die Fälle des Art. 16 a II 3 GG ausgeschlossen ist, verstößt die Norm gegen Art. 79 III GG.

d) Widerlegliche Vermutung der Verfolgungsfreiheit gem. Art. 16 III GG

Art. 16 a III GG bewirkt nach herrschender Auffassung und der gerichtlichen Praxis keine materielle Einschränkung der Asylrechtsverbürgung des Art. 16 a I GG. Vielmehr zwingt er den Antragsteller nur dazu, sein individuelles Verfolgungsschicksal substantiiert darzulegen [1033]. Insoweit dürfte sich die neue verfassungsrechtliche Lage materiell nicht grundlegend von der bis dahin geltenden Rechtslage unterscheiden, wo ebenfalls verlangt worden war, daß der asylbegehrende Antragsteller sein Gesuch unter Angabe individueller Einzelheiten näher begründet [1034]. Bereits unter der Geltung des Art. 16 II 2 GG a.F. trug der Antragsteller nach der Rechtsprechung grundsätzlich die Beweislast für sein Begehren [1035]. Allerdings galt dies unter dem Vorbehalt der Berücksichtigung „asyltypischer Beweisschwierigkeiten“ [1036]. Das BVerfG hat ebenso deutlich gemacht, daß es nicht als Verfassungsverstoß gelten könne, in Fällen offensichtlich unbegründeter Asylanträge abweichende Anforderungen an das Verfahren zu stellen[1037], sofern die oben dargelegten Voraussetzungen eingehalten sind. Dies zeigt, daß die Herkunft des Asylbewerbers bereits vor der Grundgesetzänderung für das Verfahren eine Rolle spielte. Auch unter dem bis 1. Juli 1993 geltenden Verfassungsrecht waren somit unterschiedliche Verfahren für Perso-

---

[1033] Renner, Stellungnahme I, S. 350; Zimmermann, Diss., S. 326
[1034] Renner a.a.O.
[1035] BVerfGE 79, 349; 67, 195
[1036] Dazu BVerfGE 54, 356 (360)

nen aus sicheren Herkunftsstaaten im Lichte des Art. 16 II 2 GG a.F. grundsätzlich zulässig. Dies muß erst recht für die jetzige Fassung des Art. 16 III GG gelten.

Die Vermutung der Verfolgungsfreiheit ist eine *widerlegliche*. Die Geltendmachung tatsächlich bestehender politischer Verfolgung wird somit - anders als bei der Drittstaatenregelung - nicht von vornherein unmöglich gemacht [1038]. Nach dem Wortlaut des Art. 16 a III 1 GG wird nicht nur die politische Verfolgung, sondern auch unmenschliche oder erniedrigende oder bestrafende Behandlung zum asylerheblichen Vortrag erhoben. Der Verfassungsgesetzgeber knüpft damit an die indizienbewertende Rechtsprechung des BVerfG an [1039], und diese stammt bekanntlich aus der Zeit der Geltung des Art. 16 II 2 GG a.F.. Dementsprechend muß noch einmal wiederholt werden, daß eine Schutzbereichsbeschränkung des Art. 16 a I GG gerade nicht gewollt ist. Über das Grundrecht hinausgehende Verpflichtungen zur Gewährung von Abschiebeschutz, wie sie sich etwa aus Art. 3 EMRK oder der UN-Folterkonvention ergeben, können von den Verwaltungsgerichten - anders als im Rahmen des Art. 16 a II GG - auch berücksichtigt werden, wenn es die Rechtmäßigkeit der aufenthaltsbeendenden Maßnahme für die Zwecke der Gewährung einstweiligen Rechtsschutzes prüft. Insoweit ist in Art. 16 a III GG kein Verstoß gegen Art. 1 GG ersichtlich.
Fraglich ist jedoch, ob die verfahrensrechtlichen Einschränkungen des Art. 16 a IV GG möglicherweise nicht doch zu einem anderen Ergebnis führen können.

e) Art. 16 a IV GG

aa) Einschränkung des Prüfungsumfangs

Art. 16 a IV GG entfaltet Wirkungen nur im Hinblick auf das einstweilige Rechtsschutzverfahren [1040]. Oben wurde bereits ausführlich dargelegt, daß unter der Geltung des Art. 16 II 2 GG a.F. die verwaltungsgerichtliche Prüfung aufenthaltsbeendender Maßnahmen mehr als eine nur summarische Prüfung verlangte, wie sie sonst im Verwaltungsprozeß vorgenommen wird. Art. 16 a IV 1

1037 So z.B. BVerfGE 67, 43

1038 Renner, Stellungnahme I, S. 352

1039 Dazu oben *Erster Abschnitt,* S. 32 ff.

1040 Dies ergibt sich aus dem Wortlaut und insbesondere der systematischen Stellung des 2. Halb-
satzes, vgl. dazu oben S. 101 ff.

GG bringt daher eine vorher nicht gekannte Einschränkung der Kontrolldichte mit sich.
Eine umfassende Analyse der Frage, wann und unter welchen Voraussetzungen eine Beschränkung der verwaltungsgerichtlichen Kontrolldichte behördlicher Entscheidungen in Betracht kommt, würde den Rahmen vorliegender Arbeit bei weitem sprengen, zumal die allermeisten Arbeiten sich ausschließlich auf Art. 19 IV GG konzentrieren, der im vorliegenden Kontext ja gerade keine Bindungen gegenüber dem verfassungsändernden Gesetzgeber entfaltet. Es bleibt jedenfalls festzustellen, daß der gerichtliche Kontrollmaßstab für die Fälle des § 80 V VwGO auch im Bereich des Asylrechts auf das Maß zurückgefahren wird, wie es im Hinblick auf die meisten Konstellationen üblich ist [1041]. Nach dem, was oben im Hinblick auf den Einfluß des Asylgrundrechts auf das Verfahren und der Bedeutung des Art. 19 IV GG ausgeführt wurde, entspricht dies nicht den für Art. 16 II 2 GG a.F. und Art. 19 IV GG festgestellten Anforderungen. Die Änderung der Verfassung bringt im Hinblick auf das Gebot des effektiven Rechtsschutzes für das Asylrecht eine Einschränkung des insoweit maßgeblichen Art. 19 IV GG mit sich. Art. 16 a IV GG bildet insoweit eine Art. 19 IV GG einschränkende *lex specialis* [1042]. Eine solche Änderung ist, wie gezeigt, auch ohne textliche Umgestaltung des Art. 19 IV GG verfassungsrechtlich möglich.

Die Einschränkungen der Anforderungen an die Überprüfung im gerichtlichen Eilverfahren könnten - wenn nicht über Art. 19 IV GG - jedoch über Art. 20 GG beachtlich sein. Hierzu ist jedoch anzumerken, daß Art. 20 GG lediglich die Antastung wesensbestimmter Merkmale des betroffenen Funktionsbereichs, hier konkret der rechtsprechenden Gewalt, verbietet [1043]. Ein Verstoß gegen Art. 20 GG setzt vielmehr voraus, daß zentrale Gestaltungsbereiche wie hier der Rechtsprechung tangiert werden [1044]. Ein anderes Ergebnis würde zu einer Dekkungsgleichheit der Schutzbereiche von Art. 19 IV GG und Art. 20 GG führen, so daß Art. 19 IV GG über Art. 20 GG für den verfassungsändernden Gesetzgeber schließlich doch zu beachten wäre. Dies ist vom Grundgesetz jedoch nicht so vorgesehen [1045].

1041 Zimmermann, Diss., S. 329

1042 Hailbronner, Stellungnahme I, S. 293; Zimmermann, Diss., S. 329

1043 BVerfGE 9, 268 (280); 30, 1 (27); 68, 1 (87)

1044 Schmidt-Aßmann, Der Rechtsstaat, in: Kirchhof/Isensee, Handbuch des Staatsrechts, Bd. I, § 24, Rdnr. 56

1045 Vgl. BVerfGE 30, 1 (27 ff.)

Vorliegend wird außerdem an dem Prinzip richterlicher Kontrolle des Asylantrags nicht gerüttelt, tangiert wird nur das „Wie“ dieser Kontrolle [1046]. Es darf nicht vergessen werden, daß die bewirkte Einschränkung nur für den vorläufigen Rechtsschutz gilt. Im übrigen enthält die Verfassungsnorm auch nur eine Ermächtigung des einfachen Gesetzgebers, so daß es dessen Kompetenz unterstellt wird, die beschriebene Einschränkung in das Asylverfahrensgesetz einzuarbeiten. Dem einfachen Gesetzgeber wird durchaus Raum gelassen, es beim normalen Überprüfungsstandard zu belassen [1047]. Verfassungsrechtlichen Bedenken begegnet die Rechtsschutzregelung des Art. 16 a IV 1 GG folglich nicht.

bb) Die Anforderung der ernstlichen Zweifel

(1) Die Auslegung des Begriffs der ernstlichen Zweifel

Die Hürde des Vorliegens ernstlicher Zweifel an der Rechtmäßigkeit aufenthaltsbeendender Maßnahmen gab bereits in der Gemeinsamen Verfassungskommission Anlaß zu kritischen Äußerungen. So hatte die hamburgische Justizsenatorin in der Sitzung vom 4. Februar 1993 ausgeführt:

> Ich halte die vorgeschlagene Regelung... für mit der Verfassung nicht vereinbar... . Wir sind damit im Begriff - das ist die Folge - den klassischen Fall einer verfassungswidrigen Verfassungsnorm zu schaffen; denn die vorgeschlagene Bestimmung verstößt gegen Art. 1 GG in Verbindung mit Art. 19 IV GG.... Das ist, meine ich, nicht zulässig, mag in Art. 19 IV GG auch grundsätzlich eine Einschränkung zugelassen sein.“ [1048]

Ungeachtet der verfehlten Bezugnahme auf Art. 19 IV GG, an den der verfassungsändernde Gesetzgeber gerade nicht gebunden ist, kann eine Vereinbarkeit mit Art. 1 GG nicht von vornherein bejaht werden. Immerhin geht es um die Frage der Inanspruchnahme des vorläufigen Bleiberechts und die Regelung bewirkt - anders als Art. 16 a II GG - die direkte Rücküberstellung in den Herkunfts- und damit potentiellen Verfolgerstaat.

1046 Zimmermann, Diss., S. 320

1047 So argumentiert auch das BVerfG in E 30, 1 (21), wo es um die ähnliche Frage der Verfassungsmäßigkeit des Art. 10 II 2 GG ging

1048 Sten. Bericht der 16.Sitzung der Gemeinsamen Verfassungskommission vom 16.2.1993, S. 27

Oben wurde bereits angesprochen, daß die in Art. 16 a IV GG verwendete Formel ernstlicher Zweifel kein Novum der deutschen Rechtsordnung darstellt, sondern in § 80 IV 3 VwGO sowie in § 69 II 2 FGO verwendet wird. Das BVerwG hat insoweit zu § 80 IV 3 VwGO ausgeführt, daß ernstliche Zweifel nur dann vorliegen, wenn der Erfolg des Rechtsbehelfs in der Hauptsache aufgrund einer summarischen Sach- und Rechtsprüfung wahrscheinlicher ist als ein Mißerfolg, nicht aber bereits dann, wenn der Ausgang jenes Verfahrens als offen betrachtet werden muß [1049].
Demgegenüber legt der Bundesfinanzhof andere Voraussetzungen für das Vorliegen ernstlicher Zweifel zugrunde. Danach sollen ernstliche Zweifel bereits dann vorliegen, wenn „gewichtige gegen die Rechtmäßigkeit sprechenden Gründe zutage treten, die Unsicherheit oder Unentschiedenheit in der Beurteilung von Rechtsfragen oder Unklarheiten in der Beurteilung von Tatfragen bewirken“ [1050].
Die Verwaltungsgerichte haben sich in der Rechtsprechung bislang keine der bekannten Definitionen zu eigen gemacht. Vielmehr wurde offen gelassen, wann ernstliche Zweifel i.S. des Art. 16 a IV GG anzunehmen sind [1051]. Es sei „verfassungsrechtlich bedenklich, dem Gericht die Befugnis zur Aussetzung der Abschiebung nur unter der engen Voraussetzung der Annahme ernstlicher Zweifel an der Rechtmäßigkeit der Abschiebungsandrohung einzuräumen“ [1052]. Der Umstand der verfassungsrechtlichen Zweifel darf nach ständiger Rechtsprechung in der gerichtlichen Interessenabwägung als einer (von mehreren) berücksichtigt werden, denn im Verfahren des vorläufigen Rechtsschutzes entfällt in der Regel eine Vorlagepflicht nach Art. 100 GG an das BVerfG [1053].
Hinzu kommt der weiter in die Abwägung der widerstreitenden Interessen einzubeziehende Gesichtspunkt, daß wegen des besonderen Charakters des Asylgrundrechts dem einstweiligen Rechtsschutz die Gefahr schwerer und nicht wiedergutzumachender Nachteile als Folge aufenthaltsbeendender Maßnahmen ein gewichtiger Stellenwert zukommt [1054], weswegen es bisher nach der Rechtsprechung des BVerfG in Fällen der Ablehnung des Asylantrags als offensichtlich

---

1049 BVerwG BayVBl 1982, 442

1050 Ständige Rechtspr. vgl. BFHE 87, 447; 125, 423; 140 396

1051 VG Stuttgart, Beschl. v. 23.8.1993, NVwZ-Beil. 1994, 8

1052 VG Stuttgart a.a.O. (Leitsatz); VG Ansbach NVwZ-Beil 1993, 6; so auch Huber, NVwZ 1993, 736 (742); Hehl, ZRP 1993, 301 (306)

1053 VG Stuttgart a.a.O. m.w.N.

1054 So in konsequenter Anwendung der bisherigen Rechtsprechung (vgl. oben. S. 32 ff.) neuerdings BVerfG NVwZ 1993, 767

unbegründet verfassungsrechtlich geboten war, den Sachverhalt erschöpfend, wenngleich nur mit Verbindlichkeit für das Eilverfahren zu prüfen [1055]. Die neueren Entscheidungen der Gerichte im vorläufigen Rechtsschutzverfahren gehen deshalb davon aus, daß es Art. 19 IV GG und die durch das Asylgrundrecht gewährleisteten Verfahrensgarantien [1056] gebieten, die Abschiebung des betreffenden Antragstellers auszusetzen [1057].

Dieser Ansatz ist erstaunlich, knüpft er doch an der bislang gekannten Rechtsprechung zu Art. 16 II 2 GG a.F. an und übersieht offensichtlich, daß diese Grundsätze durch die in Art. 16 a IV GG vorgenommene Modifizierung nicht mehr in dieser Form anwendbar sind. Vielmehr ist das, was Art. 19 IV GG in Anbetracht der Gewährleistung eines subjektiven Asylgrundrechts gebietet, im Bereich der Abstammung aus einem sicheren Herkunftsstaat, durch den verfassungsändernden Gesetzgeber außer Kraft gesetzt worden. Wegen des Menschenwürdegehalts des Asylrechts und der Rolle des vorläufigen Bleiberechts für die Wahrung des Menschenwürdegrundsatzes erscheint es eher angemessen und folgerichtig, das von den Gerichten beschriebene Gebot aus Art. 1 GG herzuleiten. Die Praxis der Rechtsprechung weist jedoch darauf hin, in welche Richtung der einzige Weg eines verfassungsgemäßen Verständnisses des Art. 16 a IV GG verlaufen könnte, nämlich in die eines restriktiven Verständnisses des Vorliegens ernstlicher Zweifel [1058].

Die Verfassung erhebt jedoch nun einmal die ernstlichen Zweifel zur Hürde des vorläufigen Rechtsschutzes und geht damit über die gewöhnlich erforderliche Abwägung zugunsten des Antragstellers hinaus. Es erscheint daher nicht unproblematisch, sich über diesen Unterschied mittels eines restriktiven Verständnisses hinwegzusetzen. Denkbar ist aber, daß die Gerichte den Weg vor Augen haben, den das BVerfG bei seiner als Abhörurteil bekannt gewordenen Entscheidung gegangen ist [1059].

1055 BVerfG InfAuslR 1993, 105

1056 Vgl. dazu oben

1057 BVerfG NVwZ 1993, 766; BVerfG NVwZ-Beil. 1993, 1; VG Stuttgart, NVwZ-Beil. 1994, 7; VG Stuttgart NVwZ-Beil. 1994, 8

1058 Für einen strengen Maßstab spricht sich beispielsweise auch Zimmermann, Diss., S. 338 aus

1059 BVerfGE 30, 1

(2) Verfassungsmäßigkeit unter Anwendung der in BVerfGE 30, 1 entwikkelten Grundsätze

Das BVerfG hatte die Verfassungsmäßigkeit des Art. 10 GG zu prüfen, dem durch das „Siebzehnte Gesetz zur Änderung des Grundgesetzes“ [1060] ein Satz hinzugefügt wurde, durch den der Rechtsweg im Fall des Abhörens unter den genannten Voraussetzungen ausgeschlossen und durch die Nachprüfung eines von der Volksvertretung bestellten Organs ersetzt wurde. Das Gericht gelangte zu dem Ergebnis, daß Art. 10 II 2 GG im wesentlichen mit dem Grundgesetz vereinbar sei, im Wege einer aus drei gedanklichen Schritten bestehenden Argumentation.

In seinem ersten Schritt überträgt das BVerfG die bei einfachem Gesetzesrecht geübte Praxis der verfassungskonformen Auslegung [1061] auf die verfassungsändernde Norm des Art. 10 II 2 GG im Sinne einer verfassungskonformen Reduktion der Verfassungsnorm [1062]. Als verfassungsrechtliches Argument zur verfassungskonformen Reduktion des überschießenden Wortlauts des Art. 10 II 2 GG dient vor allem das Verhältnismäßigkeitsprinzip [1063]. Dabei hilft der Verhältnismäßigkeitsgrundsatz bei der Beantwortung der Frage, wie die Verfassungsvorschrift nur verstanden werden kann.

In methodisch ähnlicher Weise formuliert das BVerfG dann organisatorische Anforderungen an funktionale Äquivalente des gerichtlichen Rechtsschutzes und skizziert rechtsstaatliche Minimalerfordernisse für die organisatorische Ausgestaltung der Kontrolle von Überwachungsmaßnahmen [1064].

In einem weiteren Schritt legt nun das Gericht die Maßstabsnorm des Art. 79 III GG an, an der das verfassungsändernde Gesetz zu messen ist, aus und stellt dabei die allgemein kritisierte These von der systemimmanenten Modifizierbarkeit der Grundsätze des Art. 79 III GG auf [1065], nach der Art. 79 III GG keine striktere Bedeutung zukomme als der der Norm verwandten Formel des Art. 19 II GG, so daß eine Modifizierung der über Art. 79 III GG geschützten Grundsätze grundsätzlich und im genannten Rahmen möglich sei.

In Anwendung dieser Grundsätze auf das Asylgrundrecht wäre es deshalb denk-

---

[1060] BGBl. 1968, I, 708

[1061] Dazu Simon, EuGRZ 1974, 85

[1062] BVerfGE 30, 1 (21 f.)

[1063] BVerfG a.a.O.

[1064] BVerfGE 30, 1 (23 f.)

bar, das Erfordernis der ernstlichen Zweifel im Sinne der verfassungskonformen Reduktion zu verstehen und so zu einer restriktiven Interpretation zu gelangen. Abgesehen von den gewichtigen Argumenten gegen die dargestellte Judikatur [1066], deren ausführliche Behandlung den Rahmen der Arbeit bei weitem sprengen würde, wäre dies aber bereits deshalb problematisch, da eine verfassungskonforme Reduktion wohl zu einer völligen Aufhebung des Erfordernisses *ernstlicher* Zweifel führen würde. Denn angesichts der vom BVerfG immer wieder hervorgehobenen Bedeutung des einstweiligen Rechtsschutzes, kann nur eine Auslegung in Betracht kommen, die alle Zweifel gleich welcher Intensität genügen läßt, wie es die Rechtsprechung mit den oben dargestellten Argumenten zu Recht annimmt. Es ist stark daran zu zweifeln, ob die verfassungskonforme Reduktion über ein bestimmtes Verständnis der Verfassungsnorm hinaus die Nichtbeachtung explizit vorgeschriebener Tatbestandslemente ermöglichen soll. Hier ist auf die Gefahr einer Verfassungsumgehung hinzuweisen.
Auch im Hinblick auf den Ausschluß des Rechtsschutzes läßt sich das Abhörurteil nicht wirklich auf das Asylrecht übertragen. Denn im Gegensatz zur Regelung des Art. 10 II 2 GG stellt das Asylgrundrecht kein funktionales Äquivalent gerichtlichen Rechtsschutzes zur Verfügung. Vielmehr gibt es überhaupt keinen effektiven Rechtsschutz mehr für den, bei dem der Richter keine ernstlichen Zweifel an der Rechtmäßigkeit der Ablehnung hegt, sondern - bei wörtlicher Auslegung - lediglich gewöhnliche Zweifel hat.
Und schließlich führt die Anwendung der These von der systemimmanenten Modifizierbarkeit der Grundsätze des Art. 79 III GG auch nicht weiter. Denn eine Modifizierung bis auf die Grenzen des Kernbereichs im Sinne des Art. 19 II GG heran, bedeutet beim Asylrecht wegen seines Menschenwürdegehalts die Forderung nach einem vorläufigen Bleiberecht für jeden, der ansonsten der Gefahr politischer Verfolgung ausgesetzt würde [1067]. In diesen Kernbereich greift jedoch die Regelung des Art. 16 a IV GG ein, wenn sie die Abschiebung in das immerhin potentielle Verfolgerland gestattet, soweit nur gewöhnliche Zweifel im Hinblick auf die mögliche Verfolgung und nicht nur solche ernstlicher Natur vorliegen. In diesem Sinne führt das BVerfG in der zitierten Entscheidung aus:

> „Was den in Art. 1 GG genannten Grundsatz der Unantastbarkeit der Menschenwürde anlangt, der nach Art. 79 III GG... nicht berührt werden darf, so hängt alles von der Festlegung ab, unter welchen Umständen die Menschen-

---

[1065] BVerfGE 30, 1 (24 ff.)

[1066] Vgl. dazu vor allem Häberle, JZ 1971, 145; v.Münch-Pappermann, Art. 10, Rdnr. 37

würde verletzt sein kann. Offenbar läßt sich das nicht generell sagen, sondern immer nur in Ansehung des konkreten Falls.... Die Behandlung des Menschen durch die öffentliche Gewalt, die das Gesetz vollzieht, muß also, wenn sie nicht die Menschenwürde berühren soll, Ausdruck der Verachtung des Wertes, der dem Menschen kraft seines Personseins zukommt, also in diesem Sinne eine verächtliche Behandlung sein".

Es ist aber gerade eine verächtliche Behandlung darin zu sehen, die Rückschaffung eines Asylbewerbers in den potentiellen Verfolgerstaat zu vollziehen, obwohl tatsächliche Zweifel an der Rechtmäßigkeit bestehen, die aber nicht *ernstlich*, genug, sondern nur gewöhnlich sind. Die Anwendung der Grundsätze des BVerfG zur Rechtmäßigkeit einer verfassungsändernden Verfassungsnorm führen demnach im Fall des Asylrechts nicht zur Bejahung der Verfassungskonformität.

Es ist daher im Einklang mit der Rechtsprechung davon auszugehen, daß die Regelung des Art. 16 a IV GG verfassungsrechtliche Bedenken aufwirft. Abgesehen davon, daß dies von den Verwaltungsgerichten so explizit dargestellt wird [1068], ergibt es sich bereits aus dem Umstand, daß die Argumentation zur Aussetzung der Abschiebung bei gewöhnlichen Zweifeln auf Art. 19 IV GG basiert, und offensichtlich eine strenge Anwendung des Art. 16 a IV GG aus verfassungsrechtlichen Gründen nicht geboten scheint.

cc) Zulässigkeit der Präklusionsregelung

Dagegen ist die in Art. 16 a IV 1 GG vorgesehene Möglichkeit der Präklusion verspäteten Vorbringens verfassungsrechtlich unbedenklich [1069]. Insoweit kann zunächst auf bereits oben vorgebrachte Argumente verwiesen werden: Wiederum sind Wirkungen nur für das einstweilige Rechtsschutzverfahren intendiert, so daß die Geltendmachung des Vorbringens im Haupsacheverfahren weiterhin möglich bleibt. Vorab hat von anderer Seite eine Richtigkeitskontrolle - mindestens durch die Exekutive - stattgefunden. Folglich ist mit der Präklusion auch kein Verlust des materiellen Rechts verbunden. Oben wurde bereits ausgeführt, daß die Präklusionsregelung der Seite der materiellen Präklusion zugeordnet

---

1067 Vgl. dazu insbesondere oben S. 49 ff. und S. 67 ff.

1068 Z.B. VG Stuttgart, Beschl. v. 23.8.1993, NVwZ-Beil. 1994, 8 (Leitsatz)

werden kann, d.h. einen Ausschluß von Einwendungen für das Verwaltungs- und das Gerichtsverfahren mit sich bringt [1070]. Hier jedoch gilt dieser Ausschluß nur für das einstweilige Rechtsschutzverfahren. Gleichwohl ist die Regelung einer materiellen Präklusion - wäre sie vom einfachen Gesetzgeber vorgenommen worden - nach herrschender Rechtsprechung verfassungsrechtlich [1071] zulässig, wenn im Verwaltungsverfahren keine unzumutbaren oder unverhältnismäßigen Anforderungen an das fristgemäße Vorbringen der Einwendungen im Verwaltungsverfahren gestellt werden [1072]. Dies muß erst recht für den verfassungsändernden Gesetzgeber gelten. Da Anhaltspunkte für derlei unzumutbare Anforderungen im Bereich sicherer Herkunftsstaaten aber nicht ersichtlich sind, ist ein Verstoß gegen Art. 20 GG oder Art. 1 GG nicht ersichtlich.

e) Konsequenz: Das geltende Verfahrensrecht im Lichte der Rechtsprechung zu den Verfahrensanforderungen an ein garantiertes Asylgrundrecht

In diesem Zusammenhang erscheint es sinnvoll, sich abschließend mit dem auseinanderzusetzen, was das BVerfG bislang im Hinblick auf die Funktion des Asylverfahrens angesichts einer subjektiven Asylgarantie entwickelt hat. Denn auch mit der geltenden Fassung des Art. 16 a I GG wurde die Gewährleistung eines subjektiven Asylgrundrechts beibehalten, allerdings in Art. 16 a Abs. II - V GG mit den dargestellten erheblichen Beschränkungen versehen. Zweifel bestehen vor allem deswegen, weil das BVerfG an die Existenz eines subjektiven Asylrechts strenge Anforderungen im Hinblick auf die Umsetzung in ein geeignetes Verfahren gestellt hat, deren Erfüllung in der jetzt geltenden Fassung aber nicht mehr möglich erscheinen.

Die Übertragung der Erkenntnisse des bereits erwähnten Mühlheim-Kärlich-Beschlusses auf das Asylrecht und damit sein Einfluß auf das Asylverfahren erfolgte in dem Beschluß vom 25. 2. 1981 [1073].

[1069] Zur Zulässigkeit der Präklusionsregelung vgl. ausführlich Zimmermann, Diss., S. 330 ff.

[1070] Vgl. oben *Erster Abschnitt*. III, S. 105 ff.

[1071] Umstritten ist, ob Prüfungsmaßstab insoweit Art. 19 IV GG (insoweit Maunz-Dürig-Schmidt-Aßmann, Art. 19 IV GG, Rdnr. 260 f. ; ders., Art. 103 GG, Rdnr. 132) oder aber Art. 103 I GG ist (so das BVerwG NVwZ 1984, 234)

[1072] So BVerfGE 61, 82 (110); BVerwG NVwZ 1984, 234

[1073] BVerfG DVBl 1981, 623 m. Anm. von Poppelbaum = DÖV 1981, 453 = JZ 1981, 339 = MDR 1981, 637 = EuGRZ 1981, 306

Dabei hat das BVerfG u.a. ausgeführt, Grundrechte bedürfen allgemein "geeigneter Organisationsformen und Verfahrensregelungen sowie einer grundrechtskonformen Anwendung des Verfahrensrechts, soweit dies für einen effektiven Grundrechtsschutz von Bedeutung ist.... Dies gilt auch für das Asylrecht, weil anders die materielle Asylverbürgung nicht wirksam in Anspruch genommen werden kann.... Für die Ordnung des Asylverfahrensrechts ist in erster Linie der Gesetzgeber verantwortlich. Er darf jede Regelung treffen, die der Bedeutung des Asylrechts gerecht wird und eine zuverlässige und sachgerechte Prüfung von Asylgesuchen ermöglicht - so ist es grundsätzlich seiner Entscheidung überlassen, welche Verfahrensart er dafür vorsieht und welche Behörden er damit beauftragt. Die gesetzliche Gestaltungsfreiheit findet ihre Grenze in der speziellen Grundrechtsnorm des Art. 16 II 2 GG. Deren Reichweite ist nach der Aufgabe der Asylrechtsgarantie zu bestimmen, die politisch Verfolgten Schutz vor der Zugriffsmöglichkeit des Verfolgerstaates sichern soll. Dieser Gewährleistung genügt eine Verfahrensregelung, die geeignet ist, dem Grundrecht des asylsuchenden Verfolgten zur Geltung zu verhelfen" [1074].

Die Wirksamkeit des Asylrechts hängt entscheidend davon ab, daß der Behauptung des Asylbewerbers, er werde in seiner Heimat politisch verfolgt, nachgegangen wird [1075]. Das Gericht leitet hier also - ähnlich wie im Mühlheim-Kärlich-Beschluß - aus einem materiellen Grundrecht eine Verpflichtung des Gesetzgebers zum Erlaß von geeigneten Vorschriften über das Verwaltungsverfahren ab [1076].

Diesem Ansatz mag man freilich entgegenhalten, daß es problematisch ist, aus unterschiedlichen Grundrechten weitestgehend identische Verfahrensrechte abzuleiten, wo sich doch aus dem Rechtsstaatsprinzip und Art. 19 IV GG dasselbe Ergebnis gewinnen läßt und der Nutzen eines Rückgriffs auf die Grundrechte fraglich ist [1077]. Jedoch läßt sich diese Kritik zumindest im Hinblick auf das Rechtsstaatsprinzip nicht halten, weil es zweifelhaft erscheint, ob es dasselbe zu leisten vermag. Denn aus dem Rechtsstaatsprinzip hat das BVerfG zwar das Postulat entwickelt, daß der Gesetzgeber die wesentlichen Entscheidungen in - vor allem für die Grundrechtsverwirklichung - wichtigen Lebensbereichen selbst zu

---

1074 BVerfGE DVBl 1081, 623 (624)

1075 BVerfGE DVBl 1981, 623 (625)

1076 Ossenbühl, in: FS für Eichenberger, 183 (S. 192)

treffen habe [1078], jedoch enthält die aus den einzelnen Grundrechten entwickelte Verpflichtung des Gesetzgebers Vorgaben, eine angemessene und nicht nur überhaupt eine gesetzliche Regelung zu erlassen. Damit leistet das Rechtsstaatsprinzip vielleicht "im wesentlichen dasselbe" [1079], aber eben nur im wesentlichen und nicht in vollem Umfang. Vielmehr ist auch gerade die Wesentlichkeitsrechtsprechung deshalb kritisiert worden, weil sie kein scharfes Kriterium aufstelle, sondern dem BVerfG das Recht vorbehalte, der Wesentlichkeit mit ihren verschiedenen Auswirkungen durch eine kasuistische Rechtsprechung Konturen zu verleihen [1080]. Wegen des Fehlens von Kriterien, nach denen sich die Wesentlichkeit bemesse, sei es gerade hier schwierig, eine Abgrenzung des legislativischen vom exekutivischen Regelungsbereich vorzunehmen [1081]. Durch die dargestellte Rechtsprechung der Relevanz von Grundrechten im Hinblick auf die Gestaltung von Verwaltungsverfahren könnte diese 'konturlose Wesentlichkeit' Konturen annehmen und so die Abgrenzungslinie zwischen exekutivischem und legislativischem Regelungsbereich schärfer und klarer werden lassen. Es ist m.E. nach nicht verständlich, warum die Herleitung aus Grundrechten überflüssig sein soll [1082], wenn ihr die Aufgabe zukommt, die Forderungen an die Umsetzung von Grundrechten klarer und inhaltlich präziser zu formulieren. Es geht hierbei schließlich um die Frage der potentiellen Inanspruchnahme von Grundrechten, die durch Verfahrensvorschriften entscheidend mitbeeinflußt wird.

Wenn aus dem Asylgrundrecht selbst eine Pflicht des Gesetzgebers fließt, geeignete Organisationsformen und Verfahrensregelungen zu erlassen, findet sein grundsätzlich weiter Beurteilungsspielraum hier eine verfassungsrechtliche Grenze. Was für den Gesetzgeber gilt, muß jedoch auch der Verfassungsgeber im Hinblick auf Art. 16 a I GG beachten. Denn mit der Beibehaltung des subjektiven Asylgrundrechts darf der Verfassungsgesetzgeber nicht durch entsprechende beschränkende Regelungen auf Verfassungsebene aufheben, was er sich mit der Beibehaltung des Charakters eines subjektiven Grundrechts gleichsam auferlegt hat.
Somit muß das Asylverfahrensrecht zunächst einmal grundrechtseffektivierend

---

1077 Laubinger, Verwaltungsarchiv 1982, 60 (82 ff.)

1078 BVerfGE 45, 400 (417 f.)

1079 Laubinger, a.a.O., 60 (83)

1080 Maurer § 6 Rdnr. 11

1081 Umbach S. 122

sein. Das bedeutet, daß die Ausgestaltung des Asylverfahrens nicht nur den allgemeinen Anforderungen des Rechtsstaatsprinzips entsprechen, sondern auch die verfassungskonforme Verwirklichung des Grundrechts auf Asyl sicherstellen muß [1083]. Daraus folgt, daß das Asylverfahrensrecht keine Regelungen treffen darf, die die sachliche und rechtliche Prüfung und Entscheidung in der Art verkürzen, daß damit der Bestand des Asylrechts ernsthaft gefährdet wird [1084]. Insbesondere *Rottmann* [1085] hat immer wieder betont, daß es beim Asylrecht stets um die "harte Alternative von Schutz vor politischer Verfolgung und Schutzlosigkeit" geht. Die Gefahr einer Verletzung des Bestands des Asylrechts besteht deshalb immer dann, wenn die verfassungsrechtliche Pflicht, "in der Verfahrensgestaltung auf einen bestmöglichen Schutz des Grundrechts hinzuwirken" [1086], nicht oder nur unzureichend erfüllt wird.
Diese Alternativlosigkeit bedingt einen graduellen Unterschied in der Grundrechtsrelevanz des Asylverfahrens gegenüber derjenigen des allgemeinen Verwaltungsverfahrens [1087]. Dies hat auch Konsequenzen im Hinblick auf die Unterscheidung zwischen minderer Grundrechtsgewährung und einem bestandsgefährdenden Grundrechtseingriff: Wenn teilweise [1088] vertreten wird, Verfahrensregeln stellten einen Eingriff in das Recht auf Asyl erst dar, wenn sie elementaren, für den Bestand des Asylrechts unverzichtbaren Verfahrensanforderungen nicht mehr genügten, wird übersehen, daß die Schwelle zwischen minderer Grundrechtsgewährung und Beeinträchtigung im Asylrecht sehr niedrig ist. Wer ausgewiesen wird, weil das Verfahren keine geeignete Überprüfung der Asylberechtigung ermöglicht, ist erst einmal schutzlos und Gefahren für Leib oder Leben ausgesetzt.

Nach der amtlichen Begründung soll das AsylVfG 1993 dem Zweck dienen, die Asylverfahren gerade im Hinblick auf die Flüchtlinge zu verkürzen, denen das Recht offensichtlich nicht zusteht [1089]. Abgestellt wird folglich auf die Funktion der Mißbrauchsabwehr und nicht auf die vom BVerfG geforderte Grundrechtsverwirklichung. Nun bestimmt sich aber das Maß dessen, was das einzelne

---

1082 So aber Laubinger, Verwaltungsarchiv 1982, 60 (83)

1083 BK Kimminich, Art. 16 II 2 GG, Rdnr. 366

1084 Ress, der mißbräuchliche Asylantrag..., S. 148

1085 Rottmann, Der Staat 1984, 337 (353)

1086 BVerfGE 52, 391 (407)

1087 Ress, Der mißbräuchliche Asylantrag, S. 147

1088 Ress, a.a.O., S. 151

1089 Vgl.zur Entstehung des AsylVfG 1993 oben S. 101

Grundrecht gebietet nach seinem Gewährleistungsumfang. Es stellt sich daher die Frage, ob der verfassungsändernde Gesetzgeber dem Asylverfahren durch die Fassung des Art. 16 a GG eine andere Bedeutung gegeben hat und insoweit vom Postulat nach einer bestmöglichen Grundrechtsumsetzung für jeden potentielle politisch Verfolgten Abstand genommen werden muß.

Im Hinblick auf Art. 16 a II GG wurde oben bereits festgestellt, daß der verfassungsändernde Gesetzgeber vorgesehen hat, die aus einem sicheren Drittstaat einreisenden Flüchtlinge aus dem Schutzbereich des Art. 16 a I GG auszuklammern. Für die Probleme, die sich angesichts dieses Ausschlusses ergeben, zeugt die von den Gerichten praktizierte verfassungskonforme Auslegung der Verfassungsnorm und der auf ihr beruhenden Verfahrensvorschriften. Hier offenbart sich auch zugleich die Schwäche des Systems. Wenn einerseits an die Feststellung des Einreisewegs angeknüpft wird, um daran den Ausschluß vom grundrechtlichen Schutzbereich abhängig zu machen, fragt sich, wie bei Zweifeln hinsichtlich einer Verfolgung noch von dem Zweck der Effektivierung von Grundrechten gesprochen werden kann. Hier ergibt sich zwischen Art. 16 a I GG und Abs. II GG ein fast unauflösbares Spannungsverhältnis.
Für Art. 16 a III, IV GG gilt entsprechendes. Auch im Rahmen der Konzeption sicherer Herkunftsstaaten ist die Mißbrauchsabwehrfunktion der Regelung zum vorrangigen Zweck der Norm erhoben worden, wenn auch die Darlegung der Verfolgungseigenschaft grundsätzlich möglich bleibt.
Geht man davon aus, daß die Schaffung eines "Sonderverfahrensrechts" für Asylbewerber [1090] seinen Ursprung wesentlich in der Anforderung eines Bleiberechts - oder der „Vorwirkung“, wie es häufig im asylrechtlichen Schrifttum heißt - zumindest bis zur rechtskräftigen Entscheidung über das Asylgesuch findet, wird mit der verfahrensrechtlichen Absicherung eines solchen Bleiberechts dem Art. 16 a I GG auf verfahrensrechtlicher Ebene Genüge getan.
Das AsylVfG ist jedoch auch vor dem Hintergrund ständig wachsender Asylbewerberzahlen und zunehmender Überlastung der vor allem zur Verhinderung der Aufenthaltsbeendigung angerufenen Verwaltungsgerichtsbarkeit sowie steigender organisatorischer und finanzieller Belastungen der Kommunen durch die Notwendigkeit, immer mehr Asylbewerber unterzubringen und zu unterhalten, entstanden [1091]. Die Reaktion des Gesetzgebers beruhte auf der Intention, Regelungslücken zu schließen, die durch die Mißbrauchsproblematik sichtbar ge-

---

[1090] Rottmann, Der Staat 1984, 337 (342)

[1091] Vgl die Entwicklung der Asylbewerberzahlen, dargestellt jährlich von v. Pollern in ZAR (Zeitschrift für Ausländerrecht)

worden waren, nämlich die Verweildauer von "Scheinasylanten" verkürzen und das Asylverfahren beschleunigen zu können. Hier geht es letztlich darum, den Schwierigkeiten, die bei der Definition der *politischen Verfolgung* entstehen, zu begegnen. Denn so geeignet der Menschenwürdeansatz zur Definition sowohl der Verfolgung als auch ihres politischen Charakters zu sein scheint, so wenig brauchbar präsentiert er sich, wenn es darum geht, Wirtschaftsasylanten von tatsächlich Verfolgten so schnell wie möglich zu trennen. Damit steht der angestrebte Beschleunigungseffekt auch im Dienste der Mißbrauchsabwehr, denn der massenhafte Mißbrauch der gerichtlichen Rechtsschutzmöglichkeiten, der sich jedenfalls "dem Grunde nach" nicht leugnen läßt, wurde für die allgemeine Verknappung des verwaltungsgerichtlichen Rechtsschutzes in besonderem Maße verantwortlich gemacht [1092].

Damit aber schließt das Grundgesetz vor der schlichten Tatsache die Augen, daß das Elend der Dritten Welt nicht menschenwürdig ist, jedoch im Sinne der Auslegung der politischen Verfolgung unbeachtlich sein soll. Diese Tendenz geht insbesondere aus der Terminologie des AsylVfG 1992 hervor, das von "unbeachtlichen" und "offensichtlich unbegründeten" Asylanträgen spricht und für sie Sonderregelungen zur Aufenthaltsbeendigung vor Abschluß des Verfahrens bereithält. Seiner Neigung nach war somit bereits das AsylVfG 1992 entscheidend auf Abschreckung der sog. Wirtschaftsflüchtlinge und Scheinasylanten ausgerichtet.

Die sonstigen Zwecke des Asylverfahrens hängen daher vor allem mit der quantitativen Dimension der Asylfrage zusammen. Im Vordergrund steht die Eignung, den politisch Verfolgten vom "Scheinasylanten" mit rein wirtschaftlichen Motiven rasch und zuverlässig unterscheiden und die Verwaltungsgerichtsbarkeit spürbar von Asylverfahren entlasten zu können, so daß die Mißbrauchsabwehr im Vordergrund steht. Damit stehen sich die Grundrechtseffektivierung und die Mißbrauchsabwehr als Zwecke des Asylverfahrens gegenüber. Wegen ihrer Gegenpoligkeit kann von einem Spannungsverhältnis in dem Sinne gesprochen werden, als sie einander behindern [1093]. Die Verwirklichung des einen Zwecks kann die Erfüllung des anderen geradezu ausschließen [1094].

Hier besteht der Anknüpfungspunkt an die Frage, welchen Zweck des Asylverfahrens der Gesetzgeber vorrangig verwirklichen darf. Der verfassungsrechtlichen Konzeption einer subjektivrechtlichen Asylverbürgung entspricht nur ein

---

[1092] GK Rothkegel, vor § 1, Rdnr. 19

[1093] GK Rothkegel, a.a.O., Rdnr. 11

Verfahren, bei dem eine "besondere verfahrensrechtliche Absicherung Irrtumswahrscheinlichkeit " [1095] verhindert, daß Asyl zu Unrecht verweigert wird - selbst um den Preis, daß vermehrt auch solche Asylbewerber anerkannt werden, die sich zu Unrecht als politische Flüchtlinge ausgeben [1096]. Der einfache Gesetzgeber darf dabei jedoch auch andere Verfahrenszwecke verwirklichen [1097]. Im Rahmen der Vielfältigkeit der verfassungsrechtlich zulässigen Verfahrenszwecke, Verwirklichung des Asylrechtsanspruchs, Abwehr unberechtigter Asylbegehren, Rechtssicherheit und Schnelligkeit, darf der Gesetzgeber aber keine Regelungen treffen, welche die sachliche und rechtliche Prüfung und Entscheidung über den Asylantrag in einer Weise verkürzen, daß damit der Bestand des Asylrechts ernsthaft gefährdet ist [1098]. Es entspricht auch der abwehrrechtlichen Konzeption, insbesondere die Verfahrensvorschriften als grundrechtsrelevant anzusehen, die sich auf den Verfolgungsschutz beziehen [1099]. Somit ist jedenfalls angesichts der Beibehaltung einer subjektiven Asylgarantie in erster Linie entscheidend, daß sich der Grundrechtsschutz gegenüber den anderen legitimen Zwecken des Asylverfahrens durchsetzt [1100].

Was für den einfachen Gesetzgeber gilt, muß aber erst recht für den verfassungsändernden Gesetzgeber gelten. Die geltende Fassung des Art. 16 a GG bürgt jedoch nicht für die Einhaltung der Priorität der Verfahrenszwecke. Man muß zwar einräumen, daß die Rechtsnatur mancher Verfahrenszwecke nicht dagegen spricht, wie z.B. der Rechtssicherheit oder Schnelligkeit durch Verfahrensbeschleunigung. Denn es darf nicht außer acht gelassen werden, daß sie janusköpfiger Natur sind, als sie sowohl im Sinne einer Mißbrauchsabwehr als auch gleichermaßen den Interessen des Asylbewerbers dienen. Das trifft besonders auf das Erfordernis einer Anerkennung als Asylberechtigter zu [1101]. Denn auch wenn die Anerkennung dem Ziel dient, diejenigen von der Asylberechtigung auszuschließen, welche danach trachten, das Grundrecht mißbräuchlich in

---

1094 GK Rothkegel, a.a.O.

1095 Rottmann, der Staat 1984, 337 (354)

1096 GK Rothkegel, vor § 1, Rdnr. 6

1097 vgl. FN 1096

1098 GK Rothkegel, a.a.O., Rdnr. 14

1099 Vgl. oben I 2 a

1100 GK Rothkegel, a.a.O., Rdnr. 5

1101 Hier ist gedanklich an die oben durchgeführten Überlegungen anzuknüpfen, vgl. oben I 2 e) S. 59 ff. zu der Frage, ob das Anerkennungserfordernis sich überhaupt mit der Konzeption eines Asylrechts als Recht des status negativus vereinbaren läßt. Dies war zu bejahen.

Anspruch zu nehmen, so ist eine Legitimation des Erfordernisses dennoch gegeben. Es entspricht nämlich der humanitären Zielsetzung des Asylrechts, dem Asylbewerber möglichst schnell Klarheit über seine Asylberechtigung zu verschaffen [1102]. Jedoch kann die vom Asylgrundrecht selbst geforderte Reihenfolge der Verfahrenszwecke insbesondere angesichts der Drittstaatenregelung des Art. 16 a II GG nicht mehr eingehalten werden. Denn streng genommen kann hier ein vorläufiges Bleiberecht nicht mehr in Anspruch genommen werden. Die Fassung des geänderten Grundrechts modifiziert demnach nicht nur die verfassungsrechtlichen Vorgaben an eine Umsetzung des Grundrechts. Sie macht die effektive Umsetzung vielmehr schier unmöglich.
Daran ändert sich auch nichts durch Korrekturen mit Hilfe verfassungskonformer Auslegung. Gegen die Korrektur durch verfassungskonforme Auslegung des Verfassungsrecht läßt sich vielmehr das einwenden, was andere dem Institut der verfassungskonformen Auslegung von Verfassungsrecht bereits mit Erfolg entgegengehalten haben [1103].

Damit zeigt sich, daß in Ansehung der Fassung des Art. 16 a GG die grundrechtseffektivierende Funktion des Asylverfahrens kaum mehr zu verwirklichen ist. Vielmehr hat sich der verfassungsändernde Gesetzgeber in einen unauflösbaren Widerspruch verwickelt. Er normiert ein seinem Gehalt nach sehr hochwertiges Asylrecht, das aber kaum noch ein potentieller politisch Verfolgter in Anspruch nehmen kann [1104]. Dies ist die entscheidende Diskrepanz, die dazu führt, daß der Asylkompromiß zwar dem Wortlaut nach *de iure* weiter von einem Grundrecht auf Asyl ausgeht, *de facto* aber noch nicht einmal das Asyl im Sinne eines Abschiebeschutzes als Institutsgarantie sichert [1105]. Art. 16 a GG präsentiert sich daher als „*Grundrechtshinderungsvorschrift*“, wie *Everhardt Franßen* [1106] zutreffend ausgeführt hat.

g) Ergebnis

Die Drittstaatenregelung in Art. 16 a II 3 GG und die Regelung des Art. 16 a IV 1 GG sind wegen Unvereinbarkeit mit dem Grundsatz der Unantastbarkeit der

---

1102 BVerfG DVBl 1981, 623 (624)

1103 Vgl. oben S. 249 ff.

1104 Franßen, DVBl 1993, 300 (301)

1105 Franßen a.a.O.

Menschenwürde in Art. 1 GG als verfassungswidrig zu qualifizieren. Mit Art. 16 a GG hat der verfassungsändernde Gesetzgeber verfassungswidriges Verfassungsrecht geschaffen. Angesichts der zum Asylrecht entwickelten Grundsätze der grundrechtseffektivierenden Funktion des Verwaltungsverfahrens ist außerdem festzustellen, daß der verfassungsändernde Gesetzgeber mit der Fassung der Art. 16 a Abs. I und Abs. II, III unauflösbare Widersprüche geschaffen hat.

1106 DVBl 1993, 300

III. Vermeidung der Verfassungswidrigkeit bei Einführung eines Gesetzesvorbehalts in das deutsche Recht

Angesichts der festgestellten Verfassungswidrigkeit der Art. 16 a II 3 und Art. 16 a IV GG stellt sich die Frage, ob der verfassungsändernde Gesetzgeber diesem Mangel durch eine der vorgeschlagenen Änderungsmöglichkeiten, wie sie oben diskutiert wurden, nicht hätte entgegentreten können. Dazu zählt insbesondere die Möglichkeit der Einfügung eines Gesetzesvorbehalts. Auch scheint in Anbetracht der Praxis der verfassungskonformen Auslegung durch die Gerichte nicht wirklich viel gewonnen, wenn allerdings auch eingeräumt werden muß, daß die Zahlen der Asylbewerber zurückgegangen sind [1107]. Jedenfalls darf man in Ansehung des Rückgangs von Asylbewerberzahlen keineswegs den Abbau effektiven Rechtsschutzes auf verfassungswidriger Basis absegnen. Zu teuer ist das Gut, was angesichts verfassungswidrigen Verfassungsrechts preisgegeben wird. Von Interesse ist die Beleuchtung der Alternativen, vor die der verfassungsändernde Gesetzgeber im Jahre 1993 gestellt war, daher bereits aus diesem Grunde.

Daneben muß hier wieder gedanklich an das italienische Asylgrundrecht angeknüpft werden. Dieses ist einem Gesetzesvorbehalt unterstellt, so daß eine dahingehende Änderung des Art. 16 II 2 GG a.F. angesichts der immer wieder diskutierten Harmonisierung des materiellen Asylrechts auf europäischer Ebene von großem Interesse gewesen wäre.

1. Einführung eines Ausgestaltungsvorbehalts

Ein Blick auf die Rechtsprechung des BVerfG zu Art. 4 III 2 GG verdeutlicht die Auswirkungen, die von einer solchen Änderung erwartet werden können. Der gesetzgeberische Auftrag, das Nähere zu regeln, umfaßt weder die Befugnis einer authentischen Interpretation der Verfassung noch einer Einschränkung des Grundrechts selbst [1108]. Die Ausgestaltung dient lediglich der verfahrensrechtlichen Verwirklichung des Grundrechts. Darüber hinaus ist eine gesetzliche Umschreibung der bestehenden Schranken, hier der verfassungsimmanenten Schranken, möglich [1109]. Der Gesetzesvorbehalt leistete somit nicht mehr als die Klarstellung bereits geltenden Rechts.

1107 Siehe oben S. 86 ff.

1108 BVerfGE 12, 45 (53)

1109 BVerfGe 28, 243; 30, 173

Die im Hinblick auf die Änderungsproblematik teilweise gewünschte Kontingentierung von Asylbewerbern oder eine über die verfassungsimmanenten Schranken hinausgehende Beschränkung des Art. 16 II 2 GG a. F. wäre durch die Einführung dieses Ausgestaltungsvorbehaltes nicht zu erzielen gewesen. Zu Recht bestehen Zweifel, ob man eine solche Verfassungsänderung anstreben soll, wenn der Gesetzgeber zu Schritten animiert wird, die er schon vollzogen hat, d.h. auch ohne Verfassungsänderung verwirklichen kann [1110].

Hinsichtlich der durch Art. 79 III GG festgelegten verfassungsrechtlichen Möglichkeiten einer Änderung bestehen keine Bedenken. Oben wurde festgestellt, daß die dort verankerten Grundsätze, insbesondere die Menschenwürde, vom Verfassungsgesetzgeber zu beachten sind. Es wurde aber auch ausgeführt, daß der Menschenwürdegehalt des Asylrechts dieses nicht änderungsresistent werden läßt, so daß es als unberührbar anzusehen wäre. Wenn der Ausgestaltungsvorbehalt aber an der bisherigen normativen Festlegung der Asylrechtsschranken nichts ändert, kann der Menschenwürdegehalt bei einer solchen Änderung nicht tangiert werden.

2. Einführung eines Regelungsvorbehalts

Zulässig wären Regelungen, die sowohl konkretisierende Ausgestaltungen i.S. des Ausgestaltungsvorbehalts als auch Grundrechtseinschränkungen beinhalten [1111]. Mit der Erörterung des Ausgestaltungsvorbehalts wurde die eine funktionelle Seite des Regelungsvorbehalts bereits beleuchtet. Die dabei gewonnenen Erkenntnisse lassen sich auch auf die Einführung eines Regelungsvorbehalts übertragen.

Noch nicht angesprochen wurden damit aber die möglichen Grundrechtseinschränkungen durch den Gesetzgeber. Hinsichtlich dieser zweiten funktionalen Komponente gelten die Ergebnisse, die sich im Hinblick auf die Effektivität eines Eingriffsvorbehalts gewinnen lassen und im folgenden ermittelt werden sollen.

1110 Selk, Diss., S. 201

1111 BVerfGE 7, 377 (414); siehe auch Schwerdtfeger, Öffentliches Recht in der Fallbearbeitung, Rdnr. 550a

3. Eingriffsvorbehalt

Ein Blick auf Grundrechte, welche einem Eingriffsvorbehalt unterworfen sind, verführt zu der Annahme, der Gesetzgeber habe bei Einführung eines Eingriffsvorbehalts in Art. 16 II 2 GG a. F. einen erweiterten Zugriffspielraum. So ist beispielsweise die Versammlungsfreiheit unter freiem Himmel nach Art. 8 II GG durch besonders legitimierte öffentliche Interessen einschränkbar [1112], wobei ihnen vielfältige Rechtsgüter, wie etwa das der öffentlichen Sicherheit oder Ordnung genügen [1113]. Dementsprechend wäre es denkbar, eine zahlenmäßige Begrenzung oder Kontingentierung von Asylbewerbern als ein im Rahmen des Gesetzesvorbehalts zu beachtendes öffentliches Interesse anzusehen. So könnte hier möglicherweise die erwähnte "Opfergrenze" rechtlich relevant und eine Erweiterung der bestehenden verfassungsimmanenten Schranken erreicht werden.
Jedoch sind die aufgrund des Gesetzesvorbehalts zu erlassenden Gesetze an den Schranken-Schranken zu messen, wodurch dem grundrechtseinschränkenden einfachen Gesetzgeber seinerseits von ihm zu beachtende Schranken gesetzt werden.
Dabei ist besonders die Wesensgehaltsgarantie des Art. 19 II GG von Bedeutung. Es ist augenscheinlich [1114], daß das zum Kernbereich des Grundrechts gehörende vorläufige Bleiberecht und damit die Schutzgewährung und das Einreiserecht jeder Beschränkung dieser eine verfassungsrechtliche Grenze setzen. Auch eine Güterabwägung bei der im Rahmen des Übermaßverbotes zu prüfenden Verhältnismäßigkeit i.e.S. bringt erhebliche Schwierigkeiten mit sich [1115]. Wegen der Abwägungsresistenz des Asylgrundrechts [1116] wird eine solche stets zugunsten des Schutzes von möglicherweise politisch Verfolgten ausfallen. Dies gilt insbesondere deshalb, weil das Asylgrundrecht als Ausfluß der Menschenwürde anzusehen ist. In diesem Fall können nur gleichrangige. dem Art. 79 III GG zu entnehmende Rechtsgüter im Einzelfall diesen obersten Grundwert zurücktreten lassen [1117]. Allein die Grundsätze der Art. 1 und 20 GG sind imstande, die Ausübung des Asylgrundrechts zu beschränken, weil diese nach der Wertrangordnung auf derselben Stufe wie das durch Art. 16 II 2 GG a. F. bzw.

1112 Maunz-Dürig Art. 8 Rdnr. 102 ff.

1113 Maunz-Dürig a.a.O.

1114 Vgl. dazu die Ausführungen zum Wesensgehalt des Asylgrundrechts S. 67 ff.

1115 Selk, Diss., 205 ff.

1116 Selk a.a.O.

1117 Selk, a.a.O., S. 206 f.

Art. 16 a I GG verinnerlichte Prinzip der Menschenwürde anzusiedeln sind [1118]. Eine Verletzung der Grundsätze der Art. 1, 20 GG durch die übermäßige Aufnahme von Asylsuchenden wird aber nur im Ausnahmefall festzustellen sein, wie oben gezeigt wurde.
Damit bleibt festzuhalten, daß die vom verfassungsändernden Gesetzgeber angestrebten Ziele durch Einfügung eines Eingriffsvorbehalts nicht erreicht werden könnten [1119]. Der vom Asylgrundrecht begünstigte Personenkreis bleibt im Normalfall unberührt. Allen potentiellen Grundrechtsträgern stünden weiterhin die zum Kernbereich des Asylrechts zählenden Freiheiten der Einreise und des vorläufigen Bleiberechts zu. Zugleich wäre die Notwendigkeit eines einstweiligen Rechtsschutzes bei fast jedem Asylantrag zu bejahen.

4. Einführung eines Maßgabevorbehalts

Auch hier würde dem Gesetzgeber eine gewisse Dispositionsbefugnis eingeräumt, jedoch dürften auch die Maßgabegesetze nicht gegen die oben dargestellten verfassungsrechtlichen Grundsätze verstoßen. Insbesondere ist die Wesensgehaltsgarantie zu beachten.
Im Unterschied zum Eingriffsvorbehalt könnte der Gesetzgeber jedoch den Kreis der Grundrechtsträger definieren und möglicherweise durch eine restriktive Festlegung des Begriffs des politisch Verfolgten eine Beschränkung bewirken [1120]. Nach der Konzeption des Asylrechts, welches sich durch seine Absolutheit und Vorbehaltlosigkeit auszeichnet [1121] wäre jedoch eine durch einfaches Gesetz erfolgende restriktive Definition des politisch Verfolgten verfassungsgemäß schwerlich denkbar. Sie ließe sich kaum so fassen, daß bereits an der Grenze eine Selektion der Grundrechtsträger von den Nicht-Grundrechtsträgern vorgenommen werden könnte. Da die Einreisefreiheit und das vorläufige Bleiberecht zum Wesensgehalt des Grundrechts gehören, könnte eine solche restriktive Definition jederzeit vom BVerfG wieder verworfen werden [1122]. Eine zahlenmäßige Begrenzung der Asylbewerber wäre aus diesem Grunde auch nicht durch Einführung eines Maßgabevorbehalts möglich. Auch

---

1118 Selk a.a.O.

1119 So im Ergebnis auch Wollenschläger/Becker, ZRP 1987, 326 (329)

1120 Wollenschläger/Becker, ZRP 1987, 326 (329)

1121 Vgl. oben I 2 S. 49 ff.

1122 Wollenschläger/Becker, ZRP 1987, 326 (329)

ist gegen eine solche Ergänzung einzuwenden, daß es zu einer Konkretisierungsbefugnis des Gesetzgebers hinsichtlich des Verfolgtenbegriffs keines Maßgabevorbehalts bedarf. Sie hätte auch nach der Fassung des Art. 16 II 2 GG a. F. vorgenommen werden können.

5. Institutionelle Garantie

Eine solche Verfassungsvorschrift begründete eine grundsätzliche Verpflichtung des Gesetzgebers und der vollziehenden Gewalt, politisch Verfolgten Asyl einzuräumen. Aufgrund des ausdrücklichen Vorbehaltes "nach Maßgabe der Gesetze" sowie aus dem Wesen einer objektiv-institutionellen Garantie folgte die Befugnis des Gesetzgebers, bei Wahrung des Prinzips oder des Wesensgehalts nähere Ausgestaltungen und Einschränkungen der Asylgewährung vorzunehmen. Der Gesetzgeber wäre angesichts einer solchen verfassungsrechtlichen Gewährleistung in der Lage, die Voraussetzungen, den Umfang und die Einschränkungen der Asylgewährung zu bestimmen, das Verfassungsrecht böte nur eine grundsätzliche Selbstverpflichtung des Staates zur Wahrung des Prinzips des politischen Asyls. Es begründete kein Grundrecht oder ein sonstiges mit der Verfassungsbeschwerde durchsetzbares grundrechtsgleiches Recht des Asylbewerbers [1123]. Anders als die bisher diskutierten Änderungsmöglichkeiten besäße die Umwandlung in eine institutionelle Garantie durchaus einige Leistungskraft. Subjektive Rechte auf Asylgewährung wären dann nur auf der Grundlage und nach näherer Maßgabe des einfachen Rechts denkbar. So bliebe es auch dem Gesetzgeber überlassen, ob er überhaupt subjektive Rechte auf Asylgewährung einräumt. Denkbar wäre ein Gesetz, welche das Asyl als subjektives Recht in das Ermessen der staatlichen Behörden stellt. Dann allerdings hätte der Asylsuchende nur einen einfachgesetzlichen Anspruch auf ermessensfehlerfreie Entscheidung [1124]. Jedoch dürfte in diesem Fall bei in der Heimat drohenden Menschenwürdeverletzungen angesichts des hohen Guts des Art. 1 I GG im Regelfall eine Ermessensreduktion auf Null anzunehmen sein, so daß insofern ein Anspruch gegeben wäre [1125].
Bei einer ersten Annäherung scheint eine solche Änderung für den Gesetzgeber folglich recht effizient zu sein.

1123 Vgl. Art. 93 I Nr. 4 a GG

1124 Papier, Der Staat 1988, 32 (36)

Hinsichtlich der verfassungsrechtlichen Möglichkeit einer solchen Umwandlung ergeben sich bei genauerem Hinsehen aber Zweifel.
Nach der Gesamtdefinition von Einrichtungsgarantien, wie sie etwa bei *Schmidt-Jortzig* zu finden ist [1126], zeichnet sich diese durch die Notwendigkeit der Errichtung konstruktiv-organisatorischer Voraussetzungen aus. Fraglich ist, ob eine solche Notwendigkeit im Fall der Asylgewährleistung anzunehmen ist [1127]. Denn Schutz, so könnte man argumentieren, kann der Asylsuchende auch ohne staatlichen Organisationszugriff erhalten, der ausschließlich dem Zwecke dient, die sonst gefährdete Freiheit zu sichern oder erst einmal real werden zu lassen [1128]. Insoweit paßt das Asylrecht nicht optimal in das Schema der Einrichtungsgarantien.
Daneben ist fraglich, ob eine Umformulierung des Asyls bei bleibender Lokalisierung dem Problem der Zweiseitigkeit institutioneller Garantien entgehen kann. Die systematische Stellung des Asylrechts im Grundrechtskatalog sowie die Verbindung zu Art. 1 III GG lassen eine völlige Beseitigung des subjektiven Rechts vor dem Hintergrund der Rechtsprechung des BVerfG [1129] als zweifelhaft erscheinen. Für die Pressefreiheit aus Art. 5 I 2 GG und den Schutz von Ehe und Familie aus Art. 6 I GG ist beispielsweise anerkannt, daß die Einrichtungsgarantien neben die individualrechtlichen Grundrechtsinhalte treten [1130]. Angesichts der Stellung der Norm könnte deshalb auch hier neben die objektivrechtliche eine subjektivrechtliche Dimension treten [1131]. Gerade die Einbettung des Asyls zwischen die Art. 1 III, 18 , 19 IV GG spräche gegen die Annahme einer rein institutionellen Garantie ohne subjektivrechtlichen Charakter [1132]. Da Einrichtungsgarantien wie Art. 5 I 2, 6 I, 14 I 1 GG zugleich eine abwehrrechtliche Schutzrichtung haben, wäre eine rein objektivrechtliche Dimension des Asyls eine verfassungsrechtliche Neuschöpfung [1133]. Zur Vervollständigung ist schließlich anzumerken, daß auch außerhalb des Grundrechtskatalogs lokalisierte institutionelle Garantien, wie etwa Art. 33 V GG, subjektivrechtliche In-

---

1125 Übersehen bei Papier a.a.O.; Selk, Diss., S. 214

1126 Schmidt-Jortzig, Die Einrichtungsgarantien der Verfassung, S. 31 f.

1127 Selk, Diss., S. 212

1128 Dazu auch eingehend Selk a.a.O.

1129 So z.B. BVerfGE 15, 275 (281 f.)

1130 BVerfGE 20, 162 (176)

1131 BVerfG a.a.O.

1132 Selk, Diss., S. 216 f.

1133 Selk a.a.O.

halte haben [1134]. Das bedeutet, daß auch eine Lokalisierung des Asyls als institutionelle Garantie außerhalb des Grundrechtsabschnitts dem Problem der Zweiseitigkeit institutioneller Garantien nicht zwingend entgehen muß.

Schließlich kann sich auch der einfache Gesetzgeber, der zur Regelung der Asylgewährung nach Maßgabe des einfachen Rechts befugt ist, nicht über die Gewährleistungsfunktion der institutionellen Garantien hinwegsetzen. Ausgangspunkt der modernen Lehre von der Wesensgehaltsgarantie der Grundrechte und damit auch der positivrechtlichen Gewährleistung des Art. 19 II GG ist die Lehre von der institutionellen Garantie [1135]. Art. 19 II GG hat das "Kernbereichsdenken" auf die subjektiven Grundrechte übertragen, während es ursprünglich im Bereich der objektivrechtlichen Gewährleistungen angesiedelt war [1136]. Sinn und Zweck der "institutionellen Garantien" wurden und werden gerade darin gesehen, daß alle Akte der Gesetzgebung unzulässig sein sollen, die das Wesen der geschützten Institutionen, die "Gesamtheit ihrer integrierenden Wesensmerkmale", das Minimum dessen, was ihr Wesen ausmacht, ihre Identität, berühren [1137]. Die Gewährleistungsfunktionen der institutionellen Garantien haben sich mit dem aus Art. 19 II GG fließenden Schutzgedanken der Unantastbarkeit des Wesensgehalts gewissermaßen verbunden [1138]. Folglich würde die Grenze des Wesensgehalts als Garantie eines Kernbereichs auch gelten, wenn die Verfassung auf eine subjektive Grundrechtsverbürgung verzichtete und eine institutionelle Garantie der Asylgewährung enthielte [1139]. Kernbereich der objektiven Asylgewährung wäre demnach auch der Abschiebungs- und Zurückweisungsschutz. Folglich kann der Gesetzgeber unter Beachtung des Wesensgehalts keine Regelungen treffen, die beliebig die Grenzen der Bundesrepublik gegenüber Asylsuchenden völlig schließen, es sei denn im Falle des Staatsnotstandes oder der totalen Kapazitätserschöpfung[1140]. Letztere dürfte im Falle einer völligen Überschwemmung der Bundesrepublik mit Asylsuchenden wohl vorliegen [1141]. Somit kann wegen des Wesensgehalts der Asylgewährung auch hier kein beliebiges Kontingentieren von Asylsuchenden möglich sein.

1134 BVerfGE 8, 1 (17)

1135 Papier, Der Staat 1988, 32 (36)

1136 Häberle S. 236 f.; Papier a.a.O.

1137 Papier a.a.O.

1138 Papier a.a.O.

1139 Papier a.a.O.

1140 Vgl. oben II 1

Schließlich steht noch die Vereinbarkeit der Umwandlung mit Art. 79 III GG in Frage. Da dem Asylgrundrecht in der - heute immer noch bestehenden - subjektivrechtlichen Fassung Menschenwürdegehalt zuzugestehen ist, ist problematisch, ob durch Abschaffung des subjektivrechtlichen Charakters einer Asylgewährung die Garantie des Art. 1 GG berührt wird. Dies ist nicht selbstverständlich, da eine nur objektivrechtliche Gewährleistung nicht eine völlige Beseitigung des Asylschutzes bedeuten muß, wenn bei Beibehaltung eines einfachgesetzlichen Asylanspruchs, der im Ermessen der Exekutive steht, i.d.R. eine Ermessensreduzierung auf Null wegen der überragenden Bedeutung der Menschenwürde anzunehmen ist. Ausschlaggebend ist aber, daß mit der Institutionalisierung eine allgemein zulässige Modifikation des Asyls möglich ist [1142]. Aus der institutionellen Garantie ergeben sich unmittelbar keine Rechte, die Einzelheiten der Ausgestaltung und der konkreten Inhalte werden dort nicht festgelegt, sondern bleiben grundsätzlich dem Gesetzgeber vorbehalten. Die Manifestierung eines subjektiven Rechts auf einfachgesetzlicher Ebene ist daher nicht zwingend. Kern- und Menschenwürdegehalt des Asylgrundrechts sind aber gerade durch den Anspruch auf Einreise und zumindest vorläufiges Bleiberecht bedingt, so daß die subjektivrechtliche Komponente für dieses essentiell ist [1143]. Diese wäre durch eine Institutionalisierung aber angetastet. Darüberhinaus fördern Art. 79 III GG i.V.m. Art. 1 I 2 GG selbst, daß Achtung und Schutz der Menschenwürde Aufgabe aller staatlichen Gewalt ist. Diese Aufgabe wäre durch die Umwandlung berührt. Angesichts der Übereinstimmung des Menschenwürdegehalts des Asylgrundrechts mit seinem Schutzbereich verstößt eine Umwandlung in eine institutionelle Garantie durch Wegfall der subjektivrechtlichen Komponente somit gegen Art. 79 III GG i.V.m. Art. 1 I GG.

1141 Vgl. oben S. 77 ff.

1142 Wollenschläger/Becker, ZRP 1987, 326 (330)

1143 Vgl. dazu auch Selk, Diss., S. 217 f.

6. Ergebnis

Im Ergebnis ist festzuhalten, daß unter Beibehaltung der Subjektivität des Asylgrundrechts und Ergänzung um einen Gesetzesvorbehalt die von Kritikern des Art. 16 II 2 GG a. F. erstrebten Zugriffsmöglichkeiten des Gesetzgebers nicht erreicht werden können. Dies liegt vorrangig daran, daß die zu erlassenden Gesetze den Schranken-Schranken genügen müssen, wobei die Wesensgehaltsgarantie des Art. 19 II GG und eine Kontingentierung bzw. gesetzliche Konkretisierung einer "Opfergrenze" entgegenstehen.
Eine derartige Regelung hätte jedoch - abgesehen von der Frage ihrer Notwendigkeit - den Vorteil einer systemgerechteren Lösung gegenüber der derzeit geltenden und teilweise verfassungswidrigen Fassung des Art. 16 a GG gehabt. Auch wäre mit der Einführung eines Gesetzesvorbehalts kein Abbau des effektiven Rechtsschutzes möglich gewesen, wie ihm von Art. 16 a II 3, IV GG der Weg geebnet wurde.

7. Schlußfolgerungen im Hinblick auf den Gesetzesvorbehalt des Art. 10 III Cost.

Falls durch eine entsprechende Änderung des Art. 16 II 2 GG a.F., d.h. durch die Einführung eines Gesetzesvorbehalts, ein im Vergleich mit der italienischen Rechtslage adäquater Standard der Asylgewährung hätte vermittelt werden können, wäre eine Vorbildfunktion der italienischen Rechtslage zu bejahen gewesen. Hier wird überdies an den Aspekt einer wünschenswerten und als Angelegenheit gemeinsamen Interesses [1144] gewünschten Asylrechtsharmonisierung in den Vertragsstaaten angeknüpft. Welche Rückschlüsse lassen sich also aus diesem detaillierten Ländervergleich im Hinblick auf die asylrechtliche Situation in den EU-Mitgliedsstaaten Deutschland und Italien gewinnen ?

Bei der Diskussion um die bestehenden Änderungsalternativen zu der geltenden Fassung des Art. 16 a GG ist deutlich geworden, daß die Schaffung von Eingriffsbefugnissen durch die Einführung eines Gesetzesvorbehalts keine wirklich relevanten Eingriffskompetenzen mit sich gebracht hätte.
Bei der Ermittlung der Schranken des italienischen Art. 10 III Cost. wurde festgestellt, daß auch der italienische Gesetzgeber den Einreiseanspruch und das

---

1144 Vgl. dazu oben S. 204 f.

vorläufige Bleiberecht nicht ausschließen darf. Ebensowenig ist es dem Gesetzgeber gestattet, eigenständig Verfassungsnormen zu interpretieren, zumal Art. 10 III Cost. einen hinreichend präzise formulierten Tatbestand aufweisen kann [1145]. Auch ein *numerus clausus* könnte ebensowenig wie im deutschen Recht gesetzlich normiert werden. Bei aller, oben bereits angedeuteten Unterschiedlichkeit der Funktion der italienischen *riserva di legge* zur Lehre vom Gesetzesvorbehalt im deutschen Recht, ergibt sich damit keine weitreichendere Einschränkbarkeit des Art. 10 III Cost. als des Art. 16 II 2 GG a.F.. Folglich hätte in Anknüpfung an die Diskussion um die Vorteile der Änderungsalternativen auch durch die Einführung eines Gesetzesvorbehalts in Art. 16 II 2 GG a.F. keine weitreichendere Angleichung an das italienische Recht stattgefunden, als es die Fassung des Art. 16 II 2 GG a.F. - auch ohne Einführung eines Gesetzesvorbehalts - ohnehin erlaubt hätte.
Hier offenbart sich, daß die Frage der Gewährleistung von Rechten nicht lediglich eine Frage der verfassungsrechtlichen Schranken darstellt. Wenn das BVerfG in E 60, 253 ff. [1146] hervorhebt, daß sich die verfassungsrechtliche Problematik der Garantie des Bleiberechts an Art. 19 IV GG und damit an der effektiven Durchsetzbarkeit von Rechten orientiert, stellt es bereits die entscheidenden Weichen für die Aussage, daß nicht allein das Vorhandensein von Grundrechtsschranken das Problem von Grundrechtsgewährleistung und -beschränkungen aufgrund verfassungspolitischen Interesses löst.

Im Hinblick auf das italienische Recht ist aber dennoch festzuhalten, daß die Einführung eines Gesetzesvorbehalts in Art. 16 II 2 GG a.F. zur Legitimation zulässiger Beschränkungen zweckmäßiger gewesen wäre. Damit kann die Frage, ob Deutschland nicht genauso wie Italien mit einem asylrechtlichen Gesetzesvorbehalt hätte leben können, nicht verneint werden. Denn, wie oben gezeigt, hat der verfassungsändernde Gesetzgeber den Gewährleistungsumfang des italienischen Rechts durch die Verfassungsänderung unterschritten. Dies gilt insbesondere im Hinblick auf das vorläufige Bleiberecht und dessen gerichtliche Durchsetzung im einstweiligen Rechtsschutzverfahren.
Vor der Verfassungsänderung und auch bei Einfügung eines Gesetzesvorbehalts in Art. 16 II 2 GG a.F. wäre eine Beschneidung der Inanspruchnahme einstweiligen Rechtsschutzes angesichts der geltenden Anforderungen an einen effektiven Rechtsschutz nicht möglich gewesen. Dies entspricht in etwa der italienischen Rechtslage, nach der jeder Flüchtling den Weg vorläufigen Rechtsschut-

---

1145 Vgl. oben *Zweiter Abschnitt* II 2 und insbesondere S. 118 ff. und S. 153 ff.

zes ohne Unterschied im Hinblick auf seinen Einreiseweg beschreiten kann. Damit wäre für die Frage einer Angleichung die Einfügung eines Gesetzesvorbehalts ein richtigerer, verfassungsrechtlich unbedenklicherer und rechtlich schlüssigerer Weg in die Richtung der Europäischen Union gewesen, als es von der geltenden Verfassungsänderung behauptet werden kann. Durch sie wurde vielmehr der asylrechtliche Standard Italiens unterschritten.

1146 Ausführlich diskutiert auf S. 248 ff.

IV. Fazit

Im Ergebnis läßt sich zunächst festhalten, daß mit der Einführung eines Gesetzesvorbehalts in Art. 16 II 2 GG a.F. eine rigide Abschiebepolitik nicht hätte durchgesetzt werden können. Vielmehr wäre der Gesetzgeber an den uneingeschränkten Standard des Art. 19 IV GG sowie die Schranken des Grundrechts gebunden gewesen. Mit der jetzt geltenden Regelung wurde verfassungswidriges Verfassungsrecht geschaffen. Deshalb wäre es allein um des einheitlichen Gefüges der Verfassung und um ihrer Glaubwürdigkeit willen sachgerechter gewesen, das bisherige Grundrecht mit einem Gesetzesvorbehalt zu versehen. Zumal der rechtliche Standard des italienischen Asylrechts im Hinblick auf das deutsche Asylrecht mit der Änderung unterschritten wurde. Insoweit haben sich die Behauptungen, das deutsche Asylrecht habe wegen der Gewährung eines verfassungsrechtlich verbürgten Asylrechts eine Sonderstellung, als unzutreffend erwiesen. Geht man nämlich davon aus, daß man sich durch die Änderung des Art. 16 II 2 GG a.F. eine Angleichung an den rechtlichen Standard anderer Staaten der Europäischen Union erhofft hat, ist zu konstatieren, daß ein Vergleich mit der Regelung Italiens gezeigt hat, daß der rechtliche Standard anderer Länder sogar unterschritten wurde.

Angesichts der durch Art. 16 a GG verwirklichten Einschränkungen, die verfassungsrechtliche Zweifel wecken, hat man dennoch an einer Beibehaltung des subjektiven Asylgrundrechts festgehalten. Bereits daraus ergibt sich der hier deutlich gewordene Konflikt zwischen einer rigiden, Asylanten möglichst abschiebenden Praxis und der Gewährung einer grundrechtlichen Freiheitsgarantie. In demselben Maß konnte dies auch für das italienische Recht festgestellt werden. In der italienischen Asylgesetzgebung und ihrer Praxis hat sich der Konflikt zwischen einer rigiden Handhabung und einer Verständigung auf gemeinsame Standards im Sinne einer europarechtlichen Freiheitsgarantie deutlich gezeigt.
Während in Italien ein Abbau des Rechtsstaats durch verfassungswidriges einfaches Recht sowie eine teilweise willkürliche Praxis gekennzeichnet ist, geschieht ein solcher Abbau in der Bundesrepublik Deutschland durch verfassungswidriges Verfassungsrecht. Hier ist eine einhellige Tendenz eindeutig erkennbar: Keiner der Staaten, die im Zuge der Erfahrungen des Zweiten Weltkriegs eine verfassungsrechtlich verbürgte Asylgarantie befürworteten und normierten, will heute angesichts der Flüchtlingsprobleme der Neuzeit an dieser großzügigen Gewährleistungen mehr festhalten. In diesem Sinne hat sich gezeigt, daß auch die Abkommen von Schengen und Dublin von einem anderen

Integrationsverständnis ausgehen. Dabei geht es in erster Linie ebenfalls darum, dem Flüchtligsstrom nach Europa Herr zu werden. Was sich darüber hinaus auf europäischer Ebene materiellrechtlich nicht verwirklichen läßt [1147], spiegelt sich in den nationalen Gesetzgebungsinteressen, wie sie hier aufgezeigt wurden, wider. Die nationalen Gesetzgebungsinteressen haben insofern einen Wandel erfahren, für den die ursprüngliche Fassung des Art. 16 II 2 GG a.F. und des nach wie vor geltenden Art. 10 III cost. bürgen. Ausgehend von der ursprünglich großzügigen Garantieverheißung nachkriegsgeprägter Verfassungskonstituierung, mit der der deutsche und der italienische Staat in Ansehung einer totalitären Vergangenheit um internationales Ansehen buhlten [1148], ist die restriktive Asylpolitik zur Eindämmung der Flüchtlingszahlen in den Mittelpunkt gerückt. Der Preis verfassungswidrigen Rechts wurde für dieses Streben sowohl in Deutschland als auch in Italien gezahlt. Schengen, Dublin und Maastricht fordern ihren Tribut.

Aufschlüsse hat der Vergleich auch im Hinblick auf die Beurteilung von Drittstaaten als sicher erbracht. Hier ist augenscheinlich, daß die Beurteilung der Sicherheit nicht lediglich auf rechtlichen Fakten beruhen dürfen, die meist auch noch unzutreffend sind. Der Sicherheitsstandard eines Staates beurteilt sich vielmehr auch nach politischen Gegebenheiten und Erfahrungen, die sich außerhalb des geschriebenen Rechts bewegen. Dies macht die Beurteilung eines Staates als sicher jedoch gerade schwierig und stellt den mit der Beurteilung Beauftragten vor unlösbare Schwierigkeiten. Aus diesen tatsächlichen Grenzen ergeben sich bereits - abgesehen von rechtlichen Problemen - erhebliche Zweifel angesichts einer im Wortlaut absoluten Regelung, die keine Ausnahme vorsieht. Dies gilt erst recht für die Möglichkeit, aktuellen Entwicklungen schnellstmöglichst Rechnung tragen zu können.

Schließlich hat der Vergleich zwischen dem Asylrecht Deutschlands und Italiens die Möglichkeit einer Harmonisierung des Asylrechts auf europäischer Ebene um einen Aspekt transparenter gemacht. Auch bei Vorhandensein vergleichbarer Regelungsstrukturen, wie eines verfassungsrechtlich determinierten Individualanspruchs auf Asyl und der daraus abgeleiteten verfahrensrechtlichen Ansprüche, sind einer Harmonisierung in Form nationaler Angleichungen rechtliche und tatsächliche Grenzen gesetzt. Die Strukturen der Rechtsordnungen sind in den einzelnen Ländern verschiedener Natur.

[1147] Vgl. Dazu Zimmermann, Diss., S. 364 ff; ferner oben FN 873

Als Beispiel für die Unterschiedlichkeit der Strukturen läßt sich gerade beim Asylrecht das aufgezeigte Verständnis des Gesetzesvorbehalts in Erinnerung rufen. Aufgrund des italienischen Gesetzesvorbehalts *(riserva di legge)* ist das Asylgrundrecht zwar vor Eingriffen durch die Exekutive weitgehend geschützt ist, jedoch bewirkt der Gesetzesvorbehalt selbst eine geringe Bindung des Gesetzgebers, weil nicht verfassungsrechtlich fundiert ist, zu welchen Zwecken das Parlament in das Asylgrundrecht eingreifen darf, und weil das dogmatische Umfeld der Sicherung von Eingriffen in Grundrechte nur sehr vage bestimmt werden kann. Vorhandene Ansätze wie z.B. das Gesetz Nr. 241/ 1990 beziehen sich dabei eher auf formelle Aspekte der Ausgestaltung des Verfahrens, nicht auf die grundrechtseffektivierende Funktion des Verfahrens und nicht auf das rechtfertigende Moment für Eingriffe durch Gesetz. Die *legge Martelli* bürgt daher für diesen verfassungsrechtlichen Hintergrund. Denn wie aus ihrer Entstehungsgeschichte bereits hervorgeht, mangelt es dem Gesetzgeber an dem notwendigen Pflichtbewußtsein, daß es letztlich alleine ihm obliegt, die Verbürgung eines Asylanspruchs auf einfachgesetzliche Ebene umzusetzen. Er hat sich weder in formeller Hinsicht noch in inhaltlicher Hinsicht an die Vorgaben gehalten und die Ermahnung der *Corte Costituzionale* zur vollständigen Umsetzung des Art. 10 III cost. in ein Verfahren ignoriert.

Die Rechtsvergleichung zeigt damit, daß im Kreise der EG-Staaten grundsätzlich unterschiedliche Vorstellungen über die Organisation des Verwaltungsverfahrens und den Umfang der gerichtlichen Überprüfung im Fall ablehnender Verwaltungsentscheidungen bestehen. Die nationalen Verfahrensweisen sind dabei untrennbar mit dem allgemeinen Gerichts- und Verwaltungsaufbau verknüpft; eine Herauslösung aus den gewachsenen Strukturen ist unrealistisch [1149]. Neben dem bei der Behandlung zutage getretenen unterschiedlichen Verständnis vom Gesetzesvorbehalt sind im wesentlichen außerdem das Fehlen einer Verfassungsbeschwerde in Italien und einer dadurch bedingten geringer ausgeprägten Grundrechtsdogmatik zu nennen.

Die vollständige Gleichheit vorhandener Strukturen ist zwar nicht unbedingt erforderlich, um zu dem Ziel zu gelangen, einen Asylantrag in jedem Land der Gemeinschaft nach gleichwertigen Grundsätzen durchzusetzen. Denn in einer förderalistisch strukturierten Gemeinschaft müssen diese Ungleichheiten und daraus resultierende divergierende Ergebnisse so lange akzeptiert werden, als insgesamt die Gleichartigkeit der Verfahrensweisen gegeben ist, die eine unbeschränkte gegenseitige Anerkennung ermöglicht. Jedoch werden Flüchtlinge,

---

[1148] Kunig, Jura 1992, 217

solange identische Strukturen fehlen, immer in strukturstärkere Länder flüchten, weil sie sich dort der Durchsetzung ihres Rechts sicherer sein können als anderswo. Ein Albaner würde es beispielsweise in Ansehung der derzeitigen italienischen Praxis bevorzugen, einen Asylantrag in der Bundesrepublik Deutschland zu stellen, obwohl Italien *de iure* das großzügigere Recht verspricht. Hier werden die tatsächlichen Grenzen der Harmonisierung des Asylrechts auf nationaler Ebene transparent. Die Effektivität der Asylgewährung hängt nicht lediglich von rechtlichen Garantien ab.

Dies haben die Befürworter einer Änderung des Art. 16 II 2 GG a.F. offensichtlich bereits im Ansatz erkannt. Als das entscheidende Problem der deutschen Asylgewährleistung wurde nämlich zunächst das Bleiberecht bis zum Abschluß des Verfahrens angesehen, welches unterstützt durch die Rechtsschutzgarantie des Art. 19 IV GG von jedem Asylbewerber in Anspruch genommen werden konnte [1150]. Diese "Ausprägungen unseres rechtsstaatlichen Systems" wurden zudem als conditio sine qua non für allerlei kriminelle Machenschaften durch Schlepper- und Schleuserorganisationen angesehen [1151]und als für die zu lange Dauer der Asylverfahren verantwortlich gezeichnet, da die Inanspruchnahme des Rechtsschutzes die Verfahrensdauer negativ beeinflusse [1152]. Angesichts dieser Tatsache ziehe es von Jahr zu Jahr mehr Flüchtlinge nach Deutschland, da das Bleiberecht die Einreise auch von nicht politisch Verfolgten so erst ermögliche [1153]. Fehlgebrauchs- und Mißbrauchsfälle resultierten aus dieser faktisch unbegrenzten Einreisemöglichkeit und dem vorläufigen Bleiberecht; da sie jedoch zum Wesensgehalt des Art. 16 II 2 GG a.F. zählten, stünde dieser einer Mißbrauchsbekämpfung durch den Gesetzgeber entgegen [1154]. Dazu komme das - bereits oben angesprochene - Problem der Integrationskapazität im Hinblick auf Personen, die "zwar vorrangig für ihr Heimatland, darüberhinaus aber auch für Deutschland einen im Grunde totalitären Staat rechter oder linker Prägung herbeiführen wollen" [1155]. Schließlich entstünden durch den Zustrom erhebliche Minderheitenprobleme [1156], eine wünschenswerte Bereicherung für die

---

1149 Ähnlich auch Hailbronner, Möglichkeiten und Grenzen..., S. 138

1150 Reichert, ZAR 1991, 121 (121)

1151 Reichert, a.a.O., 122

1152 Hailbronner/Cordes, NVwZ 1990, 1139 (1140)

1153 Bell, ZAR 1990, 83 (83); Hailbronner, NVwZ 1989, 303 (304);

1154 Bell, a.a.O., 83

1155 Bell, a.a.O., 85

1156 Bell, a.a.O., 84

aufnehmende Gesellschaft sei aber lediglich bei einem begrenzten Fremdenanteil zu bejahen [1157]. Steigende Asylbewerberzahlen, das Bleiberecht und die Möglichkeit eines Mißbrauchs waren demzufolge die gegen das Asylrecht immer wieder geltend gemachten Einwände.

Im Rahmen dieser Arbeit wurde aber festgestellt, daß auch das italienische Asylrecht eine zahlenmäßige Begrenzung von Flüchtlingen nicht erlaubt. Und die anderen europäischen Staaten pauschal unterstellte Flexibilität des Gesetzgebers, neuen Entwicklungen Rechnung zu tragen [1158], beruht im Fall Italiens auf verfassungswidrigen Schritten des einfachen Gesetzgebers.

Im Gegensatz zu den gemachten Ausführungen hat man mit der Änderung des Grundgesetzes tatsächlich erreicht, was stets bestritten wurde und immer noch bestritten wird [1159], nämlich den Schutzstandard des Asylrechts unterhalb dem anderer europäischer Mitgliedsstaaten anzusiedeln - um den Preis einer verfassungswidrigen Verfassungsnorm.

[1157] Zacher, Sozialpolitik und Verfassung, S. 1094, geht davon aus, daß ein nicht beherrschbarer Zustrom von politischen Flüchtlingen die sozialstaatliche Gemeinschaft schwer und inadäquat belaste; zur Fremdenangst vgl. auch Bachof, FS Dürig, 319 (332 ff.)

[1158] Hailbronner, vgl. FN 1149

[1159] So Bundesinnenminister Kanther in *Welt am Sonntag* v. 15.5.1994: "... Wir haben das liberalste Asylrecht der Welt"

Thesenartige Zusammenfassung der wichtigsten Ergebnisse

Zum Ersten Abschnitt: Das Recht auf Asyl im Grundgesetz

I. Der Schutzbereich des Art. 16 a I GG

1. Politische Verfolgung

a) Die Unantastbarkeit der Menschenwürde bestimmt im wesentlichen die Voraussetzung des Asyls. Asylrechtlichen Schutz genießt jeder, der Verfolgungsmaßnahmen für Leib oder Leben oder Beschränkungen seiner persönlichen Freiheit ausgesetzt ist oder derartige Repressalien zu erwarten hat. Der Kreis der geschützten Rechtsgüter ist jedoch darüber hinaus offen. Verletzung anderer Rechtsgüter gehen in der Regel als Begleiterscheinungen mit Verletzungen der absoluten Güter Leib, Leben und persönliche Freiheit einher.

b) Der Menschenwürdeansatz ermöglicht eine humanitäre Auslegung des Asyls. Er offenbart jedoch Schwächen, weil er zu einem schrankenlosen Verfolgungsbegriff führt. Unklar bleibt bei der Bestimmung der asylrelevanten Rechtsgüter, wo der Unterschied zwischen wirtschaftlicher und politischer Verfolgung liegen soll.

c) Der asylrelevante Verletzungsakt erfordert ein finales Handeln des Verfolgers mit systematischer Eingriffstendenz. Dies darf nicht so verstanden werden, daß hohe Anforderungen an das nach außen hin erkennbare Ziel des Verfolgers gestellt werden dürfen.

d) Bei einem nur mit beachtlicher Wahrscheinlichkeit drohenden Eingriff ist ein qualifizierender Prognosemaßstab anzuwenden. Dieser bezieht sich auf die Elemente der zeitlichen Nähe des befürchteten Eingriffs und der Eintrittswahrscheinlichkeit. Unmittelbar und mit beachtlicher Wahrscheinlichkeit drohende Eingriffe sind gleich zu behandeln.

e) Asylrechtlich relevante Verfolgung ist grundsätzlich individuelle Verfolgung. Bei ethnischen, religiösen oder sonst kulturell homogenen Gruppen besteht eine Regelvermutung, daß jeder Gruppenangehörige als vom Verfolgungsschicksal eines anderen Gruppenmitglieds unmittelbar mitbetroffen anzusehen ist. Etwas anderes gilt, wenn dem Verfolgungsschicksal widersprechende Tatsachen ersichtlich sind. Bei verwandten oder nahestehenden Personen des Verfolgten kann Verfolgung vorliegen, wenn im Zuge der Nachforschungen Behandlungen ersichtlich sind, die härter sind, als die im Verfolgerstaat sonst übliche.

f) Urheber der Verfolgung muß der Staat sein, dem fehlende Schutzbereitschaft oder -fähigkeit zurechenbar sein muß.

g) Einen wissenschaftlich anerkannten Politikbegriff gibt es nicht. Ausgehend von der ursprünglichen Wortbedeutung ist festzustellen, daß die Definition des Politischen grundsätzlich im Verhältnis zwischen dem Individuum und seinem Heimatstaat angesiedelt ist.

h) Der Begriff des Politischen kann nicht anhand der Motivation des Verfolgers bestimmt werden. Das Politische wird ist anhand eines finalen Moments nach objektiven Kriterien der erkennbaren Gerichtetheit der Maßnahme selbst zu bestimmen. Es muß dem Verfolger darauf ankommen, den Verfolgten wegen ihm eigentümlicher Merkmale zu treffen. Menschenrechtswidrige Behandlung ist stets ein Indiz für politische Verfolgung

i) Art. 16 a I GG vermittelt kein Recht auf Zugang zum Territorium der Bundesrepublik, sondern nur territoriales Asyl

j) Das Asylrecht ist subsidiär gegenüber anderen Fluchtalternativen. Eine innerstaatliche Fluchtalternative kann nur angenommen werden, wenn neben der generalisierenden Betrachtungsweise der herrschenden Umstände auch die individuelle Situation geprüft wird, da ein gut funktionierender Staat den Verfolgten in der Regel überall erreichen wird.

2. Inhalt des grundgesetzlichen Asylrechts

a) Das Asylrecht ist ein Recht des status negativus.

b) Mit dem Verständnis als Recht des status negativus ist der Akt der notwendigen Asylanerkennung vereinbar

c) Eine leistungsrechtliche Interpretation des Asylgrundrechts, vor allem im Hinblick auf einen *numerus clausus* von Asylbewerbern, scheitert an den gewichtigen Argumenten gegen eine leistungsrechtliche Interpretation von Abwehrrechten. Wegen der Alternativlosigkeit des Asylgrundrechts zwischen Schutz und Verfolgung wäre ferner jeder numerus clausus von Asylbewerbern ein Verstoß gegen die Wesensgehaltsgarantie des Art. 19 II GG. Die gegen die Annahme eines Menschenwürdekerns des Asylrechts vorgebrachten Argumente überzeugen nicht. Die deutsche Staatsgewalt muß sich im Fall der Verweigerung von Schutz bei drohender politischer Verfolgung die ausländische Menschenwürdeverletzung zurechnen lassen.

II. Schranken- und Änderungsproblematik des Asylrechts

1. Schrankenlosigkeit und Änderungsproblematik des Asylrechts bis 1993

a) Das Asylgrundrecht des Art. 16 I 2 GG a.F. war verfassungsimmanenten Schranken unterworfen, die aus der Rücksicht auf die Einheit der Verfassung und die von ihr geschützte gesamte Wertordnung resultierten. Das Asylrecht konnte danach beschränkt werden, wenn der Asylberechtigte eine schwerwiegende Gefahr für die Sicherheit der Bundesrepublik oder die Allgemeinheit bedeutet.

b) Als denkbare Kollisionslagen kamen lediglich der Fall der Staatsnotwehr sowie die Erschöpfung wirtschaftlicher Aufnahmekapazitäten und wirtschaftlichen Leistungsvermögens in Betracht

c) Die vor dem 1.7.1993 eingebrachten Vorschläge zur Verfassungsänderung bestehen im wesentlichen in der Einführung eines Ausgestaltungs-, Regelungs- , Eingriffs- oder eines Maßgabevorbehalts.

2. Die Regelung des Art. 16 a GG

a) Die Drittstaatenregelung des Art. 16 a II GG knüpft an die Ermittlung des Fluchtweges an und basiert nicht auf dem Modell anderweitiger Verfolgungssicherheit. Art. 16 a II GG ist nicht anwendbar auf Staatsangehörige der Drittstaaten, sondern erfaßt nur Ausländer, die aus einem für sie sicheren fremden Drittstaat einreisen. Besteht die Möglichkeit einer Verfolgung durch den Drittstaat, ist die Regelung verfassungskonform dahingehend auszulegen, daß das Asylbegehren eines Ausländers, der aus diesem Drittstaat einreist geprüft werden muß. Die Bestimmung sicherer Drittstaaten muß in diesem Sinne als deklaratorisch angesehen werden. Bei Art. 16 a II GG handelt es sich nicht um eine Grundrechtsschranke, sondern um eine verfassungsunmittelbare Begrenzung des Schutzbereichs.

b) Die Bestimmung verfolgungsfreier Herkunftsländer i.S. des Art. 16 a III GG durch den Gesetzgeber gebietet wegen Art. 1 GG eine vollständige und objektive Aufklärung der politischen Situation in dem jeweiligen Staat. Das Vorbringen unmenschlicher Behandlung zur Darlegung der politischen Verfolgung ist auch für den Ausländer aus einem sicheren Herkunftsstaat weiterhin möglich. Über Art. 16 a GG hinausgehende völkerrechtliche Verpflichtungen, aus denen sich ein Abschiebeverbot ergibt, bleiben von Art. 16 a III GG unberührt und müssen von dem angerufenen Verwaltungsgericht berücksichtigt werden.

c) Art. 16 a IV GG verlangt für die Fälle offensichtlicher Unbegründetheit des Asylantrags ernstliche Zweifel an der Rechtmäßigkeit der aufenthaltsbeendenden Maßnahmen. Die systematische Auslegung ergibt, daß bereits bei Vorliegen der Möglichkeit einer Fehlentscheidung ernstliche Zweifel anzunehmen sind.

III. Funktionalität und Verwirklichung des Asylgrundrechts in der Verwaltungspraxis

1. Grundsätze des Asylverfahrens

a) Durch § 26 AsylVfG 1993 wurde die Kernregelung des neuen Asylrechts im Hinblick auf die Drittstaatenregelung in das Asylverfahrensgesetz eingeführt. Bei der Entkräftung der Drittstaateneigenschaft ist nach EG- und Nicht-EG-Staaten zu differenzieren. Da sichere Drittstaaten nur im Fall von Nicht-EG-Staten durch Gesetz festgelegt werden, muß bei Zweifeln über die Verfolgungssicherheit die Entscheidung des BVerfG nach Art. 100 GG eingeholt werden. Im Fall von EG-Staaten verlangt die verfassungskonforme Auslegung die Berücksichtigung der Unmöglichkeit einer Abschiebung in den Drittstaat.

b) Die Regelung sicherer Herkunftsstaaten hat in Gestalt des § 29 a AsylVfG Eingang in das Asylverfahren gefunden. Die Vorschrift wird ergänzt durch § 30 AsylVfG, der die sonstigen Gründe offensichtlicher Unbegründetheit des Asylverfahrens regelt.

c) Ein Widerspruch gegen Entscheidungen im Bereich des AsylVfG 1993 findet nicht statt.

d) Vorläufiger Rechtsschutz ist im Fall der Einreise aus einem sicheren Drittstaat nicht zu erlangen, § 34 a AsylVfG 1993. Im Fall offensichtlicher Unbegründetheit wird unter der Voraussetzung des Bestehens ernstlicher Zweifel gem. § 36 AsylVfG 1993 die Frist eines Antrags nach § 80 V VwGO auf eine Woche verkürzt. Insgesamt kann damit festgestellt werden, daß die Rechtsschutzmöglichkeiten stark beschränkt und insbesondere die Erlangung vorläufigen Rechtsschutzes erschwert ist.

Zum Zweiten Abschnitt: Das Recht auf Asyl in der italienischen Verfassung

I. Bedeutung und Auslegung des Rechts auf Asyl in Art. 10 III cost.

1. subjektives Recht oder programmatische Verfassungsnorm

Das in Art. 10 III cost. normierte Asyl ist ein subjektives Grundrecht und nicht nur programmatische Verfassungsnorm.

2. Politische Verfolgung und verhinderte Freiheitsausübung

a) Voraussetzung des Art. 10 III cost. ist nicht politische individuelle Verfolgung, sondern die Voraussetzung der verhinderten Freiheitsausübung postuliert einen Geltungsbereich der von der italienischen Verfassung gewährten Freiheitsrechte über die Grenzen Italiens hinaus.

b) Die in Art. 10 III cost. erwähnten demokratischen Freiheitsrechte sind die als *diritti fondamentali* garantierten Rechte, die von der Verfassung als *diritti inviolabili* garantierten Rechte sowie weitere Menschenrechte, die die *Corte Costituzionale* als solche anerkannt hat.

c) Verhinderung bedeutet die Unmöglichkeit der Inanspruchnahme, wobei ein individuelles Betroffensein nicht vorausgesetzt wird.

d) Das Asylrecht in Art. 10 III cost. Gewährleistet ein Recht auf Einreise und ein - zumindest vorläufiges - Bleiberecht sowie Schutz vor Abschiebung. Neuere Tendenzen in der Literatur, die sich an einem leistungsrechtlichenAnsatz orientieren, sind abzulehnen.

II. Der Gesetzesvorbehalt „secondo le condizioni stabilite dalla legge"

1. Art. 10 III cost. enthält einen absoluten Gesetzesvorbehalt („*riserva assoluta*"), ohne daß diese Einordnung im Schrifttum dogmatisch hinreichend begründet wird.

2. Der absolute Gesetzesvorbehalt fordert die Gestaltung des politischen Willensbildungsprozesses auf der Ebene der Legislative und schließt nur materielle Normen aus, so daß insoweit lediglich formale Voraussetzungen maßgeblich sind.

3. Bei den das Asylrecht regelnden Gesetzen muß es sich um Parlamentsgesetze handeln, die die wesentlichen politischen Grundentscheidungen in diesem Bereich abschließend regeln.
Die Beschränkung der Tatbestandsvoraussetzungen sowie die Regelung eines *numerus clausus* von Asylbewerbern sind nicht möglich.

III. Funktionalität und Verwirklichung des Asylgrundrechts in der Verwaltungspraxis

1. Bis zum Jahre 1990 wurde in Italien nicht der Versuch unternommen, ein Asylverfahrensgesetz zu erlassen. Im wesentlichen wurde das Flüchtlingsproblem rechtlich durch die Genfer Konvention zum Schutz der Flüchtlinge geregelt. Die Genfer Konvention regelt kein Recht auf Asyl im Sinne der italienischen Verfassung.

2.Die mangelhafte Regelung des Asylrechts auf Verfahrensebene resultiert aus dem Umstand, daß in Italien nur ansatzweise ein Verständnis für die Bedeutung der Grundrechte für das Verfahren zu beobachten ist. Insbesondere legen die neueren Reformbestrebungen des Verwaltungsverfahrens in Gestalt des Gesetzes Nr. 241/1990 den Schwerpunkt auf die Innovation und Vereinfachung des Verwaltungsverfahrens und nicht auf die Umsetzung von Grundrechten.

3. Erst im Jahre 1990 wurde mit Erlaß des Gesetzes Nr. 39, 1990 der Versuch unternommen, ein mit „Vorschriften zum Asyl" betiteltes Gesetz zu erlassen.

4. Das Gesetz Nr. 39/1990 knüpft an die Flüchtlingseigenschaft nach der Genfer Konvention an und fordert im Gegensatz zu den Vorgaben des Art. 10 III cost. begründete Furcht vor politischer Verfolgung. Ein Recht auf Einreise und Aufenthalt wird gesetzlich nicht festgelegt.

5. Wegen der Beschränkung des grundrechtlichen Schutzbereichs des Art. 10 III Cost. und des fehlenden Einreiserechts verstößt die Regelung des Gesetzes Nr. 39/1990 gegen die Verfassung. Verfgassungswidrig ist insbesondere die Erwähnung des Asylrechts im Titel und in Art. 1 XI des Martelli-Gesetzes. Auch in formeller Hinsicht liegt ein Verfassungsverstoß vor, da das Gesetz Nr. 39/1990 und seine Verordnungsermächtigung den Anforderungen des absoluten Gesetzesvorbehalts nicht genügen.

6. Die Ermächtigungsgrundlagen im Gesetz Nr. 39/1990 werden von den Behörden solange angewendet werden, bis das Gesetz zur Nichtigerklärung dem Verfassungsgerichtshof *Corte Costituzionale* vorgelegt wird. Bis zu diesem Zeitpunkt ist das Gesetz zwar verfassungswidrig, wird jedoch weiter Anwendung finden. Daraus resultiert eine Zuständigkeit der regionalen Verwaltungsge-

richte, die bislang von ihrer Vorlagemöglichkeit noch nicht Gebrauch gemacht haben. Eine Einschränkung des Rechtsschutzes ergibt sich aus der Tatsache, daß die Verwaltungsgerichte einer verfassungskonformen Auslegung des Gesetzes Nr. 39/1990 den Vorrang vor einer Überprüfung der Verfassungsmäßigkeit einräumen, und es mangels einer Verfassungsbeschwerde im italienischen Recht bei der verwaltungsgerichtlichen Zuständigkeit bleibt.

Zum dritten Abschnitt: Bewertung des Asylrechts in Art. 16 a GG im Hinblick auf die italienische Rechtslage und die europäische Harmonisierung des Asylrechts

1. Die Abkommen von Dublin und Schengen, das Schengener Zusatzabkommen und der Vertrag von Maastricht bewirken keine Harmonisierung des Asylrechts im Sinne einer materiellen Angleichung. Das Schengener Modell geht von einem anderen Integrationsverständnis aus als die nationalen Asylrechtsgewährleistungen in Deutschland und Italien, weil nicht grundsätzlich die Einreisefreiheit innerhalb der Europäischen Union, sondern in erster Linie Abwehrmechanismen gegen den Asylbewerberstrom geschaffen werden sollen.

2. Die tatbestandlichen Voraussetzungen des italienischen Asylrechts, des Flüchtlingsbegriffs nach der Genfer Konvention und der politischen Verfolgung i.S. des Art. 16 a I GG lassen sich als konzentrische Kreise verstehen und darstellen. Die Voraussetzungen der Asylgewährung nähern sich de facto durch die italienische Asylpraxis an, wonach Asyl nach Maßgabe der Genfer Flüchtlingskonvention gewährt wird. Italien sichert sich durch diese Praxis Euro-Kompatibilität um den Preis der Verfassungswidrigkeit des Asylverfahrensrechts.

3. Bewertung des geltenden deutschen Rechts im Hinblick auf die italienische Rechtslage

a) Ein Vergleich der Asylverfahren in Deutschland und Italien ergibt, daß das deutsche Recht die restriktiveren Vorschriften kennt. Dies trifft insbesondere auf den Rechtsschutzstandard zu.

b) Im Hinblick die Regelung des Art. 16 a GG wird deshalb ein Abbau des Rechtsstaats bewirkt, der mit den vom BVerfG entwickelten Grundsätzen zum Asylgrundrecht schwer vereinbar ist. Aus einem subjektiven Asylgrundrecht fließt die Pflicht des Gesetzgebers, geeignete Organisationsformen und Verfahrensregelungen zur Grundrechtsverwirklichung zu erlassen. Er darf jede Regelung treffen, die der Bedeutung des Asylrechts gerecht wird. Dies muß auch für den Verfassungsgesetzgeber gelten. Die Einschränkungen in Art. 16 a II - IV. GG erscheinen unter diesem Aspekt widersprüchlich, da der Verfassungsgesetzgeber einerseits beschränkende Regelungen zur Mißbrauchsabwehr trifft, andererseits jedoch an die Vorgaben des BVerfG zur Grundrechtsverwirklichung gebunden bleibt.

c) Maßgeblich für den gerichtlichen Rechtsschutz des Asylbewerbers ist die Garantie des Art. 19 IV GG, da ein grundrechtsspezifisches Sonderverfahrensrecht wegen der Klarheit, Berechenbarkeit und Durchschaubarkeit grundsätzlich abzulehnen ist. Nur in Sonderfällen vermag das Asylgrundrecht das unter dem Prinzip der Rechtssicherheit stehende allgemeine Verfahrenssystem spürbar zu beeinflussen. Für das Asylrecht ist deshalb nur ausschlaggebend, daß die umfassende Nachprüfung des Verfahrensgegenstandes in tatsächlicher und rechtlicher Hinsicht und eine dem Rechtsschutzbegehren angemessene Entscheidungsart und Entscheidungswirkung gewährleistet ist.

d) Angesichts dieser Grundsätze begegnet die Drittstaatenregelung, nach der Rechtsschutz keine aufschiebende Wirkung hat, verfassungsrechtlichen Bedenken.

e) Die Konzeption sicherer Herkunftsstaaten ist demgegenüber verfassungsrechtlich unbedenklich.

f) Art. 16 a IV GG ist lex specialis gegenüber Art. 19 IV GG. Die Gefahr drohender politischer Verfolgung des Flüchtlings wird durch die verfassungskonforme Auslegung des Begriffs der ernstlichen Zweifel durch die Verwaltungsgerichte korrigiert und kann verfassungsrechtlich als noch vertretbar angesehen werden.

d) Die Unterschiede der Rechtsstaatlichkeit des Asylverfahrens bestehen im Ergebnis darin, daß ein Abbau des Rechtsstaates im Asylrecht in Deutschland durch Art. 16 a II- IV GG, in Italien durch das Gesetz Nr. 39/1990 stattfindet. Damit wird der Konflikt zwischen einer rigiden, Asylanten möglichst abschiebenden Politik, die sich dann aber in Gestalt verschiedener Abkommen auf gemeinsame Standards verständigt, und einer europarechtlichen Freiheitsgarantie eines gemeinsam zu realisierenden und zu begrenzenden Asylrechts besonders deutlich.

3. Die Einführung eines Gesetzesvorbehalts in Art. 16 II 2 GG a.F. hätte für den Gesetzgeber nicht den Weg zu einer umfangreicheren Beschränkungsmöglich-

keit als unter Beibehaltung des ursprünglich gewährleisteten Asylrechts geöffnet. Allerdings wäre ein Gesetzesvorbehalt im Gegensatz zu der geltenden Asylregelung als verfassungswidrig unbedenklich anzusehen gewesen. Hingegen wäre die Umwandlung in eine institutionelle Garantie verfassungsrechtlich bedenklich. Zur Legitimation der zulässigen Beschränkungen könnte ein einfacher Gesetzesvorbehalt - entsprechend dem italienischen Modell - dennoch zweckmäßiger sein als die teils problematische Regelung des Art. 16 a II - IV GG, die im Ergebnis den Gewährleistungsstandard Italiens unterschreitet.

ANHANG

DIE AKTUELLE ENTWICKLUNG DES ASYLRECHTS IN DEUTSCHLAND UND ITALIEN

Das BVerfG hat mit seinen Urteilen vom 14. Mai 1996 über die Verfassungsmäßigkeit der das Asylrecht betreffenden Verfassungs- und Gesetzesänderungen vom Juni 1993 [1160] einen vorläufigen Schlußstrich unter die jahrelangen Auseinandersetzungen um das deutsche Asylrecht gezogen. Diese Entscheidungen, die bei Abgabe der Dissertation noch nicht ergangen waren, werden Inhalt und Formen des künftigen asylrechtlichen Schutzes in Deutschland bestimmen, geben sie doch über den aktuellen Gegenstand der Entscheidung hinaus wichtige Orientierungen für Politik, Gesetzgebung und Rechtsprechung. Da im Kontext vorstehender Arbeit insbesondere die Entscheidungen des BVerfG zur Drittstaatenregelung und zur Problematik der sicheren Herkunftsstaaten bedeutsam ist, soll die Entscheidung zum Flughafenverfahren an dieser Stelle vernachlässigt werden.

Auch in Italien sind seit der Fertigstellung dieser Dissertation Reformbestrebungen zu beobachten, die im Kontext vorstehender Untersuchungen skizziert werden sollen.

Nach den hier gewonnenen Ergebnissen scheint es daher unerläßlich, anhand der bislang vorliegenden Neuerungen in Rechtsprechung und Gesetzgebung einen Ausblick auf den aktuellen und künftigen Weg des Asylrechts in Deutschland und Italien zu geben, der gleichsam für die Perspektiven der Entwicklung des Asylrechts im Bereich der Staaten der Europäischen Union bedeutsam ist.

Es soll daher versucht werden, die wesentlichen Neuerungen bis zum November 1996 zu skizzieren und kurz zu problematisieren.

[1160] 2 BvR 1507/93, EZAR 207 Nr. 1 (sichere Herkunftsstaaten) = NVwZ 1996, 691; 2 BvR 1938/93 u. a. (sichere Drittstaaten) = NVwZ 1996, 700, EZAR 208 Nr. 7; 2 BvR 1516/93, EZAR 632 Nr. 25 (Flughafenverfahren) = NVwZ 1996, 678; Ls. in ds. Heft; Ls. und teilweise Wiedergabe der Urteilsgründe und der abweichenden Meinungen auch in ZAR Aktuell Nr. 3/1996

I. Das Recht auf Asyl im Grundgesetz

1. Die Rechtsprechung des BVerfG vom 14.05.1996

a. Die Regelungen über sichere Drittstaaten

aa) Vorbemerkung

Die Regelungen des Art. 16 a II GG über sichere Drittstaaten bilden, wie die obigen Ausführungen gezeigt haben, ein Herzstück der Grundgesetzänderung vom Juni 1993. Deshalb sind die Aussagen des BVerfG zum Ausschluß des Asylrechts nach Durchreise durch einen sicheren Drittstaat von besonderem Gewicht. [1161]

In der sog. „Drittstaatenentscheidung" billigt das BVerfG die Bestimmung der jeweiligen Mitgliedstaaten der Europäischen Gemeinschaften zu sicheren Drittstaaten und beschreibt die Anforderungen an den Gesetzgeber bei der Aufnahme von Staaten in die Liste der sicheren Drittstaaten im einzelnen. Dabei wird auch auf das Problem der Kettenabschiebung eingegangen und betont, daß diese nach Art. 33 GK der Annahme von Verfolgungssicherheit in dem Drittstaat entgegensteht. Dem Gesetzgeber wird indes ein weiter Spielraum bei der Feststellung und Wertung der einschlägigen Tatsachen eingeräumt. Der Frage der Anwendung der beiden Konventionen (GK und EMRK) in Vertragsstaaten, in denen die Gesetzmäßigkeit der Verwaltung grundsätzlich gewährleistet ist, braucht er nur nachzugehen, wenn sich ihm eine regelmäßige Nichtanwendung der Konvention nahelegen muß. Über den Spielraum bei der Auswahl der Erkenntnismittel hinaus steht dem Gesetzgeber auch ein solcher bei der Einschätzung und der Entscheidung zu, wobei sich seine Entscheidung lediglich als vertretbar erweisen muß, um nicht gegen die Verfassung zu verstoßen.
Dem Ausschluß des Asylrechts bei Anreise aus einem sicheren Drittstaat liegt dem BVerfG zufolge das Konzept einer *normativen Vergewisserung* [1162] über die Sicherheit im Drittstaat zugrunde. Damit wird eine Berufung auf Abschiebungsschutz nach §§ 51 Abs. 1, 53 AuslG ebenso ausgeschlossen wie jede Nachprüfung der (potentiellen) Sicherheit vor Verfolgung im Einzelfall.
Das BVerfG sieht demzufolge in Abs. 2 des Art. 16 a GG eine Beschränkung

---

1161 vgl. hierzu oben *Erster Abschnitt* II 4. und *Dritter Abschnitt* II 4. b) ff)

1162 „Vergewisserung" wird hier im Sinne von „sich Gewißheit verschaffen" verstanden; vgl. hierzu Renner, ZAR 1996, 103

des persönlichen Geltungsbereichs des Asylgrundrechts und hält diese für mit Art 79 Abs. 1 und 3 GG vereinbar. Auch der sich daran anknüpfende Ausschluß des Rechtsschutzes gegen die Verbringung in den Drittstaat verstößt nach der Entscheidung des BVerfG - entgegen der Auffassung der Verfasserin - ebenfalls nicht gegen Verfassungsrecht, wobei unter aufenhaltsbeendenden Maßnahmen im Sinne von Art. 16 a Abs. 2 S. 3 GG auch solche zu verstehen sind, die bereits die Begründung des Aufenthalts verhindern.

bb) Verfassungsgerichtliche Auslegung

Abgesehen von der Bestätigung der Verfassungsgemäßheit der wichtigsten Vorschriften über sichere Drittstaaten äußert sich das BVerfG teilweise ausführlich, teilweise aber auch nur durch kurze Anmerkungen zur Auslegung von Art. 16 a Abs. 2 GG.

Zunächst wird der Anwendungsbereich der Drittstaatenklausel näher mit der Folge beschrieben, daß auch die einfachgesetzlichen Bestimmungen hieran auszurichten sind. Dabei wird jeweils zugrundegelegt, daß unter „Einreise" auch die versuchte Einreise zu verstehen ist: Demzufolge spricht das BVerfG teilweise ausdrücklich von dem Ausländer, der „anreist", um den tatsächlichen Vorgang zu bezeichnen, der nicht mit der Einreise im Rechtssinne von § 59 Abs. 2 AuslG übereinstimmt.

Die Einreise erfolgt auch dann aus einem sicheren Drittstaat, wenn der Ausländer sich zunächst in einem solchen befunden hat, dann aber durch einen anderen Staat gereist ist, um nach Deutschland zu gelangen. Der sichere Drittstaat braucht also nicht die letzte Aufenthaltsstation des Ausländers gewesen zu sein. Außerdem betont das BVerfG die Anwendbarkeit von Abs. 2 ohne Rücksicht auf die Dauer des Aufenthalts, schränkt diese Aussage aber für den Fall ein, daß der Ausländer den Drittstaat mit öffentlichen Verkehrsmitteln durchquert, ohne daß es einen Zwischenstop gibt. Schließlich soll die Drittstaatenregelung auch dann eingreifen, wenn feststeht, daß der Ausländer nur über einen der sicheren Drittstaaten nach Deutschland gekommen sein kann, der Drittstaat aber nicht konkret bekannt ist bzw. nicht ermittelt werden kann.

Die Frage, ob im Rahmen des Art. 16 a Abs. II GG Abschiebungshindernisse, insbesondere die der §§ 51 Abs. 1, 53 AuslG und der GK sowie der EMRK, ausgeschlossen sind, beantwortet das BVerfG mit dem Konzept der *„normativen*

Vergewisserung". Nur soweit mit der Erklärung eines Staates als sicherer Drittstaat der Gesetzgeber die Sicherheit eines Flüchtlings vor schutzbegründenden Gefahren allgemein festgestellt hat, scheidet eine Berufung auf Abschiebungshindernisse aus. Eine Berufung auf § 51 Abs. 1 AuslG ist daher bei Geltendmachung einer Verfolgungsgefahr im sicheren Drittstaat nicht zugelassen, wohl aber im Falle einer Abschiebung in den Herkunftsstaat oder in einen anderen nicht als sicher qualifizierten Drittstaat. Entsprechendes gilt auch für die Abschiebungshindernisse nach § 53 Abs. 1 AuslG, weil das normative Vergewisserungskonzept auch solche Gefährdungen umfaßt.
Eine Ausnahme gilt aber dann, wenn die genannten Abschiebungshindernisse durch Umstände begründet werden, „die nach ihrer Eigenart nicht vorweg im Rahmen des Konzepts normativer Vergewisserung von Verfassung und Gesetz berücksichtigt werden können und damit von vorneherein außerhalb der Grenzen liegen, die der Durchführung eines solchen Konzepts aus sich selbst heraus gesetzt sind". Hierunter fällt u. a. die Geltendmachung eines drohenden Vollzugs der Todesstrafe, die konkrete Gefahr, Opfer eines Verbrechens im Falle der Rückkehr zu werden, ohne daß hinreichender Schutz zu erwarten ist oder schließlich der Fall, daß sich die für die Beurteilung als sicher geltenden Verhältnisse so schlagartig ändern, daß hierauf die Bundesregierung noch nicht reagieren konnte.

Das Verbot vorläufigen Rechtsschutzes gegen aufenthaltsbeendende Maßnahmen wird interpretatorisch auf Fallgestaltungen begrenzt, in denen die Anreise aus einem sicheren Drittstaat feststeht, wobei die Rechtsfolgen des Art. 16 a II S. 3 GG nur dann nicht eintreten sollen, wenn das Vorbringen des Ausländers den Reiseweg über einen sicheren Drittstaat als ernstlich zweifelhaft erscheinen läßt. Außerdem soll das Verwaltungsgericht den Vollzug der Verbringung in den Drittstaat vorläufig aussetzen dürfen, wenn sich die vom Ausländer behaupteten außerhalb des Prüfungskonzepts des Gesetzgebers liegenden Abschiebunghindernisse nicht ausräumen lassen.

Desweiteren erwähnt das BVerfG bei Wiedergabe der vom verfassungsändernden Gesetzgeber verfolgten Zielsetzung ausdrücklich auch den hierfür einschlägigen Abs. V des Art. 16 a GG und führt im Leitsatz I.a) aus, es sei nun eine Grundlage geschaffen worden, um eine europäische Gesamtregelung der Schutzgewährung für Flüchtlinge mit dem Ziel einer Lastenverteilung zwischen den an einem solchen System beteiligten Staaten zu erreichen.

Schließlich nimmt das BVerfG auch zur Problematik des Art. 1 GG Stellung. Aus der bisherigen Judikatur des BVerfG[1163].ergebe sich, daß dem Asylgrundrecht die von der Achtung der Unverletzlichkeit der Menschenwürde bestimmte Überzeugung zugrundeliegt, kein Staat habe das Recht, Leib, Leben oder persönliche Freiheit aus Gründen zu gefährden oder zu verletzen, die alleine in der politischen Überzeugung, in der religiösen Grundentscheidung oder in unverfügbaren Merkmalen lägen. Dennoch gehöre das Asylgrundrecht nicht zum Gewährleistungsinhalt von Art. 1 Abs. 1 GG. Was dessen Gewährleistungsinhalt sei und welche Folgerungen sich hieraus für die deutsche Staatsgewalt ergäben, sei eigenständig zu bestimmen.

cc) Anmerkungen

Das BVerfG billigt mit seiner Drittstaatenentscheidung im wesentlichen das Konzept der sicheren Drittstaaten als verfassungsrechtlich unbedenklich, wobei lediglich hinsichtlich der Vorschrift des § 34 a Abs. 2 AsylVfG - als Umsetzung des Art. 16 a II S. 3 GG - drei Gegenstimmen zu verzeichnen waren.

(1) Die Drittstaatenklausel

Im Hinblick auf die Drittstaatenklausel in Abs. II S. 1 des Art. 16 a GG ist dem BVerfG zugutezuhalten, daß eine wesentliche Einschränkung mit der Anerkennung von Tatbeständen vorgenommen wird, die außerhalb des Konzepts der normativen Vergewisserung liegen. Dennoch bestehen Zweifel, ob der Ausnahmetatbestand, der nur geprüft werden muß, wenn sich sein Vorliegen im Einzelfall *aufdrängt*, ausreichend ist. Hier ist zunächst an die Zweifel zu erinnern, die bereits oben [1164] geäußert wurden.
Darüber hinaus begegnen auch die Kriterien, nach denen ein Drittstaat sicher sein soll, Zweifeln. Die genannten Voraussetzungen, wie der Beitritt zur Genfer Konvention [1165], die Verpflichtung nach der Rechtsordnung, diese auch anzuwenden und die Bereitstellung eines Prüfungsverfahrens sprechen nicht zwangsläufig für tatsächliche Sicherheit im Drittstaat..
Hier hat der Vergleich Italiens, dessen asylgesetzliche Regelungen direkt an der Genfer Konvention anknüpfen [1166], gezeigt, daß die formelle und teilweise auch

---

1163 Vgl. hierzu *Erster Abschnitt* I 2.g) bb)

1164 Vgl. *Dritter Abschnitt* II 4.c)

1165 Vgl. dazu oben *Zweiter Abschnitt* III.1.a) aa)ff.

1166 Vgl. FN 1

tatsächlich bestehende Gewährleistung keineswegs auch immer dessen Beachtung in der Staatenpraxis bedeutet [1167]

Die Beurteilung eines Staates als sicher im Sinne von Art. 16 a II GG kann - je nach politischer Auffassung - außerdem unzutreffend sein. Hier wird noch einmal auf den Vorschlag der CSU Bezug genommen, die Türkei zu einem sicheren Drittstaat zu erklären [1168].

Auch wird seitens des BVerfG hervorgehoben, daß das Ziel des Konzepts der normativen Vergewisserung dahin gehe, die Grundlage dafür zu bieten, daß der schutzbegehrende Ausländer im Interesse einer effektiven Lastenverteilung alsbald in den Drittstaat zurückgeführt wird. Hier wäre daran zu erinnern, daß weder die Drittstaatenklausel noch die vorhandenen Vertragswerke eine an materiellen Kriterien ausgerichtete und damit „gerechte" Verteilung der Flüchtlinge in Europa bezwecken oder zumindest erleichtern kann. In allen Fällen wird nämlich nur an formale Merkmale angeknüpft, die auf Aufnahmefähigkeit und Belastbarkeit der Staaten keinen Bedacht nehmen.

Die umstrittenste Rechtsfrage im Zusammenhang mit der Regelung des Art. 16 a II S 1 GG betrifft, wie oben bereits angedeutet, damit auch die Frage, ob und ggf. unter welchen Umständen dem Einzelnen die Möglichkeit einer Entkräftung der unwiderleglichen Vermutung der Sicherheit im Drittstaat gewährt werden muß. Das BVerfG ist in seiner Drittstaatenentscheidung dieser Frage nicht ausgewichen, hat jedoch extrem enge Kriterien entwickelt, denen zufolge eine Einzelfallprüfung zugelassen ist. Die normative Vergewisserung zielt darauf, daß der Drittstaat einem Flüchtling, der sein Gebiet in diesem Zustand erreicht hat, den nach der GK und EMRK gebotenen Schutz gewährt.

Oben wurde bereits dargelegt, daß das BVerfG Ausnahmen vom Konzept der normativen Vergewisserung zugelassen hat. Im Rahmen dieser Arbeit ist insbesondere eine Ausnahmekategorie bedeutsam. Es handelt sich um die Ausnahmekategorie, die auf Situationen zielt, in denen der Drittstaat selbst gegen den Schutzsuchenden zu Maßnahmen politischer Verfolgung oder unmenschlicher Behandlung greift und dadurch zum potentiellen Verfolgerstaat wird. Zu erinnern sei an dieser Stelle noch einmal an die unberechenbare Praxis Italiens.

1167 Erinnert sei hier an die Problematik der Albanischen Immigrationswelle, vgl. hierzu insbesondere *Zweiter Abschnitt* III.1.a)ff. und *Nascimbene*, The albanians in Haly, Int.S. Ref. L. 1991, 714 ff.; zur GK und zum Flüchtlingsrecht i.ü. vgl. *Grahl-Madsen*, The status of refugees in International law und *Leduc*, Ann. Franc. Droit int 1977, 229 ff.

1168 Vgl. oben FN 931

Hier hat das BVerfG ausgeführt, für diesen Fall sei es als notwendig anerkannt, daß die Sicherheit im Drittstaat aufgrund besonderer - einzelfallbezogener - Umstände nicht als gewährleistet angesehen werden könne. Darüber hinaus sei Art. 13 EMRK zu berücksichtigen, wonach der Einzelne einen „arguable claim" einer Verletzung von Art. 13 EMRK im Drittstaat geltend machen könne, auch eine Art. 13 EMRK entsprechende Einzelfallprüfung erfolgen müsse, anderenfalls eine Verletzung von Art. 13 EMRK durch die Bundesrepublik vorprogrammiert sei.[1169]
In der Tat scheint das BVerfG mit dieser Ausnahmekategorie den aus Art. 3 und Art. 13 EMRK folgenden Verpflichtungen Genüge tun zu wollen. Hier sei daran erinnert, daß nach der Rechtsprechung des EGMR generell Listen, die eine unabhängige Einzelfallprüfung ausschließen, nach Art. 3 und Art. 13 EMRK unzulässig sind. [1170] Hiervon ausgehend ist deshalb das Postulat aufzustellen, daß das innerstaatliche Recht für den Fall, daß im Blick auf den sicheren Drittstaat eine Art. 3 EMRK zuwiderlaufende Behandlung behauptet wird, wirksame Überprüfungsverfahren im Einzelfall bereitgehalten werden müssen. Es bestehen daher erhebliche Zweifel, ob mit dem Konzept der normativen Vergewisserung den verfahrensrechtlichen Anforderungen von Art. 13 EMRK Genüge getan wird[1171]. Damit erscheint die genannte Ausnahmekategorie als besonders wichtige Klarstellung, die trotz des grundsätzlichen Wegfalls der Einzelfallprüfung diese unter den genannten Voraussetzungen zwingend erfordert.

Fragwürdig ist indes auch die Forderung, daß sich die bestimmten Tatsachen „aufdrängen" müssen. An diese Darlegung stellt das BVerfG strenge Anforderungen [1172]. Kritisch wird hierzu daher von *Frowein/Zimmermann* angemerkt, die vom BVerfG entwickelten Darlegungsanforderungen riefen die Gefahr hervor, daß die für den Rechtsstaat grundlegende Grenze zwischen der Festlegung durch die allgemeine Rechtsnorm und der Feststellung ihrer Voraussetzungen durch den Richter verschoben werde. Wäre dem Richter jegliche Möglichkeit

---

1169 Vgl. hierzu auch Frowein/Zimmermann, JZ 1996, 753 (758); a.a.O. Hailbronner, Reform des Asylrechts, Konstanz 1994, S. 64

1170 EGMR, Chahal v.U.K., 70/1995/576/662, 15.11.1996, § 151; Alleweldt, Schutz vor Abschiebung bei drohender Folter oder unmenschlicher oder erniedrigender Behandlung oder Strafe, Berlin u.a. 1996, S. 63 f.

1171 Vgl. Zur Menschenrechtsbeschwerde im Bereich des Asylrechts auch Alleweldt, NVwZ 1996, 1074

1172 BVerfG NVwZ 1996, 700 (705)

der Kontrolle genommen, so wirkte die Festlegung sicherer Drittstaaten als Fiktion, die auch bei eindeutig entgegenstehender Sachlage die Überstellung des Einzelnen an den Drittstaat ermöglichte. Damit würden die Verpflichtungen der Bundesrepublik aus Art. 33 GK und Art. 3 EMRK verletzt. Es sei daher von erheblicher Bedeutung, daß Tatsachen, die zur Begründung eines Ausnahmefalles vorgetragen würden, entsprechend ernst genommen und geprüft würden [1173].

Diesbezüglich ist auch darauf hinzuweisen, daß für die generelle Suspendierung der Drittstaatenklausel nach § 26 a Abs. 3 AsylVfG bereits die begründete Annahme ausreicht, daß sich die Verhältnisse im Drittstaat geändert haben. Im Lichte dieser Norm sind daher auch die Darlegungsanforderungen des Asylsuchenden im Blick auf das Vorliegen der Ausnahmekatengorie auszulegen. Danach müssen die Umstände so sein, daß sie dem Informierten die Annahme eines mangelnden Schutzes „aufdrängen", ihn also begründen [1174]. Hierfür sprechen auch die angedeuteten völkerrechtlichen Gründe. Denn da die Ausnahmekategorien die Funktion erfüllen sollen, das Konzept der normativen Vergewisserung mit völkerrechtlichen Verpflichtungen in Übereinstimmung zu bringen, dürfen die Anforderungen an die Darlegung der entsprechenden Voraussetzungen nicht über die im Rahmen des Art. 3 EMRK üblichen Voraussetzungen hinausgehen.

Im Ausgangspunkt ist davon auszugehen, daß nach der Ansicht des BVerfG die Darlegung von Einzelfällen die Ausschlußwirkung des Art. 16 a II S. 1 GG nicht zu beseitigen vermag. Das BVerfG begrenzt seine Prüfung insoweit auf eine Vertretbarkeitskontrolle [1175] und verweist an anderer Stelle ausdrücklich auf das niemals völlig auszuschließende Fehlverhalten der Behörden des Drittstaates [1176]. Zudem verweist das BVerfG für die Ausnahmefälle ausdrücklich auf den Abschiebungsschutz nach dem AuslG, nicht auf Art. 16 a Abs. I GG. Die Zulassung der Einzelfallprüfung hat einerseits die Funktion, Umständen Rechnung zu tragen, die im Rahmen der abstrakt-generellen Festlegung des Gesetzgebers keine Berücksichtigung finden konnten. Andererseits soll sie den völkerrechtlichen Verpflichtungen der Bundesrepublik gerecht werden. Dies spricht dafür, daß eine Berufung auf Art. 16 a I GG nicht möglich ist. Systemwidrig ist dies dennoch, zumindest für den Fall der Veränderung der Verhältnisse im Drittstaat

---

1173 Frowein/Zimmermann, JZ 1996, 753 (759)

1174 Frowein/Zimmermann, a.a.O.

1175 BVerfG NVwZ 1996, 700 (703)

1176 BVerfG NVwZ 1996, 700 (705)

führt dies zu einer nachträglichen Grundrechtsverletzung mit der Folge, daß die Berufung auf das Asylrecht möglich sein muß [1177].

(2) Der Einreisebegriff

Kritikwürdig erscheint indes auch die extensive Interpretation des Einreisebegriffs durch das BVerfG. Nach den vom Gericht aufgestellten Grundsätzen versperrt die Durchreise durch einen sicheren Drittstaat dem Asylsuchenden nur dann nicht die Berufung auf Art. 16 a I GG, wenn er nach den tatsächlichen Verhältnissen des Reiseverlaufs keine konkrete Möglichkeit gehabt hatte, in diesem Staat Schutz zu beantragen. Die Anforderungen an die Darlegungslast sind insoweit jedoch besonders streng. Denn nur begründete Zweifel daran, daß der Asylsuchende im sicheren Drittstaat tatsächlich keine Möglichkeit der Schutzbeantragung gehabt hat, führen dazu, daß das Bundesamt sich nicht auf Art. 16 a II S. 1 GG berufen darf [1178]. Da die generelle Möglichkeit der Schutzgewährung bereits nach dem Konzept der normativen Vergewisserung vom Gesetzgeber geprüft worden ist, können nur individuelle Umstände des konkreten Reiseverlaufs in Betracht kommen.

Kann der sichere Drittstaat, über den der Asylbegehrende eingereist ist, nicht festgestellt werden und kommt deshalb eine Abschiebung in diesen nicht in Betracht, so hat das Bundesamt die Voraussetzungen der §§ 51 I und 53 AuslG zu prüfen. Das BVerfG erachtet dementsprechend eine Prüfung von Abschiebungshindernissen für geboten, wenn dem Asylsuchenden zwar die Berufung auf das Asylgrundrecht verwehrt ist, er aber nicht in den Staat abgeschoben werden soll, der sicherer Drittstaat ist. Die fachgerichtliche Rechtsprechung hat sich dieser Rechtsansicht ausdrücklich angeschlossen [1179].

Der Gesetzgeber hat sich mit der Drittstaatenregelung und den völkerrechtlichen Verpflichtungen, insbesondere aus Art. 33 GK (refoulement-Verbot) und Art. 3

[1177] So auch Lübbe-Wolff, DVBl 1996, 825 (831)

[1178] BVerfG NVwZ 1996, 700 (707)

[1179] BVerwGE 100, 23 (31); Hess. VGH, NVwZ-Beil. 1996, 11 (14); OVG Koblenz, NVwZ-Beil. 1995, 53 (54 f.); VGHBW, NVwZ-Beil. 1995, 5; VGHBW, EZAR 210 Nr. 9, S. 3

EMRK weder lossagen können noch wollen [1180]. Kann der sichere Drittstaat, bei dem der Asylsuchende eingereist ist, nicht festgestellt werden, so sind die Abschiebungshindernisse nach dem AuslG inhaltlich zu prüfen. Dies führt freilich zu einer weitreichenden Reduzierung des Grundrechtsschutzes im Asylrecht. Streng genommen könnten sich nur noch die Antragsteller, die nachweislich das Flughafenverfahren nach § 18 a AsylVfG durchlaufen haben, auf den aus Art. 16 a I GG folgenden Grundrechtsschutz berufen. Weil bei allen anderen Fällen von einer Einreise auf dem Landwege auszugehen wäre, und die Bundesrepublik von Drittstaaten umgeben ist, könnte eine Verfassungsbeschwerde, mit der die Verletzung des Refoulement-Schutzes nach § 51 Abs. 1 AuslG gerügt wird, nur noch mit der Rüge des Verstoßes gegen den Gleichheitssatz nach Art. 3 Abs. 1 GG erhoben werden. Unter dem Gesichtspunkt des Willkürverbots wird hiergegen aber bereits nicht verstoßen, wenn die angegriffene Rechtsanwendung oder das dazu eingeschlagene Verfahren fehlerhaft sind. Die Entscheidung muß vielmehr auf sachfremden und damit willkürlichen Erwägungen beruhen. Diese Konstruktion führt zu einer rechtichen Schieflage, nämlich zu einem seinem Gehalt nach hochwertigen Asylgrundrecht, das jedoch kaum noch ein politisch Verfolgter in Anspruch nehmen kann[1181]. Dies führt auch zu einem einfachgesetzlichen Status, der zwar den politisch Verfolgten den erforderlichen Abschiebungsschutz gewährleistet, ihm aber zugleich bescheinigt, daß er nicht asylberechtigt ist [1182]. *Franßen* spricht daher weniger von einer Grundrechtsals eher einer *Grundrechtsverhinderungsvorschrift* [1183].

(3) Ausschluß des einstweiligen Rechtsschutzes

Im Kontext der oben diskutierten Verfassungsgemäßheit [1184] wurde dem Urteilsspruch des BVerfG zum Problem des Ausschlusses des einstweiligen Rechtsschutzes im Bereich der Drittstaatenregelung mit Spannung entgegengesehen. Das BVerfG hat nunmehr festgestellt, daß der Ausschluß einstweiligen Rechtsschutzes nach § 34 a Abs. 2 AsylVfG nach der Interpretation des Gerichts verfassungsrechtlich unbedenklich sein soll.

Das BVerfG begründet seine Ansicht damit, daß Art. 16 a II S. 3 GG von Ver-

---

1180 Thür. OVG, AuAS 1997, 8 (9); BVerfG-K, AuAS 1996, 243 (245)

1181 Tomuschat spricht insoweit von einer „Schieflage", EuGRZ 1996, 381

1182 Franßen, DVBL 1993, 300 (301)

1183 Vgl. FN 1182

1184 Vgl. oben Dritter Abschnitt II 4.d)

fassungs wegen an den Ausschluß vom persönlichen Geltungsbereich des Asylgrundrechts gem. Art. 16 a II S. 1 GG und den damit einhergehenden Wegfall des vorläufigen Bleiberechts Rechtsfolgen für das Verfahren der Vollziehung von Maßnahmen knüpfe, die den Ausländer in einen sicheren Drittstaat zurückführen sollten [1185]. Das Gericht scheint hiermit stillschweigend an Äußerungen im Schrifttum anzuknüpfen, welche den „absoluten Ausschluß" des vorläufigen Rechtsschutzes aus der Funktionslogik der Drittstaatenregelung ableiten [1186]. Danach drohe die Drittstaatenkonzeption ohne die „rigide Negation" des vorläufigen Rechtsschutzes leerzulaufen. Nach dem erklärten und objektivierten Willen des verfassungsändernden Gesetzgebers verstehe sich Art. 16 a II S. 3 GG daher als verfassungsrechtliches Verbot, die Vollziehung aufenthaltsbeendender Maßnahmen durch richterliche Entscheidung auszusetzen [1187].

Das BVerfG hat diesbezüglich in entscheidender Hinsicht Verständnislücken hinterlassen. So wurde offengelassen, ob die in Art. 20 GG niedergelegten Grundsätze ein rechtsstaatliches Prinzip individuellen Rechtsschutzes und damit zugleich einen Kern des Schutzbereichs von Art. 19 IV GG auch im Blick auf den verfassungsändernden Gesetzgeber für unabänderlich erklären [1188]. Im Gegensatz zu früheren Entscheidungen [1189] hat sich das BVerfG mit diesen verfassungsrechtlichen Fragen im Zusammenhang mit Art. 16 a II S. 3 GG überhaupt nicht auseinandergesetzt.
Hier ist festzustellen, daß offensichtlich der gesamten Asylkonzeption ein neuartiges Grundrechtsverständnis zugrundelegt wird. Denn bislang hat das BVerfG die Problematik der Handhabung und Ausgestaltung des gerichtlichen Verfahrens gerade im Lichte der Gewährleistung eines subjektiven Asylgrundrechts gesehen. Auch der Bezug zu Art. 1 I GG wurde stets hervorgehoben [1190]. Da das Asylrecht - und hier soll an die oben herausgestellten Ergebnisse dieser Arbeit angeknüpft werden - gerade die zum unverzichtbaren Bereich der Menschenwürde gehörenden Rechte auf Verteidigung des Lebens, der elementaren Freiheiten und der körperlichen Unversehrtheit schützt, erscheint die Eröffnung

---

1185 BVerfG NVwZ 1996, 700 (706)

1186 Schoch, DVBL 1993, 1161 (1165)

1187 Schoch a.a.O.

1188 Frowein/Zimmermann, JZ 1996, 753 (755)

1189 Vgl. insbesondere E 52, 391 (407 f.); E 65, 76 ff.; E 60, 253 ff.

1190 Vgl. hierzu die Ausführungen im *Ersten Abschnitt* I. 2. g.) bb.) sowie insbesondere BVerfGE 54, 341 und BVerfGE 80, 315

des Rechtsweges aus diesen Gründen von Verfassungs wegen unabdingbar [1191]. Mit den zugleich oben gezogenen Schlußfolgerungen, wonach die Regelung des Art. 16 a II S. 3 GG als Verstoß gegen den Menschenwürdegrundsatz in Art. 1 GG angesehen werden muß, erscheint die Rechtfertigung des Art. 16 a II S. 3 GG durch das BVerfG kaum möglich. Mit derart komplexen Rechtsfragen setzt sich das BVerfG freilich nicht auseinander. Es weist lediglich darauf hin, daß Art. 16 a II S. 3 GG eine Sonderregelung für das Verfahren der Aufenthaltsbeendigung nach Einreise aus einem sicheren Drittstaat enthält. Damit werde Art. 19 IV GG modifiziert. Ob die in Art. 20 GG niedergelegten Grundsätze ein rechtsstaatliches Prinzip individuellen Rechtsschutzes, das in Art. 19 IV GG konkretisiert sei, für unabänderlich erklärten, könne offenbleiben. Art. 16 a II S. 3 GG berühre einen solchen Grundsatz nicht.

Das BVerfG geht indes noch weiter. Hatten früher eine Reihe von Verwaltungsgerichten die Ansicht vertreten, daß bei konkret vorgetragenen Zweifeln an der Sicherheit im Drittstaat einstweiliger Rechtsschutz auch während des Verfahrens der Richtervorlage nach Art. 100 GG gewährt werden dürfe [1192], stellt das BVerfG nunmehr unmißverständlich klar, daß der in Art. 16 a II S. 3 GG bestimmte Ausschluß einstweiligen Rechtsschutzes selbst für den Fall gilt, in dem der Richter sich zu einer Vorlage nach Art. 100 I S. 1 GG entschließt [1193]. Das BVerfG hat allerdings im Rahmen der Vertretbarkeitskontrolle die Möglichkeit, einstweiligen Rechtsschutz nach § 32 BVerfGG zu gewähren [1194]. Angesichts des dem Gesetzgeber eingeräumten weiten Einschätzungs- und Entscheidungsspielraum ist dies aber wohl eher als theoretische Möglichkeit anzusehen.

Schließlich ist auch von Interesse, wie die Frage des einstweiligen Rechtsschutzes im Fall der genannten Ausnahmen zu behandeln ist. Hier ging die Mehrheit der Stimmen in der Literatur bislang davon aus, daß der einstweilige Rechtsschutz nur untersagt werden dürfe, wenn *feststehe*, daß der Ausländer aus einem sicheren Drittstaat eingereist sei [1195].
In diesem Sinne hat das BVerfG jetzt auch ausgeführt, daß im Fall eines Streites

---

1191 So auch Zimmermann, Diss. 1994, S. 296

1192 OVG Frankfurt/Oder, NVwZ-Beil. 1994, 42; VG Frankfurt/Oder, Beschl. v. 16.02.1994-3L2O 188/94.A; VG Köln, Beschl. v. 14.09.1993-6L1067/93

1193 BVerfG NVwZ 1996, 700 (706); zustimmend Hailbronner, NVwZ 1996, 625 (627 f.) NVwZ

1194 BVerfG a.a.O.

1195 Zu den Stimmen in der Literatur vgl. Zimmermann, Diss. S. 306 f.; Wollenschläger/Schraml, JZ 1994, 61 (66); Schoch DVBL 1993, 1161 (1168)

darüber, ob der Asylsuchende unter den zum Einreisetatbestand entwickelten Voraussetzungen über einen Drittstaat eingereist sei, die Rechtsfolgen des Art. 16 a II S. 3 GG nicht eintreten würden [1196]. Dies komme allerdings nur in Betracht, wenn das Sachvorbringen den Reiseweg über einen sicheren Drittstaat als *ernstlich* zweifelhaft erscheinen lasse [1197].

Die bloße Unsicherheit über den Reiseweg reicht jedenfalls nicht aus, wenn insgesamt feststeht, daß der Betreffende aus einem sicheren Drittstaat eingereist ist. Auch bloßes Bestreiten hemmt nicht den Vollzug. Vielmehr muß nach dem tatsächlichen Vorbringen ernstlich zweifelhaft erscheinen, daß der Betreffende aus einem sicheren Drittstaat eingereist ist.
Der Reiseweg ist daher substantiiert darzulegen und glaubhaft zu machen [1198].

Positiv ist zu werten, daß einstweiliger Rechtsschutz für den Fall gewährt werden soll, daß zwar die Einreise über den Landweg feststeht, jedoch der sichere Drittstaat nicht identifiziert werden kann. In dem Fall, in welchem eine Behörde aufenthaltsbeendende Maßnahmen durchführen möchte, jedoch noch keine zuverlässigen Feststellungen über einen aufnahmebereiten Drittstaat getroffen hat, besteht ein erhebliches Risiko, daß aufenthaltsbeendende Maßnahmen zur zwangsweisen Verbringung in den Herkunftsstaat führen können. In diesem Fall sind daher stets die Voraussetzungen des § 51 I und 53 AuslG zu prüfen. Dies bleibt nach Ansicht des BVerfG vom Konzept der normativen Vergewisserung unberührt [1199].

Dementsprechend ist der einstweilige Rechtsschutz eröffnet, wenn die Rückführung in den sicheren Drittstaat nicht möglich ist, die Behörde aber dennoch die Abschiebung plant, ohne die Voraussetzungen der §§ 51, 53 AuslG geprüft zu haben.

Als weitere Ausnahmekategorie hat das BVerfG außerdem die Fälle beschrieben, die nicht mehr innerhalb der Reichweite des Konzepts normativer Vergewisserung verortet werden können. Liegen die entsprechenden Voraussetzungen vor, greift die Ausschlußwirkung nicht ein [1200]. Das BVerfG folgt damit der in

---

[1196] BVerfG NVwZ 1996, 700 (706)

[1197] BVerfG a.a.O.

[1198] So auch Hailbronner, NVwZ 1996, 625 (628)

[1199] BVerfG NVwZ 1996, 700 (705)

[1200] BVerfG NVwZ 1996, 700 (706)

der Literatur vertretenen Auffassung, derzufolge der Ausschluß einstweiligen Rechtsschutzes dann nicht gelten könne, wenn trotz der generellen Qualifizierung eines Staates als sicherer Drittstaat im Einzelfall definitiv voraussehbar sei, daß eine Abschiebung in den Heimatstaat erfolgen werde [1201]. Ob dies der Fall ist, ist jedoch auch stets eine Frage politischer Bewertung. Die Problematik der Beurteilung eines Drittstaates als sicher wurde im **Zweiten Abschnitt** bereits detailliert veranschaulicht. Die Zulassung der Ausnahmekategorie scheint damit nur sehr zweifelhaft ein geeignetes Instrument zu sein, die Postulate der Gewährung eine subjektiven Asylgrundrechts zu verwirklichen.

Werden die genannten Einschränkungen beachtet, steht nach Auffassung des BVerfG § 34 a II AsylVfG bei sinnentsprechender restriktiver Auslegung mit Art. 16 a II S. 3 GG im Einklang [1202]. Die Vorschrift gelte für den Regelfall der Vollziehung einer Abschiebungsanordnung nach Einreise aus einem sicheren Drittstaat. Die Abschiebung, deren Vollziehung nach § 34 a II AsylVfG nicht ausgesetzt werden dürfe, sei jene, die nach § 34 a I AsylVfG angeordnet worden sei. § 34 a I AsylVfG stehe in engem Zusammenhang mit § 26 a AsylVfG und Art. 16 a II S. 1 und S. 3 GG. Sachverhalte, in denen der Reiseweg des Flüchtlings über einen sicheren Drittstaat ernstlich zweifelhaft erscheine oder in denen er sich gegen die Modalitäten des Vollzugs wende, fielen damit ebenso wenig unter § 34 a II AsylVfG wie die Fälle, in denen der Flüchtling in den Herkunftsstaat abgeschoben werden solle. Schließlich sei der einstweilige Rechtsschutz nicht ausgeschlossen, wenn eine individuelle Gefährdung im Drittstaat geltend gemacht werden könne [1203].
Zutreffend wird dem BVerfG entgegengehalten, daß in Konsequenz seiner Auffassung § 34 a II AsylVfG für verfassungswidrig hätte erklärt werden müssen, da diese Vorschrift die Gewährung vorläufigen Rechtsschutzes für den Fall der nach § 34 a I AsylVfG angeordneten Abschiebung in einen sicheren Drittstaat kategorisch ausschließe [1204].

Es ist auch hervorzuheben, daß der im GG bestehende Ausschluß der aufschiebenden Wirkung jeglichen Rechtsbehelfs *innerhalb* der Reichweite des Konzepts normativer Vergewisserung auch dann Beachtung finden muß, wenn sich der Ausländer auf seine relativen materiellen Rechtspositionen als Ausländer

---

1201 Zimmermann Diss., S. 305 f.

1202 BVerfG NVwZ 1996, 700 (708 f.)

1203 BVerfG a.a.O.

1204 Lübbe-Wolff, DVBL 1996, 825 (832)

beruft oder wenn er - etwa im Hauptsacheverfahren - vorträgt, daß der Gesetzgeber bei der Bestimmung des Staates zum sicheren Drittstaat die verfassungsrechtlichen Voraussetzungen nicht beachtet habe, ja selbst wenn das Gericht sich zu einer Vorlage nach Art. 100 Abs. 1 GG entschließt. Zur Korrektur dieses strengen Postulats fordert das BVerfG indes, die Ausschlußwirkung des Art. 16 a Abs. 2 S. 3 GG könne nicht über die Grenzen hinausreichen, die dem Konzept normativer Vergewisserung gesetzt sind. Hier gestatte es die Verfassung, daß das VG auf Antrag des Ausländers den Vollzug der Verbringung in den Drittstaat vorläufig aussetze, sofern nicht die Behörden hierzu schon von sich aus bereit seien.

Gerechtfertigt wird dieser Ansatz knapp mit der Aussage, „bei alledem“ verlange Art. 79 Abs. 3 GG lediglich, daß die Grundsätze der Art. 1 und 20 GG nicht berührt würden. Der verfassungsändernde Gesetzgeber sei indes nicht gehindert, die positivrechtliche Ausprägung dieser Grundsätze aus sachgerechten Gründen zu modifizieren. Auch wenn in der bisherigen Judikatur des BVerfG stets ausgeführt worden sei, dem Asylgrundrecht liege die von der Achtung der Unverletzlichkeit der Menschenwürde bestimmte Überzeugung zugrunde, daß kein Staat das Recht habe, Leib, Leben oder persönliche Freiheit aus Gründen zu gefährden, die allein in der politischen Überzeugung, in der religiösen Grundentscheidung oder in unverfügbaren Merkmalen lägen, lasse sich daraus nicht der Schluß ziehen, das Asylgrundrecht gehöre zum Gewährleistungsinhalt von Art. 1 Abs. 1 GG. Was dessen Gewährleistungsinhalt sei und welche Folgerung sich hieraus für die deutsche Staatsgewalt ergeben würde, sei eigenständig zu bestimmen.

Nach alledem scheint die vom BVerfG vertretene Rechtfertigung der Drittstaatenklausel in Art. 16 a II GG nicht hinnehmbar. Die verfassungsrechtliche Auslegung des BVerfG führt zwar zu einer Interpretation, die vom Wortlaut des Art. 16 a II GG gedeckt ist, sie begründet jedoch eine dem Sinn des Asylrechts zuwiderlaufende Rechtsfolge[1205]. Der extensive und von den Möglichkeiten der Rückführung des Betroffenen unabhängige Entzug des Asylschutzes wird damit als eine Art *„generalpräventive Sanktion“* für das Unterlassen der Inanspruchnahme von Schutzmöglichkeiten im Ausland verstanden [1206]. Diese Argumentation übersieht zudem, daß eine einfachgesetzliche Garantie des Schutzes politisch verfolgter Personen Art. 1 I GG nicht gerecht wird. Denn es entspricht gerade der Konzeption des Grundgesetzes, daß - soweit der Menschenwürdekern

1205 Frowein/Zimmermann, JZ 1996 753 (758)

1206 Lübbe-Wolff, DVBL 1996, 825 (826)

eines Grundrechts reicht - es eben als solches nicht beseitigt werden darf, auch wenn dies nun nach den neuen Entscheidungen des BVerfG nicht mehr der Fall sein soll.

b. Die Regelungen über sichere Herkunftsstaaten

aa) Vorbemerkung

Die Regelungen über sichere Herkunftsstaaten [1207] verlagern, wie oben bereits dargelegt, lediglich einen Teil der Prüfung auf den Gesetzgeber und verändern im übrigen die Anforderungen an das individuelle Asylvorbringen durch die gesetzliche Vermutung der Verfolgungsfreiheit.

Das BVerfG sieht in seiner Entscheidung vom 14.05.1996 keine Veranlassung, das Konzept der sicheren Herkunftsstaaten verfassungsrechtlich zu beanstanden. Es gibt dem „grundrechtsausfüllenden“ Gesetzgeber Richtlinien für das Verfahren und die inhaltlichen Voraussetzungen bei der Bestimmung verfolgungsfreier Länder, gesteht ihm aber weite Spielräume bei Erhebung und Aufbereitung der Tatsachen sowie bei deren Einschätzung und Wertung zu. Indem der Maßstab der verfassungsgerichtlichen Prüfung soweit zurückgenommen wird, daß die Verfassungswidrigkeit eines Gesetzes nur festgestellt werden kann, wenn der Gesetzgeber sich nicht von guten Gründen hat leiten lassen, ist das Ergebnis solcher Prüfungen vorhersehbar. Die Möglichkeit der Beanstandung durch das BVerfG ist danach eher als theoretisch zu bewerten. Die Bestimmung Ghanas zum sicheren Herkunftsstaat wurde demzufolge von der Mehrheit des Senats für verfassungsgemäß erklärt. Hiergegen wenden sich mit überzeugenden Erwägungen die abweichenden Meinungen dreier Senatsmitglieder, nämlich der Richterin Lembach und der Richter Böckenförde und Sommer.

bb) Verfassungsgerichtliche Auslegung

Nach dem Leitsatz 1.b) [1208] sieht Art. 16 a III GG eine Arbeitsteilung zwischen dem Gesetzgeber einerseits und den Behörden und Gerichten andererseits vor. Danach verbleibt den Behörden und den Gerichten die Prüfung, ob der einzelne Asylbewerber Tatsachen vorgetragen hat, welche entgegen der Vermutung, die an seine Herkunft aus einem sicheren Staat anknüpft, die Annahme begründen, er werde dort gleichwohl politisch verfolgt. Andererseits stellt das BVerfG klar, daß die gesetzliche Bestimmung zum sicheren Herkunftsstaat ausscheidet, wenn dort eine regional- oder eine auf bestimmte Gruppen von Personen begrenzte politische Verfolgung stattfindet oder wenn sich das Staatsschutzstrafrecht nicht

---

1207 Vgl. hierzu insbesondere oben, *Dritter Abschnitt* II 4. d.) und e.)

1208 BVerfG NVwZ 1996, 691

in rechtsstaatlichem Rahmen hält oder durch seine Anwendung die Gefahr politischer Verfolgung in einem beachtlichen Maße heraufbeschwört. Darüber hinaus kann der einzelne Asylsuchende die Vermutung für seine Person ausräumen, wenn das Strafrecht gegen ihn in asylrelevanter Weise angewandt wird.

Damit zählt der Schutz vor unmenschlicher oder erniedrigender Behandlung oder Bestrafung zwar zum Prüfprogramm des Gesetzgebers, ist aber nicht Gegenstand der Vermutung und kann damit auch nicht in das Verfahren zur Wiederlegung der Vermutung im Einzelfall eingeführt werden. Er ist im Rahmen der Abschiebungshindernisse selbständig zu prüfen. Dementsprechend ist das Gesetz, mit dem ein Staat zum sicheren Herkunftsstaat bestimmt wird, ein grundrechtsausfüllendes Gesetz [1209]. Es erfordert die Beurteilung der Verhältnisse in einem anderen Staat und - dem vorausgehend - die Erhebung der für die gesetzgeberische Feststellung notwendigen tatsächlichen Grundlagen. Der Gesetzgeber hat demnach einen Einschätzungs- und Wertungsspielraum [1210], die verfassungsgerichtliche Prüfung erstreckt sich auf die Vertretbarkeit der vom Gesetzgeber getroffenen Entscheidung. Die Verfassungswidrigkeit eines Gesetzes in diesem Sinne kann nur festgestellt werden, wenn eine Gesamtwürdigung ergibt, daß der Gesetzgeber sich bei seiner Entscheidung nicht von guten Gründen hat leiten lassen [1211]. Zur Ausräumung der Vermutung eines Asylbewerbers, er stamme aus einem sicheren Herkunftsland, ist nur ein Vorbringen zugelassen, daß die Furcht vor politischer Verfolgung auf ein individuelles Verfolgungsschicksal des Antragstellers gründet [1212].

cc) Anmerkungen

Angesichts der dem Gesetzgeber zugestandenen weiten Ermessens- und Wertungsspielräume bestünden keine unüberwindbaren Schwierigkeiten, die Reihe der acht derzeit als verfolgungsfrei geltenden Länder [1213] zu einem ansehnlichen Katalog auszuweiten, der weit mehr als die Hälfte aller Staaten umfaßt. Die bisherige Zurückhaltung des Gesetzgebers ist darauf zurückzuführen, daß der Ausgang der Verfahren beim BVerfG zunächst abzuwarten war und für andere

---

1209 Vgl. LS 4.a) BVerfG NVwZ 1996, 691

1210 Vgl. LS 4.c) BVerfG NVwZ 1996, 691 (692)

1211 Vgl. FN 1210

1212 Vgl. LS 5. BVerfG NVwZ 1996, 691 (692)

1213 Bulgarien, Ghana, Polen, Rumänien, Senegal, Slowakische Republik, Tschechische Republik und Ungarn

Länder angesichts geringer Zugangszahlen keine praktische Notwendigkeit gesehen wurde [1214]. Nachdem selbst Ghana als verfolgungsfreier Staat bestätigt wurde - wenn auch mit den oben genannten drei Gegenstimmen -, ist zumindest nicht ausgeschlossen, daß der Gesetzgeber für andere Herkunftsländer ebenfalls die Grundlage eines gestrafften Prüfungsverfahrens bereitstellen wird. Da sich die Regelung des Art. 16 a III GG per definitionem nur auf Asylgesuche von Drittausländern bezieht - die Schengener Vertragsstaaten sind keine Staaten im Sinne des Art. 16 a III GG - ist bei der Bestätigung von Staaten als verfolgungsfreie Herkunftsländer Vorsicht grundsätzlich geboten.

Im Hinblick auf die Problematik der Abschiebungshindernisse enthält sich das BVerfG einer Stellungnahme zu der Frage, ob aus der Verfassung ein Abschiebungsverbot wegen Gefahr für Leib und Leben, konkret drohender Todesstrafe, folgt. Das BVerfG verweist hierbei lediglich auf einfachgesetzliche Garantien und hält es bei den sicheren Herkunftsstaaten - anders als bei den sicheren Drittstaaten - durchaus als naheliegend, auf die Bedeutung des Verbots der Todesstrafe in Art. 102 GG für das Asylverfahren einzugehen.

In besonderem Maße bemerkenswert und folgenreich erscheinen die Ausführungen zu dem Verhältnis zwischen dem Grundrecht aus Art. 16 a I GG und dem Abschiebungsschutz des § 51 I AuslG. In den Urteilen zu den sicheren Drittstaaten und zu den sicheren Herkunftsstaaten wird unter Asylrecht jeweils nur noch der Anspruch auf Asylanerkennung verstanden[1215].
In der Drittstaatenentscheidung [1216] wird betont, neben Art. 16 a I GG, der das Asylrecht als absolutes Bleiberecht grundrechtlich gewährleiste, verleihe § 51 Abs. 1 AuslG eine relative Schutzposition, die den politisch Verfolgten entsprechend Art. 33 GK vor einer Abschiebung in einen Verfolgerstaat bewahre. Da diese Linie in der Herkunftsstaatenentscheidung aufgenommen wird, treten bei Behandlung der selbstgeschaffenen Nachfluchtgründe folgerichtig Probleme auf [1217].

Angesichts der oben angedeuteten Zweifel im Hinblick auf den Einschätzungs- und Wertungsspielraum hat die Richterin *Limbach* in ihrem Sondervotum zu Recht ausgeführt, der Gesetzgeber könne bei der Bestimmung eines Staates zum

---

1214 Renner, ZAR 1996, 103 (106)
1215 Renner, ZAR 1996, 103 (106)
1216 BVerfG NVwZ 1996, 700
1217 Renner, ZAR 1996, 103 (107)

sicheren Herkunftsstaat keinen Einschätzungs- und Wertungsspielraum in der Frage beanspruchen, welche Erkenntnisse er seiner Entscheidung zugrundelege und welche Bedeutung er ihnen in ihrem Verhältnis zueinander beimesse [1218]. Zutreffend wird gefordert, der Gesetzgeber müsse vielmehr alle erreichbaren und erheblichen Tatsachen sorgfältig ermitteln und im Lichte des Art. 16 a. I GG nachvollziehbar würdigen. Insoweit muß die Qualifizierung eines Staates als sicherer Herkunftsstaat der verfassungsrechtlichen Nachprüfung unterliegen. Diesem Postulat liegt berechtigte die Kritik zugrunde, daß der erkennende Senat zwar in dem Leitsatz 4.a) zwar konstatiert, daß das Gesetz, mit dem ein Herkunftsstaat als sicher qualifiziert wird, grundrechtsausfüllenden Charakter hat. Vernachlässigt wird jedoch die Eigenart dieser subsumierenden Tätigkeit. Der Gesetzgeber hat einen von ihm zu ermittelnden Sachverhalt Tatbestandsmerkmalen eines Grundrechtsartikels zuzuordnen und zu würdigen. Die auf diese Weise vorzunehmende Qualifikation kann nur im bejahenden oder verneinenden Sinn erfolgen [1219]. Konkurierende, mit dem Grundgesetz vereinbare Regelungsalternativen stehen nicht zur Debatte. Daher mangelt es an der Stichhaltigkeit der aus der allgemeinpolitischen Handlungsautonomie des Gesetzgebers vom Senat abgeleiteten Argumente hinsichtlich dessen Entscheidungs- und Wertungsspielraum. Diese können nur bei einer gestaltenden Tätigkeit einschlägig sein, bei der es grundsätzlich Sache des Gesetzgebers ist, zwischen möglichen Alternativen bei der Konkretisierung eines Grundrechts zu wählen [1220]. Zu Recht wird daher im Sondervotum gefordert, der Fortbestand des Individualgrundrechts auf Asyl fordere dem Gesetzgeber eine Analyse und Würdigung der Rechtslage, Rechtsanwendung und politischen Verhältnisse ab, die in ihrer Gediegenheit dafür bürgen, daß politisch Verfolgte in der Bundesrepublik nach wie vor Schutz finden können.

Im Sondervotum der Richterin *Limbach* kritisiert wird auch zu Recht das Konzept der Vertretbarkeitskontrolle [1221]. Hinsichtlich der Tatsachenfeststellungen erstreckt sich die Kontrolle grundsätzlich darauf, ob der Gesetzgeber alle für seine Entscheidung erheblichen Umstände gekannt hat; hinsichtlich der Bewertung und Gewichtung der ermittelten Tatsachen hat das BVerfG zu prüfen, ob die Würdigung des Gesetzgebers dem betroffenen Grundrecht gerecht wird. Diesen Kontrollumfang reduziert der Senat - so richtig die Richterin *Limbach* in

---

1218 BVferG NVwZ 1996, 691 (698)

1219 Vgl. FN 1218

1220 Vgl. FN 1218; an dieser Stelle wird im übrigen auf E 57, 250 (276) Bezug genommen

1221 BVerfG NVwZ 1996, 691 (699)

ihrem Sondervotum - ohne überzeugende Begründung. Denn die Bezugnahme des Senats auf die Rechtsprechung zur eingeschränkten Überprüfbarkeit gesetzgeberischer Prognosen vernachlässigt die Eigenart der dem Gesetzgeber in Art. 16 a. III S. 1 GG übertragene Aufgabe [1222]. Der Gesetzgeber hat im wesentlichen eine Subsumtionsleistung zu erbringen. Sie kann nicht den Aktivitäten des Gesetzgebers im Bereich eigenständiger sozialer Gestaltung gleichgesetzt werden, auf die sich die Rechtsprechung zur eingeschränkten Prognosekontrolle bezieht. Zwar läßt das Grundgesetz dem Gesetzgeber bei der Bestimmung wirtschafts- und sozialpolitischer Ziele und der für deren Verfolgung geeigneten Maßnahmen einen Beurteilungs- und Handlungsspielraum [1223]. Für die Bestimmung eines Landes zum sicheren Herkunftsstaat dagegen gibt das Grundgesetz selbst die Kriterien der Rechtslage, Rechtsanwendung und politischen Verhältnisse vor. Auch die Schwierigkeit, sich über die Rechtspraxis und Stabilität der politischen Verhältnisse in einem anderen Staat ein sicheres Urteil zu bilden, rechtfertigt die vom Senat vorgenommene Einschränkung der verfassungsgerichtlichen Kontrolle nicht. Ebenso wenig wie die Ungewißheit über die Auswirkungen eines Gesetzes in einer ungewissen Zukunft für sich genommen ausreicht, um einen der verfassungsgerichtlichen Kontrolle nicht zugänglichen Prognosespielraum des Gesetzgebers zu begründen, kann allein die Komplexität einer Subsumtion die verfassungsgerichtliche Prüfungsdichte herabsetzen [1224]. Sollten die Verhältnisse in einem Staat für den auswärtigen Beobachter zu vielschichtig, undurchsichtig und instabil sein, um sichere Feststellungen zu treffen, muß der Gesetzgeber auf die Qualifikation eines solchen Staates als sicherer Herkunftsstaat verzichten. Nicht aber kann dieser Umstand die Zurücknahme der verfassungsgerichtlichen Kontrolle rechtfertigen. Dies ergibt sich allein daraus, daß dieser Konzeption das betroffene Rechtsgut des Art. 16 a III GG entgegensteht. Das muß insbesondere in Anbetracht eines grundrechtsausfüllenden Gesetzes gelten, durch das der Zugang zur Inanspruchnahme des Grundrechts geschmälert wird. Denn der Schutz der Grundrechte und die Kontrolle, ob gesetzliche, behördliche und gerichtliche Entscheidungen dem Maßstab der Verfassung standhalten, gehört zur ureigenen Aufgabe der deutschen Verfassungsgerichtsbarkeit.

Der Kritik an der vom Senat geübten einschränkten Vertretbarkeitskontrolle hat sich indes auch der Richter *Böckenförde* in seiner abweichenden Meinung ange-

---

1222 Vgl. FN 1221

1223 So z.B. BVerfGE 30, 250 (263); BVerfGE 39, 210 (225 f.)

1224 BVerfG NVwZ 1996, 691 (699)

schlossen [1225]. Die abweichende Meinung des Richters *Sommer* [1226] richtet sich in erster Linie gegen das Vorgehen in dem betroffenen Verfassungsbeschwerdeverfahren, das er für mit dem geltenden Verfassungsprozeßrecht unvereinbar hält. Der abweichenden Meinung der Richterin *Limbach* stimmt er jedoch im Hinblick auf C II 3.b) und c) sowie C V 1. des Urteils im Ergebnis zu.

c.) Gewährung vorläufigen Rechtsschutzes nach Art. 16 a IV GG

aa. Anmerkung

Oben wurde bereits ausführlich dargestellt, daß im Mittelpunkt der Regelung des Art. 16 a IV GG die Frage steht, worauf sich die „ernstlichen Zweifel" beziehen bzw. wie der Begriff der ernstlichen Zweifel auszulegen ist.

Insoweit stellt das BVerfG jetzt klar, daß dieser Begriff eigenständig zu bestimmen ist, also nicht in Anlehnung an die sonst im Verfahren nach § 80 Abs. 5 VWGO bzw. der FGO praktizierten Maßstäbe [1227]. Das BVerfG nimmt im Rahmen der Erörterung über die Verfassungsbeschwerde an, daß das Verwaltungsgericht vorläufigen Rechtsschutz zu gewähren hat, wenn es ernstliche Zweifel an der Rechtmäßigkeit des Offensichtlichkeitsurteils hegt. Damit sind die früher geltenden hohen Anforderungen an die Richtigkeitsgewißheit und die gerichtliche Aufklärung [1228] verändert. Diese Beschränkung der Rechtsschutzmöglichkeiten durch Verfassungsbeschwerde und einstweilige Anordnung kann für das Asylgrundrecht geradezu vernichtend wirken, wenn bedacht wird, daß nur jeweils eine einzelne Person beim Bundesamt und beim Verwaltungsgericht eine Entscheidung über einen potentiellen politisch Verfolgten zu treffen hat und eine wirklich effektive Kontrolle des BVerfG nicht mehr stattfindet. Die abweichende Meinung zeigt die Schwäche der Argumentation des Senats und die verheerenden Folgen der verfassungsgerichtlichen Verweigerung wirksamen Schutzes deutlich auf.
Das mögliche Wiedereinreiserecht nach dem Erfolg im Verfassungsbeschwerdeverfahren kann der wirklich politisch Verfolgte nun einmal kaum nutzen. Sein Schicksal unterscheidet sich wesentlich von dem des zu Unrecht in Deutschland Inhaftierten. Das Vertrauen auf die Richtigkeit des Offensichtlichkeitsurteils des

---

1225 BVerfG NVwZ 1996, 691 (699 f.)

1226 BVerfG NVwZ 1996, 691 (700)

1227 Vgl. hierzu oben *Dritter Abschnitt* II. 4. e).

1228 Vgl. hierzu auch BVerfGE 67, 43

Bundesamts und der Ablehnung des Eilantrags durch das Verwaltungsgericht muß angesichts der Kassation zahlreicher derartiger Entscheidungen durch die zuständigen Kammern des BVerfG in der Vergangenheit [1229] überraschen.

Diese Beschneidung des Verfassungsrechtsschutzes für politisch Verfolgte ist insoweit kritikwürdig.

1229 Dazu Übersichten über die Rechtsprechung der Kammern, Roeser, EuGRZ 1995, 101 und 1996, 132; ZAR aktuell 1996 Nr. 1; 1995 Nr. 2 und 4; 1994 Nr. 1 und 6; 1993 Nr. 3 und 4

II. Zur Entwicklung des Asylrechts in Italien

Wurde im Bereich des italienischen Rechts erst im Jahre 1990 mit Erlaß des Gesetzes Nr. 39, 1990 („legge Martelli") eine einfachgesetzliche Regelung zum Asyl geschaffen, so äußert sich die allgemeine Unzufriedenheit über die bisherige einfachgesetzliche Umsetzung des Art. 10 Abs. 3 Cost. in einem Reformvorschlag des Asylrechts vom November 1996, der auf einer Fachtagung des CIR [1230], der Vertretung des Hohen Flüchtlingskommisars der Vereinten Nationen in Italien, offiziell vorgestellt und diskutiert wurde [1231]. Der Gesetzesentwurf des CIR ist als Antwort auf zwei anstehende Reformvorschläge des einfachgesetzlichen Asylrechts von seiten der Regierung zum einen und der Opposition zum anderen zu sehen. Diese Gesetzesvorschläge befinden sich z. Z. noch in Bearbeitung. Ihre Veröffentlichung wird im Frühjahr 1997 erwartet. Auch wenn der Gesetzesentwurf des CIR im Bedeutungsrang nicht den anstehenden Reformvorschlägen entspricht, ist er doch im Hinblick auf die fachliche und politische Diskussion zur aktuellen Asylgesetzgebung in Italien bedeutsam.

Der Gesetzesentwurf des CIR, der im folgenden kurz dargestellt werden soll, ist insbesondere von Interesse, da einige der vorstehend aufgezeigten Regelungsmängel im Bereich der Umsetzung des grundrechtlichen Asylrechts auf einfachgesetzlicher Ebene offensichtlich verbessert werden sollen.

Neuerungen wurden überdies auch durch das *decreto-legge* vom 18. November 1995, n.489 [1232], bewirkt, der das Martelli-Gesetz, genauer gesagt Art. 7 des Martelli-Gesetzes, in einigen Punkten modifiziert.

1. Gesetzesentwurf CIR zur Regelung des Asylrechts vom 07.11.1996

Der auf der Tagung des Italienischen Vertreters des Hohen Flüchtlingskommisars der Vereinten Nationen in Italien, CIR, offiziell diskutierte Gesetzesentwurf besteht aus achtzehn Artikeln und hat im wesentlichen [1233] folgenden Inhalt:

1230 Consiglio Italiano Per I Rifugiati, CIR

1231 Konferenz vom 27. und 28. November 1997 in Mailand zum Thema „Flüchtlingsschutz und Recht auf Asyl in Italien - Die aktuelle Diskussion über die Gesetzesreform zur Einwanderung und zum Asylrecht"

1232 Gazzetta Ufficiale vom 18. November 1995, n.270

1233 Es soll hierbei lediglich auf die Vorschriften eingegangen werden, die die Kernregelun-

Gesetz zur Regelung des Asylrechts vom 07.11.1996

Präambel

Das nachstehende Gesetz verwirklicht das in Art. 10 Abs. 3 der Italienischen Verfassung gewährleistete Recht auf Asyl und die Genfer Konvention über den Rechtsstatus der Flüchtlinge vom 28. Juli 1951, transformiert in das Gesetz Nr. 722 vom 24. Juli 1954 (im folgenden: Genfer Konvention).

Art. 1 - Recht auf Asyl und Flüchtlinge

1. Auf dem Gebiet der Republik Italien genießt Recht auf Asyl und ist Flüchtling, wer gehindert ist, in seinem Heimatland oder im Fall von Staatenlosigkeit in dem Land seines gewöhnlichen Aufenthalts die Ausübung der demokratischen Freiheiten, wie sie von der Verfassung Italiens gewährt werden, wahrzunehmen und insbesondere:

a) Wer entsprechend den Vorschriften der Genfer Konvention aus der begründeten Furcht vor Verfolgung, wegen seiner Rasse, Religion, Nationalität, Zugehörigkeit zu einer bestimmten sozialen Gruppe oder wegen seiner politischen Überzeugung sich außerhalb des Landes befindet, dessen Staatsangehörigkeit er besitzt, und den Schutz dieses Landes nicht in Anspruch nehmen kann oder wegen dieser Befürchtungen nicht in Anspruch nehmen will; oder wer sich als Staatenloser in Folge solcher Ereignisse außerhalb des Landes befindet, in welchem er seinen gewöhnlichen Aufenthalt hatte und nicht dort zurückkehren kann oder wegen der erwähnten Befürchtungen nicht dorthin zurückkehren will;

b) Wer begründete Furcht vor Verfolgung wegen seines Geschlechts oder Zugehörigkeit zu einer bestimmten Volksgruppe hat;

c) Wer aus den in a) oder b) genannten Befürchtungen nicht in das Land zurückkehren kann oder will, dessen Staatsangehörigkeit er besitzt oder wer als Staatenloser nicht in das Land zurückkehren kann

---

gen des Asylrechts, wie Einreise und die wesentlichen Verfahrensgrundsätze, betreffen.

oder will, in welchem er seinen gewöhnlichen Aufenthalt hatte, um sich vor der konkreten Gefahr der ungerechtfertigten Verletzung von Leib oder Leben, persönlicher Sicherheit, persönlicher Freiheit, aus Kriegsgründen, Bürgerkriegsgründen, Gründen fremder Aggression, Besatzung oder fremder Herrschaft, allgemeiner Gewalt, der systematischen Verletzung von Grundrechten des Menschen sowie der schweren und fortwährenden Störungen der öffentlichen Ordnung, zu schützen.

2. Auf Flüchtlinge im Sinne dieses Gesetzes finden die Vorschriften der Genfer Konvention Anwendung, mit Ausnahme der Vorschriften für die Ausstellung von Reisedokumenten, die in Art. 10 Abs. 4 dieses Gesetzes geregelt sind.

Art. 2 - Nationale Kommission für die Anerkennung des Asylrechts

1. Die Zuständigkeit über die Entscheidung von Asylanträgen und über die Beendigung des Asyls liegt bei der Nationalen Kommission für die Anerkennung des Asylrechts (im folgenden: „Kommission“).

2. Die Kommission wird alle fünf Jahre durch ein „decreto del Presidente del Consiglio dei Ministri“ nominiert: Der Vorsitz wird von einem Richter der „Corte di Cassazione“, ernannt vom „Consiglio superiore della Magistratura“ bekleidet, der mindestens den Rang eines „dirigente“ besitzt, einem Mitglied des Außenministeriums, der mindestens den Rang eines „Consigliere di legazione“ innehat sowie einem Funktionär des „Consiglio dei Ministri“. An den Sitzungen der Kommission nimmt in beratender Funktion ein Abgeordneter des Hohen Flüchtlingskommisars der Vereinten Nationen (im folgenden: „ACNUR“) sowie ein Repräsentant zur Wahrung der Menschenrechte, der vom „Consiglio italiano per i rifugiati“ (im folgenden: „CIR“) entsendet wird. Die Kommission kann in verschiedene Kammern aufgeteilt werden.

3. Die Kommission ernennt unter ihren Mitgliedern einen „Consiglio di Presidenza“, der mit der Aufgabe betraut wird, der Regierung Vorschläge zur Zuständigkeit zu unterbreiten und einheitliche

Entscheidungskriterien zu entwickeln. Bei den Sitzungen des Consiglio nehmen in beratender Funktion der Abgeordnete des ACNUR und der Repräsentant des CIR teil.

4. Die Regierung trifft auf der Basis des Art. 17 des Gesetzes Nr. 400 vom 23.08.1988 die entsprechenden Maßnahmen zur Regelung und Geschäftsordnung der Kommission.

Art. 3 - Asylantrag

1. Der Ausländer, der mündlich, schriftlich oder auf sonstige Weise bei einer der zuständigen Stellen den Wunsch nach Stellung eines Asylantrags in Italien äußert, ist als Asylbewerber zu behandeln, die rechtliche Stellung des Asylbewerbers richtet sich zwingend nach den Vorschriften der nachfolgenden Absätze.

2. Der Ausländer hat das Recht, sich in seiner Muttersprache schriftlich und mündlich zu äußern, sich der Hilfe eines Übersetzers zu bedienen, zu jedem beliebigen Zeitpunkt mit der Vertretung des ACNUR, des CIR und anderen Organisationen in Kontakt zu treten, um Informationen und sonstige Unterstützung im Hinblick auf die Abwicklung des Verfahrens zu erhalten. Er hat die Möglichkeit, sich der Unterstützung durch einen Rechtsanwalt oder einen Repräsentanten des CIR oder eines Repräsentanten anderer, nicht regierungszugehöriger Organisationen eigenen Vertrauens zu bedienen.

3. Zum Zweck der effektiven Gewährleistung dieser Rechte, zum Verständnis und zur Transparenz des weiteren Vorgehens, werden an den Grenzbahnhöfen, Grenzhäfen und Flughäfen Büros eingerichtet, die die Funktion haben, dem Ausländer durch Information, Übersetzungshilfe, Beratung und soziale Dienste bei der Bearbeitung des Asylantrags zu helfen und ihn bei der Versorgung mit ersten Hilfsgütern zu unterstützen. An den Grenzposten der Flughäfen werden diese Büros im Bereich der Transitzone eingerichtet, wenn möglich, im Hinblick auf die Erteilung von Informationen und ersten Hilfsgütern entsprechend dem Art. 12 IV des Gesetzes vom 28.02.1990 n.39 und den diese Vorschrift konkretisierenden Rechtsnormen. Die Organisation liegt bei der zuständigen öffentlichen Verwaltung sowie dem CIR und diesem angeschlossenen nicht-regierungsnahen Organisationen. Die Verwaltung und die Abwicklung dieser Leistungen, einschließlich des Abschlusses von Vereinbarungen für die Zusammenarbeit zwischen diesen Organisationen und den Angehörigen der öffentlichen Verwaltung werden durch Rechtsverordnung im Sinne des Gesetzes vom 23.08.1988 n.400 bestimmt.

4. Der Asylantrag ist formfrei und kann gestellt werden bei:

a) jedem Grenzpolizeiposten bei der Einreise nach Italien;

b) jeder questura des Ortes des ersten Aufenthaltes;

c) jeder diplomatischen oder konsularischen Vertretung Italiens in dem Herkunftsland oder in einem Staat der Durchreise;

d) bei jedem Kommandanten eines italienischen Schiffs oder Flugzeugs, das sich in Navigation befindet.

5. In den Fällen des Abs. 4. a) prüft die betroffene Grenzbehörde nach vorheriger Anhörung des Betreffenden und, falls notwendig, nach Konsultation der in Abs. 2 genannten Büros die Begründetheit des Asylantrags nach den Voraussetzungen des Art. 4 dieses Gesetzes. Im Fall der Begründetheit des Antrags ist die Einreise des Asylbewerbers in das italienische Staatsgebiet anzuordnen, der Vorgang an die zuständige questura weiterzuleiten und dem Asylbewerber, der eine Kopie des Asylantrags und einen vorläufigen Ausweis erhält, aufzugeben, sich innerhalb einer Frist von acht Tagen ab dem Datum der Einreise bei der zuständigen questura zu melden, um das Anerkennungsverfahren zu betreiben. Durch die Polizei oder die Grenzbüros im Sinne des Abs. 3. dieses Artikels werden die kommunalen Sozialdienste umgehend informiert, wenn der Asylbewerber vermögenslos und ohne Obdach ist, die auf Grundlage des Art. 6 Abs. III dieses Gesetzes weitere Maßnahmen ergreifen.

6. In den Fällen des Abs. 4.c) erfolgt eine Anhörung des Asylbewerbers und die sofortige Übermittlung der Anhörung an die Kommission zur Entscheidung. Hält die Kommission die Aussichten des

Asylantrag für erfolgreich, beantragt sie beim Außenministerium die Ausstellung der notwendigen Reisedokumente für die Weiterreise nach Italien.

7. In den Fällen des Abs. 4.d), auch wenn es sich um ein Frachtflugzeug handelt, übermittelt der Schiffs- oder Flugzeugführer den Antrag der Kommission über die zuständige Polizei des Ortes, in welchem auf dem Gebiet der italienischen Republik der erste Bodenkontakt besteht, handelt es sich um ein Schiff, erfolgt die Übermittlung zur konsularischen oder diplomatischen Vertretung Italiens in dem Staat, in welchem das Schiff zuerst anlegt.

8. In den sonstigen Fällen liegt die Zuständigkeit für die Annahme des Asylantrags bei der questura, es sei denn in den Fällen des Art. 5 und in den Fällen, in welchen der Antrag bei einer diplomatischen oder konsularischen Vertretung gestellt wird. In diesem Fall ist die diplomatische oder konsularische Vertretung für die Entgegennahme des Asylantrags zuständig. Die questura übermittelt den Vorgang nach Entgegennahme des Asylantrags an die Kommission und bestimmt den Zeitpunkt der mündlichen Anhörung bei der Kommission.

9. In den Fällen eines Asylantrags von Minderjährigen, die sich nicht in Begleitung von Erwachsenen befinden, wird der Antrag an das zuständige Jugendgericht weitergeleitet, um die entsprechenden Maßnahmen zu ergreifen.

10. Auf das Verfahren findet die Vorschriften der Art. 2 und 3 des Gesetzes Nr. 241, 1990, Anwendung.

11. Der Asylbewerber hat die Möglichkeit, den Antrag durch schriftliche Erklärung zurückzunehmen.

Art. 4 - Offensichtliche Unbegründetheit des Asylantrags

Der Antrag auf Asylanerkennung ist in den folgenden Fällen offensichtlich unbegründet:

a) *Der Asylsuchende ist bereits in einem anderen Staat als Asylberechtigter anerkannt, in welchem die Möglichkeit effektiven Schutzes gewährleistet ist;*

b) *In den Fällen der Zuständigkeit eines anderen Staates für die Asylanerkennung nach den Vorschriften der Konvention von Dublin vom 15.06.1990, transformiert in das Gesetz Nr. 523 vom 23. Dezember 1992;*

c) *Die Einreise des Asylantragstellers erfolgt aus einem Staat, der nicht das Herkunftsland des Asylbewerbers ist, in welchem die Vorschriften der Genfer Konvention Anwendung finden, welches er in einem nicht länger als drei Monate zurückliegenden Zeitraum durchquert hat und in welchem er die Möglichkeit gehabt hat, einen Asylantrag zu stellen; der Asylantrag ist nur unbegründet, wenn feststeht, daß der Asylbewerber in dem Drittstaat die Möglichkeit hat, einen Asylantrag zu stellen, der geeignet ist, ihn vor der Rückschiebung in einen anderen Staat zu schützen, in welchem er vor Verfolgung nicht sicher ist oder in welchem nicht die Gefahr besteht, daß der Asylbewerber um seine persönliche Sicherheit fürchten muß; diese Voraussetzungen können auch durch zwischenstaatliche und völkerrechtliche Abkommen zwischen der Republik Italien und dritten Staaten über die Aufnahme von Asylbewerbern erfüllt werden;*

d) *Im Fall des Vorbringens von Gründen, die Umstände nahelegen, die auf Grundlage dieses Gesetzes die Anerkennung als Asylberechtigter nicht gestatten.*

Art. 5 - Vollzug der Rückschiebung an der Grenze

1. *Ist der Asylantrag offensichtlich unbegründet und hat der Asylbewerber kein Recht auf Einreise nach Italien, kann die Zulassung nur nach den folgenden Vorschriften dieses Artikels erfolgen:*

2. *In den Fällen des Abs. 1. werden folgende Anordnungen getroffen:*

a) *Der Asylbewerber wird in ein Aufnahmelager weitergeleitet;*

b) *Die Weiterleitung in ein Aufnahmelager wird umgehend dem zuständigen Amtsrichter und dem Staatsanwalt bei dem zuständigen Amtsgericht mitgeteilt, wenn es sich um Minderjährige handelt, dem Präsidenten des Jugendgerichts und dem Staatsanwalt bei diesem;*

c) *Der Rechtsbeistand des Asylbewerbers wird umgehend informiert.*

3. *Innerhalb einer Frist von achtundvierzig Stunden seit der Bekanntgabe der vorläufigen Maßnahme verfügt der Amtsrichter, nach Anhörung des Ausländers, eine der folgenden Maßnahmen:*

a) *Bestätigung der Unbegründetheit des Asylantrags, Aufhebung des Aufenthalts im Aufnahmelager, wenn möglich die Abscheibung des Asylbewerbers innerhalb von siebzehn Tagen ab Erlaß der Maßnahme; im Fall von Minderjährigen dürfen keine Maßnahmen getroffen werden, die geeignet sind, eine Familientrennung zu bewirken;*

b) *Bestätigung der Unbegründetheit des Asylantrags und Aufhebung des Aufenthalts in dem Aufnahmelager, jedoch Anordnung der Einreise nach Italien und Anordnung, durch die questura eine Aufenthaltsgenehmigung zu erlassen, wenn die Rückschiebung des Asylbewerbers nicht innerhalb von siebzehn Tagen nach Erlaß des Beschlusses möglich ist oder der gesundheitliche Zustand des Ausländers die Aufrechterhaltung des bisherigen Zustandes nicht erlaubt. In diesem Fall kann der Richter eine Sonderbewachung des Asylbewerbers anordnen, auch mit der Verpflichtung, die Kosten hierfür zu übernehmen;*

c) *Die Aufhebung des vorübergehenden Aufnahmelageraufenthalts, wenn Gründe für die Unbegründetheit des Asylantrags nicht vorliegen sowie die Verfügung, den Asylantrag nach den Vorschriften dieses Gesetzes aufzunehmen und dem Asylbewerber die Einreise in das Staatsgebiet zur Abwicklung des Asylverfahrens zu gestatten.*

4. *Während des Asylverfahrens können die Aufgaben des „Pubblico Ministero“ nach den Vorschriften des Art. 72 r.d.*

30.01.1941 n.12, ersetzt durch Art. 22 des „decreto del Presidente de la Repubblica“ vom 22.09.1988 n.449, dem leitenden Beamten des Grenzpolizeipostens übertragen werden, der mit der Rückschiebung betraut ist.

5. Der Beschluß des Amtsrichters muß schriftlich und mit Entscheidungsgründen ergehen, mit Rechtsmittelbelehrung versehen sein und in die Muttersprache des Ausländers übersetzt werden bzw., wenn dies nicht möglich ist, in Englisch, Französisch, Spanisch oder Arabisch.

6. Der Beschluß ist sofort vollziehbar. Eine Kopie des Beschlusses wird dem Ausländer und der Grenzpolizei umgehend zugestellt. Gegen den Beschluß kann der Asylbewerber bzw. sein rechtlicher Vertreter Rechtsmittel bei der „Corte di Cassazione“ einlegen. Die Form und Frist regelt Art. 311 der Zivilprozeßordnung.

7. Gerichts- oder Verwaltungsgebühren für das in diesem Artikel geregelte Verfahren werden nicht erhoben.

Art. 9 - Zurückweisung des Asylantrags und Rechtsmittel

1. Im Fall der Abweisung des Asylantrags als offensichtlich unbegründet oder unbegründet, wird der Ausländer verpflichtet, innerhalb einer Frist von fünfzehn Tagen, deren Lauf mit der Zustellung des Bescheides beginnt, das Land zu verlassen, es sei denn, er befindet sich im Besitz einer Aufenthaltsgenehmigung, der andere Rechtsgründe zugrundeliegen.

2. Die Abschiebung von Ausländern, die sich illegal im Land aufhalten, jedoch einen Asylantrag gestellt haben, kann nur innerhalb der Frist des Abs.1. erfolgen.

3. Gegen den Bescheid der offensichtlichen Unbegründetheit des Asylantrags ist die Klagerhebung bei dem Verwaltungsgericht zulässig, in dessen Bezirk der Asylbewerber seinen Aufenthalt hat. Auf Antrag kann das Verwaltungsgericht innerhalb von fünfzehn Tagen ab Zustellung der Klage die Vollziehbarkeit des Bescheids aufheben. Der

Beschluß zur Aufhebung der Vollziehbarkeit bildet die Grundlage für die Verlängerung der Aufenthaltsgenehmigung. Gegen die Entscheidung des Verwaltungsgerichts ist Berufung beim „Consiglio di Stato" zulässig.

4. Gegen den Bescheid der einfachen Unbegründetheit ist Klagerhebung beim Verwaltungsgericht des Ortes zulässig, in welchem der Asylbewerber seinen ständigen Aufenthalt hat. Die Klagerhebung hat aufschiebende Wirkung und führt zur Verlängerung der Aufenthaltsgenehmigung. ....

Ausgehend vom Wortlaut und Regelungsgehalt des Gesetzesentwurfs ist festzustellen, daß er für den Versuch spricht, eine das Asylgrundrecht in Art. 10 III Cost. konkretisierende Norm zu schaffen. Schon in der Präambel wird die grundrechtliche Gewährleistung des Asylrechts in Art. 10 III Cost. hervorgehoben, aber auch auf die Genfer Konvention als einschlägiges Gesetz Bezug genommen.

In Art. 1 wird dann zunächst in a) auf die Definition des Flüchtlingsbegriffs in der Genfer Konvention zurückgegriffen. Im Gegensatz zu der bisherigen Regelung des Martelli-Gesetzes wird jedoch in den folgenen Absätzen ein weiter Tatbestand geschaffen, bei dessen Vorliegen die Asylberechtigung gegeben sein soll. Dabei sind die asylrelevanten Tatbestände entsprechend weit gefaßt, umfassen auch Verfolgungen wegen des Geschlechts oder Zugehörigkeit zu einer Volksgruppe sowie Bürgerkriegssituationen im Herkunftsland bzw. die Gefahr allgemeiner Aggression für den Asylbewerber. Im Gegensatz zu der oben ausführlich dargestellten legge-Martelli [1234] wird hier der Wunsch, der tatbestandlichen Weite des Art. 10 III Cost. gerecht zu werden, offenbar.

In diesem Sinne regelt Art. 3 das Recht auf Einreise für die Fälle, in welchen die Voraussetzungen des Art. 1 vorliegen und der Asylantrag nicht von vorneherein als unbegründet anzusehen ist. Die Fälle der offensichtlichen Unbegründetheit des Asylantrags werden dann in Art. 4 geregelt und unterfallen dem Prinzip der Schutzbedürftigkeit des Asylantragstellers. Denn dieser soll nicht in den Genuß des Asylrechts kommen, wenn er bereits in einem Drittstaat als Asylberechtigter anerkannt ist, wenn die Republik Italien aufgrund des Abkommens von Dublin

[1234] Vgl. hierzu die ausführliche Darstellung im *Zweiten Abschnitt*

für den Asylantrag unzuständig ist und wenn der Asylbewerber aus einem Drittstaat einreist, in welchem er die Möglichkeit hatte, einen Asylantrag zu stellen, dies aber unterlassen hat. Allerdings ist die offensichtliche Unbegründetheit nicht gegeben, wenn die Gefahr besteht, daß der Asylbewerber bei Rückschiebung in den Drittstaat Gefahren unterworfen wird, die die Verfolgung nicht ausschließen können. Damit wird – ähnlich der Deutschen Drittstaatenregelung – auch hier ein Instrumentarium zur Lastenverteilung geschaffen, welches sich an den auf der EU-Ebene erreichten Harmoniebestrebungen orientiert.
Positiv ist festzustellen, daß Rechtsmittel gegen den Bescheid der offensichtlichen Unbegründetheit zwar nicht per se aufschiebende Wirkung haben, der Antrag auf Anordnung der aufschiebenden Wirkung jedoch möglich ist. Hingegen haben Klagen gegen die Bescheide der einfachen Unbegründetheit stets aufschiebende Wirkung. Dem Gebot eines möglichst umfassenden Rechtsschutzes ist damit Genüge getan.

2. Das decreto-legge 28. Novembre 1995, n. 489

Bei dem oben bereits erwähnten *decreto-legge 28. novembre 1995, n. 489*, handelt es sich um ein sogenanntes Notdekret, zu dessen Erlaß die Regierung gem. Art. 77 Cost. als vorläufige Maßnahme in Ausnahmefällen mit Notwendigkeits- und Eilcharakter ermächtigt ist. [1235] Es handelt sich somit um eine Norm der Exekutive. Gem. Art. 77 Abs. 3 Cost. verliert die Notverordnung ihre Gültigkeit automatisch ex tunc, wenn sie vom Parlament nicht binnen sechzig Tagen in ein - in der Regel rückwirkendes - Gesetz umgewandelt wird. Die Notdekrete treten häufig auf und die in Art. 77 Cost. verankerten Anforderungen werden durch Art. 15 l.n. 400/1988 [1236] konkretisiert. Wegen der langen Einleitungsfristen des Verfahrens werden sie meist nicht innerhalb der 60-Tagesfrist transformiert und deshalb entweder als unzulässig abgewiesen oder in Vorlagen gegen das Transformationsgesetz umgedeutet, so daß die Prüfung des Vorliegens der Notstandslage entfällt und die Kontrolle der Verfassungsmäßigkeit praktisch dem Parlament überlassen bleibt [1237]. Das *decreto-legge 18. novembre 1995, Nr. 489*, trägt folgende Überschrift:

> *„Eilfallregelungen zur Einwanderungspolitik und zur Regelung von Einreise und Aufenthalt von Nicht-EU-Staatsangehörigen"*

1235 Vgl. hierzu auch FN 765 oben

1236 Gesetz Nr. 400 vom 23.08.1988, Gazzetta Ufficiale (GU) Nr. 866/1988

1237 Vgl. hierzu oben auch FN 767

Zu Recht stellt sich an dieser Stelle die Frage, in welchem Zusammenhang dieses *decreto-legge* mit der Asylproblematik in Italien steht. In der Tat läßt sich der Überschrift kein Bezug zu dem Martelli-Gesetz [1238] oder gar zu Art. 10 Abs. 3 Cost. erfassen. Das *decreto-legge* 18. novembre 1995 Nr. 489 modifiziert jedoch teilweise die Regelungen des Martelli-Gesetzes mit der Einschränkung, daß sich die meisten Modifizierungen auf die Regelungen des Martelli-Gesetzes beziehen, die nicht den Bereich des Flüchtlings- bzw. Asylrechts betreffen. Lediglich der für Flüchtlinge und sonstige Ausländer geltende Art. 7 des Martelli-Gesetzes wird modifiziert.

Dementsprechend gilt die Aufmerksamkeit vorstehender Ausführungen auch nur dem Art. 7 des decreto-legge 18. novembre 1995, Nr. 489, der den bisher geltenden Art. 7 des Martelli-Gesetzes ersetzen soll.

Der bisherige Art. 7 des Martelli-Gesetzes [1239] bezieht sich auf Abschiebung und Einreiseverbot. Danach war ein Einreiseverbot auszusprechen, wenn der Ausländer aus einem sicheren Drittstaat eingereist ist, der gleichzeitig Signatarstaat der Genfer Konvention war und in dem er seinen gewöhnlichen Aufenthalt hatte, ausgenommen Aufenthalt zu Transitzwecken bis zum Erreichen der italienischen Grenze. Außerdem war die Einreise ausgeschlossen, wenn der Ausländer bereits in einem Drittstaat als Flüchtling anerkannt war. Dies galt jedoch dann nicht, wenn die Zurückweisung in einen Staat im Sinne des Art. 7 X des Martelli-Gesetzes erfolgt wäre. Diese Vorschrift bezog sich auf Art. 33 GK bzw. das Refoulement-Verbot und beinhaltet ein generelles Zurückweisungsverbot in mögliche Verfolgerstaaten. Einreiseverbot erhielt auch der Ausländer nach der bisher geltenden Fassung des Art. 7 des Martelli-Gesetzes, der bereits in Italien wegen eines Deliktes im Sinne des Art. 380 I, II der italienischen Strafprozeßordnung verurteilt wurde bzw. eine Gefahr für die öffentliche Sicherheit des Staates darstellt oder einer mafiosen Vereinigung angehörte.

Der Art. 7 des *decreto-legge* sieht hingegen u.a. vor, daß jeder Ausländer, der in Italien nach dem in Art. 7 festgelegten Straftatenkatalog verurteilt wird bzw. der in Ausübung einer solchen Straftat gefaßt wird, abgeschoben werden darf. Abgeschoben werden darf auch, wer sich illegal im Lande aufhält und nicht Mitglied eines Vertragsstaates ist. Der Abschiebung geht ein Ausweisungsbescheid

---

[1238] Vgl. hierzu oben *Zweiter Abschnitt* III

[1239] Vgl. hierzu *Zweiter Abschnitt* III 1.b)

voraus, der dem Ausländer aufgibt, das Staatsgebiet innerhalb von zehn Tagen zu verlassen. Gegen den Ausweisungsbescheid kann vor dem Verwaltungsgericht T.A.R. innerhalb von sieben Tagen nach Bekanntgabe oder Zustellung des Ausweisungsbescheids Rechtsmittel eingelegt werden. Das Rechtsmittel hat aufschiebende Wirkung bis zur Entscheidung des Verwaltungsgerichts. Die Abschiebung sieht außer der Entfernung vom Staatsgebiet auch das Verbot vor, das Staatsgebiet vor Ablauf von sieben Jahren wieder zu betreten, es sei denn, der Ausweisungsbescheid enthält eine abweichende Regelung.

Die Abschiebung erfolgt in den Herkunftsstaat bzw., wenn die Abschiebung in den Herkunftsstaat nicht möglich ist, in den Staat des letzten Aufenthaltes, es sei denn auf Antrag und aus begründeten Umständen heraus beschließt die Verwaltung die Abschiebung in ein anderes Land. Diese Umstände bestehen bei Gefahr für die körperliche Unversehrtheit oder für die Freiheit des Ausländers, aus Gründen der Volkszugehörigkeit, des Geschlechts, der Sprache, der Staatsangehörigkeit, der Religion oder der politischen Meinung oder aus sonstigen persönlichen oder sozialen Gründen. In keinem Fall ist die Abschiebung oder die Zurückweisung an der Grenze in einen Staat gestattet, in dem der Ausländer Objekt von Verfolgung aus den o. g. Gründen sein kann. Die Abschiebung in den Herkunftsstaat kann auf der Grundlage des Schengener Abkommens oder des Schengener Durchführungsabkommens [1240] durchgeführt werden.

Inhaltlich enthält die Vorschrift des Art. 7 des *decreto-legge* im Vergleich zur bisherigen Regelung des Martelli-Gesetzes betreffend den *Abschiebungsschutz* des Flüchtlings keine wesentlichen Neuerungen. Bezog sich bislang der Art. 7 des Martelli-Gesetzes auf Art. 33 GK bzw. das Refoulement-Verbot, enthält auch die neue Fassung des Art. 7 des decreto-legge eine dem Refoulement-Verbot in Art. 33 GK entsprechende Regelung. Neuerungen bringen lediglich die Vorschriften mit sich, die sich auf die Abschiebungsgründe beziehen. Hier ist auffällig, daß die Abschiebung bei der Begehung der aufgeführten Straftaten oder bereits bei illegalem Aufenthalt erfolgen kann und gerade nicht vorausgesetzt wird, daß die dem Straftatenkatalog zugrundeliegenden Delikte strafrechtlich geahndet wurden bzw. eine rechtskräftige Verurteilung vorliegt. Die Tendenz einer Erleichterung der Abschiebung ist folglich unübersehbar.

Das *decreto-legge* ist bislang entgegen der Vorschrift des Art. 77 Cost. noch nicht in ein einfaches Gesetz transformiert worden. Dies hat dazu geführt, daß

1240 Vgl. hierzu *Dritter Abschnitt* I

die Frage der Verfassungsmäßigkeit dieses *decreto-legge* nicht nur aktuell ist, sondern bereits vielfach aufgeworfen wurde [1241].
In verschiedenen Beschlüssen unter anderem der *Pretura* von Palermo, von Macerata und von Rom [1242] wurde nicht nur im Hinblick auf Art. 77 Cost. Zweifel an der Verfassungsmäßigkeit des *decreto-legge* geäußert, sondern auch im Hinblick auf die mit Art. 7 des decreto-legge erfolgten Abschiebungserleichterungen, insbesondere bei noch nicht rechtskräftiger Verurteilung des Ausländers.

Mit der verfassungsrechtlichen Problematik, insbesondere in Bezug auf Art. 77 Cost., handelt es sich bei der Frage der Rechtmäßigkeit des *decreto-legge* um die wohl spannendste Frage aktuellen italienischen Verfassungsrechts, die bis heute nicht abschließend geklärt wurde. Positiv fällt hierbei ins Gewicht, daß auch die neue Regelung das Refoulement-Verbot der Genfer Konvention aufgenommen und beibehalten hat. Indes wirft insbesondere auch das konstatierte Einreiseverbot, welches sieben Jahre nach einer erfolgten Abschiebung bestehen soll, verfassungsrechtliche Probleme auf. Es bleibt abzuwarten, ob die Regelung des *decreto-legge*, insbesondere des Art. 7, Bestand haben wird.

Nach alledem ist festzustellen, daß auch nach der neueren Entwicklung bislang ein verfassungskonformes Ausführungsgesetz zu Art. 10 III Cost. nicht existiert. Der oben dargestellte Gesetzesentwurf zeigt allerdings, daß die Problematik der Verfassungswidrigkeit des Martelli-Gesetzes keineswegs lediglich von einer Minderheit in der italienischen Rechtslehre und -praxis diskutiert wird. Es bleibt daher abzuwarten, inwieweit die anstehenden Reformvorschläge von Regierung und Opposition die Richtung weisen, die die italienische Asylgesetzgebung in Zukunft gehen wird.

1241 Vgl. hierzu die Anmerkungen im Foro Italiano 1996, S. 92 ff., insbesondere zur Problematik und Rechtsprechung zur Verfassungswidrigkeit eines *decreto-legge*, das nicht innerhalb der vorgesehenen Frist transformiert wurde m.w.N.

1242 Vgl. hierzu Foro Italiano 1996, S. 92 ff.

III. Fazit

Die in vorliegender Arbeit erhobenen dogmatischen Bedenken gegen die Neukonzeption des verfassungsrechtlichen Asylrechts in Deutschland wurden vom BVerfG im Ergebnis nicht geteilt. Was im Rahmen vorstehender Untersuchungen zu Art. 16 a GG bereits angedeutet wurde, nämlich daß mit der Einführung des Art. 16 a GG in das Grundgesetz ein neuartiges Asyl-, wenn nicht gar Grundrechtsverständnis entwickelt wurde, wurde damit vom BVerfG abgesegnet. Jedenfalls bemüht sich das BVerfG nicht, einer derartigen Entwicklung vorzubeugen. Zwar ist seiner Ansicht nach die Neugestaltung des Asylrechts, auch soweit sie Einschnitte gegenüber dem bisherigen Charakter des Grundrechts enthält, als Einheit zu sehen und als solche bei der Auslegung und Anwendung der verfassungsrechtlichen Regelung im einzelnen zugrundezulegen [1243]. Dementsprechend müßte aber insbesondere die Drittstaatenregelung des Art. 16 a II GG an sich von der Asylrechtsgewährleistung des Art. 16 a I GG her ausgelegt und angewendet werden, wie es auch dem in vorliegender Arbeit vertretenen Konzept entspricht. Erst nach Bestimmung des asylrechtlichen Schutzbereichs können an sich Eingriffe in diesen bestimmt werden. Jedoch unterläßt es das BVerfG zu erklären, was konkreter Inhalt der Asylrechtsgewährleistung nach Art. 16 a I GG ist, sondern entwickelt unvermittelt die bereits zuvor im Schrifttum [1244] formulierte Lehre von der *materiellen Beschränkung des persönlichen Geltungsbereichs* der Asylrechtsgewährleistung [1245], derzufolge das Asylrecht im Falle der Einreise über einen sicheren Drittstaat erst gar nicht zum Entstehen gelangt.

Damit scheint das BVerfG wohl der Meinung zu folgen, zufolge aus der ganzheitlichen Einheit der Asylrechtsnormfolge, daß die Grundrechtsgewährleistung des Art. 16 a I GG nicht losgelöst im Raume stehe, sondern mit den nachfolgenden Absätzen ein einheitliches Ganzes bilde, so daß sich der Regelungsgehalt des 1. Absatzes erst nach Einbeziehung der weiteren Absätze erschließen lasse [1246]. Da das BVerfG weder den Inhalt der asylrechtlichen Gewährleistung konkretisiert noch an irgendeiner Stelle des Urteils zur Drittstaatenregelung den Be-

---

[1243] BVerfG NVwZ 1996, 700 (702)

[1244] Voßkuhle, EÖV 1994, 563; Wollenschläger/Schraml, JZ 1994, 61 (62); Gusy, Jura 1993, 505 (509)

[1245] BVerfG NVwZ 1996, 700 (702, 704, 706); zustimmend *Tomuschat*, EuGRZ 1996, 381 (382); *Lübbe-Wolff*, DVBL 1996, 825

[1246] Marx, InfAuslR 1997, 208 (209)

griff des effektiven Verfolgungsschutzes verwendet, andererseits den Inhalt der Drittstaatenregelung eigenständig bestimmt, hat es offensichtlich diese neuartige Form der Grundrechtsdogmatik übernehmen wollen. *Marx* weist daher konsequent darauf hin, daß, wer eine derartige die Interpretation des Schutzbereichs berührende Folgewirkung mit Hinweis auf den Sondercharakter des Asylrechts bestreiten will, dann auch konsequenterweise den Grundrechtscharakter des Asylrechts überhaupt bestreiten müßte [1247]. Zu Recht wird darauf hingewiesen, daß der asylrechtliche Verfolgungsschutz jedoch stets auch andere Grundrechte, wie etwa das Recht auf körperliche Unversehrtheit und Leben und den Menschenwürdegrundsatz. Dies verdeutlicht, daß die neuartige Methode der Grundrechtsinterpretation nicht auf den Bereich des Asylrechts begrenzt werden kann, sondern die Tendenz in sich birgt, auch andere grundrechtliche Schutzbereiche zu ergreifen, vorausgesetzt, die Gründe für die Freiheitsverdrängung können einer in bestimmter Weise formierten Öffentlichkeit als dringlich dargestellt werden [1248]. Dies ist, wie *Marx* zu Recht hervorhebt, methodisch fragwürdig. Für die Zukunft des verfassungsrechtlichen Asylrechts in Deutschland bedeutet dies, daß ungeachtet des Grundrechtscharakters des Asylrechts dieses den in vorliegender Arbeit aufgeworfenen Zweifeln und Ermessensspielräumen anheimgegeben werden kann. Dies begründet jedoch eine dem Sinn des Asylrechts zuwiderlaufende Entwicklung. Der extensive, von den Möglichkeiten und Varianten der Rückführung des Betroffenen unabhängige Entzug des Asylschutzes wird damit als eine Art „generalpräventive Sanktion" für das Unterlassen der Inanspruchnahme von Schutzmöglichkeiten im Ausland verstanden [1249]. Diese Argumentation übersieht zudem, daß eine einfachgesetzliche Garantie des Schutzes politisch verfolgter Personen Art. 1 I GG nicht gerecht wird. Denn es entspricht gerade der Konzeption des Grundgesetzes, daß - soweit der Menschenwürdekern eines Grundrechts reicht - es eben als solches nicht beseitigt werden darf [1250].

Im Gegenzug hierzu scheint die dargelegte aktuelle Entwicklung im Bereich des italienischen Asylrechts weniger wegweisend. Der vorgestellte Gesetzesentwurf des CIR versucht, unter Einarbeitung der auf EU-Ebene erreichten Harmoniebestrebungen, den bisher geltenden Widerspruch zur verfassungsrechtlich veran-

---

1247 Marx, InfAuslR 1997, 208 (209)

1248 Vgl. FN 1248

1249 Lübbe-Wolff, DVBL 1996, 825 (826)

1250 Marx, InfAuslR 1997, 208 (210); Frowein/Zimmermann, JZ 1996, 753 (754) ; Hehl, ZRP 1993, 301 (303)

kerten Asylgarantie aufzulösen. Hingegen verkörpert das bereits in Kraft gesetzte *decreto-legge* die konsequente Fortführung des bisherigen Wegs, nämlich einer rigiden und restriktiven Asylpolitik, selbst für den Preis der Verfassungswidrigkeit. Auch hier bleibt abzuwarten, ob das *decreto-legge* überhaupt - in Anbetracht der dargelegten verfassungsrechtlichen Bedenken - auch in Zukunft bestehen wird bzw. inwieweit die Künftigen und zu erwartenden Gesetzesvorlagen von Regierung und Opposition das gewonnene Ergebnis bestätigen.

Der bereits oben konstatierte Konflikt zwischen einer rigiden, Asylanten möglichst abschiebenden Politik, die sich dann aber in Gestalt verschiedener Abkommen auf gemeinsame Standards verständigt, und einer europarechtlichen Freiheitsgarantie eines gemeinsam zu realisierenden und zu begrenzenden Asylrechts wird auch in Zukunft das europaweite Asylgeschehen beherrschen. Aus dem Zusammenspiel der Regelungen in Art. 16 a II GG und Art. 16 a V GG sowie der bisherigen und - möglicherweise - künftigen Rechtslage Italiens wird vielmehr die Entstehung eines europäischen Systems der Lastenverteilung erkennbar [1251], geht es letztlich um eine Politik der Abdrängung der Flüchtlingslast. Ob freilich jemals ein alle Staaten des Europarates umfassendes multilaterales System des Lastenausgleichs erreichbar sein wird, erscheint angesichts der Erfahrungen mit dem Schengener Durchführungsabkommen (SDÜ) und der noch immer nicht in Kraft getretenen Dubliner Konvention mehr als fraglich. Indes bleibt auch die Behauptung, die belasteten Staaten würden aufgrund der Auswirkungen der nationalen Entwicklungen von Drittstaatenregelungen an den europäischen Harmonisierungsprozeß herangeführt [1252], fragwürdig und wird durch bisherige Erfahrungen jedenfalls nicht getragen.

[1251] Marx, InfAuslR 1997, 208 (210)

[1252] Marx; InfAuslR 1997, 208 (211)

Literaturverzeichnis

Achermann, A.: Das Erstasylabkommen von Dublin, in: ASYL 1990, S.12 ff.

Alexy, R.: Theorie der Grundrechte, Baden-Baden 1986

Alleweldt,R. : Die Menschenrechtsbeschwerde gegen Asylentscheidungen im Flughafen- oder Schnellverfahren, NVwZ 1996, S. 1074 ff.

Alleweldt, R.: Schutz vor Abschiebung bei drohender Folter oder unmenschlicher oder erniedrigender Behandlung oder Strafe, Berlin u.a. 1996

Alternativkommentar zum Grundgesetz für die Bundesrepublik Deutschland, R. Wassermann (Hrsg.), 2. Aufl., Darmstadt 1989. (Zitierweise: AK Bearbeiter).

Amann, C.: Recht auf Asyl - Recht im Asyl und die Genfer Flüchtlingskonvention in: AWR Bulletin 1988, S. 24 ff.

Amato, G.: Rapporti fra norme primarie e secondarie, Milano 1962

Amato, G. / Barbera, A.: Manuale di diritto pubblico, 3. Aufl., Bologna 1991

Amling, V: Das Spannungsverhältnis zwischen Art. 20 IV GG und Art. 79 III GG, Marburg, 1973

Anschütz, G.: Kommentar zur Weimarer Verfassung, 14. Aufl., Berlin 1933

Bachelet, V.: La giustizia amministrativa nella Costituzione italiana, Milano 1966

Bachelet, V.: Legge, attività amministrativa e programmazione economica, in: Giurisprudenza costituzionale 1961, S. 904 ff.

Bachof, O.: Hände weg vom Grundgesetz. Änderung von Rechtsweggarantie und Asylrecht?, in: Das akzeptierte Grundgesetz, Festschrift für Günter Dürig zum 70. Geburtstag, Herausgegeben von Hartmut Maurer, München 1990 (zit.: FS Dürig)

Bachof, O.: Zum Apothekenurteil des Bundesverfassungsgerichts, in: JZ 1958, S. 468 ff.

Baldassare, A.: Diritti sociali, in: Enciclopedia Giuridica Treccani (Istituto della Enciclopedia italiana, fondata da Giovanni Treccani s.p.a., Roma), Vol. XI, Roma 1988

Baldassare, A.: Libertà, in: Enciclopedia Giuridica Treccani (Istituto della Enciclopedia italiana, fondata da Giovanni Treccani s.p.a., Roma), Vol. XIX, Roma 1988

Balduzzi R./ Sorrentino F.: Riserva di legge, in: Enciclopedia del diritto, Vol. XL, Milano 1989

Barile, P.: Diritti dell'uomo e libertà fondamentali, Bologna 1984

Barile, P.: Le libertà nella Costituzione, Padova 1966

Barile, P.: Il soggetto privato nella Costituzione italiana Padova 1953

Barile, P.: Istituzioni di diritto pubblico, Padova 1975

Bauer, H.: Gerichtsschutz als Verfassungsgarantie - Zur Auslegung des Art. 19 Abs. 4 GG, Berlin 1973.

Baumüller, P.: Art. 16 II 2 GG als Grundrecht des status negativus. Neue Perspektiven für die Bewältigung des Asylantenproblems, in: NVwZ 1982, S. 222 ff.

Beghè Loreti, A.: Rifugiati e richiedenti asilo nell'area della Comunità europea, Padova 1990

Beitz, W. / Wollenschläger M.: Handbuch des Asylrechts unter Einschluß des Rechts der Kontingentflüchtlinge (Hrsg.), Bd. 1 : Baden-Baden 1980, Bd. 2 : Baden-Baden 1981 (zit.: Bearb. in: Beitz-Wollenschläger)

Bell, R.: Bedarf die umfassende Asylgewährleistung des Grundgesetzes der Änderung ?, in: ZAR 1990, S. 83 ff.

Bernardi, E.: Asilo politico, in: Digesto delle discipline pubblicistiche, Vol. I, Torino 1987, S. 421 ff. (zit.: Dig. Disc. pubb.)

Bernhardt, R: Bundesverfassungsgericht und völkerrechtliche Verträge, in: C. Starck (Hrsg.), Bundesverfassungsgericht und Grundgesetz - Festgabe aus Anlaß des 25jährigen Bestehens des Bundesverfassungsgerichts, Bd. 2, Tübingen 1976, S.154 ff. (zit.: FS BVerfG)

Bertrams, M: Die Rechtsprechung des Bundesverwaltungsgerichts zu den Beweisgrundsätzen und Wahrscheinlichkeitsmaßstäben im Asylverfahren vor dem Hintergrund der allgemeinen Asylproblematik, in: DVBl. 1987, S.1181 ff.

Bertrams, M.: Zur Überprüfung gerichtlicher Asylentscheidungen durch das Bundesverfassungsgericht, in: DVBl 1991, S. 1226 ff.

Bethge, H.: Zur Problematik von Grundrechtskollisionen, München 1977 (zit.: Grundrechtskollisionen)

Bethäuser, F.: Der anderweitige Schutz vor Verfolgung im Asylrecht, Frankfurt/M. 1983 (zit. Diss.)

Bierwirth, Ch.I Göbel-Zimmennann, R.: Handlungsspielräume und Grenzen einer Anderung des Asylrechts, in: ZRP 1992, S.470 ff.

Bierwirth, C.: Zugang zum Asylverfahren, in: ZAR 1987, S.64 ff.

Bittner, D.: Finanzgerichtsordnung - Kommentar, Loseblattsammlung, Neuwied, Stand: 1991

Blanke, H. -J.: Der Unionsvertrag von Maastricht - Ein Schritt auf dem Weg zu einem europäischen Bundesstaat, in: DÖV 1993, 5.412 ff.

Bleckmann, A.: Der Vertrag über die Europäische Union, in: DVBl. 1992, 5. 335 ff.

Bleckmann, A.: Die Bindung der Europäischen Gemeinschaft an die Euro-

päische Menschenrechtskonvention, Köln 1986.
Bleckmann, A.: Verfassungsrechtliche Probleme einer Beschränkung des Asylrechts, Köln 1992.
Bleibaum, E.-A.: Das Verfassungsminimum im Bonner Grundgesetz, Hamburg 1951.
Bodemar, S.: Ein Jahr Asylgesetz - Erfahrungen des UNHCR mit dem neuen Asylgesetz, S.14 ff., in: Grüner Klub im Parlament (Hrsg.), Menschenrecht in der Praxis - Ein Jahr neues Asylgesetz, Wien, 1993.
Bolten, J.: From Schengen to Dublin: The New Frontiers of Refugee Iaw, in: H.Meijers (Hrsg.), Schengen, ohne Ort 1991. (Zitierweise: Bolten, Schengen).
Bonetti, P.: La condizione giuridica del cittadino extracomunitario, Rimini 1991
Bonner Kommentar zum Grundgesetz, Loseblattsammlung, Heidelberg, Stand: Oktober 1984
Bozzi, P.: Interesse e diritto, in: Novissimo digesto italiano, Vol. VIII, Torino 1962, S. 844 ff. (zit.: Nov. Dig. it.)
Breuer, R.: Grundrechte als Anspruchsnormen, in: Verwaltungsrecht zwischen Freiheit, Teilhabe und Bindung. Festgabe zum Anlaß des 25jährigen Bestehens des Bundesverwaltungsgerichts, München 1976, S. 89 ff. (zit.: FS BVerwG)
Caggiano, G.: Asilo, ingresso, soggiorno e espulsione dello straniero nella nuova legge sull'immigrazione, in: La comunità int. 1990, S. 9 ff.
Calamandrei, P. / Barile, P.: Die Grundrechte in Italien, in: Bettermann/ Neumann/ Nipperdey (Hrsg.), Die Grundrechte, Berlin 1967, Bd. I, 2. Halbband, S. 663 ff.
Calamia, A.M.: Ammissione ed allontanamento degli stranieri, Milano 1980
Cannada-Bartoli, E.: La tutela giudiziaria del cittadino verso la pubblica amministrazione, Milano 1964
Cannizzaro, E.: La nuova disciplina dell'ingresso, del soggiorno e dell'allontanamento degli stranieri, in: Riv. Dir. Int. 1990, S. 71 ff.
Carboni, G.: L'inosservanza dei provvedimenti dell'autorità , Milano 1970
Carlassare, L.: Legge (riserva di), in: Enciclopedia Giuridica Treccani (Istituto della Enciclopedia italiana, fondata da Giovanni Treccani s.p.a., Roma), Vol. XVIII, Roma 1990 (zit.: Enc. giur.)
Carlassare, L.: Regolamenti dell'esecutivo e principio di legalità, Padova 1966
Cassese, A.: Commento Art. 10 Cost. It., in: G. BRANCA (Hrsg.), Principi fondamentali; Commentario alla Costituzione, Bologna / Roma 1975, S. 531 ff. (zit.: Cassese)
Cassese, A.: Sul soggiorno del rifugiatio politico in Italia, in: Riv. dir. Int. 1959, S. 659 ff.

Cassese, S.: Le basi del diritto amministrativo, Torino 1989
Clarich, M. (a cura di): La trasparenza amministrativa a due anni dalla legge 7 agosto 1990 N. 241, Pubblicazione realizzata con il contributo del Monte dei Paschi di Siena e della redazione di Mondo economico, allegato a Mondo economico 27. Febbraio 1993 (zit.: La trasparanza amministrativa)
Classen, C.-D.: Maastricht und die Verfassung: kritische Bemerkungen zum neuen „Europa-Artikel" 23 GG, in: ZRP 1993, S.57 ff.
Classen, C. -D.: Asylrecht: Muß der Rechtsstaat kapitulieren ?, in: Borgmann, K. u.a., Verfassungsreform und Grundgesetz, Stuttgart 1992, 5. 133 ff. (Zitierweise Classen, Rechtsstaat).
Classen, C. -D.: Sichere Drittstaaten - Ein Beitrag zur Bewältigung des Asylproblems ?, in: DVBl. 1993, 5. 700 ff. (zit: Classen, Drittstaaten)
Columbus, J.: Arbeitspflicht für Asylbewerber ?, in: ZAR 1982, S. 148 ff.
Crisafulli, V. / Paladin L.: Commentario breve alla Constituzione, Padova 1990 (zit.: Commentario breve)
Crisafulli, V.: Lezioni di diritto costituzionale II: L'ordinamento costituzionale italiano, le fonti normative, la Corte Costituzionale, Padova 1984
Denninger, E./ Rachor, F.: Asylrecht und Sichtvermerkszwang , in: ZAR 1988, S. 51 ff.
Denninger, E.: Freiheitsordnung - Wertordnung - Pflichtordnung, in: JZ 1975, S. 545 ff.
Deutscher Bundestag (Hrsg) : Der Parlamentarische Rat 1948-49 (Akten und Protokolle) Der Verfassungskonvent auf Herrenchiemsee, Boppard 1981
Deutscher Bundestag - Wissenschaftlicher Dienst: Asylrecht unter besonderer Berücksichtigung des Verfahrensrechts in 15 europäischen Ländern und in den USA, Materialien Nr.116, Bonn, April 1991.
Deutscher Bundestag - Wissenschaftlicher Dienst: Dokumentation zum Gesetz zur Neuregelung des Asylverfahrens - Veröffentlichte Gesetzesmaterialien des Parlamentarchivs Nr.25, Bonn 1992.
Di Fabio, U.: Der neue Art. 23 des Grundgesetzes, in: Der Staat 1993, 5.191 ff.
Di Giovine, A.: Introduzione allo studio della riserva di legge nell'ordinamento italiano, Torino 1969
Doemming, von, K.-B./ Füßlein, R.-W./ Matz, W.: Entstehungsgeschichte der Artikel des Grundgesetzes, Art. 16, in: JöR n.F. (Hrsg. Leibholz/ v. Mangoldt), Bd. 1, Tübingen 1951
Dörr, 0.: Das Schengener Durchführungsabkommen - ein Fall des Art. 24 Abs. 1 GG, in: DÖV 1993,
D'Orazio, G.: Lo straniero nella Costituzione italiana. Padova 1992

D'Orazio, G.: Condizione dello straniero e „società democratica" (sulle „ragioni" dello stato), Padova 1994

Dorn, D.-W: Artikel 235 EWG-Vertrag - Prinzipien der Auslegung. Die Generalermächtigung zur Rechtsetzung im Verfassungssystem der Gemeinschaften, Kehl 1986.

Dossier Dire, L'odissea dei rifugiati, il diritto d'asilo in Italia e in Europa, in: Dossier dire., Fascicolo promosso dalla Direzione generale dei Servizi civili del Ministero dell'Interno, 1992

Dreier, R.: Probleme der Verfassungsinterpretation (Dreier / Schwegmann Hrsg.), Baden Baden 1976

Dürig, G. / Evers, H.-U.: Zur verfassungsändernden Beschränkung des Post-, Telefon-und Fernmeldegeheimnisses Berlin/ Zürich 1969.

Dürig, G.: Der Grundrechtssatz von der Menschenwürde, in: AöR 1956, 5. 117ff.

Dürig, G.: Freizügigkeit, in: Neumann, F./ Nipperdey, H. K./ Scheuner, U. (Hrsg.), Die Grundrechte, Bd. 2, Berlin 1954, S.507 ff.

Dürig, J: Beweismaß und Beweislast im Asylrecht, München 1990.

Durante, F.: Tutela internazionale dei rifugiati e diritti dell'uomo, in: Studi in onore di E. Sperduti, Milano 1984, S. 559 ff.

Ebert, J.: Der Begriff des politisch Verfolgten i.S. von Art. 16 Abs. 2 S. 2 GG unter besonderer Berücksichtigung der höchstrichterlichen Rechtsprechung, Dissertation, Würzburg 1988 (zit.: Diss.)

Ehmke, H.: Verfassungsänderung und Verfassungsdurchbrechung, in: AöR 1953/ 54, 5.385 ff.

Elbing, G.: Zur Anwendbarkeit der Grundrechte bei Sachverhalten mit Auslandsbezug, München 1992.

Erichsen, H.U: Staatsrecht und Verfassungsgerichtsbarkeit II, 2. Auflage, München 1979

Esposito, C.: Asilo (diritto internazionale), in: Enciclopedia del diritto, Milano 1958, S. 222 ff. (zit.: Enc. dir.)

Even, B.: Die Bedeutung der Unantastbarkeitsgarantie des Art.79 III GG für die Grundrechte, Frankfurt/ M. 1988.

Even, B.: Lösung der Asylproblematik durch Änderung von Art. 16 II 2 GG, in: VR 1987, S.256 ff.

Everling, U.: Probleme atypischer Rechts- und Handlungsformen bei der Auslegung des Europäischen Gemeinschaftsrechts, in: R. Bieben G. Ress (Hrsg.), Die Dynamik des Europäischen Gemeinschaftsrechts, Baden-Baden 1987, S.417 ff.

Eyermann, E. / Fröhler, L.: Verwaltungsgerichtsordnung - Kommentar, 9. Aufl., München 1988.

Feddersen, C.: Beschwerdeausschluß versus Menschenwürde und Rechtsstaatsprinzip: ein unvereinbarer Gegensatz?, in: ZRP 1993, S.479 ff.

Feneberg, H.: Das Recht der politisch Verfolgten in der Bundesrepublik Deutschland, in: Schriftenreihe der Deutschen Nansen-Gesellschaft, Heft 4, Köln 1965, S. 65 ff.(zit.: DNG 4)

Finklenburg, K. / Jank, K.: Vorläufiger Rechtsschutz im Verwaltungsstreitverfahren, 3. Aufl., München 1986.

Fischer, W.: Die Europäische Union im Grundgesetz: Der neue Artikel 23, in: Zfparlamentsfragen 1993, S.32 ff.

Fliegauf H.: Anmerkungen zum Asylkompromiß, in: DÖV 1993, S.984 ff.

Fois, S.: La riserva di legge, Milano 1963

Forti, : „Atto" e „procedimento" amministrativo, in: Studi in onore di Oreste Manelletti, Vol. I, Padova 1931, S. 456 ff.

Franke, D.: Politisches Delikt und Asylrecht, Königstein/Taunus 1979

Franßen, E.: Der neue Art. 16 a GG als „Grundrechtshinderungsvorschrift", in: DVBl 1993, S. 300 ff.

Franz, F.: Anmerkung zu VGH Kassel vom 19. 10. 1966, DVBl. 1967, 5. 490 ff, in: DVBl. 1967, S.492 ff.

Franz, F.: Das Asylrecht der politisch Verfolgten nach internationalem und deutschem Recht, Dissertation (zit.: Asylrecht), Köln 1961.

Franz, F.: Das Asylrecht im Schatten der Flüchtlingskonvention, in: DVBl. 1966, S.623 ff.

Franz, F.: Die Asylgewährung in der Bundesrepublik Deutschland im Spannungsfeld der obergerichtlichen Rechtsprechung, in: DVBl 1978, S. 865 ff.

Franz, F.: Asylanspruch der politisch Verfolgten, in: Schriftenreihe der Deutschen Nansen-Gesellschaft, Heft 3, Augsburg 1963, S. 77 ff. (zit.: DNG 3)

Franz, F.: die Wandlung des Asylrechts vom Souveränitsrecht des Staates zum Freiheitsrecht des Fremden, in: Schriftenreihe der Deutschen Nansen-Gesellschaft, Heft 4, Köln 1965, S. 133 ff. (zit.: DNG 4)

Franz, F.: Grenzfragen des Asylrechts: Der politische Mord, in: JR 1964, S. 81 ff. (zit.: Grenzfragen)

Franz, F.: Das strikte Verbot der Ausweisung und Abschiebung politisch Verfolgter, in: NJW 1968, S. 1556 ff.

Frowein, J.A. / Kühner, R.: Drohende Folter als Asylgrund und Grenze für Auslieferung und Ausweisung, in: ZaöRV 1983, S.537 ff.

Frowein, J.A. / Peukert, W: Europäische Menschenrechtskonvention. EMRK

Kommentar, Kehl 1985 (Zitierweise: Frowein/ Peukert).

Frowein, J.A. / Zimmermann, A.: Der völkerrechtliche Rahmen für die Reform des deutschen Asylrechts, Köln 1993.

Frowein J.A. / Zimmermann, A.: Die Asylrechtsreform des Jahres 1993 und das Bundesverfassungsgericht, JZ 1996, 753

Funke-Kaiser, M.: Verfassungsrechtliche Beurteilung von Art. 16 a E-GG und völkerrechtliche Standards, in: Flucht und Asyl, epd-Dokumentation, Nr.24-25/93, S.28 ff., Frankfurt/M., 1993. (Zitierweise:
Funke-Kaiser, Beurteilung).

Galtieri, C.: Commento Art. 5 della legge 28.2.1990, N. 39, in: La normativa sugli extracomunitari , Testo e commento della legge 28.2.1990 N. 39, Roma 1990, S. 26 ff. (zit.: La normativa...)

Garcia-Mora, M.: International law and asylum as a human right, Washington D.C. 1956

Gattiker, M.: Ist die Schweiz ein sicheres Asylland? (Anmerkungen zu Art. 16 Abs. 2 Asylgesetz), in: ASYL 1991, Heft 3, S.2 ff.

Geddert-Steinacher, T: Menschenwürde als Verfassungsbegriff, Berlin 1990.

Geiger, R.: EG-Vertrag - Kommentar, München 1992.

Gemeinschaftskommentar zum Asylverfahrensgesetz 1992, bearbeitet von B. Brunn u.a., Darmstadt, Loseblattsammlung, Stand: Dezember 1994 (Zitierweise: GK - Bearbeiter).

Gemeinschaftskommentar zum Asylverfahrensgesetz 1986, bearbeitet von B. Brunn u.a., Darmstadt, Loseblattsammlung, Stand: September 1992 (zit.: GK 1986 - Bearbeiter)

Gerlach, A.: Asylverträge in der Europäischen Gemeinschaft - die asylrechtlichen Regelungen des Dubliner und Zweiten Schengener Übereinkommens, in: AWR-Bulletin 1991, S.34 ff.

Gerlach, A.: Dubliner Asylrechtskonvention und Schengener Abkommen: Lohnt sich die Ratifikation?, in: ZRP 1993, S.164 ff.

Giannini, M.S.: Diritto Amministrativo, Vol. I, Milano 1970

Giannini, M.S.: Diritto Amministrativo, Vol. II, Milano 1988

Giannini, M.S.: Atto amministrativo, in: Enciclopedia del diritto, Vol. IV, Milano 1959, S. 157 ff. (zit.: Enc. dir.)

Giannini, M.S. / Piras, G.: Giurisdizione amministrativa, in: Enciclopedia del diritto, Vol. XIX, Milano 1979, S. 229 ff.

Giesler, V./ Wasser, D.: Das neue Asylrecht - Die neuen Gesetzestexte und internationalen Abkommen mit Erläuterungen, Köln 1993. (Zitierweise: Giesler Wasser).

Gilsdorf, P.: Die Kompetenz der Gemeinschaft zur Angleichung asylrechtlicher Bestimmungen in der EG, in: EuR 1990, S.65 ff.

Goerlich, H.: Grundrechte als Verfahrensgarantien, Baden-Baden 1981

Goodwin- Gill, G.: Ein sicheres Land ? - Wer bestimmt das ?, in: Flüchtlinge - Mitteilungsblatt des UNHCR 2/1992, S.37 f.

Gornig, G.: Das Refoulement-Verbot im Völkerrecht, Wien 1987 (Zitierweise: Gornig, Refoulement).

Grabitz, E.: EWG-Vertrag, Kommentar, Loseblatt, München Stand: 1990. (Zitierweise: Grabitz - Bearbeiter).

Gräber, F./ von Groll, R. / Koch, H. -R.: Finanzgerichtsordnung - Kommentar, München, 2. Aufl. 1987.

Grahl-Madsen, A.: The Status of Refugees in International Iaw, Bd. 1: Refugee Character, Leyden 1966. (Zitierweise: Grahl-Madsen I).

Grahl-Madsen, A.: The Status of Refugees in International Law, Bd. 2: Asylum, Entry and Sojourn, Leyden 1972. (Zitierweise: Grahl Madsen II).

Grenz, W.: Neues Asylrecht: Abschied vom Schutz für politisch Verfolgte - Anmerkungen zu den Vorschlägen von CDU/CSU, FDP und SPD für eine neues Asylrecht, in: ASYL 1993, 5.41 ff.

Groeben, H. von der / Thiesing, J. / Ehlermann, C.-D.: Kommentar zum EWG-Vertrag, 4. Auflage, Baden-Baden 1991.

Groos, H.: Die Kompetenzen der Europäischen Gemeinschaft auf dem Gebiet des Asylrechts, Studie des Wissenschaftlichen Dienstes des Deutschen Bundestages, Nr.52/ 88, Bonn, 1988.

Groos, H.: Zusammenarbeit in den Bereichen Justiz und Inneres, insbesondere in der Asylpolitik, in: Wissenschaftliche Dienste des Deutschen Bundestages (Hrsg.), Maastricht - Auf dem Wege zur Politischen Union, Bonn 1992, S.75 ff.

Grützner, H.: Auslieferungsverbot und Asylrecht, in: Neumann F./ Nipperdey H.-C./ Scheuner, U.: Die Grundrechte, Bd. II, 2.Aufl., Berlin 1968, S. 583 ff. (zit.: Auslieferungsverbot)

Gusy, C.: Aktuelle Probleme des deutschen Auslieferungsrechts, in: MDR 1980, S. 96 ff.

Gusy, C.: Neue Rechtsprechung zu Grundfragen des Asylrechts in der Bundesrepublik Deutschland, in: AWR Bulletin 1978, S. 82 ff.

Gusy, C.: Asylrecht und Asylverfahren in der Bundesrepublik Deutschland, Königstein, 1980 (zit.: Diss.).

Gusy, C.: Grenzen des Asylrechts, in: Beitz, *W.I* Wollenschläger, M. (Hrsg.), Handbuch des Asylrechts, Bd. 1: Grundlagen, 1980, S.247 ff.

Gusy, C.: Neuregelung des Asylrechts - Grundrecht oder Grundrechtsverhinderungsvorschrift, in: JURA 1993, S. 505 ff. (Zit: Gusy, Neuregelung).

Haberland, J.: Der Asylkompromiß vom 6. Dezember 1992 - ein Jahr danach, in: ZAR 1994, S. 3 ff.

Häberle, P.: Die Abhörentscheidung des Bundesverfassungsgerichts vom 15.12.1970, in: JZ 1971, S.145 ff.

Häberle, P.: Verfassungsrechtliche Ewigkeitsklauseln als verfassungsstaatliche Identitätsgarantien, in: Völkerrecht im Dienste des Menschen - Festschrift für Hans Haug (Y. Hanggartner, Hrsg.) (zit. FS Haug), Bern 1986.

Hailbronner, K. / Cordes, W: Grundstrukturen eines neuen Asylrechts, in: NVwZ 1991, S. 713 ff.

Häberle, P.: Der Wesensgehalt des Art. 19 II Grundgesetz, 3. Aufl., Heidelberg 1983

Hailbronner, K. / Randelzhofer, A.: Zur Zeichnung der UN-Folterkonvention durch die

Bundesrepublik Deutschland, in: EuGRZ 1986, S.641 ff.

Hailbronner, K.: Anmerkung zum Urteil des Bundesverwaltungsgerichts vom 2.12.1986, in: JZ 1987, S.564 ff.

Hailbronner, K.: Asyl- und Einwanderungsrecht im europäischen Vergleich, Köln, 1992

Hailbronner, K.: Asyl- und Einwanderungsrecht in der Europäischen Gemeinschaft, Saarbrücken, 1992.

Hailbronner, K.: Ausländerrecht. Ein Handbuch. 2. Aufl., Heidelberg 1989.

Hailbronner, K.: Das Refoulement-Verbot und die humanitären Flüchtlinge im Völkerrecht, in: ZAR 1987, S. 3 ff.

Hailbronner, K.: Die Asylrechtsreform im Grundgesetz, in: ZAR 1993, S.107 ff.

Hailbronner, K.: Möglichkeiten und Grenzen einer europäischen Koordinierung des Einreise- und Asylrechts: ihre Auswirkungen auf das Asylrecht der Bundesrepublik Deutschland. Baden-Baden 1989. (Zitierweise: Hailbronner, Koordinierung).

Hailbronner, K.: Perspektiven einer europäischen Asylrechtsharmonisierung nach der Maastrichter Gipfelkonferenz, in: ZAR 1992, S. 51 ff. (Zitierweise: Hailbronner, Perspektiven)

Hailbronner, K.: Perspektiven einer europäischen Asylrechtsharmonisierung nach der Maastrichter Gipfelkonferenz, in: Hailbronner, K.: Asyl-und Einwanderungsrecht im europäischen Vergleich, Köln 1992

Hailbronner, K.: Stellungnahme zum Entwurf eines Gesetzes zur Änderung des Grundgesetzes (Art. 16 und 18), Bundestags-Drucksache 12/

4152, in: Stenografisches Protokoll der 55. Sitzung des Innenausschusses, der 71. Sitzung des Rechtsausschusses und der 8. Anhörung der Gemeinsamen Verfassungskommission, 5. 279 ff. (Zitierweise: Hailbronner, Stellungnahme).

Hailbronner, K.: The Concept of „Safe Country" and „Expedient Asylum Procedures" - Western European Perspectives, in: Stenografisches Protokoll der 55. Sitzung des Innenausschusses, der 71. Sitzung des Rechtsausschusses und der 8. Anhörung der Gemeinsamen Verfassungskommission, S.305 ff. (Zitierweise: Halibronner, Concept).

Hailbronner, K.: Zur Reform des Ausländerrechts, in: ZRP 1980, S.230 ff.

Hailbronner, K: Reform des Asylrechts, Konstanz 1994

Hamann, A. / Lenz, H.: Das Grundgesetz für die Bundesrepublik Deutschland, 3. Aufl., Neuwied/ Berlin 1970

Heckel, C.: Offensichtlich unbegründete Asylanträge, Wie lassen sich Art. 16 a Abs. 4 GG und § 36 Abs. 4 AsylVfG mit der Rechtsprechung des Bundesverfassungsgerichts vereinbaren ? - Fortbildungsveranstaltung der Verwaltungsrichter des Landes Baden-Württemberg, in: VBlBW 1994, 136

Hehl, S.: Die Neuregelung des Asylrechts, in: ZRP 1993, 5.301 ff.

Hein, C.: Das Asylrecht in Italien, in: ZAR 1989, S. 75 ff.

Hein, C.: Asylrecht und Asylpolitik in Italien, in: ASYL 1993, S. 27 ff.

Heinhold, H.: Stellungnahme zu den Vorschlägen zur Änderung des Asylgrundrechts (Art. 16 II 2 GG) (BT-Drucksache DS 12/ 4152,12/ 2112) sowie den zu beratenden Anträgen und Gesetzesentwürfen (12/ 3235, 12/1216,, 12/1714 und 12/ 2089), in: Protokoll der 55. Sitzung des Innenausschusses, der 71. Sitzung des Rechtsausschusses und der 8. Anhörung der Gemeinsamen Verfassungskommission, S.399 ff. (Zitierweise: Heinhold, Stellungnahme).

Henkel, J.: Das neue Asylrecht, in: NJW 1993, S.2705 ff.

Henkel, J.: Stellungnahme zum Entwurf eines Gesetzes zur Änderung asylverfahrens-, ausländer- und staatsangehörigkeitsrechtlicher Vorschriften (Bundestagsdrucksache 12/ 4450), in: Stenographisches Protokoll über die 56. Sitzung des Innenausschusses des Deutschen Bundestages am 24. 3. 1993, 5. 309 ff., (Zitierweise Henkel, Stellungnahme)

Herlan, W.: Anm. zu OLG Düsseldorf, MDR 1951, 181, in: MDR 1951, S. 182 ff.

Hesse, K.: Bestand und Bedeutung der Grundrechte in der Bundesrepublik Deutschland, in: EuGrZ 1978, S. 427 ff.

Hesse, K.: Grundzüge des Verfassungsrechts der Bundesrepublik Deutschland, 18. Aufl., Heidelberg 1992.

Hofmann, R.: Asyl- und Flüchtlingsrecht, in: Frowein/ Stein (Hrsg.), Die Rechtsstellung von Ausländern nach staatlichem Recht und Völkerrecht. The Legal Position of Aliens in National and International law. Le règime juridique des ètrangers en droit national et international, berlin 1987, S. 2019 ff.

Huber, B.: Anwendbarkeit des Art. 6 EMRK auf Asylstreitverfahren, in: NVwZ 1992, S.856 ff.

Huber, B.: Art. 16 Abs. 2 S. 2 GG und europäischer Binnenmarkt - Zum Spannungsverhältnis von nationalem Verfassungsrecht und europäischer Asylrechtsharmonisierung, in: Barwig, *K.I* Lörcher, K./ Schumacher, C. (Hrsg.), Asylrecht im Binnenmarkt, Baden-Baden 1989, S.43 ff.

Huber, B.: Ausländer und Asylrecht, München 1983.

Huber, B.: Ausländer- und Asylrecht in der Europäischen Gemeinschaft, in: NVwZ 1992, S.618 ff.

Huber, B.: Das Asylrecht nach der Grundgesetzänderung, in: NVwZ 1993, S. 736 ff.

Huber, B.: Verfassungsrechtliche Aspekte einer Asylrechtsharmonisierung in Europa. Zum CDU/ CSU-Entwurf eines Gesetzes zur Änderung der Art. 16 und 24 GG, in: ZRP 1992, S.123 ff.

Huber, B.: Der Einfluß von Aufnahme- und Zuweisungsgesetzen der Bundesländer auf die sozialhilferechtliche Stellung der Asylbewerber, in: NVwZ 1982, S. 359 ff.

Jellinek, G.: System der subjektiv öffentlichen Rechte, Tübingen 1982

Jellinek, G.: Allgemeine Staatslehre, 2. Aufl., Berlin 1905

Jacobi, E.: Die Diktatur des Reichspräsidenten nach Art. 48 der Reichsverfassung, in: VVDStRL 1(1924), S.105 ff.

Jarass, H. / Pieroth, B.: Grundgesetz für die Bundesrepublik Deutschland, 2. Aufl., München 1992.

Kälin, W.: Das Prinzip des non refoulement, Frankfurt/ M 1982

Kanein, W.: Zum Asylrecht in der Bundesrepublik, in: BayVBl 1967, S. 291 ff.

Kanein, W.: Asylrecht und anderweitiger Verfolgungsschutz, in: NVwZ 1983, S. 377 ff.

Kanein, W/ Renner, G.: Ausländerrecht. Ausländergesetz und Asylverfahrensgesetz mit materiellem Asylrecht, sowie arbeits- und sozial-rechtliche Vorschriften. Kommentar von G. Renner, 5. Aufl., München 1992.

Kanein, W. / Renner, G.: Ausländerrecht. Ausländergesetz und Asylverfahrensgesetz mit materiellem Asylrecht, sowie arbeits- und sozial-rechtliche Vorschriften. Nachtrag zur 5. Aufl., München 1993.

Kanein, W.: Gedanken zur Asylrechtsreform in: ZRP 1981, S.39 ff.

Karwiese, D.: Kontrolle der Verwaltung durch ordentliche Gerichte und allgemeine Verwaltungsgerichte nach italienischem Recht, Frankfurt/ M 1986

Katz, A.: Staatsrecht, 12. Auflage, Heidelberg 1994

Kelsen, H .: Allgemeine Staatslehre, Berlin 1925

Kemper, G.-H., Probleme des Asylrechts in der Rechtsprechung des Bundesverwaltungsgerichts, in: ZAR 1986, S. 3 ff.

Kimminich, 0.: Asylrecht, Berlin / Neuwied 1968 (zit.: Asylrecht)

Kimminich, O.: Die Entwicklung des Asylrechts in der Bundesrepublik Deutschland, in: JZ 1972, S. 257 ff.

Kimminich, O.: Der internationale Rechtsstatus des Flüchtlings, Köln 1962.

Kimminich, O.: Neue Erkenntnisse im Asylrecht, in: DÖV 1976, S. 87 ff.

Kimminich, O.: Anmerkung zu BVerwG, JZ 1976, 58, in: JZ 1976, S. 61 ff.

Kimminich, 0.: Zur Theorie der immanenten Schranken des Asylrechts, in: JZ 1965, S. 739 ff.

Kimminich, O.: Völkerrechtliche und grundgesetzliche Grenzen der Asylrechtsreform, in: Festschrift für F. Ermacora (M. Nowak u.a., Hrsg.) (zit.: FS Ermacora), Kehl 1988, S.385 ff.

Kimminich, O.: Grundprobleme des Asylrechts, Darmstadt 1983

Kimminich, O.: Das Asylrecht im Spiegel der neusten Rechtsprechung des Bayrischen Verwaltungsgerichtshofs, in: Verwaltung und Rechtsbindung, Festschrift zum 100-jährigen Bestehen des Bayrischen Verwaltungsgerichtshofs, München 1979 (zit.: FS BayVGH)

Kindler, P.: Einführung in das italienische Recht, München 1993

Kirchhof P.: Die Identität der Verfassung in ihren unabänderlichen Inhalten, in: Isensee, J./ Kirchhof, P. (Hrsg.), Handbuch des Staatsrechts Bundesrepublik Deutschland, Bd. 1, Heidelberg 1987, S.775 ff.

Kirchner, C. / Haas, J.: Rechtliche Grenzen für Kompetenzübertragungen auf die Europäische Gemeinschaft, in: JZ 1993, S.760 ff.

Klein, E.: Der Verfassungsstaat als Glied einer europäischen Gemeinschaft, VVDStRL Bd. *50,* Berlin 1990, *S.56* ff.

Knemeyer, F.-L.: Rechtliches Gehör im Gerichtsverfahren, in: Isensee, J./ Kirchhof, P. (Hrsg.), Handbuch des Staatsrechts, Bd. 6, Heidelberg 1989, 5. 1271ff.

Köfner, G./ Nicolaus, P.: Grundlagen des Asylrechts in der Bundesrepublik Deutschland, Bd. 1, Mainz, 1986. (Zitierweise: Köfner/ Nicolaus, Grundlagen).

Kokott, J.: Beweislastverteilung und Prognoseentscheidungen bei der Inanspruchnahme von Grund- und Menschenrechten, Berlin 1993

Kopp, F.: Verwaltungsgerichtsordnung - Kommentar, 9. Aufl., München 1992.

Kremer, J. : Der Entwurf der Fraktion der CDU/ CSU, SPD und F.D.P. zur Änderung des Grundgesetzes vom 19. 01. 1993, in: ZDWF (Hrsg.), Art. 16 a GG und seine Folgen, Bonn 1993, S.14 ff.

Kreuzberg, H. / Wahrendorf V: Grundrecht auf Asyl - Materialien zur Entstehungsgeschichte, 2. Aufl., Köln 1992.

Krüger, H.: Der Wesensgehalt der Grundrechte im Sinne des Art. 19 GG, in: DÖV 1955, S. 597 ff.

Kunig, P.: Einige Aspekte des Asylrechts, in: Jura 1992, S. 219 ff.

Lange, R.: Grundfragen des Auslieferungs- und Asylrechts, Karlsruhe 1953 (zit.: Grundfragen)

Laubinger, H.-W.: Grundrechtsschutz durch Gestaltung des Verwaltungsverfahrens, in: Verwaltungsarchiv 1982, S. 60 ff.

Leduc, F.: L'asile territorial et confèrence des nations Unis de Genève (Janvier, 1977), in: Ann. Franc. Droit int., 1977, S. 229 ff.

Lerche, P.: Das Asylrecht ist unverwirkbar, in: Festschrift für A. Arndt (H. Ehmke u.a., Hrsg.) Frankfurt/M. 1969, 5.199 ff. (zit.: FS Arndt)

Linn, K.: Rechtsprechung in Asylsachen, in: Schriftenreihe der Deutschen Nansen-Gesellschaft, Heft 3, Augsburg 1963, S. 11 ff. (zit.: DNG 3)

Lotz, K.: Vorläufige Stellungnahme zu Fragen des Entwurfs eines Gesetzes zur Änderung des Grundgesetzes (Art. 16 und 18) - BT-Drs. 121 4152, in: Protokoll der 55. Sitzung des Innenausschusses, der 71. Sitzung des Rechtsausschusses und der 8. Anhörung der Gemeinsamen Verfassungskommission, S. 245 ff. (Zit.: Lotz, Expertenanhörung).

Lübbe-Wolff, G.: Das Asylgrundrecht nach der Entscheidung des Bundesverfassungsgerichts vom 14.05.1996, in: DVBl 1996, 825

Luther, J.: Die italienische Verfassungsgerichtsbarkeit: Geschichte, Prozeßrecht, Rechtsprechung, Baden Baden 1990

Mangoldt, H. von / Klein, F. / Stark, C.: Das Bonner Grundgesetz, Kommentar, 3. Aufl., Bd. 1, München 1985. (Zitierweise: v. Mangoldt/ KleinI Stark - Bearbeiter).

Mangoldt, H. von: Das Bonner Grundgesetz, 1. Aufl., Berlin 1953.

Martines, T.: Diritto costituzionale, 2. Aufl., Milano 1990

Marx, R.: Asylrecht, Bd. 2: Rechtsprechungssammlung mit Erläuterungen, 5. Aufl., Baden-Baden 1991

Marx, R.: Die Drittstaatenregelung des Art. 16 a II GG aus verfassungsrechtlicher sowie völkerrechtlicher Sicht, unveröffentlichtes Gutachten, Frankfurt/M., 30. 9 1993. (Zitierweise: Marx, Drittstaatenregelung).

Marx, R.: Der Begriff des politischen Flüchtlings nach Völkerrecht und dem Recht der Bundesrepublik Deutschland, in: ZRP 1980, S. 192 ff.

Marx, R.: ZAR 1984, S. 102 ff.

Marx, R.: Eine menschenrechtliche Begründung des Asylrechts, Baden-Baden, 1984

Marx, R.: Grundstrukturen der Asylentscheidung, in: ZAR 1981, S.42 ff.

Marx, R.: Konventionsflüchtlinge ohne Rechtsschutz - Untersuchungen zu einem vergessenen Begriff, in: ZAR 1992, S.3 ff.

Marx, R.: Vom Schutz vor Verfolgung zur Politik der Abschreckung - Zur Geschichte des Asylverfahrensrechts in der Bundesrepublik Deutschland, in: KJ 1985, S.379 ff.

Marx, R.: Zum Entwurf eines Gesetzes zur Neuregelung des Asylverfahrens, in: InfAuslR 1992, S.109 ff.

Marx, R.: Die Drittstaatenregelung des Art. 16 a II GG nach dem Urteil des Bundesverfassungsgerichts vom 14.05.1996, InfAuslR 1997, S. 208 ff.

Maunz, T. / Dürig, G. / Herzog, R. / Scholz, R. / Lerche, P. / Papier, H. -J. / Randelzhofer, A./ Schmidt-Assmann, E. (Hrsg.), Grundgesetz - Kommentar, München, Loseblattsammlung, Stand: 1991. (zit.: Maunz - Dürig - Bearbeiter).

Maunz, T. / Schmidt-Bleibtreu, B. / Klein, F.: Bundesverfassungsgerichtsgesetz-Kommentar, 2. Aufl., Loseblatt, München, 1985 ff.

Maunz, T./ Zippelius, R.: Deutsches Staatsrecht, 28. Aufl., München 1991.

Maunz, T.: Deutsches Staatsrecht, 23. Aufl., München 1980.

Maurer, H.: Allgemeines Verwaltungsrecht, 9.Aufl., München 1994

Menke, M.: Bedingungen einer Asylgesetzgebung der Europäischen Gemeinschaften, Baden-Baden 1993.

Mettgenberg, W. / Doerner, K.: Deutsches Auslieferungsgesetz - Kommentar, 2. Aufl., Berlin 1953.

Meyer-Arndt, L.: Rechtsfragen der Grundgesetzänderung, in: AöR 1957, 5. 257 ff.

Meyer-Goßner, L.: Die Verfassungsmäßigkeit des Art.79 I S.2 des Grundgesetzes für die Bundesrepublik Deutschland, München 1962.

Meyer, H.: Die Einlieferung, Bonn 1953

Meyer, H.: Anmerkung zu OLG Hamburg 1954, 4398, in: MDR 1954, S. 499 ff.

Meyer, H.: Der Schutz Deutscher vor Überstellung an das Ausland nach dem Grundgesetz, in: JZ 1976, S. 6 ff.

Miele, G.: Pubblica funzione e servizio pubblico, in: Archivio giuridico 1933, S. 193 ff.

Mortati, C.: Istituzioni di diritto pubblico, Vol. II, 9. Aufl., Padova 1976

Mortati, C.: Discrezionalità, in: Novissimo digesto italiano, Vol. V, Torino 1960, S. 1098 ff.

Müller, F.: Juristische Methodik, 2. Auflage, Berlin 1986

Müller, F.: Die Einheit der Verfassung, Berlin 1979

Münch, L von (Hrsg.): Grundgesetz-Kommentar, Bd. 2, 2. Aufl., FrankfurtiM. 1993 (Zitierweise: v. Münch - Bearbeiter).

Nanz, K.-P.: Der „3. Pfeiler der Europäischen Union": Zusammenarbeit in der Innen- und Justizpolitik, in: integration 1992, S.126 ff.

Nascimbene, B.: Law of Asylum in Italy, in: Halibronner, K. (Hrsg.), Asyl und Einwanderungsrecht im europäischen Vergleich, Köln 1992, S. 55 ff.

Nascimbene, B.: The Albanians in Italy: The Right of Asylum Under Attack?, in: Int. J. Ref. L. 1991, S.714 ff.

Nascimbene, B.: Le regime juridique des strangers en droit italien, in: *Frowein, J. A.I Stein, T.* (Hrsg.), Die Rechtsstellung von Ausländern nach staatlichem Recht und Völkerrecht. The Legal Position of Aliens in National and International Law. Le regime juridique des strangers en droit national et international, Berlin 1987, 5.659 ff.

Nascimbene, B.: Lo straniero nel diritto italiano, Milano 1988

Nascimbene, B.: Lo straniero nel diritto italiano. Appendice di aggiornamento. Le nuove norme sull'ingresso, soggiorno e asilo, Milano 1990

Nascimbene, B.: Diritto d'asilo e Albanesi in Italia. Rifugiati o clandestini ?, in: Il corriere giuridico 8/ 1991, S. 817 ff.

Nicolaus, P.: Extraterritorialität in der Genfer Flüchtlingskonvention, in: Barwig, K./ Lörcher, K./ Schumacher, C. (Hrsg.), Asylrecht im Binnenmarkt. Die europäische Dimension des Rechts auf Asyl, Baden-Baden 1989, S.133 ff.

Nigro, M.: Giustizia amministrativa, Roma 1976

O'Keefe, D.: The Free Movement of Persons in the Single Market, in: ELR 1992, S. 3 ff.

Oppermann, T. / Classen, C. -D.: Die EG vor der Europäischen Union, in: NJW 1993, S.5 ff.

Ossenbühl, F.: Gundrechtsschutz im und durch Verfahrensrecht, in: Festschrift für Kurt Eichenberger zum 60. Geburtstag, S. 183 ff. (zit.: FS Eichenberger)

Ossenbühl, F.: Tendenzen und Gefahren der neueren Ermessenslehre, in: DÖV 1968, S. 618 ff.

Ossenbühl, F.: Maastricht und das Grundgesetz - eine verfassungsrechtliche Wende?, in: DVBl. 1993, S.629 ff.

Otto-Benecke-Stiftung: Praktizierte Humanitas: Weltproblem Flüchtlinge - eine europäische Herausforderung, Baden-Baden 1981.

Pace, A.: Problematica delle libertà costituzionali (lezioni. parte generale), Padova 1990 (zit.: Problematica)

Paul, E.: Asylrecht im Zwielicht ?, in: ZAR 1982, S. 184 ff.

Papier, H. -J.: Rechtliche Möglichkeiten und Grenzen einer Änderung des Asylgrundrechts (Art. 16 Abs.2 Satz 2 GG), in: Der Staat 1988, 5. 31 ff.

Papier, H. -J.: Stellungnahme zum Entwurf eines Gesetzes zur Änderung des Grundgesetzes (Art. 16 und 18), BT-Drs. 12/ *4152,* in: Protokoll der 55. Sitzung des Innenausschusses, der 71. Sitzung des Rechtsausschusses und der 8. Anhörung der Gemeinsamen Verfassungskommission, S.257 ff. (Zitierweise Papier, Stellungnahme).

Peschau, H.-H.: Die Beweislast im Verwaltungsrecht, Berlin 1983 (zit.: Beweislast)

Philipp, W.: Ist das Grundrecht auf Asyl verfassungswidrig ?, in: NJW 1981, S. 1857 ff.

Pieroth, B./ Schlink, B.: Art. 16 a am Maßstab des Art. 79 des Grundgesetzes, Rechtsgutachten am Maßstab des Art. 79 des Grundgesetzes.

Pieroth, B./ Schlink, B.: Staatsrecht II - Grundrechte, 9. Aufl., Heidelberg 1993.

Pizzorusso, A.: Il controllo della Corte Costituzionale sull'uso della discrezionalità legislativa, in: Rivista trimetrale di diritto pubblico 1986, S. 795 ff.

Pollern, L von: Das moderne Asylrecht. Völkerrecht und Verfassungsrecht der Bundesrepublik Deutschland, Berlin 1980.

Pollern, L von: Die Entwicklung der Asylbewerberzahlen im Jahre 1992, in: ZAR 1993, S.26 ff.

Pollern, L von: Die Entwicklung der Asylbewerberzahlen im Jahre 1993, in: ZAR 1994, S. 29 ff.

Quaritsch, H.: Recht auf Asyl. Studien zu einem mißdeuteten Grundrecht, Berlin 1985.

Reichel, E.: Das staatliche Asylrecht „im Rahmen des Völkerrechts" - Zur Bedeutung des Völkerrechts für die Interpretation des deutschen Asylrechts, Berlin 1987.

Reichert, M.: Überlegungen zur Lösung der Asylfrage, in: ZAR 1991, S. 121 ff.

Renner, G.: Asyl- und Ausländerrechtsreform 1993, in: ZAR 1993, S.118 ff. (zit.: Renner, Asylrechtsreform).

Renner, G.: Schriftliche Stellungnahme zum Entwurf eines Gesetzes zur Änderung des Grundgesetzes (Art. 16 und 18) der Fraktionen der CDU/ CSU, SPD und FDP, Bundestags-Drucksache 12/ *4152,* in: Protokoll der 55. Sitzung des Innenausschusses, 71. Sitzung des Rechtsausschusses und 8. Anhörung der

Gemeinsamen Verfassungskommission vom 11.3.1993, S.343 ff. (zit.: Renner, Stellungnahme 1)

Renner, G.: Was ist vom deutschen Asylrecht geblieben?, in: ZAR 1996, S. 103 ff.

Ress, G.: Die Auswirkungen der Abkommen von Schengen und Dublin auf die Asylpolitik der EG, in: A. Pauly (Hrsg.), Les accords de Schengen, Maastricht 1993, S.79 ff.

Ress, G.: Der mißbräuchliche Asylantrag und Probleme der Reform des Asylrechts, in: Recht und Gesetz im Dialog II (Hrsg. Von Wolfgang Rüfner), Köln/Berlin/Bonn/München 1984, S. 131 ff. (zit.: Der mißbräuchliche Asylantrag)

Resta, : Provvedimenti amministrativi, in: Novissimo digesto italiano, Vol. XIV, S. 423 ff., Torino 1967 (zit.: Nov. Dig. It.)

Richter, S.: Selbstgeschaffene Nachfluchtgründe und die Rechtsstellung von Konventionsflüchtlingen nach der Rechtsprechung des Bundesverfassungsgerichts zum Grundrecht auf Asyl und dem Gesetz zur Neuregelung des Ausländerrechts, in: ZaöRV 1991, 5. 1 ff. (Zitierweise: Richter, Nachfluchtgründe).

Roeser, R.: Stattgebende Kammerentscheidungen des BVerfG zum Grundrecht auf Asyl im Jahre 1994, in: EuGrZ 1995, S. 101 ff.

Roeser, R.: Stattgebende Kammerentscheidungen des BVerfG zum Grundrecht auf Asyl im Jahre 1995, in: EuGrZ 1996, S. 132 ff.

Romano, S.: La teoria dei diritti pubblici soggetivi, in: Trattato di diritto amministrativo a cura di Orlando, Vol I, Milano 1900, S. 109 ff. (zit.: Diritti pubblici)

Romano, S.: Principi di diritto costituzionale generale, Milano, 1947

Roßnagel, A.: Die Änderungen des Grundgesetzes - eine Untersuchung der politischen Funktion von Verfassungsänderungen, Frankfurt / M 1981.

Rothkegel, R.: Der Asylbewerber in der Transitfalle, in: Frankfurter Rundschau vom 24.2.1993, S.12

Rothkegel, R.: Die Bedeutung der Genfer Flüchtlingskonvention für die Rechtsprechung des Bundesverfassungsgerichts, in: Barwig, K. /Lorcher, *K.I* Schumacher, C., Asylrecht im Binnenmarkt - Die europäische Dimension des Rechts auf Asyl, Baden-Baden 1989, 5.105 ff.

Rothkegel, R.: Ewigkeitsgarantie für das Asylrecht?, in: ZRP 1992, S.222 ff.

Rottmann, F.: Das Asylrecht des Art. 16 GG als liberal-rechtsstaatliches Abwehrrecht, in: Der Staat 1984, S. 337 ff

Rüfner, W.: Grundrechtliche Leistungsansprüche, in: Im Dienste des Sozialrechts, Festschrift für Georg Wannagat, Köln / Berlin / Bonn / München 1981, S. 379 ff. (zit.: FS Wannagat)

Ruiz, R.: Immigrati: Quanti problemi irrisolti, in: l'assistenza sociale 1991, S. 49 ff.

Rupp, H.H.: Anmerkung zu BVerfGE 30,1 ff., in: NJW 1971, S.275 ff.

Sachs, M.: Ist das Grundrecht auf Asyl verfassungswidrig ?, in: NJW 1981, S. 2608 ff.

Sachs, M.: Das Asylgrundrecht, in: JuS 1989, S. 537 ff.

Sandulli, A.M.: Il procedimento amministrativo, Milano 1940

Scavone, A.: Appunti sulle proposte di introduzione del ricorso diretto in Italia, in: Rivista trimestrale di diritto e procedura civile 1981, S. 124 ff.

Schaeffer, K.: Asylberechtigung - politische Verfolgung nach Art. 16 GG, Köln 1980.

Schefold, D.: Via costituzionale o controllo di giurisprudenza? Appunti per uno studio del controllo di legittimità costituzionale delle leggi nel diritto italiano in confronto con l'ordinamento italiano, Berlin 1973

Schefold, D.: Riforme amministrative, riforme di procedimento amministrativo e il ruolo della dirigenza pubblica: il modello tedesco, in: Dirigenza pubblica e innovazione amministrativa. Esperienze a confronto, a cura di Silvio Gambino, Rimini 1992

Schenk, K.: Zum Asylrecht unter Listenvorbehalt, in: ZRP 1992, S.102 ff.

Schlink, B.: Stellungnahme zum Entwurf eines Gesetzes zur Änderung des Grundgesetzes (Artikel 16 und 18), in: Protokoll der 55. Sitzung des Innenausschusses, 71. Sitzung des Rechtsausschusses und 8. Anhörung der Gemeinsamen Verfassungskommission vom 11. 3. 1993, 5.425 ff. (zit.: Schlink, Stellungnahme)

Schmid, W.: Das neue Asylrecht der Schweiz, in: ZAR 1993, S.81 ff.

Schmidt-Assmann, E.: Art. 19 IV GG als Teil des Rechtsstaatsprinzips, in: NVwZ 1983, S. 1 ff.

Schmidt-Assmann, E.: Der Rechtsstaat, in: Isensee, *J.I* Kirchhof, P. (Hrsg.), Handbuch des Staatsrechts, Bd. 1, Heidelberg 1987, 5.987 ff.

Schmidt-Jortzig, E.: Schriftliche Stellungnahme zur gemeinsamen Öffentlichen Anhörung von Innenausschuß und Rechtsausschuß des Deutschen Bundestages sowie der Gemeinsamen Verfassungskommission zu den verfassungsrechtlichen Bedingungen einer Änderung des Asylrechts, Bonn, 11. März 1993, in: Protokoll der 55. Sitzung des Innenausschusses, der 71. Sitzung des Rechtsausschusses und der 8. Anhörung der Gemeinsamen Verfassungskommission 5. 389 ff. (Zitierweise Schmidt-Jortzig, Stellungnahme).

Schmidt-Jortzig, E.: Die Einrichtungsgarantien der Verfassung, Göttingen 1979

Schmitt, C.: Der Begriff des Politischen, Berlin 1927

Schmitt, L.: Das Asylrecht des Grundgesetzes, in: BayVBl 1964, S. 33 ff.

Schnapp, F.: Lösung der Asylproblematik durch Verfahrensbeschleunigung ?, in: NJW 1980, S.2608 ff.

Schnapp, F.: Grenzen der Grundrechte, in: JuS 1978, S. 729 ff.

Schneider, H.: Fünf Jahre Grundgesetz, in: NJW 1954, S.937 ff.

Schneider, L.: Der Schutz des Wesensgehalts von Grundrechten nach Art. 19 II GG, Berlin 1983.

Schoch, F.: Asyl- und Ausländerrecht in der Europäischen Gemeinschaft, in: DVBl. 1992, S.525 ff.

Schoch, F.: Das neue Asylrecht gemäß Art. 16 a GG, in: DVBl 1993, S.1161 ff.

Schraml, A.: Das Schengener Übereinkommen und Artikel 16 Absatz 2 Satz 2 des Grundgesetzes der Bundesrepublik Deutschland, in: AWR Bulletin 1991, S.65 ff.

Schütz, G.: Das Recht auf Asyl in der obergerichtlichen Rechtsprechung, in: DÖV 1980, S. 35 ff.

Schütze, B.: Offensichtlich unbegründete Asylanträge, Verfassungsgerichtliche Probleme der Drittstaatenregelung und ihrer Anwendung im verwaltungsgerichtlichen Verfahren - Fortbildungsveranstaltung für die Verwaltungsrichter des Landes Baden-Württemberg, in: VBlBW 1994, 139

Schwabe, J.: Das Verbot mit Erlaubnisvorbehalt, in: JuS 1973, S. 133 ff.

Schwäble, U.: Zum Inhalt des Grundrechts auf Asyl, in: DÖV 1987, S. 183 ff.

Schwerdtfrger, G.: Öffentliches Recht in der Fallbearbeitung, 8. Auflage, München 1986

Selk, M.: Asylrecht und Verfassung - Erforderlichkeit bzw. Möglichkeiten einer Änderung des Art. 16 II 2 GG, Frankfurt/ M. 1989 (zit.: Diss.)

Selk, M.: Einschränkung von Grundrechten durch Kompetenzregelungen, in: JuS 1990, S. 895 ff.

Sendler, H.: Gesetzes- und Richtervorbehalt im Asylrecht, in: Festschrift für Wolfgang Zeidler (Hrsg. Von Fürst/Herzog/Umbach), Berlin/New York 1987, Bd. I, S. 871 ff. (zit.: FS Zeidler)

Sendler, H.: Teilhaberechte in der Rechtsprechung des Bundesverwaltungsgerichts, in: DÖV 1978, S. 581 ff. :

Simon, H.: Die verfassungskonforme Gesetzesauslegung, in: EuGrZ 1974, S. 85 ff.

Sorrentino, F.: Lezioni sulla riserva di legge, Vol. I - II, Genova 1980

Starck, C.: Staatliche Organisation und staatliche Finanzierung als Hilfen zu

Grundrechtsverwirklichungen ?, in: Bundesverfassungsgericht und Grundgesetz, Festgabe aus Anlaß des 25jährigen Bestehens des Bundesverfassungsgerichts, Band II, Tübingen 1976, S. 480 ff. (zit.: FS BVerfG II)

Starck, C.: Menschenwürde als Verfassungsgarantie im modernen Staat, in: JZ 1981, S. 457 ff.

Starck, C.: Die Grundrechte des Grundgesetzes, in: JuS 1981, S. 237 ff.

Starck, C.: Über Auslegung und Wirkung der Grundrechte, in: Heyde/Starck (Hrsg.), Vierzig Jahre Grundrechte in ihrer Verwirklichung durch die Gerichte, Göttingen / Konstanz / München 1990, S.

Stein, E.: Staatsrecht, 10. Auflage, Tübingen 1986

Stelkens, P.: Grundsätze des Verwaltungsverfahrens im Asylverfahren, in: ZAR 1985, S. 15 ff.

Sternberg, G.: Non-expulsion and non-refoulement, Uppsala 1989 (Zitierweise: Sternberg, Non-Refoulement).

Stern, K.: Das Staatsrecht der Bundesrepublik Deutschland, Bd. I, München 1988.

Stern, K.: Menschenwürde als Wurzel der Menschen- und Grundrechte, in: Festschrift für H. Scupin, Berlin 1983, S.642 ff. (Zit.: FS Scupin)

Stern, K.: Stellungnahme für die Anhörung zum Thema „Grundgesetz und Europa, insbesondere Artikel 24, 28, 32, 88 GG" anläßlich der 1. Anhörung der Gemeinsamen Verfassungskommission, in: Protokoll der Sitzung der Gemeinsamen Verfassungskommission vom 22.5. 1993.

Stern, K.: Die Bedeutung der Unantastbarkeitsgarantie des Art. 79 III GG für die Grundrechte, in: JuS 1988, S. 329 ff.

Stobbe, E.: Das Schengener Übereinkommen - Inhalt, Wirksamkeit und Bedeutung, Saarbrücken 1989.

Strozzi, G.: Rifugiati e asilo politico nella legge N. 39 del 1990, in: Riv. dir. int. 1990, S. 93 ff.

Strozzi, G.: Profughi albanesi e diritto d'asilo, in: Riv. dir. int. 1991, S. 97 ff.

Strozzi, G.: Commento Art. 1 della legge 28.2.1990, N. 39, in: La normativa sugli extracomunitari , Testo e commento della legge 28.2.1990 N. 39, Roma 1990, S. 26 ff. (zit.: La normativa...)

Süß, G.: Gemeinschafts- und verfassungsrechtliche Probleme einer europäischen Asylrechtsharmonisierung, in: BayVBl. 1990, S.609 ff.

Tamburro, A.: Il diritto d'asilo nel nuovo diritto pubblico, in: Riv. Poliz. 1950, S. 263 ff.

Thürer, D.: Die Rechtsstellung des Ausländers in der Schweiz, in: Frowein, J.

A./ Stein, T. (Hrsg.), Die Rechtsstellung von Ausländern nach staatlichem Recht und Völkerrecht. The Legal Position of Aliens in National and International Law. Le regime juridique des strangers en droit national et

Tomuschat, Ch.: Asylrecht in der Schieflage, EuGrZ 1996, 381

Udina, M.: L'asilo politico, in: Diritto internazionale 1967, S. 267 ff.

Uhlitz, O.: Deutsches Volk oder „multikulturelle Gesellschaft" ?, in: RuP 1986, S. 143 ff.

Uhlitz, O.: Das Wiedervereinigungsgebot als verfassungsrechtliche Schranke der Einwanderungs- und Einbürgerungspolitik, in: ZRP 1987, S. 191 ff.

Umbach, D.: Die Grundrechte der neuen spanischen Verfassung, in: EuGrZ 1979, S. 229 ff.

Valenti, A.: Natura, validità e applicabilità del diritto di asilo, in: Riv. int. diritti dell'uomo 1993, S. 81 ff.

Vassalli, G.: I diritti fondamantali in Italia (a cura della Corte Costituzionale), l'indice penale 1990,
S. 233 ff.

Veiter, Th.: Der internationale Eigentumsschutz der Flüchtlinge, in: Schätzel, Walter u.a. (Hrsg.), Handbuch des internationalen Flüchtlingsrechts, Stuttgart 1960, S. 155 (zit.: Handbuch)

Virga, P.: La tutela giurisdizionale nei confronti della pubblica amministrazione, Milano 1976 (zit.: Tutela)

Vismara, G.: Asilo (Diritto internazionale), in: Enciclopedia del diritto, Milano 1958, S. 198 ff. (zit.: Enc. dir.)

Voßkuhle, A.: „Grundrechtspolitik" und Asylkompromiß - Zur Verfassungsänderung als Instrument politischer Konfliktbewältigung am Beispiel des Art. 16 a GG, in: DÖV 1994, S.53 ff.

Waldmann-Stocker, B.: „Sichere Drittstaaten" und Abschiebung im AsylVfG-E aus anwaltlicher Sicht, in: ZDWF (Hrsg.), Art. 16 a GG und seine Folgen, Bonn 1993, S.29 ff.

Weber, A.: Die Harmonisierung der europäischen Einwanderungs- und Asylpolitik, in: ZRP 1993, S.170 ff.

Weber, Hellmuth v.: Die Auslieferung bei politischen Delikten, in: Kaufmann, Hilde u.a. (Hrsg), Erinnerungsausgabe für Max Grünhut, Marburg 1964, S. 161ff. (zit.: FS Grünhut)

Weber, M.: Wirtschaft und Gesellschaft, 5. Auflage (Studienausgabe), Tübingen 1921, 1972

Weber, M.: Anmerkung zu BGH JZ 1963, 515, in: JZ 1963, S. 515

Weides, P. Zimmermann, P.: Neubestimmung des politischen Charakters einer

Verfolgung im Sinne des Art. 16 Abs. 2 Satz 2 GG - Anmerkungen zu dem Beschluß des BVerfG vom 10.7.1989, in: DVBl. 1990, S. 410 ff.

Weyand, S.: Die Europäischen Gemeinschaften auf dem Weg zur Staatswerdung ? Eine Bilanz von Maastricht, in: integration 1992, S.115 ff

Winkler, I.: Die italienische Verwaltungsgerichtsbarkeit zwischen gesetzlich geschütztem Interesse und subjektivem Recht, in: die Verwaltung 1986, S. 519 ff.

Wolken, S.: Das Grundrecht auf Asyl als Gegenstand der Innen- und Rechtspolitik in der Bundesrepublik Deutschland, Frankfurt/ M. 1988

Wollenschläger, M. / Becker, U.: Änderung des Grundrechts auf Asyl (Art. 16 II S. 2 GG) ? - Verfassungsrechtliche Möglichkeiten und Grenzen, in: ZRP 1987, S.326 ff.

Wollenschläger, M.: / Becker, U.: Harmonisierung des Asylrechts in der EG und Art. 16 Abs. 2 S.2 GG - Rechtsvergleichende Bestandsaufnahme und Reform-Perspektiven in den zwölf EG-Staaten, in: EuGRZ 1990, S. 1ff.

Wollenschläger, M.: Immanente Schranken des Asylrechts (Art. 16 II 2 GG) - Zugleich ein Beitrag zur Lehre der Einschränkbarkeit von Grundrechten ohne Gesetzesvorbehalt, Würzburg 1971 (zit.: Diss.)

Wollenschläger, M.: Das Asylrecht des Art. 16 II 2 GG, in: JA 1980, S. 148 ff.

Wollenschläger, M.: Neue Entwicklungen im Asylrecht der Bundesrepublik Deutschland, in: JZ 1978, S. 581 ff.

Wollenschläger, M./ Schraml, A.: Art. 16G, das neue „Grundrecht" auf Asyl?, JZ 1994, 61

Zacher, H.F.: Sozialpolitik und Verfassung im ersten Jahrzehnt der Bundesrepublik Deutschland (1962), Berlin 1980 (zit.: Sozialpolitik und Verfassung)

Zagrebelsky, G.: Manuale di diritto costituzionale. Il sistema delle fonti del diritto, Vol. I, Torino 1988

Zeidler, W.: Die neuere Rechtsprechung des Bundesverwaltungsgerichts zum Asylrecht, in: Grenzfragen des innerdeutschen Asylrechts, Arbeitstagung der Otto - Benecke - Stiftung vom 1. - 3. 12. 1975, Bonn 1976, S. 41 ff.

Zeidler, W: Vortrag auf der Tagung der Otto-Benecke-Stiftung, Praktizierte Humanitas: Weltproblem Flüchtlinge - eine europäische Herausforderung, Baden-Baden, 1981, S.20 ff.

Zimmermann, A. : Das neue Grundrecht auf Asyl. Verfassungs- und völkerrechtliche Voraussetzungen (Beiträge zum ausländischen öffentlichen Recht und Völkerrecht), Berlin/Heidelberg/New York 1994 (zit.: Diss.)

Ziotti, P.: Il diritto d'asilo nell'ordinamento italiano, Padova 1988

Zippelius, R.: Allgemeine Staatslehre. Politikwissenschaft, München 1985

Zuck, R.: Blick in die Zeit. Asyl ?, in: MDR 1987, S. 895 ff.

Abkürzungsverzeichnis

a.A.	anderer Ansicht
a.F.	alte Fassung
a.a.O.	am angegebenen Ort
Abs.	Absatz
Anl.	Anlage
Anm.	Anmerkung
Ann.Franc.Droit. lnt.	Annuaire Francais droit international
AöR	Archiv des öffentlichen Rechts
Art.	Artikel
ASYL	Schweizerische Zeitschrift für das Asyl-
recht	
AsylVfG	Asylverfahrensgesetz
Aufl.	Auflage
AusIG	Ausländergesetz
AVR	Archiv des Völkerrechts
AWR-Bu II.	AWR-Bulletin, Vierteljahresschrift für
	Flüchtlingsfragen der Forschungsgemein-
schaft	für das Weltflüchtlingsproblem
BayVBI	Bayrische Verwaltungsblätter
Bd.	Band
BFH(E)	Bundesfinanzhof (Entscheidungen)
BGB	Bundesgesetzblatt
BRat-Drs.	Bundesratsdrucksache
BReg	Bundesregierung
BT-Drs.	Bundestags-Drucksache
Bull.	Bulletin
BVerfG(E)	Bundesverfassungsgericht (Entscheidun-
gen)	
BVerfGG	Bundesverfassungsgerichtsgesetz
BVerwG (E)	Bundesverwaltungsgerich (Entscheidun-
gen)	
Comm. breve	Commentario breve
Cons. STATO	Consiglio di stato (Staatsrat)
Cost.	Costituzione della Repubblica ltaliana
DAG	Deutsches Auslieferungsgesetz
Ders.	Derselbe
Doc.	Dokument
DÖV	Die Öffentliche Verwaltung
DRZ	Deutsche Rechtszeitschrift
DVBI	Deutsches Verwaltungsblatt
ebd.	ebenda

EG	Europäische Gemeinschaft
EJIL	European journal of international law
ELR	European law review
EMRK	Europäische Konvention zum Schutze der Menschenrechte und Grundfreiheiten
Enc Dir	Enciclopedia del diritto
EuGRZ	Europäische Grundrechte - Zeitschrift
EuR	Europarecht
EWG	Europäische Wirtschaftsgemeinschaft
EWGV	Vertrag zur Gründung der Europäischen WI.rtschaftsgemeinschaft
f.	folgende
FAZ	Frankfurter Allgemeine Zeitung
ff.	fortfolgende
FGO	Finanzgerichtsordnung
Fn.	Fußnote
Foro it.	Foro italiano (Zeitschrift)
FS	Festschrift
Gazz. Uff.	Gazzetta Ufficiale
GewArch.	Gewerbearchiv
GFK	Genfer Flüchtlingskonvention (Abkom-
men	über die Rechtsstellung der Flüchtlinge)
GG	Grundgesetz
GMBI.	Gemeinsames Ministerialblatt
GVBI	Gesetz- und Verordnungsblatt
Hrsg.	Herausgeber
i.V.m.	in Verbindung mit
InfAusIR	Informationsbrief Ausländerrecht
Int. J. Ref. L.	International law of refugee law
JA	Juristische Arbeitsblätter
JöR NF	Jahrbuch des öffentlichen Rechts (Neue Folge)
JuS	Juristische Schulung
JZ	Juristenzeitung
Kap.	Kapitel
KSE	Kölner Schriften zum Europarecht
la com.	la comunitá internazionale
Lfg.	Lieferung
l'indice pen	l'indice penale
l~n.	legge numero (Gesetz Nummer)
Losebl.	Loseblatt-Sammlung
m.w.N.	mit weiteren Nachweisen
n.	numero (Nummer)

nn.	numeri (Nummern)
NJW	Neue Juristische Wochenschrift
Nr.	Nummer
NVwz	Neue Zeitschrift für Verwaltungsrecht
NVwz-RR	NVwz-Rechtsprechungsreport
OLG	Oberlandesgericht
OVG	Oberverwaltungsgericht
Rdnr.	Randnummer
Riv. dir. int.	Rivista di diritto internazionale
Riv. int. dir.dell ,uomo mo	Rivista internazionale del diritto dell' uo-
Riv. trim. dir.pubb.	Rivista trimestrale di diritto pubblico
Riv. poliz.	Rivista di polizia (Zeitschrift)
RGBI	Reichsgesetzblatt
RuP	Recht und Politik
S.	Satz
Sent.	Sentenza (Urteil)
st. Rspr.	ständige Rechtsprechung
STEN	Stenographische Berichte
Sten. Protokolle	Stenographische Protokolle
UNHCR	Flüchtlingskommissariat der Vereinten Nationen
v.a.	vor allem
VA	Verwaltungsarchiv
VBIBW	Verwaltungsblätter Baden-Württemberg
VG	Verwaltungsgericht
VGH	Verwaltungsgerichtshof
Vol.	Volume
VVDStRL scher	Veröffentlichung der Vereinigung Deut- Staatsrechtslehrer
VwGO	Verwaltungsgerichtsordnung
ZaröV	Zeitschrift für ausländisches öffentliches Recht und Völkerrecht
ZAR	Zeitschrift für Ausländerrecht und Ausländerpolitik
ZDWF	Zentrale Dokumentationsstelle der freien Wohlfahrtspflege für Flüchtlinge
ZfRV	Zeitschrift für Rechtsvergleichung
ZRP	Zeitschrift für Rechtspolitik
ZVR	Zeitschrift für Völkerrecht

Giuseppe Orsi / Kurt Seelmann /
Stefan Smid / Ulrich Steinvorth (Hrsg.)

Prinzipien des Rechts

Frankfurt/M., Berlin, Bern, New York, Paris, Wien, 1996. 159 S.
Rechtsphilosophische Hefte. Herausgegeben von Giuseppe Orsi, Kurt Seelmann, Stefan Smid und Ulrich Steinvorth. Bd. 6
ISBN 3-631-30441-2 · br. DM 53.–*

Das Recht arbeitet nicht nur mit einzelnen Normen, sondern auch mit Prinzipien, die, etwa als verfassungsrechtliche Prinzipien, die Normgebung regeln, die aber auch bei Kollisionen zwischen Normen entscheiden und die Auslegung von Normen bestimmen. Solche Prinzipien können ihrerseits miteinander kollidieren, wie z.B. Menschenrechtsschutz und Staatssouveränität, was zu schwierigen ethischen und rechtstheoretischen Abwägungen führt.

Aus dem Inhalt: Rechtsregeln und Rechtsprinzipien · Recht, Ethik und Technik · Unabhängigkeit des Staatsanwalts · Menschenrechte und Staatssouveränität · Grundnormkonzept und Kantianismus bei Kelsen

Printed by
CPI books GmbH, Leck

Kolibri 360 GmbH
Ferdinand-Jühlke-Straße 7
99095 Erfurt, Deutschland
produktsicherheit@kolibri360.de